范和生 等 著

中拉命运共同体构建研究

STUDY ON THE CONSTRUCTION OF
CHINA-LATIN AMERICA
DESTINY COMMUNITY

社会科学文献出版社
SOCIAL SCIENCES ACADEMIC PRESS (CHINA)

前　言

2014年7月17日，习近平主席出席在巴西利亚举行的中国-拉美和加勒比国家领导人会晤，并发表题为《努力构建携手共进的命运共同体》的主旨讲话："中国人民正在为实现中华民族伟大复兴的中国梦而奋斗，拉美和加勒比各国人民也在为实现团结协作、发展振兴的拉美梦而努力。共同的梦想和共同的追求，将中拉双方紧紧联系在一起。让我们抓住机遇，开拓进取，努力构建携手共进的命运共同体，共创中拉关系的美好未来！"此后，中拉命运共同体成为中拉双方合作的重要理念和目标，也是中国推动南南合作和构建新型国际关系的具体举措之一。中拉双方在经济、贸易、投资、文化等领域的合作和交流，不仅给双方人民带来了实实在在的利益，也为全球多极化、经济全球化、文化多样化提供了新思路和实践。从理论与实践层面，推动中拉合作关系不断升级和扩大，实现中拉命运共同体的愿景，需要中拉双方、社会各界付出艰苦的努力，本书可以说是这种努力的结果。

中拉命运共同体构建，意义重大、作用深远。一是有利于增进中拉双方的相互信任和友谊。中拉命运共同体构建的核心思想是合作共赢、团结互助、命运与共，这符合中拉双方长期以来的互信、互助、友好合作传统，有助于发展双方更加紧密的政治、经济、文化交流与合作关系。二是有利于推动地区和平、稳定与繁荣。中拉两个地区的政治、经济、社会、文化都存在较大差异，构建命运共同体有助于两地区之间社会文化交融、合作领域深化、合作层次提升，发挥双方优势，探索创新发展模式，推动地区经济、社会的繁荣,从而推进地区整体的和平与稳定发展。三是有利于推进全球多极化和多样化。构建中拉命运共同体有利于加强发展中国家之间的合作,推动全球发展模式多样化,建立更加公平、合理、稳定的国际经济新秩序。四是有利于推进南南合作。中拉命运共同体构建是南南合作的重要内容,有助于推动南南合作在政治、经济、文化等领域全面发展,形成更加广泛、紧密的南南合作格局,为南方国家实现共同的发展目标和利益增长创造更加有利的条件。五是有利于为中国参与全球治理提供新的平台。中拉两地区都是重要的发展中国家,双方在联合国、世界贸易组织等国际组织和机制中有相似的发展诉求和利益需要,构建中拉命运共同体有助于为中国参与全球治理提供新的平台和通道,也有助于推动全球治理变革,打造更加公平、合理、有效的国际秩序。总之,中拉命运共同体构建具有重要的现实意义和战略作用,这种合作形式不仅有利于中拉双方的发展,也有助于推进全球各国的共同进步。

《中拉命运共同体构建研究》一书由背景篇、认知篇、建设篇和拓展篇四部分构成,是范和生教授研究团队近 10 年来辛勤耕耘的成果集,旨在深入探索中拉命运共同体构建的历史必然、时代背景和发展趋势,分析中拉命运共同体构建的内涵和外延,探讨其构建的实践路径和战略思路等问题,并从全球化视角检视中拉命运共同体构建的多主体、多领域、多学科展开。本书的撰写者范和生教授等学者,从不同的角度出发,对中拉命运共同体的发展进行了深入、全面的研究,并提出了自己的理论和实践发现。

我们相信,这本书无论是对于深入了解中拉关系和中国对外开放与合作战略,还是对于了解南南合作的新发展、构建多极化世界等问题都具有重要的参考价值和现实意义。

江时学
中国社会科学院研究员　安徽大学客座教授
2023 年 5 月 17 日

目　录

背 景 篇

全球化背景下中拉共同体建设研究……………………………… 003
消费结构转换与全球化风险
　——基于"常人世界"的生活实践范式 …………………… 020
论公共卫生危机下的国际社会团结……………………………… 038

认 知 篇

中国应怎样认识拉美
　——国内相关研究动态与镜鉴意义 ……………………… 061
"中等收入陷阱"，本身就是理论陷阱？………………………… 081
从三维视角看拉美国家低度民主化问题及其发展……………… 095
拉美国家低质城市化问题论析…………………………………… 117
社会发展战略：巴西迁都引发的思考…………………………… 130

建 设 篇

论中拉命运共同体的构建………………………………………… 143

中国对拉美大国的外交战略逻辑……………………………………… 170
中美拉三边动态平衡关系及深层博弈……………………………… 183
从国际社会团结看逆全球化产生及应对：基于国际政治社会学视角…… 197
中国与拉美太平洋联盟经贸合作…………………………………… 221

拓 展 篇

安徽打造内陆开放新高地建设路径研究……………………………… 237
地方高校国别区域研究的困境及路径选择
　　——以A大学为例 ………………………………………… 263
美国"建造法案"论析
　　——基于中美大国博弈视角的分析 ……………………… 275
拉美和加勒比国家共同体与中国、美国关系研究………………… 293
亟待"国际转向"的新时代社会学
　　——兼论全球社会中社会学研究的关键议题 …………… 314
全球公共卫生治理中国际组织的互动机制研究…………………… 334
危与机：后疫情时代中拉合作的路径突破………………………… 355
国家能力视域下拉美国家公共卫生危机治理
　　——以巴西为例 …………………………………………… 369
Study on the development of the relations between China and Latin
　　American (Sino-LATAM) in the context of globalization ……… 399

后　　记……………………………………………………………… 427

背景篇——

全球化背景下中拉共同体建设研究[*]

范和生　唐惠敏

摘　要：在经济全球化、国际事务全球化治理不断深化的背景下，中国与拉美命运共同体关系呈现出平稳、快速的发展态势，中拉整体合作机制的条件逐渐成熟。中拉应当紧扣"和平与发展"的时代主题，构建坚不可摧的命运共同体关系，塑造合作共赢的发展共同体关系，进而走向牢不可破的文化共同体关系。中拉关系的发展拥有广阔前景，但也面临一系列内外矛盾，应理性、辩证地看待矛盾背后的种种因素，坚持以经贸合作为基础，促进双边和多边关系稳步发展，深化政治互信，扩展合作领域，促进互利共赢，为中拉整体性均衡发展奠定坚实基础。

关键词：全球化　中拉关系　命运共同体　发展共同体　文化共同体

引　言

20世纪80年代，人类社会发展的全球化时代悄然来临。经济全球化重构着传统民族国家之间的联系方式，也不断建构着以和平与发展为主题、以合作共赢为准则、动态化的新型国际关系。在全球一体化的时代大潮中，中

---

[*] 本文原发表于《太平洋学报》2016年第11期，收录时有修改。

国在坚决维护本国核心利益的前提下，始终坚持走和平友好、共同发展的外交道路，努力践行维护世界稳定、促进世界和平的历史使命。不仅同发达国家和地区保持良好的合作关系，还致力于与广大发展中国家和地区建立全面战略伙伴关系。其中引人注目的当属中拉共同体关系。自 2014 年习近平主席出访拉美并宣布建立平等互利、共同发展的中拉全面合作伙伴关系以来，中国与拉美国家的命运共同体意识进一步增强，由中国倡导成立、主要面向广大发展中国家和地区的双边与多边合作框架强化了中国同拉美大国间的战略伙伴关系。2015 年 5 月，李克强总理拉美首访被外媒称为"中拉关系又一个重要里程碑"。李克强此行推动了中拉关系"五位一体"新格局①和"1+3+6"务实合作框架②向纵深方向拓展，并在此基础上提出中拉产能合作"3×3"新模式，为实现中拉以经贸合作为核心的命运共同体关系奠定了坚实基础。

一 国内外研究动态

受冷战时期东西方两极对峙格局的影响，特别是美国对新中国采取政治孤立、经济封锁和军事威胁的敌视政策，新中国与拉美官方关系拓展之路举步维艰。直到 1960 年中古建交、20 世纪 70 年代中美关系解冻，才拉开了国内研究拉丁美洲问题的序幕。改革开放后，中国与拉美国家的经贸合作有力推动了中拉"和平友好、互相支持、平等互利、共同发展"外交关系的逐步形成。20 世纪 80 年代末，我国关于拉丁美洲的研究进入一个崭新阶

---

① 本概念是习近平主席 2014 年 7 月访拉期间，同拉美和加勒比国家领导人举行集体会晤时达成的合作共识，即中拉双方共同致力于构建政治上真诚互信、经贸上合作共赢、人文上互学互鉴、国际事务中密切协作、整体合作和双边关系相互促进的中拉关系"五位一体"的新格局。

② "1+3+6"务实合作框架："1"是"一个规划"，即以实现包容性增长和可持续发展为目标，制定《中国与拉美和加勒比国家合作规划（2015-2019）》；"3"是"三大引擎"，即以贸易、投资、金融合作为动力，推动中拉务实合作全面发展，力争实现 10 年内中拉贸易规模达到 5000 亿美元，力争实现 10 年内对拉美投资存量达到 2500 亿美元，推动扩大双边贸易本币结算和本币互换；"6"是"六大领域"，即以能源资源、基础设施建设、农业、制造业、科技创新、信息技术为合作重点，推进中拉产业对接。

段,对于拉美国家政治思潮、发展战略、民主化运动、社会发展中的贫富差距等问题的研究取得了较为丰硕的成果。20世纪90年代,我国关于拉美研究的范围、领域得到进一步扩展,并开始建立相对完备的拉美研究学科体系。步入21世纪,随着中拉关系的跨越式发展,中拉关系不仅成为国内学者的研究旨趣,也成为国内外学者关注的热点问题。总的来说,自20世纪90年代中拉高层互访以来,国内外拉美研究取得了一定成果,但综合分析中拉关系的相关资料依旧较少,某些领域的研究仍然处于空白状态。

国内学者主要从中拉关系的历史演进、发展特点、影响因素等角度研判中拉关系的未来走向。郑秉文等学者以时间脉络为主线回顾了中拉关系发展的五个阶段,指出中拉关系呈现从长期"累积"稳步推进到"跨越式"发展的态势,逐步形成了全方位、多层次、宽渠道和官民并举的新格局,并强调共同的"发展利益"是中拉双方追求的战略核心和实现经济互利互赢的坚实基础。[①] 杨建民和张勇[②]、吴白乙等[③]、王友明[④]从不同角度论述了中拉关系的特点。总的来说,自20世纪90年代中后期中国实施"走出去"战略以后,中拉关系发展虽有坎坷,但总体向好。中拉关系将在良好政治互信与人文往来的基础上,推进以经贸和金融合作为核心内容的中拉命运共同体构建,由此推动形成"从小到大、由点及面"的中拉整体合作新格局。孙洪波[⑤]、董国辉[⑥]等学者论述了影响中拉关系的"美国因素"。江时学预言,受诸多负面因素的影响,中拉关系的发展不会一帆风顺。他指出中国应该加强对拉美的宣传,维护好互利共赢的南南合作关系,并提醒在拉美的中国企

[①] 郑秉文、孙洪波、岳云霞:《中国与拉美关系60年:总结与思考》,《拉丁美洲研究》2009年第S2期(增刊),第3页。

[②] 杨建民、张勇:《当前的中拉关系特点评析》,《拉丁美洲研究》2013年第3期,第36页。

[③] 吴白乙等:《转型中的机遇:中拉合作前景的多视角分析》,经济管理出版社,2013,第4~5页。

[④] 王友明:《构建中拉整体合作机制:机遇、挑战及思路》,《国际问题研究》2014年第3期,第111页。

[⑤] 孙洪波:《美国对中拉关系的判断及其疑虑》,《江汉大学学报》(社会科学版)2009年第2期,第5页。

[⑥] 董国辉:《论美国对中拉关系发展的"忧虑"》,《福建师范大学学报》(哲学社会科学版)2013年第5期,第147页。

业应多多承担社会责任,注意维护国家形象,提防该地区的"国家风险"。①上述学者的论述均指出了中拉关系在发展"共同体"关系时存在的问题。

相比之下,国外学者则主要从国别案例研究和案例比较研究视角,以专题论文集或著作的方式系统剖析中拉双方在经贸合作、政治互信、人文交流等方面取得的成绩及其对世界经济政治格局产生的影响。从国外学者的研究选题看,他们对中拉关系的研究大致可分为三个层次:第一,从拉美发展的角度,分析中国与拉美不同国家之间建立外交关系的共性与差异性;第二,站在中国的外交立场,研判中拉在经贸、投资、金融等领域的合作及其给中拉双方带来的潜在利益;第三,立足全球化的视野,重点论述中拉关系的演变与发展给世界政治经济格局带来的新变化。其中,中拉关系的发展对美国拉美政策的影响及其调整成为学者关注的热点。埃文·埃利斯(Evan Ellis)、约恩·多施(Jorn Dosch)、阿里尔·C.阿莫尼(Ariel C.Armony)等众多国外学者通过考察中拉之间的贸易投资、政治接触以及文化与民间交往,指出中国在拉美地区兼具经济和政治诉求,中国虽然逐步成为影响拉丁美洲越来越重要的因素,特别是中拉合作机制进一步优化,命运共同体意识不断强化,意味着除美国、欧盟等传统力量之外,拉美地区又涌入了新的政治力量。经济转型是世界发展的趋势,中国遇到的问题并非中国独有,包括巴西在内的很多国家都面临如何提升竞争力的挑战。中国经济转型将给中巴合作创造更多机会,除了在传统的能源、农产品等领域外,在制造业、食品加工、影视传媒和服务业等领域,双方的合作前景广泛。国立布宜诺斯艾利斯大学教授迪亚高·马佐科尼(Diego Marzoconnie)表示,尽管中国经济增速略有下降,但鉴于阿根廷和拉美地区拥有的资源,中国仍将拉美地区看成对其发展有利的战略区域。实践证明,中拉之间的全面战略合作是互利共赢的典范,"拉美各国试图以中国来制衡美国在该地区的霸权,而不是用中国替代美国"。②

---

① 江时学:《中拉关系发展不会一帆风顺》,《世界知识》2015年第1期,第27~28页。
② 〔澳〕约恩·多施、大卫·古德曼:《中国和拉丁美洲:互补、竞争和全球化》,张春满译,《国外理论动态》2014年第2期,第74页。

二 全球化背景下中拉共同体关系的发展趋势

虽然经济全球化造就了一个缺乏确定性和主体性的生存世界,整个世界处于伦理统合、政治博弈、利益竞争的不稳定时期,但中国和拉美同处崛起发展阶段,在促进世界多极化、经济全球化、国际关系民主化等方面,有着共同的利益诉求。2014年,习近平主席在题为《努力构建携手共进的命运共同体》的主旨讲话中提出打造中拉命运共同体。"共同体是具有共同归属感的、持久而有机生长在一起的、人的意志的完善的统一体",① 具有共同体关系的个体、组织乃至民族国家能够以和平的方式相处,彼此相互结合,呈现同质性、整体性的特点。当前中拉应在构建坚不可摧的命运共同体关系的基础上,塑造合作共赢的发展共同体关系,进而走向牢不可破的文化共同体关系。其中,命运共同体关系是中拉双方在全球化浪潮中增进政治互信和精诚合作的实质性支撑,具体表现为在双边和多边框架下多层次、多领域的贸易、投资与金融合作;发展共同体关系以命运共同体关系为纽带,意指中拉双方应秉承和而不同的发展理念,共享平等互利的发展地位,进而实现共同富裕的发展目标;而文化共同体关系以价值认同为前提,通过厘清民族国家之间自由的、确定性的边界,打破共同体成员之间的隔阂与疑虑,是巩固命运共同体和发展共同体关系的根本保障,它也是中拉命运攸关意识的更高追求和塑造发展共同体关系的目标指向。

(一)构建坚不可摧的命运共同体关系

1.贸易、投资与金融合作是核心

随着中国加入世贸组织以及中拉政治互信的不断增强,中国与拉美的经

---

① 〔德〕菲迪南·滕尼斯:《共同体与社会——纯粹社会学的基本概念》,林容远译,商务印书馆,1999,第58页。

贸合作进入了快速发展的"黄金十五年"。世界经济结构性变迁为中国和拉美提供了增长模式转型的动力和机会，中国和拉美正加速成为世界经济新的增长中心，二者优势互补的特性和潜力仍然显著。21世纪以来，双方贸易规模由2000年的126亿美元扩展到2014年的2636亿美元，[①] 双边贸易结构不断优化，高科技产品和高附加值产品开始进入双边贸易范围。中拉双方投资规模和合作领域也不断扩大。截至2015年，中国对拉美直接投资存量1263亿美元，中国企业在拉承包工程完成营业额840亿美元，合作领域涵盖基础设施建设、能源资源、农业与工业制造、矿产开发与加工等方面。在注重投资战略导向的同时，中拉双方金融机构的加入也为中拉多层次、宽领域务实合作增添了新动力。中国央行分别与阿根廷、巴西、智利等国的央行签署了双边本币互换协议，多家中方商业银行在巴西、阿根廷、秘鲁等拉美国家成立分行或开展金融业务。与此同时，拉美地区银行也在开拓中国市场，而中国加入美洲开发银行也对支持拉美经济增长起到了重要作用。当前，贸易、投资和金融齐头并进的中拉全面战略合作局面初步形成。未来，中拉经贸结构将不断优化，贸易、投资与金融仍是中拉多层次、多领域合作关系的核心，而能源、基础设施建设、民生工程、人力资源等方面是经贸合作的重点。

2. 双边和多边机制是框架

随着20世纪60年代中古建交，20世纪70年代新中国与拉美国家迎来了建交高潮。从20世纪60年代仅与古巴一国建交，发展到今天共与拉美21国建立外交关系，中拉关系从民间关系发展到官方关系，从文化交流关系发展到友好合作关系，从单一的经贸合作关系发展为全面战略伙伴关系。随着中国国力的增强与全球化进程的迅速推进，在世纪之交重视并参与多边外交成为中国外交的战略选择。进入新世纪，中拉关系正处于向纵深发展的好时机。中国已同巴西、阿根廷、智利、秘鲁、委内瑞拉和墨西哥6国建立

---

① 赵晓娜、雷晓晴：《中拉贸易10年内达5000亿美元》，《南方日报》2014年7月22日，第A16版。

了全面战略伙伴关系或战略伙伴关系。中国已与智利、秘鲁、哥斯达黎加3个拉美国家签订了自贸协议，中国与这些国家的双边贸易额占中拉贸易总额的绝大部分，有力地促进了中国与相关拉美国家双边贸易的发展，促进了拉美国家经济社会的发展。中国从长远利益出发，在继续与拉美大国稳定关系的同时，应积极加强与拉美各国贸易的多边联系，并搭建中拉合作的多边论坛与谈判协商机制，中国与拉美签订的双边和多边投资与贸易协定可以有效地规避双方在经贸合作领域的政治风险，为中拉多领域的务实合作奠定坚实基础。中国始终致力于在双边和多边外交框架下，既重视与拉美地区的整体性合作，又着重加强与拉美大国在国际事务、经贸往来、人文互鉴等领域的双边合作，以展现积极作为、敢于负责任的大国形象，提升中国在拉美地区的影响力，增强中国与拉美国家的政治互信。

3. 政治互信和制度建设是保障

中拉命运共同体关系得益于政治互信和制度建设的双重保障。其中，政治互信是关系保障的基础，制度建设是关系保障的核心。在政治互信方面，中拉双方在理解和尊重双方国家核心利益的基础上摒弃意识形态、政治体制以及社会形态的差异，彼此包容并蓄、互利合作的态势明显向好。2005年以来中拉双方高层交往密切，拉方先后有12位国家领导人访华，而中方历届国家主席和总理也频频密集出访拉美各国。联合国拉美和加勒比经济委员会2013年发布统计数据显示，中国经济每增长1个百分点，将拉动拉美经济增长0.5个百分点。由此可见，中拉双方在经济全球化浪潮中互利共赢、增进政治互信是正确的选择。而良好的政治互信离不开制度建设的保证。经过约30年的交流合作，中拉双方的利益关切意识进一步增强，在充分了解彼此价值、意图和能力的前提下，中国和拉美之间存在诸多可以加强深度合作、寻求共同发展的基础和条件，关键在于要有一个能够将之现实化和长期化的有效机制，对涉及双方共同利益的合作事项进行精心的综合筹划和组织落实。当前中国应与拉美国家在世界贸易组织的规则范围内，根据双边和多边贸易协议以及拉美国家的经贸政策、法律法规妥善处理中拉双方在经贸领域可能出现的摩擦、争议与分歧，积极应对和规避潜在风险。中国应紧扣

《中国与拉美和加勒比国家合作规划（2015-2019）》达成的共识，以中拉合作论坛为核心，开展宽领域、多层次、全方位的务实合作，不断积累中拉关系良性协调发展的制度经验。

（二）塑造合作共赢的发展共同体关系

1.和而不同的发展理念

"和而不同"包含着对内外和谐统一的追求，具有很强的生命力。与西方国际政治理论的逻辑不同，"和而不同"理念以平等相处、合作互赢、共同发展为核心处理与拉美国家之间的关系。"和而不同"是人类共同生存的基本条件和基本法则。当今世界，各个国家发展都无法脱离经济全球化和文明多样化的国际环境。由于在经济全球化中的地位差异以及文明间的力量强弱，世界政治经济格局具有明显的非均衡性，发展中国家与发达国家之间、发展中国家之间内部都存在不同程度的发展差异。因此，不可能存在统一的发展模式适用于不同文明的民族国家。中国与拉美地区发展阶段相同，都面临加快经济发展、促进社会进步的关键任务。双方合作交汇点、利益契合点日益增多，特别是彼此经贸发展共同点与互补优势明显。但是，中国与拉美在迈向现代化的过程中发展道路仍然存在很大不同。首先，中国和拉美国家在政治背景和法制规则上存在很大差异。其次，拉美33个国家的个体差异、外交政策也有所不同，不可能存在指导中拉一体化发展的单一理念。再次，中国与拉美文化形态差异明显，难以调和因文明的差异而导致的理念冲突。最后，中国与拉美社会建设与发展的侧重点也存在一定程度的差异。但是中国与拉美国家可以在"不同"中谋求"和"的方面，主要表现为在政治稳定的前提下，加快产业结构转型升级，科学处理好"经济—资源—环境"之间的关系，完善社会福利保障制度，妥善解决社会发展中的利益矛盾和纠纷，努力提升民众的生活质量。① 中国"和而不同"的外交理念从辩证思维

---

① 范和生：《中国应怎样认识拉美——国内相关研究动态与镜鉴意义》，《人民论坛·学术前沿》2014年第17期，第47页。

的视角看待世界政治经济格局的发展趋势，它是解决不同国家发展争端，促进世界多元文化共同繁荣发展，追求和谐、开放、平等、互惠新型外交模式的必由之路。

2. 平等互利的发展地位

平等互利是市场经济的普遍原则，也是我国发展中拉经济关系的基本原则，是被国际社会认同的共同原则。首先，中拉平等互利的发展地位表现为经贸与投资领域的精诚合作。中国与拉美在经贸、投资中享有平等的法律地位，双方严格遵守世贸组织规定和中拉双方的贸易协定，破除贸易壁垒，强化权利与义务保障机制。以中拉能源合作为例，近年来，我国从拉美进口的原油增速较快，且比重逐步提升。中拉加强能源合作完全建立在平等互利的基础上，中国在技术服务、能源融资、基础设施建设、勘探开采等领域以各种形式参与拉美能源改革。二者本着地位平等、利益共享的原则，妥善化解发展中的潜在风险。其次，中拉平等互利的发展地位表现在合作发展中不附带任何政治条件。不论拉美国家的大小、贫富与强弱，中国都平等对待，互尊互利。中国与拉美国家通过互利共赢的务实合作建立共同体关系，绝不因双方的经济依赖而强迫建立政治意识形态联盟，部署地缘政治战略。中国本着平等互利、共同发展的原则，致力于发展中拉全面合作伙伴关系，这既符合双方的根本利益，又有利于地区的和平与发展。

3. 共同富裕的发展目标

中国与拉美命运共同体关系的共同目标是通过互利发展，实现共同富裕。当前，中国与拉美国家都进入缩小贫富差距、增进人民福祉的关键时期。而要解决这些问题的根本着力点就是发展。步入新世纪，中拉合作共赢有助于双方实现共同富裕的目标。首先，中拉共同富裕的经济依赖度不断提升。官方数据显示，近年来，拉美地区重要基础设施项目的关键融资多来自中国。2015年，中国国有银行对拉美的贷款达到291亿美元。中国对拉美的直接投资存量已达到1263亿美元，有力地促进了拉美国家的基础设施建设。同时，拉美国家也为中国的经济发展提供了丰富的工业原料与重要能源支撑，拉美也成为中国对外出口的主要市场和第二大对外投资目的地，中国的发展离不开拉美。其次，中国摒弃意识形态偏见，致力于自身发展的同时，始终坚持向其他经济困难的发展中国家提供力所能及的援助。[①] 中国以南南合作为框架，在工业、农业、教育、医疗卫生、基础设施等经济民生领域，加强对拉美的重点援助，承担应尽的国际义务。可见，中国同拉美发展中国家"同甘苦、共患难"的发展共同体意识不断增强，在实现国家发展与人民富裕的历史进程中携手共进，同舟共济。

（三）走向牢不可破的文化共同体关系

1. 价值认同是前提

认同是"求同"和"存异"同时发生的双向动态过程。从宏观层面说，认同是本民族屹立于世界民族之林的保障，也是促进民族国家繁荣发展的不竭动力。作为一种文化共同体，不同民族国家既要展现自身的文化特质及其差异性要素，又要对不同文化的核心价值观表现出强烈的尊重与认同意识。值得注意的是，文化共同体并不是强迫民族国家之间实现文化的统一，乃至完全同质，而是在"存异"的基础上，理解不同国家为实现民族独立和发展而选择的政治制度、意识形态和发展道路。在全球化深入推进和第三波民族主义浪潮不断演进的时代背景下，中国与拉美国家的价值认同是确保中拉命运共同体和发展共同体关系的基本前提。一旦失去了对彼此价值理念与核心利益的认同，中拉文化共同体也就难以形塑和维系。当前受贸易摩擦、劳资纠纷、认知片面、缺乏沟通等因素影响，部分拉美国家民众对中国产生不信任感。全球化在推动民族国家边界淡化的同时，也导致民族国家在世界政治话语权和经济地位的竞争中自我保护意识增强。如果没有构建起一个稳定牢靠的、被拉美国家普遍认同的、具有中国特色的价值体系，那么中国与拉美命运共同体、发展共同体关系就难以在全球化浪潮中稳步推进。维系中国与拉美文化共同体关系稳固发展的价值体系至少应包含三大基本要素：第

---

① 中华人民共和国国务院新闻办公室：《中国的对外援助（2014）》，人民出版社，2014，第1页。

一,同属多民族集聚区的中国与拉美国家的多元文化融合发展势态,展示了二者以自由平等、兼容并蓄为核心的文化担当;第二,中国与拉美国家同样拥有反殖民主义压迫和实现民族独立的历史记忆,锻造了二者以爱国主义和民主文明为核心的民族精神;第三,中国与拉美国家在现代化转型发展中经历了相似的时代挑战和机遇,形塑了二者以改革开放、与时俱进为核心的创新精神。

2. 兼容并包是原则

兼容并包是中国文化走向拉美的基本原则,我们既要不断提升民族文化基因,防止"去中国化"的危险,又要甄别接纳优秀拉美文化。中国与拉美文化具有兼容并包的基础。首先,中国与拉美文化都具有多样性特征,使得二者的文化结构天然具有开放性。中国文化发祥地的多中心决定中国文化多元化结构,并且中国文化具有很强的延续性,在历史潮流中不断吸收人类各种文明的优秀元素。拉美文化受殖民主义的影响,其文化是多种异质文化的混合体,并在长期的碰撞和对话中相互借鉴与调和,逐步适应、融合,形成拉美稳定、独特的文化结构。[①] 其次,中国与拉美文化在历史上就存在联系,且在长期的交流中相互影响。"海上丝绸之路"开创中拉文明碰撞的历史,殖民时期华工、华侨和华人对中拉文化的融合发展起到关键性作用。双方文化的差异性增强了彼此的吸引力。拉美的饮食、服装、农业生产、茶艺、医药等不同程度上附带中国文化元素。同时,拉美文化也对中国文学、诗歌创作等产生深远影响。哥伦比亚著名作家加夫列尔·加西亚·马尔克斯(Gabriel García Mrquez)的《百年孤独》就是在中国最具持久影响力的文学名著之一。智利诺贝尔奖得主巴勃罗·聂鲁达(Pablo Neruda)的诗歌一度引领中国诗坛20世纪中后期的创作潮流。获得诺贝尔文学奖的中国作家莫言也坦言他的作品深受拉美文学"魔幻现实主义"手法的强烈影响。再次,中国政府一贯重视同拉美国家的文化外交,周恩来总理形象地将对外文化交

---

① 〔秘〕欧亨尼奥·陈-罗德里格斯:《拉丁美洲的文明与文化》,白凤森等译,商务印书馆,1990,第67页。

流和对外经贸比喻为外交（机身）的两翼。中国文化部与拉美国家联合主办"中拉文化交流年"等系列文化活动，通过节目表演、主题展览、电影放映、人文对话、系列讲座等形式向拉美国家宣传中国文化。驻外使领馆、在拉企业、孔子学院以及国内接收拉美留学生的学校等都会定期开展常规性的中拉文化交流活动。政府间文化协定的签订和逐步落实，使中拉人文交流迈入新的发展阶段。最后，中国文化与拉美文化在全球化的发展过程中互相借鉴、学习，二者业已有了较为充分的接触和了解。在近半个世纪的中拉文化交流中，并没有出现大规模的文化对抗和不可调解的文化矛盾。反之，在交流过程中，中拉双方都对彼此的文化品质表现出较强的兴趣和认同。可以说，中国文化与拉美文化的对话与交流是世界上多样性文化和谐相处的典范。实践证明，中外文明不仅不会对抗，而且还具有很强的互补性和包容性。

3. 文化产业合作是支撑

中国与拉美在经贸、投资、能源、制造业、基础设施建设等重点领域签署了多项协议，取得了长足发展。但是应当清醒地看到，未来的中拉关系绝不仅仅局限于经贸与金融合作，中国要想与拉美建立坚不可摧、牢不可破的命运共同体，必须与拉美国家形成价值理念、传统文化领域的认同感，以避免"软实力赤字"现象。当前，应抓住拉美一体化发展进程的有利时机，积极推动我国与拉美国家的文化贸易发展，加强文化产业合作，探讨产业对接与融合机制。近年来，国务院先后出台多项促进措施以鼓励中国文化产业"走出去"，基于文化差异、政治形态等原因，中国与拉美国家在文化产业领域尚有很多未开拓的空间，双方具有较好的合作前景和运作空间。目前，中国已同拉美地区21个建交国中的19个国家签订文化协定，在此框架内与11个国家签署了年度文化交流执行计划。[1] 中国与巴西、阿根廷、墨西哥、秘鲁等拉美大国在文化产业主题展、互派留学生、共建孔子学院等方面已取得了卓有成效的进展。2014年5月，中国文化产业代表团在阿根廷参加首

---

[1] 焦波：《中拉文化交流：机遇空前持续升温》，《中国文化报》2015年1月15日，第4版。

届南美文化产业博览会期间,就提出了构建中国与南美文化产业合作机制的倡议,得到南美十国的一致支持。当前,应在深入研究拉美文化及社会状况的基础上,与国内外拉美研究机构和高校联合开发拉美民众喜闻乐见的中国文化产品。[①] 中国政府历来鼓励有实力的文化企业实施"走出去"战略,并积极联络外交部、文化部、商务部以及中国文化产业协会等相关部门参与拉美文化产业发展论坛。同时,努力与拉美国家构建信息交流与共享平台,推动双方企业在资本运作、项目建设、产品研发等领域的合作。

三 中拉共同体关系的障碍因素与消解路径

(一)影响中拉共同体关系发展的障碍因素

中拉关系的发展并不是一帆风顺的,存在诸多亟待妥善处理的内外矛盾。总的来说,影响中拉关系可持续发展的因素主要有三大方面。

一是中拉在国际经贸中存在矛盾以及拉美国家内部发展的差异性与不平衡性。其一,中国与拉美国家的经济贸易具有很强的互补性,拉美地区主要向中国输出原材料、工业能源以及部分工业制成品,中国则向拉美出口不同科技含量的工业制成品。但是,中国与拉美国家在国际市场的产品出口方面又具有很强的同质性。一些拉美国家将中国视为既得利益的竞争者。同时,中国产品的出口也在一定程度上直接冲击了拉美国家的国内市场,挤占本土民族工业发展空间,导致双方贸易摩擦逐渐增多,加之全球经济不景气,拉美已成为中国遭遇贸易保护主义限制最严重的地区。巴西、阿根廷、墨西哥等行业组织发达的国家已对中国的资本和商品输出提高关税,实行反倾销保障措施和特保调查。其二,拉美国家内部发展的差异性与不平衡性也导致中拉关系难以取得整体性突破。当前拉美地区政治经济格局处于动态变化中,主要表现为各国实力重新组合,多梯队发展格局初步形成;拉美政坛左、右对峙

---

① 程洪:《试论中国与拉丁美洲的文化贸易》,《拉丁美洲研究》2007年第4期,第16页。

的政治生态格局渐趋稳固；拉美大国主导区域合作的意识增强。① 由此，形成中国拉美外交政策的倾向性，即中国重视同巴西、阿根廷、墨西哥、委内瑞拉、智利和秘鲁等拉美大国间的战略伙伴关系，但这不意味着中国同拉美其他国家就是对抗关系。

二是中拉关系不可避免地受国内因素以及国际因素的制约。当前（2015年——编者注）拉美33个国家中仍有部分国家与台湾保持所谓的"外交关系"，中国始终将"一个中国"原则贯彻于和平外交政策中，任何干扰国家和平统一的行为都会影响中国同相关拉美国家的外交关系水平。同时，美国、欧盟②和日本也是制约中拉关系发展无法忽视的因素。中国已成为拉美第二大贸易伙伴国和主要投资来源国。中国在拉美地区影响力的逐步提升，引起了美国、西欧、日本等别有用心者的强烈不满。美国政界激进分子甚至将中国在拉美地区经济影响力的上升视为严重的地缘政治挑战，臆想中国借机在拉美扩大势力以对美国的国家安全造成威胁。欧盟和中国都将拉美视为工业原料、能源和初级产品的重要来源地，都强烈关注这个拥有5.6亿多人口的大市场。中国在拉美地区影响力的上升会削减欧盟在拉美的利益空间。而日本除担忧中国挤压其拉美贸易市场外，更担心中国争夺其在拉美的政治利益。日本担心中国削弱其在拉美地区的政治地位，影响其在成为联合国安理会常任理事国一事上获得拉美国家支持的努力。当前，西方国家一方面在拉美地区鼓吹所谓"中国威胁论"，以挑起拉美大国对中国的警惕和戒备；另一方面又积极调整其拉美政策，密切关注中国的拉美动态。

三是中拉文化差异影响中拉关系深层次交往。其一，中国与拉美地区由于地理距离遥远，历史上双方缺乏交流，文化往来十分有限。中拉文化差异既包括各自文化传统的不同，也包括意识形态和价值理念的差异。中国和拉美国家在政治形态、价值观念、语言习俗、宗教信仰等方面差异较大，由此

---

① 沈安：《拉美经济与中拉关系：新挑战和新机遇》，《国外理论动态》2014年第2期，第81~82页。
② 楼项飞：《美国、欧盟对拉美整体合作的差异性比较》，《太平洋学报》2016年第2期，第91页。

导致双方看待问题的角度和处理问题的方式也不尽相同，这就造成双方交流会存在障碍。其二，中拉关系最大的隐患是中国和拉美都缺乏对彼此的深入了解和研究。受语言差异、研究投入不足和文献资料缺乏等因素的影响，双方相关研究机构的研究深度和广度不够，缺乏交流研究成果的国际平台。双方民间交往较少，信息沟通渠道有限，直接交流成本昂贵，且彼此之间了解不深，心理认知偏差较大。其三，西方媒体和拉美国家内部舆论别有用心的报道，明显制约了中拉关系的深入发展。拉美民众更多地习惯从欧美媒体了解中国，容易受西方偏见的左右。由于担心中国挑战欧美在拉美的经济利益，一些西方媒体片面报道，恶意夸大宣传中拉双边贸易摩擦。由于很多中国企业对拉美劳工、环保、税收等政策不甚了解，部分问题和纠纷被西方媒体鼓吹提升至人权、政治层面，渲染"中国威胁论"，这加剧了拉美民众对华的整体负面认知。文化的差异性固然可以增强双方的文化魅力和吸引力，但更需要求同存异，不断积累共识。

（二）实现中拉共同体关系长久发展的路径选择

中拉命运共同体、发展共同体与文化共同体关系具有坚实前提和前期基础。这不仅得益于驱动双边与多边关系发展的强大经济纽带，也离不开中拉双方在战略布局上达成的重要共识。如何处理中拉共同体关系面临的各种障碍，是推动中国和拉美关系跨越式发展不可回避的关键问题。笔者认为，实现中拉共同体关系长久发展，需要从以下几方面入手。

其一，努力构建全方位的政治、经济、人文三大合作领域的支撑体系。在政治互信领域，推动中拉关系整体性均衡发展，巩固中拉双边和多边合作框架，完善中拉在国际政治领域的协调机制，共同推动国际政治经济秩序朝更加公正、合理的方向发展，强化战略合作意识；在经济促进领域，继续夯实中拉经贸合作"1+3+6"框架和产能合作"3×3"新模式[①]，推动贸易、

---

① 中拉产能合作的"3×3"新模式：一是契合拉美国家需求，共同建设物流、电力、信息三大通道，实现南美大陆互联互通；二是遵循市场经济规律，实现企业、社会、政府三者良性互动的合作方式；三是围绕中拉合作项目，拓展基金、信贷、保险三条融资渠道。

投资与金融合作齐头并进，在全球分工体系中健全产业互补与融合机制，助推双方经济结构的转型升级，完善贸易争议处理机制，促进双方互利共赢；在文化合作领域，拓展中拉人文互学互鉴深度，消除中拉因文化差异所导致的心理隔阂，积极举办文化交流活动，构建中拉文化产业合作机制，增强双方的文化软实力，夯实中拉传统友谊的民意基础。

其二，平衡中国与拉美不同国家之间的利益关系。[1] 由于拉美国家政治意识形态和国家制度的差异，不同主权国家有着不同的利益考量和政治主张。中拉合作无法回避此类政治敏感话题。这就要求中国具有敏锐的政治智慧和外交策略。拉美地区共有33个国家，中国既要重视与拉美地区的整体合作，又要充分考虑利益各方的诉求区别对待。基于对拉共体成员国差异性的认识，中拉整体合作应采取"多边"与"双边"双轮驱动的策略，着重加强与巴西、阿根廷、墨西哥等拉美大国在国际事务、经贸往来、人文互鉴等重点领域的双边合作，通过巴西加强与拉美南部国家的联系，通过阿根廷夯实与南方共同体市场的合作，通过墨西哥密切与中美洲国家及加勒比地区之间的关系。同时在中拉论坛及中拉关系"五位一体"合作框架内，加强与拉美国家的多边协作，就共同商定的重点领域与项目，开展多国间的密切配合与通力合作。立足长远，兼顾局部利益和整体利益，确保中拉整体合作的溢出效应获得拉共体成员国的认同与广泛接受。

结　语

中拉远隔大洋，陆路不通海路通。拉美是"海上丝绸之路"的自然延伸，拉美地区是我国"一带一路"建设的重要组成部分。中拉命运共同体关系是现阶段中拉关系的基本要义，发展共同体关系是命运共同体关系的延

---

[1] 范和生、唐惠敏：《中国对拉美大国的外交战略逻辑》，《人民论坛·学术前沿》2016年第8期，第43页。

伸，旨在推进中拉共同发展，而文化共同体则是巩固命运共同体和发展共同体关系的根本保障，也是中拉命运攸关意识的更高追求以及塑造发展共同体关系的目标指向。虽然中拉关系面临一系列内外矛盾，但中国与拉美命运共同体、发展共同体与文化共同体关系逐步形成，且趋于稳固。应当理性、辩证地看待矛盾背后中拉关系发展的广阔前景，坚持以经贸、投资与金融合作为动力，在促进双边和多边关系稳步发展的基础上，进一步深化政治互信，扩展重点合作领域，促进互利共赢，进而增强在国际事务中的主动权和话语权，有力推动中拉在全球化潮流中最大限度地维护中国与拉美国家的整体利益。

消费结构转换与全球化风险[*]
——基于"常人世界"的生活实践范式

范和生　刘凯强

摘　要：消费全球化的讨论历来多聚焦在国家战略、社会转型和文化变迁等宏观维度，有所忽视"普通人"生活世界内微观行动表征之于消费结构转换的作用。伴随全球化进程与人们"常识性"消费实践关联程度加深，刺激我国消费升级动向包括民众"一元"到"三元"消费模式内涵进阶、消费场域由区域性人格化向全球性市场化扩容、混合消费品"进场"渠道多元拓展以及国际商品"锚定效应"倒逼本土品牌自我追赶。反观全球一体化步伐加快也带来诸如生活方式"虚无"等质化、消费主义"庇护"载体软性渗透、空间正义对抗诱发阶层消费"裂痕"和消费者维权"定位"陷于失范等风险。这就急需我国尽快从全球化的"被定制者"走向"消费自觉"的践行者。

关键词：消费结构　全球化风险　"常人世界"　生活范式

一　研究缘起："不容小觑"的消费全球化

自15世纪克里斯托弗·哥伦布（Christopher Columbus）"发现"新大陆

---

[*]　本文原发表于《学术研究》2020年第2期，收录时有修改。

以来，人类便拉开了从原始封闭到开放互融的全球化（globalization）大幕。特别是20世纪两次世界大战后，新技术革命辅之资本与商品的国际流动，全球化力量逐步向社会生活的各个领域延伸。与之相对，学界关于全球化理论的积极探讨也迈向多重向度：一是以伊曼纽尔·沃勒斯坦（Immanuel Wallerstein）世界体系论为代表的"经济全球化"（economic globalization），认为全球化发端于资本主义世界体系，是资产阶级内在生产逻辑的体现，各项国际事务和国家行为都在经济统一体框架下运行，呈现为"核心（core）—边陲（periphery）—半边陲（semi-periphery）"特性；[1] 二是乔治·莫代尔斯基（George Modelski）提出的"政治全球化"（political globalization），此观点以理性主义的世界秩序立场为起点，要求尽快打通国家和民族边界，建立一体化的政治体系，其组织形式类似联合国、欧盟和世界银行等；[2] 三是马丁·阿尔布劳（Martin Albrow）阐释的"文化全球化"（cultural globalization），主张各文化主体间开展行为互动和相互尊重与妥协，以各国民主和人权等理念为依托，塑造并强化差异性共存的"全球意识"（global consciousness），重构人类社会认同；[3] 四是安东尼·吉登斯（Anthony Giddens）论述的"现代化全球化"（modernization globalization），他将全球化看作"现代性"在全世界蔓延的产物，其历史脉络实质上就是现代性不断彰显的过程，并覆盖四个向度，即民族国家体系、世界经济体系、世界军事秩序与国际劳动分工。[4]

毋庸置疑，上述各种形态的全球化大致要素可以殊途同归至物质或精神生产这一内核。在此基础上，各大跨国公司将"流水线"式的物品、服务或文化，借助宽阔交易空间和广告投放推销至世界各地。全球化业已被赋予全新内涵，正沿袭"生产全球化→贸易与金融全球化→消费全球化"的主

---

[1] 〔美〕伊曼纽尔·沃勒斯坦：《现代世界体系（第一卷）——16世纪的资本主义农业和欧洲世界经济的起源》，郭方等译，社会科学文献出版社，2013。
[2] 杨永强、谢亚洲：《从时间到空间：全球化、现代化叙事逻辑的转化——基于新马克思主义空间政治批判的视角》，《国外理论动态》2018年第10期。
[3] 常姝：《转向个体实践取向的文化全球化与本土化研究探析》，《思想战线》2019年第3期。
[4] 刘少杰主编《国外社会学理论》，高等教育出版社，2006。

线前进。由之衍生的"标准化"生活式样大范围传播开来,并对消费者产生规模性影响:现在,我们周围充斥着大量原本西方社会中的主流消费品。人们饮用可口可乐;品尝肯德基、麦当劳;身穿 ZARA 和 HM 等快消衣品;在影院观看《速度与激情》《复仇者联盟》等好莱坞大片……越来越多"舶来之物"不断冲击发展中国家民众传统的消费模式和价值偏好。可以说,消费领域的全球化以"来势汹汹"之姿态与经济、政治和文化全球化交叉叠加,共同革新着国内个(群)体生存状态和生活面貌。但是,尽管官方机构或媒体时常"发声",呼吁重视全球化"外衣"下消费因素对我国产生的综合效应。事实上,此刻活跃在彼此身边的西方化和全球化消费现象并未得到应有高度和深度的学理探究。本文试图植根于日常生活世界内"普通人"程序性衣食住行等方面的改变,梳理当前全球化为中国消费结构转换带来的机遇与风险。

二 介入范式切换:从"常人世界"方法论谈消费

消费全球化某种程度上是不同国家、区域或民族的消费品、消费理念和消费方式在世界范畴内相互交流和传递的过程。与经济、政治、文化全球化有所不同,消费全球化"落地"更加依赖个人或群体的现实互动,起源的根本动力更是直接来自本国或本地区民众对他国或他地区内广泛流行的消费物、消费环境、消费工具的憧憬与模仿。然而,长期以来学界习惯将全球化研究动辄上升到制度、体系等宏观层面,并认为由此匹配的社会结构和秩序具有先验性和约束性,人们受到影响会自觉接受和遵从这些规范来被动适应全球化演变。在此,笔者并不拒斥站在宏观角度剖析消费全球化所产生的一连串正负外部性。但这种思维范式极易滑向将"活生生"的个体看成全球化规则和规律之"傀儡"的深渊,将社会成员降级为"丧失判断力的人"(judgmental dope),忽视日常生活复杂的组织过程中消费者通过大量权宜行为和努力反向推动全球化发展的主观能动性。因此,在全球化浪潮涌动剧烈的今天,有必要把介入范式切换至人们实践活动构成的"常人世界"。

（一）常人方法论"祛魅"：胡塞尔、舒茨和加芬克尔的"薪火相承"

常人方法学是一种直面社会个（群）体的研究方法，它主张从"普通人"的方位去操作化社会运行中的诸项事件。其概念雏形滥觞于埃德蒙德·胡塞尔（Edmund Husserl）现象学社会学中"生活世界"（living world）一词。他将"存在问题"（question of being）置换成"意义问题"（meaning of being），把独立于人类意识而存在的外在世界转化为透过人们意识或行动而展开和发生的与人类主观建构有关的世界。① 相应的，胡塞尔反对埃米尔·涂尔干（Émile Durkheim）将"社会事实"（social fact）仅仅当作社会现象中纯粹性的基本原则，他认为不同群体成员在日常生活中为完成各自实践性行为所使用的策略及方法，才是连接客观实在科学世界和先验现象主观世界的关键中介。阿尔弗雷德·舒茨（Alfred Schutz）在胡塞尔思想基础上将"生活世界"明确界定为人们寓于其中生存并进行各种常规性活动的具体社会环境，"生活于社会世界中的行动者，在科学研究之前，就已经营建着属于自己的意义与关联性的结构，即'常识性构造'，并具备扰动科学研究的工具手段和理性能力"。② 换言之，生活世界应当是研究者分析一切社会问题时必须重视的"假设性"前提。美国学者哈罗德·加芬克尔（Harold Garfinkel）在其著作《常人方法学研究》中，首次概括并系统阐释了"常人方法论"（ethnomethodology）的叙事内涵。他坚持运用一般性知识和程序来观察和解释社会运动的同时，更加细化地从人们行动的"权宜性"（contingency）、"场景性"（scene）、"索引性"（indexicality）和"反身性"（reflexivity）四重内涵特质出发，③ 关注社会中绝大多数没有受过严格"科学训练"却时刻用寻常言行影响社会发展的普通行动主体——他们才是真正推动社会改革的建构者和诠释者。

---

① 侯钧生主编《西方社会学理论教程》（第三版），南开大学出版社，2010。
② 孙飞宇：《方法论与生活世界 舒茨主体间性理论再讨论》，《社会》2013年第1期。
③ Harold Garfinkel, *Studies in Ethnomethodology*. Englewood Cliffs, N.J: Prentice-Hall. 1967, pp. 274-283.

综上所述，虽然常人方法论客观上存在"话题狭窄"和"界限模糊"的商榷之处，但它反对形而上学和以偏概全的思维，为我们提供了一个独特且新颖的视角去解决各学科理论取向中"宏观—微观""能动—结构"相互融合的问题。在此图景下，"个人与社会""专业理论与普遍常识""生活世界与制度性环境"之间原先的两极对立得到缓冲。

（二）"常人世界"方法论之于消费全球化启示

常人方法论突出社会生活是最值得注意的第一"实在"，继而从普通民众的日常行动和其看待行动的思考模式出发来判断社会现象及社会问题。此逻辑推导与笔者主张将"常人世界"圈定为探索消费全球化的边界范围，并着眼探讨置身其内的普通人的生活实践范式不谋而合。故而，常人方法论对于现今消费全球化的介入具有两方面启发。

其一，消费全球化的研究应该重点关注普通消费者的情感意愿与价值选择，而非一味强调外部消费规范的确立和制度的创新。这是因为，一方面，社会中千差万别的"人"决定了日常消费事务无法持续具备高度稳定的特征，如果试图将某种制度或规则盲目"普世"，并在所有个（群）体中推广或强迫人们在日常行为中同它们保持一致，便会夸大制度或规则的适用意义，反而增加消费互动系统的混乱状态；另一方面，各种规则和制度与其说是先于行动干预，作为行动的"蓝图"发挥指导作用，不如说是消费者根据本体需要自由选择后凝练的成果，是敦促各类消费行为具象成一种"可说明的"或"可描述的"工具，其根本"光辉"在于服务和帮助人们消费能力的提升。

其二，消费全球化的拓展和精准把握必须依靠具有强大行动力的普通个（群）体。一方面，消费者处于既定的客观社会现实中，会自然而然地以周边日常理性程序（不限于规范和制度）为参照，趋利避害地进行各类消费实践；另一方面，他们又采取大量重复性惯习和模式，在主观能动性和消费能力阈限内极大拓宽消费领域，在满足自身各种消费欲望的过程中深刻影响消费全球化的内涵与外延。换句话说，消费者不仅是消费全球化的反映者、评判者和参与者，更是以其现实努力成为具有主动性的结果推进者和目标达成者。

三　全球化机遇之"潮"：消费结构的"中国转型"

消费全球化指涉了现代化和全球化双重进程中"社会—个体"在市场理性框架下的动态过程。在现代性全球化力量下，我国消费结构的全面嬗变离不开国内群众消费文化、态度、行为在世界范围交流和互融后出现的变革。

（一）跨内涵进阶："一元"到"三元"消费的模式换挡

改革开放深入和市场经济成熟的双重助推下，40 年来中国民众的消费经历了三步递进过程，即"一元"量的模式（物质）、"二元"质的模式（物质—精神）、"三元"感性模式（物质—精神—趣味）。此三种消费模式分别代表泾渭分明的时代气息和内涵特点，主要表现如下。

首先，"一元"消费模式（1978~1998 年）大多发生在商品短缺时期，首要目标是基础性物质资源数量上的满足。此 20 年的光景里，国内经济环境和全球化程度较改革开放之前大幅改善，人民收入水平稳固提高。然而，受限于前期财富积淀薄弱，此模式下，广大消费者最迫切的仍是将有限财力放在对耐用消费品的追求，居民恩格尔系数居高不下。值得说明的是，在国际贸易推力下，部分专属于那个年代的高档"洋货"（BB 机、大哥大、桑塔纳轿车）初步在小规模"先富"的消费群体中流行开来，但这并未能从整体上动摇国民消费仍处于重"量"的生存型阶段事实。

其次，"二元"消费模式（1999~2010 年）是小康社会的典型产物，它作为一种发展型模式，是人们物质消费基本满足后，应势向文化性消费转变的高阶需求。根据世界银行划分标准，人均 GDP 达到 1000 美元时，精神消费诞生；1000~4000 美元时，精神消费渐趋活跃；4000~12500 美元时，精神消费比例攀升；超过 12500 美元时，精神消费进入繁荣状态。[①]"质的消费"是从"量的消费"母体里孕育而出的，它在强调物质欲望满足的同时，

---

① 李惠芬：《文化消费的困惑："国际经验"与实践的背离》，《南京社会科学》2019 年第 8 期。

开始侧重"知识"欲望,即赋予文化消费、专业或非专业服务消费高度热情。换言之,"二元"消费不仅迎合生物有机体的"元需求",同样兼顾在休闲旅游、娱乐分享、知识订阅等"次生"精神层面的愉悦。

最后,"三元"消费模式(2011年至今)中,消费者在"量"与"质"需要皆饱和后,格外关注更能展示自己个性和价值的商品,看重感性情绪体验及其所表露的个人品位。在皮埃尔·布迪厄(Pierre Bourdieu,又译皮埃尔·布尔迪厄)看来,消费终归是一种表现性实践(expressive practice),用以彰显独特的生活风格和趣味(taste),"趣味是对分配的实际控制,它使人们直觉感触到某一固定角色的个体生活方式如何发挥社会导向作用,引导社会空间中特定位置的角色占有者走向适合其特性的社会地位"。① 这也表明,在物质消费和精神消费无忧之后,一种对趣味的消费更能体现人们阶层归属和地位认同,其所承载最大的功能是对他人的"示异"(heterogenization)。即主动制造"身份距离"(identity-distance),借此突出自身"异质性",以达到功能性心理需求的实现。时下,我国中高等收入群体观赏音乐会、从事高级体育运动(私人健身、高尔夫)、学习乐器等货币支出类型越发"休闲",正是对趣味消费的践行印证。总体而论,"一元"到"三元"消费模式的换挡升级归根结底是人们消费实力从"需要"到"能要"再到"想要"的进步。

(二)消费场域开放与扩容:区域性人格化转变为全球性市场化

全球化大潮席卷下,消费早已超出传统零售与超级市场的位置限制,它通过对物质系统和文化内核的连接,整合行为与情感、身体与空间、地方特色与全球共性等多维互动关系,进一步拉伸居民消费场域内原来僵硬的内部张力。所谓场域(field),布迪厄将其理解为"在各种位置之间存在的客观关系的一个网络(net-work)或构型(configuration),是由复杂的关系以及

---

① 〔法〕皮埃尔·布尔迪厄:《区分:判断力的社会批判》,刘晖译,商务印书馆,2015。

附着于特定位置的行动者或机构之上的决定性因素所构成的"。① 显然场域概念具有两层相互含义：它既是各种价值范式共同作用后形塑的社会关系网络；又化身为干预社会行动者及其实践的外在力量，人类集体行为无法脱离其内在规定的限制。全球化进程中涌现出的政治、文化、娱乐或教育等资源大多以各国市场为纽带，将生产者与消费者耦合联动，促进本国消费结构由区域性人格化转变为全球性市场化。

数千年来我国一直处于自然经济占据主导地位的农业型社会，个（群）体的常规性消费大多倚仗家庭或宗族为单位来完成，商品的价值兑换尚未上升到经济活动的中心议题，仅仅作为对小农生产方式的一种补充。这种自给自足的社会生活方式，也直接限定了当时人们日常消费是区域性的，商品交换大多只能在周遭局部场域内流动。此类相对闭塞环境中的消费更多依赖生产者与消费者彼此间的声誉和信任，是一种人与人直接发生关系的人格化消费。由于交易双方将地缘（时空距离远近）和血缘（亲属背景、情感认同）视为消费互动的先决原则，这就容易导致消费品流通不畅、消费水平低下、消费惯习机械等缺陷。但伴随市场经济的强劲崛起，特别是20世纪80年代后高涨的全球化热度，打破了我国消费结构固化的区域性人格取向，树立了市场在"产—消"环节中的权威地位。与此同时，作为市场全球化最重要的载体，跨国企业为获取效益最大化，在全世界范畴内寻求合作经营的机会，国际贸易得以快速发展，各类物品、服务和信息等可供消费的资本在全球空间内散布开来。人们的消费经过市场这一"庞大而精巧"的机器运作后，可以从固定场景中"挖出来"，再放入无限时空地带进行二次组织，借助多样化工具接触到以前无法覆盖超远距离的消费品。这种灵活的全球"脱域性"造就了中国兼具开放性和包容性的市场化消费结构。

（三）"帮手"共助：国际混合消费品"进场"渠道的多元拓展

改革开放决策实施以及全球一体化作为"时空整合"（timespace

---

① 刘凯强、范和生：《两栖格局：消费场域张力与资本流动间的抑制困境及动因解构》，《青海社会科学》2019年第1期。

integration）的具象表达，使得"在场"和"缺场"纠缠在一起，让远程的消费关系和制度在不同地方性实践内交织，加快资源国际流通速率。"开放活泼"的商业氛围让伦敦、米兰、东京的"前卫风"迎面吹来，混合"进场"的国外消费品对中国市场占有也分布在三个领域。首先，国内无法同步供给的价格优势商品，涵括被高频率使用的日常消费品，如女性化妆品、数码家电等。消费者选择动机是对自身形体"时尚"与"美感"以及生活"便利"的追求。其次，高质量标准商品，囊括与食品和生命安全紧密相关的用品，如奶粉、尿不湿和营养保健品等。选择动机是对国内同类物品的"不信任感"。最后，炫耀型综合类奢侈品，包含名牌箱包、珠宝配饰和服装鞋帽。选择动机是逢迎中国人面子情愫中的"符号比较"。收入攀升的今天，过去看似"遥不可及"的"洋货"和高档服务俨然"飞入寻常百姓家"。

以上国际化色彩浓厚的消费品涌入，得到多种"帮手"的通力协作。第一，以线下百货商超为营销场所的实体经济相对稳定。格兰特·麦克夸肯（Grant McCracken）指出美国民众20世纪中后期最重要的消费动向之一就是百货商场的大规模建造和升级，店内美轮美奂的装修设计和货架商品的陈列为顾客实现了想象中的欲望和物质现实间既新鲜又明确的结合。[①] 无论是外来消费品进入，还是消费者购物需求满足，都离不开某种平台连接二者，大型商场充当了这一中介角色。国内万达广场、万科广场、华润万象城等都市商业综合体兴建后的招商引资，无疑加大众多国际名品在中国市场的投放力度。第二，以线上淘宝、代购为补充渠道的网络经济"热化"升温。新型移动通信技术引领的数字化消费种类繁多地应用于消费者群体，在安东尼·吉登斯的观点中，前现代社会多数人日常生活都被具体的时空点位"捆绑"，是自己或他物的"在场"范畴，"所有交往都存在某种计算好的既定模式及为自身时空定位的方式"；[②] 而到了现代社会，科学技术发展迅猛，

---

① Grant McCracken, *Culture and Consumption*. Indiana University Press, 1990, p. 25.
② 〔英〕安东尼·吉登斯：《现代性与自我认同——晚期现代中的自我与社会》，夏璐译，中国人民大学出版社，2016。

特别是网络媒介、通信设施和物流行业的日新月异，人们足以在时空分延框架下认领"缺场"的他物。必须去现场挑选产品的买卖行为，仰仗互联网介质可以在虚拟空间中走完整套流程。第三，国内消费制度成本下降。制度成本按照彼得·布劳（Peter Blau）之说就是"制度之形成、运行与变更皆不免费"。① 一项制度成本越高，不必要的资源投入越多，行动者收益势必削减。我国顶层设计一直付诸大量努力降低消费制度中高昂的成本，自2019年4月1日起，我国对国外进口商品下调增值税、关税和消费税，三者相应降至13%、7.7%和20%左右，整体较之前下降显著。应强调的是，上述各种促进消费品互相流通的"推手"对市场和消费者起到的都是双向作用，丰富商品供给的同时，也增强人们的消费能力。

（四）"锚定效应"烈度强化：倒逼本土化品牌的自我追赶

与日加快的消费全球化脚步为商品国际交换创造便利条件，满足国内人民群众消费愿景和美好生活需要的同时，过多的消费外流却暴露出一个"痛处"：国外高质量消费品"锚定效应"对比下，我国本土品牌生存空间被挤压。所谓锚定效应（anchoring effect）是美国心理学家阿莫斯·特沃斯基（Amos Tversky）和丹尼尔·卡内曼（Daniel Kahneman）在1974年"幸运轮"实验中发现并总结的。它是一种心理现象的内在作用机制，指在不确定情境下，人们决策结果或目标值向初始信息或初始值，即"锚"（anchor）的方向过度接近而产生估计偏卷的现象。② 通俗地说，就是对某事或某物做出判断时，人们易受第一印象或第一信息支配，不自觉地给予初始信息过多重视，并以此为固定标准衡量他物。现实消费活动中，消费者对某件商品的购入意愿会受到价格预估、品质水准以及符号价值等因素的锚定，萌生强烈的比较感。国际知名品牌的过硬质量、时尚气质和良好口碑在市场

---

① 林晓珊：《海外消费、制度成本与扩大内需——消费者选择的制度解释》，《山东社会科学》2015年第10期。
② 陈素白、章怡成、高诗劼：《锚定效应在网络口碑领域中的考察：以豆瓣电影在线评分为例》，《国际新闻界》2016年第3期。

中早早立下参照标杆，倒逼"后发"的本土化品牌为了重新俘获消费者"芳心"而进行追赶。

令人欣慰的是，愈来愈多的中国品牌通过各种努力走向了自我提升的良性轨道，出现华为、海尔、科大讯飞等一系列在同行业内能够与国外大牌分庭抗礼的本土企业。综观这些成功转型的本土品牌，其追赶策略大致经历三个步骤。第一阶段，"技术导向"追赶方案。本土品牌采取模仿创新或自主创新的方式首先对国际领先品牌成熟技术加以引进和仿效后，形成早期产品雏形，并凭借后期工艺设计、质量管控、生产督导等方面的投入，研发和打磨出在硬件条件上接近或达到国外同类商品水平的本土消费品。第二阶段，"市场导向"追赶方案。本土品牌在争取自己的客户群体时，兼顾主流和非主流市场中的用户需求，既以独特的价格优势构建起一部分稳定的低端消费市场，形成基础性品牌影响力和口碑；又通过对品质的持续提升逐渐扩大中高端消费市场。第三阶段，"认同导向"追赶方案。部分本土品牌在技术和市场实现追赶后，硬件上并不弱于欧美大牌，甚至很多国际名饰从原材料到加工再到成品也都是在境内完成的，但缘何两者在消费者心中地位悬殊？答案便在于文化与价值认同上深耕细作的差异。国外顶级奢侈品总是注重营造"高端华丽"的气场，迎合消费者想突出"与众不同"的购物欲望。部分中国企业，如"李宁"认知到自身在文化和价值输出上的短板，尝试结合文化自信背景融入中国元素，将"东方"文化巧妙地糅合进品牌宣传，所推出的"中国李宁"系列在巴黎和纽约等时尚之都大受当地民众追捧，不仅赢取了本土消费者的认同，更吸引西方消费者的关注与认可。

四 全球化风险之"困"：消费诱惑"新衣"的再制造

中国居民消费结构转型不单得益于收入和政策保障水平的提升，更离不开全球化深度发展这一现实红利。但伴随全球消费共同体的日益紧密，也不可避免地遭遇来自他国社会中的风险侵袭。

（一）"虚无"危境：生活方式等质化程度加深

自消费全球化帷幕开启以来，源于发达国家的消费品、消费文化和消费方式在世界范围内快速扩散。此过程中，发展中国家，尤其是中国虽然稳步缩小与发达国家间的消费鸿沟，但受到外来"富裕者"诱引的示范命题，消费实践却愈发与西方各国趋同。衣（Levi's、Nike）、食（汉堡、薯条）、住（CBD、欧式洋房）、行（Mercedes-Benz、Audi）中的消费元素被烙印下浓厚的"欧美气息"。中国社会生活中原发性的消费内涵正在奔向一种"虚无之物"——特色匮乏、意义缺失、个性式微，只是向某个统一中心靠拢的群体性消费模板。美国社会学家乔治·瑞泽尔（George Ritzer）将此"异相"归结为"虚无全球化"（the globalization of nothing）的后果。他认为"虚无"（nothing）是"一般集中创立、控制并且比较而言缺少有特色的实质性内容的一种社会形式"；与之对应的"实在"（something）是"一般本地创立、控制并比较而言富有独特的实质性内容的一种社会形式"。[①] 全球化会加速各国间生活方式由"实在异质"走向"虚无等质"。

笔者看来，全球化引发的"虚无"消费危境是因为它将本国、本地区和本民族内人口、文化、资本、知识、财富等差异性消费要素，从"地方性"中连根拔起抽象为一种空洞的消费模仿。当前，我国消费者面临的等质化生活方式可以拆分为三个子集。其一，商品"仿制化"。国外企业制造出的独特产品引领了某种消费风潮或时尚，在国内培育出相当数量的拥趸后，许多本土企业为了自身盈利与发展，从生产到销售不惜通盘借鉴，甚至是"山寨照搬"。购物者周围被迫充斥大量类似的商品，消费选择的多样性消失殆尽。其二，服务标准化，又称为"麦当劳化"（McDonaldization）。瑞泽尔就言"流水线、制度管理和绝对过程控制是麦当劳成为全球商业典范的关键原因"。[②] 在这种非理性系统中，讲求效率和结果的可计算性催生出

[①] 王宁：《消费全球化：视野分歧与理论重构》，《学术研究》2012年第8期。
[②] 张敦福、段媛媛：《发达资本主义社会的消费文化》，《福建论坛》（人文社会科学版）2012年第4期。

批量化的"无主见"劳动人员,他们对所从事岗位并没有情感涉入,只是为了获取报酬或规避责任,依据固定准则提供各种机械化和拼贴复制化的服务。其三,价值"欧美化"(westernization)。欧美各国意图让全世界人民以弱思考性接受其商品和服务在全球循环开来,常常在商品和服务之上潜移默化地输送自己社会中的文化、思想和习俗,以价值观为手段干扰他国消费者的决策判断,酝酿出"伪一体化"价值霸权。

(二)被"人造"的激情:消费主义"庇护"载体的软性渗透

消费全球化在"物"的领域展现为商品交换与传递,那么在"文化"领域则展现为理念规范和思想惯习的碰撞与融合。由于早发型资本主义国家在"工业化连续性""大企业和工厂价值""生产积累""资本集权化""产业关系""政府调控与市场配置"等维度的相对成熟,其消费现代化开端较早、程度较高,诞生出"重生存"和"重占有"两种消费观念。埃里希·弗洛姆(Erich Fromm)指出前者是"通过人的创造性发挥和实现人的潜能的积极消费方式";后者是"把追求、独占'排他性'资源看作是消费目的和人生幸福"。① 两者将人的感性冲动从技术理性压制解放出来的同时,在社会中极大催化出一种消费主义的价值伦理。广大发展中国家,囊括中国在内的消费现代化几乎都属于"他化"(being assimilated)过程,深受早发国家在消费制度、模式和产品等诸多方面的"灌输",消费文化也不由自主地向西方社会"聚集",显示出"文化杂交化"(cultural hybridization):全球化并不能摧毁本地文化,但会造成核心国家文化对边缘国家文化的压倒性占领。

目前,国内消费文化存在的"杂交"现状是西方消费主义强势登陆与我国"崇尚节俭""去奢去泰"等消费传统间的一种对立,在此矛盾中传播媒介过强的宣传能力更是充当了消费主义的"庇护者",加剧日常民众的消

---

① 王雨辰:《经典西方马克思主义在当代西方的理论效应及其当代价值》,《武汉大学学报》(哲学社会科学版)2019年第5期。

费行为无序。如约翰·B. 汤普森（John B. Thompson）所言的"当今社会几乎没有什么领域不受到大众传播机构和机制所触及，更不存在什么社会领域不面向广告媒介所描绘的象征形式流通开放"。[①] 广告和新闻的本意是通过价值转移（value transformation）使消费品具有某种文化意义的符号象征或在人们与消费品之间搭建起某类习惯性联想。但如今，商业性媒体已经异化为营销沟通的工具：它看似与消费者是"亲密朋友"，帮助买家了解商品第一手新鲜信息；实则却是与生产厂家"同一战壕"，为了自身生存和壮大，收取劳务后，按照卖家的意愿对商品进行大肆渲染，夸大消费品资本附加效应及其功能。由此，我们会陷入微博、微信和"直播"等媒介载体利用其重复叙事能力不间歇勾勒出的多种"人造"消费情境，将大众的私人生活按照其鼓吹的消费逻辑臆造为虚假的"消费共同体"。长此以往，消费者难以抵挡外界"设计"出的"消费激情"而丧失主体性，不再去主动思考"我为什么要消费"而是觉得"我不得不消费"。至此，全球化中肇始于发达国家的消费主义在多种传媒软性操纵下强化了对消费者独立能动性的把控。

（三）空间正义对抗泛化：差异化阶层群体消费"裂痕"凸显

全球化下的中国消费市场正从模仿型排浪式向多层次、个性化和多元化变迁。无论是鲁思·本尼迪克特（Ruth Benedict）描述的"夸富宴"（potlatch），还是托斯丹·凡勃伦（Thorstein Veblen）阐述的"有闲阶级"（leisure class），抑或是丹尼尔·贝尔（Daniel Bell）所叙的"理性消费"（rational consumption），都是阶层分化背景下消费的等级性类属，且有迹可循地存在于我国消费者群体之中。在消费社会特征全面显露的今天，应当允许和鼓励不同阶层自由选择消费理念和生活方式。但也要客观发现，"大众生产"和"精英消费"仍然并举的双轨社会内，因各阶层消费能力断裂所引发的消费空间正义对抗正呈现泛化趋势。正如大卫·哈维（David Harvey）立足资本、权力和资源在全球空间中的不均衡性所指出的，空间正

[①] 〔英〕约翰·B. 汤普森：《意识形态与现代文化》，高铦等译，译林出版社，2005。

义（spatial justice）就是"存在于空间生产和空间资源配置领域中公民权益方面的社会公平和公正，它包括对空间资源和空间产品的生产、占有、利用、交换、消费的正义"。① 换句话说，空间正义实质上强调人们对于共生空间内资源的平等使用权，注重对公民空间权益的保障。当下，我国各阶层存在的消费空间不正义情况表现为富裕群体与小康、温饱群体在消费能力上马太效应（matthew effect）的进一步拉大，全球化成果并未惠及全体消费者。即，农民和工人阶层仍然是生存型消费的主要启动力量；中产阶层则是发展型消费的主力；雇主和高收入阶层已经是享受型消费的重要"客户"。

笔者之所以将阶层群体的消费"裂痕"判断为损害消费全球化空间正义的"风险点"，是基于内外部两方面理由。首先，外在原因是西方主导的"生产—消费"资本在全球空间化中急剧扩张导致阶层间消费关系的不对等。马克思道"不断扩大产品销路的需要，驱使资产阶级奔走于全球各地。它必须到处落户，到处开发，到处建立联系"。② 此逻辑导向下，各式各样的外来资本为了打开我国市场，会有的放矢地迎合不同阶层群体的消费能力，造成在光怪陆离的消费品面前，一部人过度追逐高档奢侈品蕴含的符号价值，肆意浪费资源和挥霍钱财，另一部分人则因为财产不足或观念守旧，仍然只能保守买进耐用消费品。其次，内在原因是本土消费者卷入全球化程度的深浅造成消费空间正义平衡被打破。一方面，阶层收入水平客观上的差距，致使消费者购买全球化产品的能力无法统一。高收入群体比低收入群体拥有更充沛的资源去主动参与消费全球化。另一方面，地理空间上的差距造成全球化渗透力不同。同一区域内，城市社区居民比乡村社区居民更有机会接触到全球化的便利；不同区域内，对外开放程度更高的地区往往受到全球化势力的影响更深，更早接触到国际社会中超前和流行的新兴消费品。由此，可以判定真正具有空间正义的消费社会应当是发展成果被大众分享或共享，而不是只被少部分精英群体所占有。

---

① 任政：《资本、空间与正义批判——大卫·哈维的空间正义思想研究》，《马克思主义研究》2014年第6期。
② 《马克思恩格斯文集》（第二卷），人民出版社，2009。

（四）"越轨牟利"频发：消费者维权"定位"陷于失范

传统消费环境中，消费渠道多集中在线下官方门店和熟人让渡的实体途径。但随着市场经济方兴未艾和全球化带来的消费时空无边界性外拓，在线互联网消费作为满足人们强烈跨地域购物愿景的新兴中介，实现了物品在"去时空化"上的物理移动，一跃成为消费品在全世界范围内互动所倚重的核心载体。不可否认，网络消费在避免外汇管制、通关手续、国际结算、社交藩篱等环节较线下消费更显便捷，但也正因买卖双方不用"面对面"接触，反而给予销售者大量漏洞在"纯粹"的"经济人"逻辑下刻意隐瞒商品质量缺陷或扭曲交易程序，直接涌现出"越轨牟利"的恶果。此时，消费者利益受损后的补救行动便陷于罗伯特·默顿（Robert Merton）所说的"失范状态"（anomie situation），"我们的社会生活竟然发生了如此深刻的变化……与身处社会类型相适应的合法权利逐渐丧失影响力，而新的道德也没有成长起来，社会规范在个体身上的缺席使我们合理的意识最终留下了一片空白"。[①] 即人们运用社会认为合规的手段却不能实现对自己权利的维护。

在网络化色彩浓郁的消费全球化中，消费者"弱势性"风险似有愈演愈烈之势。首要体现在"维权定位"的精准性不足，表现为空间划分和法律界定的双重模糊。一方面，网络消费运行多处于虚拟的赛博空间（cyberspace）且地缘分布全球，卖方交易过程中即便暴露出非人格化（impersonalization）的"收益窃取"行为，也很轻易能在互联网的匿名环境下抽身。纵使买家运用技术手段将其找出，但鉴于全球化疆域过宽，权衡一系列维权成本后，往往也被迫放弃。另一方面，在互联网时代，各个国家的公民都会被卷入跨境的国际贸易中。但是大多数国家和当地的消费者行政保护机构只能调查和消费者产生纠纷的国内卖家，对于国外卖家碍于地域或国

[①] 朱力：《失范范畴的理论演化》，《南京大学学报》（哲学·人文科学·社会科学版）2007年第4期。

家司法制度、规则的差异以及政治因素，不便或者无力进行过多干涉，本国公民的消费权利保护并不充分。此外，网络消费奉行简便的"无纸化"交易，众多国际私人卖家很少会为商品开具正规发票，又无形中加剧了消费者"固定证据"的难度。

五　结论：全球化"被定制者"到"消费自觉"践行者

消费全球化所构建的独特场域是标榜了独立性和嵌入性标签的互动过程，在影响力扩张过程中，不同国家、地区和民族之间基于经济水平、政策开放、政治体系、文化价值等因素的分歧，对消费全球化的认同与卷入程度处于不同"核心—边缘"位序。长期处于核心地带的欧美大国所主导的整体性全球化，在其所谓"现代文明"和"消费社会"的光环下，天然标定着"先进""自由"等印记，这为西方消费品、消费理念、消费模式整套进入"欠发展"的边缘地方披上了"合理性"和"便民性"。中国过去数十年在消费全球化进程中也不例外地扮演着"被定制者"角色，为了尽快摆脱"被安排"的境地，充分利用全球化给我国消费结构转换带来的正外部性，成为"消费自觉"的主动践行者，应当遵循两种行动逻辑。

其一，以达成文化互嵌为目标的包容逻辑。消费全球化存在两种对立统一的文化互动范式，即"普遍性的特殊化"与"特殊性的普遍化"。前者指所有全球范围的思想和产品都必须适应当地环境，放弃帝国主义强硬灌输的消费集合，才能有效地实现"消费地方化"；后者则是要求民族、地方放弃本土群体中某些形式的文化本质主义，开放式融入全球化进程，并以地方特色、消费者行动和商品反输出将个性文化认同赋予共性"全球意义"。以上两种范式虽然存在文化流动方向（共性到个性、个性到共性）上的区别，但本质都是强调不同文化间互容互嵌。也就是说，我们在吸取西方社会中消费便利性的同时，也应主动将具有我国本土文化的消费品和生活方式推销至世界各地，在全球化话语体系中占据一席之地。

其二，坚持全民受益，遵循"新消费"发展逻辑。当前世界正面临百年未有之大变局，其中一个重要方面就是全球化"助推"的单边保护主义激烈角逐。面对错综复杂和瞬息万变的国际环境，中国更应该正视现状，有针对性地发展"新消费"模式。它是开启品质消费背景下，人们对质量、安全、绿色、共享、公平、理性等方面生活形态和服务模式的全新追求。"新消费"的内涵是超越基本生存消费需要的一种进阶，其核心要义就是促进我国各阶层消费者都能享受消费全球化的福利，而不是只有利于少数发达地区或富裕群体。

关于消费全球化"潮—困"的讨论实质上是价值认知和风险评估之争。毫无疑问，消费全球化虽然存在一定的陷阱和挑战，但是应该肯定其蕴含的巨大希望和机遇，它为本土消费者带来了西方高层次的消费体验，在满足人民群众日益增长的美好生活需要的同时，亦强力推进我国消费结构的转换与升级。

论公共卫生危机下的国际社会团结*

范和生　陶德强

摘　要：国际社会团结是以国家为主体的一种特定团结，是不同国家之间"内化于心""外化于行"的行动过程。作为国际政治社会化产物，国际社会团结内驱于对幸福追求和公平正义的向往，催化于经济与安全共同需要的达成，成形于契约与行动，并且始终蕴含一定的矛盾张力。公共卫生危机下，国际社会团结具有认知风险、协调行动的一般过程，同时兼具理想型与曲折性两种形态。新冠疫情表明，同处危机中的不同国家，基于"置身事外"与"身陷其中"、"共同利益"与"相同利益"、"守法收益"与"违法成本"、"集体利益"与"个体利益"的不同认知，在团结条件和行动付出上存有差异，从而使得国际社会团结陷入困境。对此，国际社会的团结创造，关键是要凸显"命运与共"的人类命运共同体意识，通过全球化加深彼此联系，同时推进全球卫生治理。

关键词：公共卫生危机　国际社会团结　建构主义　全球卫生治理

随着新冠疫情（COVID-19）的全球蔓延，人类社会面临有史以来在非

---

* 本文系国别和区域研究专项资金资助教育部高校国别和区域研究 2020 年度规划课题"全球公共卫生治理中的中拉命运共同体建设研究"（项目号：2020-G59）、安徽大学双一流建设项目"中拉命运共同体构建研究"（项目号：S030164001/005）的阶段性成果。

传统安全领域的最大考验。事实证明,"团结合作是国际社会战胜疫情最有力武器",① 面对疫情唯有团结才能化险为夷。然而,现实却是另一番景象。"至今为止,这次疫情的全球应对无论从结果上、过程上,还是未来的发展趋势上看,都是比较失败的。"② 如此正如霍林格所言,团结问题已成为21世纪最大问题。③

鉴于新冠疫情给国际社会带来的复杂影响,学界已开展了广泛探讨和持续思考。概而论之,主要集中于两个维度:一是着眼于国别内部,探讨疫情影响、疫情应对等;④ 二是放眼于国际层面,分析疫情下国际关系、国际合作等。⑤ 总体而言,团结话题鲜有论及。有鉴于此,国际社会团结是什么,蕴含怎样的机理;公共卫生危机下国际社会团结有着怎样的现实呈现——此类问题无疑成为当下国际政治社会学极具魅力、亟待探讨的重要议题。

一 国际社会团结的理论观照与现实反思

国际社会的主体可以是国家,也可以是组织与个人。总体而言,国家在国际层面的规范制定、机制创设中依然起主导作用,因此正如布尔所言,国际社会是以国家为单位的。⑥ 一直以来,围绕国际社会团结,学界充满着诸多设想。

---

① 习近平:《团结合作是国际社会战胜疫情最有力武器》,《求是》2020年第8期。
② 贾庆国:《从新冠疫情下国际合作看全球治理面临的困境和挑战》,《国际政治研究》2020年第3期。
③ 李义天主编《共同体与政治团结》,社会科学文献出版社,2011。
④ 国别内部的疫情论述,参见徐家良、张圣《中国疫情防控多主体关系的动态诠释》,《上海交通大学学报》(哲学社会科学版)2020年第5期;王萍《美国新冠肺炎疫情危机应对检视》,《和平与发展》2020年第3期。
⑤ 国际层面的疫情论述,参见王逸舟、王瑾等《热话题与冷思考——新冠肺炎疫情与国际关系未来走向》,《当代世界与社会主义》2020年第3期;郭树勇《大危机下的国际合作与外交转向:国际政治社会学的视角》,《当代世界与社会主义》2020年第3期。
⑥ 孙兴杰:《社会·国际社会·世界社会——三种国际关系史阐释的视角?》,《史学集刊》2009年第6期。

（一）现有范式：三种解释路向

有学者认为，现代意义上的国际社会是工业革命之后的产物，因为在此之前受丛林法则支配并无国际社会存在。① 基于这一判断，有关国际社会团结的解释，可以划分为三种流派。

其一，"道德论"范式。其要义是从道德、价值层面探讨国际社会团结。面对普法战争和法国革命引发的动荡，涂尔干试图从道德团结中寻求良策。在他看来，随着分工发展，"有机团结"将取代"机械团结"，人类最终将走向"世界主义"道德团结。基于欧洲一体化，涂尔干设想"在这个国家之上，还有另一个国家正在形成，它将囊括我们的民族国家，它就是欧洲之国或人类之国"。② 因这一社会在现实中并未出现，涂尔干认为重心要回归国家。同样，黑格尔基于伦理精神探讨世界帝国，从"世界精神"层面探讨人类"大同"。③

其二，"制度论"范式。其旨趣在于从世界政治的制度与规范角度探讨国际社会团结。布尔认为国家之间基于制度与规则，能够产生合作与团结关系。在他看来国际社会是存在的，"当一组国家意识到它们具有特定的共同利益和价值观念……认为在彼此关系中受到一套共同规则的约束，并且一起运作共同制度时，国际社会就出现了"。④ 同样，基欧汉也强调制度对于合作的作用。国内学者张康之、张乾友认为，工业化进程是创制秩序的产物，在全球化时代将转变为合作共同体。⑤

其三，"风险论"范式。其内涵是全球化风险将促使国际社会团结的到来。贝克认为"全球化乃是人类遭遇的新命运，是世界正在经历的又一次

---

① 徐进：《国际社会的发育与国际社会核心价值观的确立》，《国际关系学院学报》2008年第5期。
② 李义天主编《共同体与政治团结》，社会科学文献出版社，2011。
③ 张战等：《构建人类命运共同体思想研究》，时事出版社，2019。
④ Hedley Bull, *The Anarchical Society: A Study of Order in World Politics*, New York: Columbia University Press, 1977, p.41.
⑤ 张康之、张乾友：《共同体的进化》，中国社会科学出版社，2012。

历史转型"。① 面对全球化风险，所有国家需要联合起来。哈贝马斯认为面对世界性风险，"人类已开始超越民族和国家的界限，逐步走向国际公民社会的未来"。②

（二）现实反思：新冠疫情下的国际社会团结

上述范式虽有差异，但却一致认为，在国际社会中，团结是客观存在的。按照"风险论"，面对疫情这一共同敌人，国际社会将团结以对。但从实际来看，团结却十分艰难。

虽然国际道义早已深入人心，然而面对疫情，"道德论"所论及的团结却并未在国际社会广泛显现。一方面，针对本国疫情防控不力，某些国家竭尽全力地甩锅，"阴谋论"等政治操弄不断。另一方面，指责谩骂、互设障碍的现象层出不穷，"仅 2020 年 3 月，全球各国出台 70 项出口管制措施，每天都有新措施增加；80 个国家颁布出口管制措施，近 40 个国家全面禁止出品相关物品"。③

更加令人费解的是，作为各国理性商讨的产物，"制度论"所津津乐道的、建立在广泛对话基础上的制度，在疫情冲击下显得尤为苍白无力。世卫组织不仅在疫情组织应对上乏善可陈，而且饱受指责与威胁。欧盟将团结原则写入《罗马条约》，④ 但在疫情面前团结却很难实现。

显然，面对疫情冲击，现有理论已然很难给出合理解释。公共卫生危机之下，国际社会团结缘何如此？对此迷思，如何解释，亟待学界回应。遗憾的是，目前，上述问题并未引起足够关注。对已有范式而言，某种意义上说，其根本问题在于片面地追求自身的理论遵循，忽视了团结当中的现实变化和行动者。正如卢曼批评所言，"当风险研究一如既往地、即使只是部分

---

① 〔德〕乌尔里希·贝克、约翰内斯·威尔姆斯：《自由与资本主义——与著名社会学家乌尔里希·贝克对话》，路国林译，浙江人民出版社，2001。
② 章国锋：《"全球风险社会"：困境与出路——贝克的"世界主义"构想》，《马克思主义与现实》2008 年第 2 期。
③ 牛新春：《从新冠疫情管窥国际政治新旧时代转换》，《现代国际关系》2020 年第 4 期。
④ 杨国栋：《法律视野下的欧盟团结原则——兼论欧盟及成员国防疫纾困措施的合法性》，《欧洲研究》2020 年第 3 期。

地关注风险的理性计算时，现实早已展现出其他特征"。① 探讨公共卫生危机下国际社会团结，既要从行动者角度看到背后的团结逻辑，又要留意到危机中的现实场域。可见，建构主义似乎能给予更好的解释。

二 建构主义视角下国际社会团结的机理与张力

"建构主义方法不是把角色和利益看成是既定的，而是将它们问题化，作为分析的对象。"② 在国际政治社会建构性质之下，国际社会团结是可以理解的，蕴含一定的机理与张力。

（一）团结的阐释与界定

"团结"，英文即 solidarity，《朗文当代英语大辞典》将其解释为利益、目标与原则上的团结一致；③ 在《剑桥社会学辞典》中，团结侧重使集体成为现实的因素，是个体互动与联系的归属感。④ 而根据《大辞海》释义，团结则指为共同的理想或任务联合、结合。⑤ 可见，团结本意是联合与配合。自进入社会科学研究显著位置以来，团结问题愈发引起学界关注，但是概念本身却仍然没有定论。

目前，主要存在两种取向。其一，主观存在之物。在王尔德看来，"在本质上，团结是彼此支持的团体成员之间的相互同情感和责任感"。⑥ 迪安亦将团结界定为"人们相互期望彼此对他们之间的关系采取一种负责任的倾向或态度"。⑦ 其二，客观存在之物。斯特鲁眼中的团结，表示时刻准备

---

① 〔德〕尼克拉斯·卢曼：《风险社会学》，孙一洲译，广西人民出版社，2020。
② 〔美〕玛莎·芬尼莫尔：《国际社会中的国家利益》，袁正清译，上海世纪出版集团，2012。
③ 〔英〕萨默斯：《朗文当代英语大辞典》（缩印本），朱原等译，商务印书馆，2005。
④ Bryan S. Turner, *The Cambridge Dictionary of Sociology*, New York: Cambridge University Press, 2006, p. 602.
⑤ 夏征农、陈至立主编《大辞海·语词卷》，上海辞书出版社，2015。
⑥ 李义天主编《共同体与政治团结》，社会科学文献出版社，2011。
⑦ Dean, J., *Solidarity of Strangers: Feminism after Identity Politics*, Berkeley, CA: University of California, 1996, p. 123.

以特定的方式与他人共享资源。① 罗马法中团结则指债务人之间的连带责任。

作为一种主体间性事实，团结具有主观性、客观性的双重属性。"团结是一种有意联合的经验"，"只有当相互紧密联系的各方至少采取一定程度的主动性，并有意识地承认这是一种他们与生俱来的结合关系时，才能实现"。② 霍林格的界定实属团结要义之所在。受此启发，可以尝试将团结界定为"主观意愿和客观联系之下一致行动的过程"，包括三个核心要素：其一，团结的主观性，以情感、信仰、理想目标等为支撑；其二，团结的客观性，以一定的客观需要为驱动；其三，团结的行动性，团结以促进共同利益、分担他者的负担并期待他者未来的类似性回报为目标而行动。③

（二）国际社会团结的机理

国际社会团结，即以国家为主体的国际社会的内部团结。毫无疑问，现有的国际社会团结展现于联合国框架之内，而大国的作用尤为关键。在涂尔干看来，社会团结是以吸引为特征的一种社会联系状态，是促使社会凝聚、结合成一个整体的重要方式，具有客观强制性，其核心和基础是共同价值观和道德规范，即集体意识。④ 综观国际社会团结各种论述，笔者认为其发生机理表现在以下几方面。

1. 以幸福追求和公平正义为内在支撑

幸福和公平正义追求是国际社会团结主观性的集中体现。一方面，作为永恒追求，"人类心灵的主要动力和推动原则就是快乐和痛苦，一切人类努力的伟大目标在于获得幸福"。⑤ 阿奎那认为国家责任就是创造幸福，"掌握

---

① S. Stjernø, *Solidarity in Europe: The History of an Idea*, Cambridge: Cambridge University Press, 2004, p. 2.
② 李义天主编《共同体与政治团结》，社会科学文献出版社，2011。
③ 杨国栋：《法律视野下的欧盟团结原则——兼论欧盟及成员国防疫纾困措施的合法性》，《欧洲研究》2020年第3期。
④ 夏征农、陈至立主编《大辞海·政治学社会学卷》，上海辞书出版社，2015。
⑤ 〔英〕休谟：《人性论》，关文远译，商务印书馆，1997。

国家的统治权实际上成为一种责任，由拥有统治权的政府来担任道义上的义务，就是通过政治统治，维护和平与秩序，使人民过上有道德的幸福生活"。① 另一方面，国际社会团结以公平正义为价值遵循，本质是消除战争，创造和平。在王尔德眼中，国际社会团结是"对普遍和平与正义的承诺"。②

2.以经济和安全两种客观需要为外在驱动

国际社会团结的客观性，主要表现为经济与安全两种需要。其一，全球化发展促使国家之间常态与非常态的经济合作需要日益提升。常态经济合作即货物、技术、服务等日常性贸易往来，非常态经济合作则是在危机等特殊情况下基于救助而产生的经济合作。亚洲金融危机期间，为帮助东盟国家渡过难关，中国坚持人民币不贬值、建立双边货币互换机制，即属非常态经济合作典范。其二，面对外部威胁，不同国家存有安全合作的需要。在传统安全领域，存在结盟和集体安全两种形态。在非传统安全领域，则更多地以集体安全的形态存在。

3.以契约和行动为最终形式体现

国际社会团结最终以行动来体现。一方面，以契约的方式存在。通过契约与制度，可以为团结确定权责与途径。新自由主义者十分看重制度，认为制度是相互依存之下有条件合作的保障。"为了在世界政治中的合作不只是在临时的基础上进行，人类必须使用规则。"③ 另一方面，又会见之以具体的行动，双边机制、多边机制及在此框架下开展的实际行动可谓是其具体表现。

总而言之，国际社会团结是主观性、客观性和行动性的统一。与固守解释、热衷推论逻辑、立足国家内部认定行为是约定俗成的等新现实主义和新自由主义不同，建构主义推崇理解。建构主义之下的国际社会团结是鲜活的、能动的，其蕴含的机理在于，作为国际政治社会化的产物，国际社会团结是不同国家之间"内化于心""外化于行"的行动过程。

---

① 浦兴祖、洪涛主编《西方政治学说史》，复旦大学出版社，1999。
② Lawrence Wilde, *Global Solidarity*, Edinburgh: Edinburgh University Press, 2013, p.1.
③ 袁正清：《国际政治理论的社会学转向：建构主义研究》，上海人民出版社，2005。

上述机理包含三层含义。其一，国际社会团结内驱于主观性。对幸福追求和公平正义的向往是团结起点，也是其实现的必要条件。其二，国际社会团结催化于客观性。基于经济与安全方面的共同需要定义了共同利益，为团结创造了客观条件。其三，国际社会团结成形于行动性。团结的制度化是时代发展的产物，国际政治社会化又使得不同国家基于制度而行动。

（三）国际社会团结的张力

国际社会团结是不同国家之间的联合，鉴于个体之间、个体与集体在利益和价值上的分歧，其始终处于对立统一的矛盾当中。

其一，"向心力"与"离心力"的张力。集体价值是个体参与的关键，一个令人满意的共同体应当是一个"有能力回应广泛的成员需要，解决他们在日常生活中遇到的问题和困难的共同体"。① 在参与集体中，成员会因"期望得到""实际得到"以"离心力"形式开展评估。

其二，"共赢"与"利己"的张力。集体利益与个体利益之间的矛盾始终贯穿于国际社会团结当中。"整体利益服从互惠、共赢的原则，特殊利益服从利己的原则。"② 不同国家在国际政治社会化程度上存有差异，在"共赢"与"利己"之间往往有所徘徊，对团结时而拥抱，时而排斥。

其三，"利多"与"利少"的张力。身处团结中的不同国家，因制度规范与实力差异等缘故，在获利多寡上难免存在一些差异。出于"绝对收益""相对收益"评价上的分化，在"利多"与"利少"上存在不同认知。

其四，"内部"与"外部"的张力。"内部"团结源于归属，"外部"团结基于联合需要。国际社会团结旨在建立具有人类归属、面对共同需要的广泛团结，现实却是"强调对他人的责任感与归属感"的同时，"常常以一种绝不妥协的方式强有力地展示自身"。③

---

① P. Fellin, *The Community and the Social Workers*, IL: F. E. Peacock Publishers, 2001, p. 70.
② 陈曙光：《超国家政治共同体：何谓与何为》，《政治学研究》2017年第5期。
③ 李义天主编《共同体与政治团结》，社会科学文献出版社，2011。

三 公共卫生危机下国际社会团结的经验回溯

公共卫生危机具有极强破坏性。透过公共卫生危机，可以分析国际社会团结的一般过程，也能观察到团结中的不易。

（一）公共卫生危机的特点与影响

危机即危难之机，公共卫生危机即在公共卫生领域产生的国际危机。对此，传统学派突出危机对格局与体系的冲击，建构主义学派强调对人类发展的影响。郭树勇以"大危机"为其定调，认为是"全球治理条件下涉及人类生存与发展全局并对人类历史进程产生重大影响的国际社会危机"。① 公共卫生危机关涉卫生安全，更关系国际社会，就其本质而言，后一种理解更能贴近要害。

公共卫生危机具备危机一般特性，同时具有自身鲜明特征。其一，起因不确定性。通常由某一不明病症引起，很难在短时间内被查明。其二，传播飞快性。作为一种"在相当有限的时间和空间里集中爆发、会侵袭相当大数量的人口，并且通常有较高死亡率的传染或非传染性疾病"，② 其传播速度极快，如埃博拉仅3个月即横扫利比里亚、塞拉利昂等9个国家。其三，范围全球性。新冠疫情4个月即蔓延至绝大部分国家和地区，"涉及人口数量占世界人口总量的比例约为85%"。③ 其四，危害致命性。高致命性是其典型特点，如埃博拉的致死率即达50%~90%。④ 其五，结果难以预料性。除了危害生命安全和引发社会失序，在大国协调和各国抗击当中，更会引发国际关系的微妙变化。

---

① 郭树勇：《大危机下的国际合作与外交转向：国际政治社会学的视角》，《当代世界与社会主义》2020年第3期。
② 张燕：《埃博拉疫情爆发和防控中的"道德两难"和伦理反思》，《伦理学研究》2015年第1期。
③ 沈铭辉、李天国：《后疫情时代的国际秩序与东亚区域合作》，《当代世界》2020年第8期。
④ 徐鹤峰、胡桂学：《埃博拉病毒病概述》，《中国人兽共患病学报》2020年第10期。

公共卫生危机对国际社会存在影响。首先，"你中有我，我中有你"。"病毒不分国界，是全人类面临的共同挑战。任何国家都不能置身其外，独善其身。"① 其次，木桶效应。"全球疫情的控制不取决于控制得最好的国家，也不取决于控制得最早的国家，而是取决于控制得最差的国家。"② 最后，呼唤团结。为了遏制新冠疫情蔓延，包括中国共产党在内的来自100多个国家的230多个政党，"共同呼吁"加强国际合作，共御病毒。③

（二）公共卫生危机下国际社会团结的一般过程

罗蒂认为，团结是"自家人"意识的膨胀。④ 在公共卫生危机中，出于共情与想象的人类本质特性，国际社会的主要反应必然是团结。由此从一般意义上说，国际社会团结的整体要义是团结，以化解危机、应对风险为目的。

鉴于危机表现在不同阶段存在差异，国际社会团结将呈现显著的阶段性特点。芬克根据生命周期，将危机发展划分为潜伏、爆发、扩散、消解四个阶段。作为国际层面的危机应对，国际社会团结以危机爆发为起点。据此，可以从一般过程上，将国际社会团结划分为三个阶段。

其一，爆发期以共情、想象与单向援助为团结主要表现。当某一国家公共卫生危机爆发、引发大量死亡时，国际社会在主观上将对之产生同情、关心，为其捐款捐物。鉴于危机是否扩散，也会密切关注其动态。

其二，扩散期以相互援助、政策协调和集体行动为集中表现。危机的持续扩散引发国际社会广泛关注，其显性危害、潜在威胁使得"自身安全"的客观需要愈发显著。为了应对危机，国际社会将围绕团结开展行动。

其三，消解期以秩序恢复、技术合作、政策反思为团结的主要议题。危

---

① 习近平：《团结合作是国际社会战胜疫情最有力武器》，《求是》2020年第8期。
② 李义虎：《无政府、自助，还是人类命运共同体？——全球疫情下的国际关系检视》，《国际政治研究》2020年第3期。
③ 《世界政党就加强抗疫国际合作发出共同呼吁》，《人民日报》2020年4月3日。
④ 〔美〕理查德·罗蒂：《后形而上学希望》，张国清译，上海译文出版社，2009。

机的消解、影响的消除成为国际社会重要工作，团结中的体制障碍与机制缺陷成为后续的重要议题。

（三）公共卫生危机下国际社会团结的两种形态

1. 理想型及其代表：埃博拉危机下的国际社会团结

国际社会团结的理想形态与其一般过程相对应，具有"大难面前互帮互助"的色彩。面对公共卫生危机，国际社会表现为目标明确、行动协调的特点。在埃博拉危机应对中，"构成了以疫情国政府为主导、以世卫组织为领导、以各类国际援助组织为协助的埃博拉危机应对合作伙伴关系网络"，① 具有这一形态意蕴。

在爆发期（2013年12月至2014年5月），从首例死亡病例在几内亚农村被发现到包括首都科纳克里在内的都市区域蔓延，历时仅3个月并向邻国利比里亚和塞拉利昂蔓延。西非三国采取封锁边境、强制隔离等措施，因卫生基础脆弱，死亡率居高不下。疫情暴发引发国际社会关注，2014年3月，世卫组织、联合国儿童基金会等国际组织和多个国家先后施以援助。中国共向西非国家提供4轮、总价值7.5亿元的防疫物资。② 美国、加拿大等国也提供了资金和物质援助。

在扩散期（2014年5月至2015年3月），西非三国疫情的快速发展及对外扩散，引发国际社会一系列行动。9月30日，非洲以外确诊首例病例在美国被发现；10月6日，欧洲首例感染病例在西班牙被发现。截至2014年10月14日，"几内亚、塞拉利昂、利比里亚、尼日利亚、塞内加尔、西班牙、美国这7个国家共有确诊、可能感染和疑似病例9216例，其中4555人死亡"。③ 在此之下，协同抗"疫"成为国际社会重点任务。其一，世卫组织大力协调。2014年8月8日，根据《国际卫生条例（2005）》，世卫组

---

① 张丽娜、申晓龙：《跨区域公共危机应对中的国际合作问题研究——以埃博拉危机应对为例》，《行政论坛》2015年第6期。
② 参见《中国已向西非国家援助7.5亿人民币抗击埃博拉疫情》，中国网，2014年11月3日。
③ 参见《法国外长称将进一步支持几内亚应对埃博拉疫情》，人民网，2014年10月22日。

织宣布此轮疫情为"国际关注的突发公共卫生事件",并围绕数据发布、指南与技术性文件、资金募集开展工作。截至 2015 年 4 月,世卫组织累计为西非国家募集资金 3.32 亿美元,派出技术专家 2013 名。① 其二,联合国实施组织与动员。2014 年 9 月 18 日,安理会首次就公共卫生议题召开专门会议,组建联合国埃博拉应急特派团。② 其三,国际组织和各国政府广泛参与。七国集团首脑召开峰会,发布联合声明强调与世卫组织合作。③ 欧盟、非盟等召开协调会议,亚太经合组织、二十国集团就协调行动发表声明;世界银行、国际货币基金组织等纷纷给予资金援助。除了捐献物资,中国、美国、法国等多国纷纷派遣医疗队。其中,中美之间的协调与配合发挥了关键作用。

在化解期(2015 年 4 月至 2016 年 1 月),疫情整体上得到控制,疫情消解与重建成为重要工作。2015 年 4 月,"每周新发现的病例数量从 2014 年 9 月高峰期的近千个下降到 2015 年 4 月的 30 个左右"。④ 2015 年 11 月,世卫组织先后宣布西非主要疫情国疫情结束,⑤ 并于次年 1 月宣布埃博拉疫情结束。后埃博拉时期,国际社会针对经验教训开展反思。为提升世卫组织领导与协调作用,世卫组织新任干事谭德塞版的"变革 DNA"改革方案出台;非盟也将医疗公共卫生体系建设写入"2063 年议程"。

2. 曲折型及其代表:新冠疫情下的国际社会团结

国际社会团结另一形态表现为曲折型,具有"大难临头各自飞"的意蕴。曲折形态的国际社会团结突出表现为认识不一致,行动欠协调。尽管结果可能存在团结面向,但过程中不团结的因素较为明显。毫无疑问,国际社会在抗击新冠疫情中显著地具有这一特点。

在扩散期(2020 年 2 月至 4 月),以疫情在其他国家和地区蔓延为主要

---

① 参见《世卫组织 2014~2015 年埃博拉应对活动》,世卫组织网站,2015 年 3 月 25 日。
② 参见《潘基文宣布建立联合国埃博拉应急特派团》,人民网,2014 年 9 月 19 日。
③ 徐彤武:《埃博拉战争:危机、挑战与启示》,《国际政治研究》2015 年第 2 期。
④ 徐彤武:《埃博拉战争:危机、挑战与启示》,《国际政治研究》2015 年第 2 期。
⑤ 参见《世卫组织宣布塞拉利昂埃博拉疫情结束》,新华网,2015 年 11 月 7 日。

表现。根据中国境外发现首例死亡案例、欧美暴发、中国复工复产这三个节点，可将扩散阶段计算至2020年4月。因为正是在4月8日，中国抗"疫"黎明初现，而疫情在世界范围内持续蔓延。在武汉解封、世卫组织宣称中国疫情进入"缓疫阶段"之时，① 全球疫情已蔓延至207个国家和地区，确诊病例数量突破120万大关。依据蔓延速度划分为两个阶段。其一，初步扩散阶段。当2月2日菲律宾发现中国境外首例死亡病例之后，埃及、法国、伊朗、意大利等国先后发现首例病例。在韩国（23日）将疫情调至最高级别、中国以外新增病例数首超本土新增数（25日）之际，世卫组织将疫情风险级别调为"非常高"，此后在意大利成为欧洲"震中"时宣布构成全球大流行。其二，加速扩散阶段。在日本疫情大暴发、美国首现死亡病例、疫情波及全美34个州之时，葡萄牙、法国、伊朗等多国首脑与官员陆续确诊，美国、委内瑞拉等近50个国家宣布进入紧急状态，疫情呈加速传播趋势。②

世卫组织号召各国跨越种族，团结抗"疫"。在疫情基本受控之时，中国政府向多个国家、国际组织派遣医疗队和提供紧急援助。但与此同时，国际社会有违团结的现象却层出不穷。一是无端指责不断。随着欧美疫情尤其是美国疫情大暴发，西方政客不断将病毒"政治化"。美国政府炮制"病毒来自武汉实验室"等不实言论，③ 法国总统批评"中国对疫情有所隐瞒"。④ 美国政府大肆攻击世卫组织，声称其"以中国为中心"并威胁撤资。二是截取物资不断。美国截取意大利检测拭子、禁止口罩出口加拿大，⑤ 并先后截取法国、德国和巴西的口罩。欧盟内部拦截口罩的现象也频繁上演。三是互设沟壑不断。欧美国家在疫情应对中，往往不顾《国际卫生条例

---

① 参见《世卫组织：全球新冠肺炎确诊病例超113万例 中国进入"缓疫阶段"》，人民网，2020年4月6日。
② 参见《世卫组织：全球确诊病例超33万 疫情呈加速传播趋势》，人民网，2020年3月24日。
③ 参见《特朗普改口了：没确认病毒来自武汉实验室》，观察者网，2020年5月6日。
④ 参见《马克龙恼怒声称"不要幼稚地以为中国的表现好得多"》，凤凰网，2020年4月21日。
⑤ 参见《美国禁止N95口罩出口加拿大 安省省长：无法接受》，《环球时报》2020年4月5日。

（2005）》规定和世卫组织建议，简单地采取封闭边境、实行旅行禁令的方式。就在世界粮食计划署发出"2020年全球面临严重粮食危机的人口可能增至2.65亿人"之际，①越南、印度等多个粮油出口国却发布出口禁令。

在化解期（2020年5月以后），以中国全面复工复产、欧美国家陆续解封为标志。在5月7日中国中高风险区域全面"清零"之后，日本、欧洲多国陆续宣布解除紧急状态，美国50个州已不同程度开放，欧盟对中国等15国开放边境，全球疫情进入化解期。实际上，疫情仍在蔓延，但在全球蔓延得到控制后，矛盾由全球蔓延转化为国别内部蔓延。在此期间，不和谐的现象依然存在。其中，无疑以美国政府"甩锅"中国、诋毁中国共产党最为典型。②

四 公共卫生危机下国际社会团结困境与释因

（一）公共卫生危机下国际社会团结困境

理想型与曲折型两种形态的存在，充分说明国际社会团结绝非一帆风顺。究其根源，风险普遍性与资源稀缺性之间的矛盾，限制了主观认知的宽度和集体行动的广度，在一定程度上也愈发降低了从统一认知到一致行动的可能性。如此，折射出国际社会团结困境，即团结的付诸行动往往带来风险，从而引发不团结。这一困境集中表现为以下几方面。

其一，"理应团结"易，"实际团结"难。作为国际政治社会化的产物，道义与共识在国际社会团结中发挥重要作用。然而，"理应团结"与"实际团结"绝不能一码等同。面对疫情，虽然世卫组织多次呼吁团结，国际社会也普遍认识到"理应团结"，但这并不能替代"实际团结"。可见，道义层面的"理应团结"带来不了"实际团结"，现实中往往是前者易而后者

---

① 参见《世粮署说全球2.65亿人或面临严重粮食危机》，新华社客户端，2020年4月22日。
② 参见《蓬佩奥诋毁中国执政党充斥荒唐愚昧》，央视新闻客户端，2020年7月28日。

难。正如罗素所言,"社会团结是必要的,但人类迄今还不曾有过单凭说理就能加强团结的事"。①

其二,"名义团结"易,"实质团结"难。团结既需要名义上的"表态",也需要用实质行动来树立"姿态"。在公共卫生危机之下,鉴于风险代价与利益考量,个体层面往往呈现的是"名义团结"易而"实质团结"难。虽然欧盟将团结写入法律,但是这种"名义"层面并不能确保团结。尽管美国一直兜售盟友团结,但疫情下依然逃不过互相拆台。为了应对疫情,G20在联合声明中宣称将向全球经济注入超过5万亿美元抵消冲击,但在这一特殊场景之下,除了一纸声明之外如何付诸行动仍然不得而知。②

其三,"对内团结"易,"对外团结"难。团结具有边界性,国家的这一边界集中体现为"对内团结"与"对外团结"。"对内团结"建立在纵向等级结构之下,更加容易达成。相反,在无政府状态之下,"对外团结"的基础是道义权威性和主体自觉,往往更难达成。

(二)公共卫生危机下国际社会团结困境释因

本质上,国际社会团结的真正困境,在于人类在迫切呼唤团结之时,不团结却总是不期而遇。公共危机之下的团结困境即属这一典型。对此加以解释,不仅要剖析不团结的原因,还要看到团结的存在并分析其背后动因。

1."置身事外"与"身陷其中"

时空性是国际社会的重要特性。"以国家为中心"的新现实主义和新自由主义在解释行动时,往往只看到权力、安全和财富而忽视时空。实际上,时空既影响行动认知,也影响行动选择。公共卫生危机中,存在"置身事外"与"身陷其中"两种典型时空。其中,"置身事外"意味着地理遥远,危机认知缺乏"在场感"和"迫切感",行动上既能是"高高挂起"也能是"共情想象";"身陷其中"则表示正处危机当中,已知风险的"即视

---

① 〔美〕伯特兰·罗素:《西方哲学史》(上卷),何兆武、李约瑟译,商务印书馆,1982。
② 赵可金:《疫情冲击下的全球治理困境及其根源》,《东北亚论坛》2020年第4期。

感"与未知风险的"惧怕感",使得行动不仅可以是"感同身受",某些条件之下也会产生"推诿扯皮"。

新冠疫情暴发时,周边邻国不仅感受到,事实上也已"身陷其中",因远隔重洋欧美国家则能"置身事外"。由此,除了伸出援助之手,周边邻国也开始积极防控,而欧美国家主要是撤侨、断航。"显然,跟自己并没有多大关系,颇有点隔岸观火的意味,并且不忘适时地对亚洲各国特别是中国的疫情防控成效与政体优劣问题品头论足。"[1] 此时"高高挂起"的美国总统特朗普,甚至赞扬中国抗"疫"。而随着疫情扩散,本国糟糕表现又使得美国不断"推诿扯皮",频繁"甩锅"中国并攻击世卫组织。与之不同,欧盟基于"感同身受"不仅启动"抗疫一揽子计划"[2] 来修复内部团结,同时表示强烈支持世卫组织呼吁多边合作。

2. "共同利益"与"相同利益"

国际社会团结的核心是合作,既受道义因素驱使,也受"共同利益"驱动。长期以来,国家行为研究主要围绕"个体利益"与"共同利益"决定程度而开展,极少关注国家利益的形态变化。事实上,国家在交往中利益既可以存在"交集",又可以表现为"无交集",需求相同、内容一致的"相同利益"即属后者典型。现实中,"共同利益"更多的是建设作用,而"相同利益"所带来的影响往往较为负面。

面对疫情这一共同敌人,抗击疫情、救助生命是彼此共同需求。基于此"共同利益",不同国家之间能够在信息发布、资源分享与行动协调上开展合作。与此同时,疫情蔓延而资源缺乏,使得"相同利益"日渐凸显。医疗物资、外防输入与内保稳定是"相同利益"的集中表现,由此引发截取口罩等不团结现象。

3. "守法收益"与"违法成本"

法治化是现代社会的基本特点,对于国际社会亦同样如此。现实中,

---

[1] 张汉:《全球新冠肺炎疫情中的国家权力与集体行动》,《中央社会主义学院学报》2020年第3期。
[2] 席来旺:《应对新冠疫情挑战 欧盟寻求团结合作》,人民网,2020年3月28日。

加入国际制度与主体内化分属两个话题,"国家利益的追求仍然是国际政治中最基本的行为准则,超国家性的国际仲裁机构不可能像世界政府那样确保国际道德和国际法的全球实施"。① 如此,守法行为更多的是基于主体自觉。由此,"守法收益"不大、"违法成本"不高往往成为国际社会基本写照。

公共卫生领域的国际法,主要是世卫组织的《组织法》和《国际卫生条例(2005)》。然而,前者主要涉及成员管理、会费缴纳、议题讨论等;而后者主要基于卫生风险传播与应对,仅对响应与步骤程序作出规定,对不团结的"违法行为"则缺乏明文规定。依据条例,"每个缔约国应当指定或建立《国际卫生条例》国家归口单位以及在各自管辖行政范围内负责按本条例实施卫生措施的当局",② 惩处缺位之下对于他国危机的反应,难免有所折扣。如此导致,在全球卫生治理中,卫生议题政治化、协调机制碎片化等问题始终频现。③

4."集体利益"与"个体利益"

"集体利益"与"个体利益"是行动者需要权衡的重要议题。东西方在两者关系处理上存在显著差异。东方文化注重包容与秩序,崇尚集体主义,而西方文化推崇个性与自由,追求个体主义。"西方认为个人与社会为两对立之本体,而在中国则以家族为社会生活的中心,消纳了这两方面对立的形势。"④ 受此影响,在国际社会中,东方文化强调兼容并蓄,而西方文化则习惯以"二元对立"的冲突观审视外界关系。⑤ 即便是同处危机当中,亦同样如此。

在新冠疫情危机中,东亚国家之间不仅有互助,还互有学习、赞扬与鼓励。虽然中国得到的援助遍及东西方多个国家,但指责与攻击则主要来自西

---

① 郭树勇:《国际政治社会学简论:马克思主义的视角》,时事出版社,2014。
② 世界卫生组织:《国际卫生条例(2005)》,第10页。
③ 晋继勇:《全球卫生治理的背景、特点与挑战》,《当代世界》2020年第4期。
④ 梁漱溟:《中国文化要义》,上海人民出版社,2003。
⑤ 徐梦:《人类命运共同体理念的世界秩序观意蕴——兼论"天下主义"与"世界主义"的当代价值》,《国际观察》2020年第1期。

方国家。当国内疫情基本受控，出于人道主义考虑，中国政府向其他国家施以援手。对此大国担当，西方政客却声称中国意在谋求"全球领导者"地位。本质上，这反映了西方的零和思维与群体性傲慢的心态。受此影响，纵然同处疫情之中，西方大国美国却依然执迷于"美国的领导地位"。正是因为"在世界的领导地位问题上，美国的特点就是高度的不容忍"，① 所以金融危机、埃博拉危机应对时中美能够"同舟共济"，而新冠疫情却导致彼此"渐行渐远"。②

五　公共卫生危机下国际社会团结的反思与瞻望

"高山仰止，景行行止。虽不能至，然心向往之。"③ 鉴于国情与文化差异，国际社会团结虽不必然能至，但是基于对美好生活的共同向往，人类可以通过持续努力，不断创造团结。

（一）人类命运共同体：迫在眉睫又任重道远

"新冠肺炎疫情的发生再次表明，人类是一个休戚与共的命运共同体。"④ 公共卫生危机充分说明人类命运共同体建设迫在眉睫。一方面，构建人类命运共同体是应对"全球化风险"的现实需要。当今世界，风险日益增多，"世界经济增长乏力，金融危机阴云不散……恐怖主义、难民危机、重大传染性疾病、气候变化等非传统安全威胁持续蔓延"。⑤ 另一方面，在日益紧密联系中，人类命运共同体理念日渐深入人心且在现实中不断演绎。在美国库恩基金会主席罗伯特·库恩看来，这一理念"在各国抗击疫

---

① 〔英〕马丁·雅克：《正确理解"新冷战"》，许佳译，《东北亚论坛》2020年第6期。
② 阮宗泽：《新冠肺炎疫情危机为何让中美关系渐行渐远》，《中央社会主义学院学报》2020年第3期。
③ 司马迁撰《史记》，中华书局，1963。
④ 习近平：《团结合作是国际社会战胜疫情最有力武器》，《求是》2020年第8期。
⑤ 习近平：《论坚持推动构建人类命运共同体》，中央文献出版社，2018。

情的当下，为世界提供了新思维方式，传达了巨大的希望"。①

现实中，人类命运共同体建设依然任重道远。其一，狭隘利己主义。尽管国家利益是国家行动的依归，但狭隘利己主义不计后果，只求利己。其二，西方中心主义。因其坚持西方最优、西方为主、东西对立等观念，以静止眼光审视新兴国家的崛起，只会为团结平添障碍。其三，价值层面分歧。"西方学者普遍将人类命运共同体视为中国崛起后的战略表达，认为其挑战了西方主导的全球治理体制。"②

（二）拥抱全球化：极为重要也尤为必要

国际社会团结是全球化产物，是全球主义观念的体现。"病毒没有国界，疫情不分种族"，③ 新冠疫情无疑印证并加深了这一认识。与此同时，全球化正饱受质疑。因疫情应对存在物资紧缺与产业链跨国化矛盾，国家在全球化与安全上正面临选择困境。反思之余，"有的国家考虑到国家安全或国家的竞争力，鼓励本国相关产业的跨国企业回到本国生产，或设立多条生产线以保证对本国的供应"。④ 在日本政府鼓励企业回流、美国叫嚣"脱钩"之际，"全球化终结论"正甚嚣尘上。

习近平总书记指出："经济全球化进入阶段性调整期，质疑者有之，徘徊者有之。应该看到，经济全球化符合生产力发展要求，符合各方利益，是大势所趋。"⑤ 受疫情冲击，全球化兴许会受挫放缓，但绝不会终结。疫情对于全球化，既有挑战也有机遇。疫情在信息共享、疫苗研制等方面蕴含巨

---

① 《凝聚抗疫合力 提振全球信心》，《人民日报》2020年3月26日。
② 谢新水：《以共生共在的国际伦理促进人类命运共同体构建——以新冠疫情为分析背景》，《学术界》2020年第7期。
③ 习近平：《团结合作是国际社会战胜疫情最有力武器》，《求是》2020年第8期。
④ 王正毅：《物质利益与价值观念：全球疫情下的国际冲突与合作》，《国际政治研究》2020年第3期。
⑤ 习近平：《面向未来开拓进取 促进亚太发展繁荣——在亚太经合组织第二十四次领导人非正式会议上的发言》，《人民日报》2016年11月22日。

大合作空间,① 无疑给国际社会团结创造了新的机遇。有鉴于此,今天拥抱全球化才是正道。无论美国如何叫嚣"脱钩",我们一定要坚定不移地大力改革,推进开放,更加持续深入地融入全球化。

(三)全球卫生治理:强化能力且突出协作

公共卫生危机的全球再次蔓延,充分说明全球卫生体系短板依在。如此,全球卫生治理改革已成必然。一方面,要强化世卫组织能力建设。应推进世卫组织总干事谭塞德版"经费来源多元化"改革,"通过改革和对利益相关方的协调,切实增强世卫组织作为全球公共卫生治理核心领导机构的权威性,扩充其可支配的资源"。② 同时,探索建设新的团结机制,明确法律边界,确保运转机制化。另一方面,要强化各国尤其是欠发达国家卫生基础建设。针对公共卫生建设中政治意愿差与行动能力下降这一问题,要发挥世卫组织传授引导作用,通过宣传与动员,提升各国认知水平。

同时,要突出成员国参与和协作。其一,突出大国协作。要基于现有制度,寻求制度变革,突出传统大国与新兴大国在全球卫生治理中的共同作用。其二,推动广泛参与。要本着团结多数、争取少数的原则,广泛建立包括不同国家、国际组织在内的全球治理统一战线,加强政策协调,凝聚共同主张。其三,建立并凸显信任。要本着共商共建共享原则,坚持义利并举,践行人类命运共同体理念,"摒除狭隘利己主义、政治偏见和种族偏见对国际互信与合作的干扰"。③

---

① 王栋、王怡旺:《新冠肺炎疫情下的逆全球化?再全球化?》,《中央社会主义学院学报》2020年第3期。
② 徐彤武:《埃博拉战争:危机、挑战与启示》,《国际政治研究》2015年第2期。
③ 王天韵:《从抗击新冠疫情的国际实践看全球卫生治理改革》,《中央民族大学学报》(哲学社会科学版)2020年第4期。

认知篇

中国应怎样认识拉美[*]

——国内相关研究动态与镜鉴意义

范和生

摘　要：19世纪末，拉美地区主要国家开始卷入现代化浪潮。在经历剧烈的政治变革后，拉美地区政局基本稳定，但传统政党的衰落、政府官员的腐败以及民主"疲劳"严重制约政治民主化进程；快速人口城市化及其伴随的城市人口膨胀和严重的贫富分化，导致拉美国家经济社会转型面临巨大危机；资源依附性的功利主义经济发展理念造成自然资源的过度开发，可持续发展受阻。当前，中拉关系进入重要的调整时期，研究拉丁美洲对于建设中国特色的政治制度、发展新型城镇化、防止贫富差距和走可持续生态文明之路具有重大借鉴价值。

关键词：拉丁美洲研究　政治民主化　过度城市化　贫富分化　生态文明

21世纪以来是中国与拉美和加勒比国家之间双边关系发展的"黄金时代"，也是从那时起，我国对拉丁美洲的研究有了新的突破，研究领域不断拓宽，研究水平不断提高。特别是对拉美国家的新自由主义改革、政治民主

---

[*] 本文原发表于《人民论坛·学术前沿》2014年第17期，收录时有修改。

化的发展、拉美左派的崛起、跨越"中等收入陷阱"等问题做了深入研究，取得了较为显著的研究成果，在若干问题上形成普遍共识，为党和国家的治理决策提供了重要的参考与借鉴依据。

一 国内相关研究动态

近十年来（2004~2012年——编者注）我国学术界关于拉丁美洲的研究，大体可以归纳为以下几个方面。

第一，关于拉美政治制度的研究。国内学者江时学、苏振兴、刘维广等均从不同角度分析了拉美国家政治制度的渊源、形成、发展、基本内容和具体特征，对当前拉美国家政治体制的危机及政治体制改革问题进行了初步探讨。拉美国家政治制度在形成和发展过程中，既深受西班牙和葡萄牙殖民统治传统的影响，也受拉美社会独特政治文化的影响，还受到欧美自由民主思想的影响。[①] 拉美国家独立之初，巴西、阿根廷、墨西哥、智利等17个新国家便开始了政治方向的探索。从19世纪末到二战前后，是拉美政治体制大变动、大混乱时期。随着拉美工业革命的开展和深化，资产阶级逐渐壮大，工人阶级逐渐形成，社会主义思想以及苏联的社会主义实践，德国民粹主义与法国的无政府主义等各种思潮一起涌入，拉美成为各种理论的试验田。直到20世纪70年代，拉美主要国家仍处于军人干政和保守主义等威权统治时期，民主荡然无存，社会管理极其混乱。20世纪60年代，在世界民族解放和民主潮流的推动下，拉美再度兴起民族民主运动的高潮，国家民族主义和民众主义再次活跃，但几乎都在拉美右翼与军人政府的压制下。[②] 20世纪80年代以后政治民主化进程中，拉美一些国家的传统政党或衰落，或力量下降，一些新的政党和政治力量异军突起，许多国家的传统政党体系发生了变化。20世纪末以来，拉美左派领导人先后通过大选执政，进入政治

[①] 亦卓：《全面透析拉美政治制度》，《中国社会科学报》2004年11月9日，第2版。
[②] 孙岩峰：《探索拉美特色的政治模式——独立以来的政治变迁》，《中国社会科学报》2011年6月7日，第6版。

舞台中心。拉美主要国家，比如墨西哥、巴西、阿根廷、智利等都进入了社会稳定时期。①

第二，关于拉丁美洲政治民主化的研究。郭树永、唐小松认为，拉美民主政治的缔造是循序渐进的曲折进程，民主观念已成为拉美人民的基本价值认同。国际环境是推动拉美民主化的重要外因；强大的民间社会是构成拉美民主政治的社会基础；改良与革命皆为推进拉美民主建设的基本途径。② 曾昭耀认为，拉美国家在政治现代化的进程中，有几点经验值得借鉴：一是现代化最基本的政治诉求是政治稳定；二是对于发展中国家的现代化来说，国家的作用是具有决定性的，不但不应削弱，而且还要加强；三是建设一个强有力的、高效的和有威望的国家，最根本的途径就是要创建一个有广泛群众基础的、能团结全国力量致力于现代化建设的强大的政党；四是建设一个强有力的、高效的和有威望的国家，实现国家的政治稳定和社会团结，最根本的是要解放思想、勇于创新。③ 张凡认为，20世纪后30年拉美民主政治取代了威权体制，不仅与民主的类型和程度相关，而且与经济发展模式和社会整合方式密不可分。由此导致拉美民主政治的质量以及民主体制下社会的治理状况千差万别、极不平衡。④ 杨建民则认为，公民社会在拉美国家的历次民主政治转型过程中发挥了重要作用，尤其在"还政于民"过程中的推动作用不可忽视。民主参与机制、社会运动、弱势群体的利益表达、个人和家庭等社会细胞是拉美政治改革和转型的积极推动因素。⑤

第三，关于拉丁美洲社会问题的研究。拉丁美洲作为世界上发展中国家最集中的地区，在现代化发展进程中"迟发展效应"明显。特别是随着20世纪60年代拉美地区城市化进程呈加速之势，由此造成的城市人口急剧膨

---

① 袁东振：《民主化进程中拉美国家政治制度面临的主要挑战——对拉美国家政治不稳定的一种解释》，《拉丁美洲研究》2003年第4期。
② 郭树永、唐小松：《拉美政治民主化的启示》，《战略与管理》1999年第4期。
③ 曾昭耀：《拉美现代化进程中政治发展的几点经验》，《江汉大学学报》（社会科学版）2006年第1期。
④ 张凡：《当代拉丁美洲政治研究的主要问题与方法》，《拉丁美洲研究》2009年第5期。
⑤ 杨建民：《公民社会与拉美国家政治转型研究》，《拉丁美洲研究》2012年第3期。

胀、城市生活条件恶化、公共基础设施严重滞后、社会阶层间贫富差距日趋扩大等社会问题凸显。近十年（20世纪90年代——编者注），拉美的社会问题呈现一些新的特点：新旧社会问题相互交织，各类社会问题互为因果，解决社会问题的各种努力相互制约。① 拉美国家发展水平不高、收入分配不公，以及社会发展理念与政策存在缺陷，长期以来累积了不少突出的社会问题，如治安恶化、产毒贩毒猖獗、冲突频生、下层民众贫困化加剧等。近年来（21世纪第一个十年——编者注），随着经济形势向好，这些问题有所缓和。由于消除拉美国家经济和社会瓶颈非朝夕之功，其严重的社会问题短期内难以得到根本解决。②

第四，关于拉丁美洲经济发展的研究。20世纪拉丁美洲经济发展的主要特点，即经济发展模式和经济发展理论经历了两次大的转换，率先进行了外围地区经济一体化的尝试，经济增长速度比较快，但经济和社会结构变化不显著，初级产品出口在经济增长中一直占据重要地位，收入和财富分配不公的现象长期存在，与之相关的是技术进步相对缓慢，宏观经济管理水平不高，体制变革始终没有达到预期效果。③ 20世纪80年代，新自由主义改革在美国的实践取得了一定成效，于是西方国家把其当作发展经济的"药方"向发展中国家推销，拉美国家成了新自由主义的"试验田"。新自由主义在使拉美国家的经济体制不断走向市场化和自由化的同时，也给拉美国家带来了经济和社会等方面的非传统安全问题。④ 由于奉行新自由主义发展模式以及工业经济发展导向的转变，拉美较早进入中等收入水平的地区，但随着经济社会发展失衡，成为世界上两极分化最为严重的地区，也是陷入"中等收入陷阱"最典型的地区。⑤ 受经济增速滞缓、贫富差距拉大、外资依存度

---

① 袁东振：《当前拉美社会问题的特点与发展趋势》，《拉丁美洲研究》2000年第2期。
② 江时学：《论拉美国家的社会问题》，《国际问题研究》2011年第1期。
③ 韩琦：《20世纪拉丁美洲经济发展的特点》，载南开大学世界近现代研究中心编《世界近现代史研究》（第二辑），中国社会科学出版社，2005。
④ 张学勇、金雪军：《经济自由与非传统安全——基于拉丁美洲研究》，《拉丁美洲研究》2007年第1期。
⑤ 王友明：《拉美陷入"中等收入陷阱"的教训、经验及启示》，《当代世界》2012年第7期。

过大等一系列问题的困扰，而未能进入高收入国家的行列。近十年来（2003~2010年——编者注），拉美国家政局基本保持稳定，经济持续增长，初步显现跳出"中等收入陷阱"的势头。2003~2010年拉美经济年均增长率达5.3%，成为继亚洲之后全球增长第二快的地区。从长远来看，随着拉美国家经济增长方式的成功转型，拉美实现集体性跨越的可能性加大。① 此外，有些学者还从拉美城市化、中拉关系、拉美贫富差距、拉美文学等角度全方位分析拉美现代化发展过程中的经验与教训，丰富了发展中国家社会发展的实践。

当前我国学术界对于拉丁美洲的研究已形成一些普遍共识：拉丁美洲与中国同属"后发"现代化发展中国家，目前双方处于相似的发展阶段，面临相同的发展任务；中拉双方能够在立足本国社会发展实践的基础上相互借鉴，平等交流，竭诚合作；虽然学术界对拉丁美洲的研究尚未系统化，论证不够充分，研究的视角也有待进一步扩展，但基本框架已经搭建起来，相关研究成果也逐渐受到党和国家的重视。

二 警惕拉美民主政治弊端，坚定不移地发展中国特色的民主政治制度

拉美政治民主化历史进程的回顾。拉美政治民主化可概括为三大阶段。第一阶段是从拉美独立之初到20世纪初。19世纪上半叶，拉美人民通过民族战争赢得独立后，绝大多数国家仿效美国和法国的模式在宪法指导下建立了代议制政府。19世纪20年代独立后至20世纪前，拉美地区大多数国家逐步实行一种以暴力夺取政权、维护和代表地主（庄园主）利益、对人民能够生杀予夺的考迪罗独裁制度。第二阶段是20世纪50年代后半期至70年代。20世纪50年代后半期拉美出现一股民主化浪潮，但这股浪潮到60年代就被一股军事政变和军人干政的浪潮所取代。第三阶段始于20世纪70

---

① 徐世澄：《拉美有望跳出中等收入陷阱》，《人民论坛》2012年第30期。

年代后期至今,即 70 年代末出现的以军人政权"还政于民"为中心的政治民主化进程。美国当代著名政治学家塞缪尔·亨廷顿将这一波世界民主化潮流称作"第三次民主化浪潮"。其中,20 世纪 70 年代末至 90 年代初为拉美国家政治民主化的实现期,20 世纪 90 年代初至今(21 世纪初——编者注)为拉美国家政治民主化的巩固与发展时期,巴西和墨西哥等大国政局稳定,经济社会进入较为平稳的年代。①

拉美政治民主化的弊端。随着 20 世纪 90 年代初民主化过渡的基本完成,拉美国家传统的政治体制已经不适应新形势的需要,以行政权力为核心的传统体制面临改革的重压,许多拉美国家的政府不能有效解决威胁政治和社会稳定的各种问题,传统政党衰落、政府官员腐败、经济发展受阻等已经威胁到拉美国家政治体制的正常运转。

第一,拉美左翼政党纷纷赢得执政权,但面临严峻的双重挑战。随着 20 世纪 90 年代拉美民主化进程的不断发展,拉美国家的政党格局发生了较为明显的变化:左翼政党纷纷上台,传统政党政治垄断地位不断弱化。20 世纪 70 年代中后期,新自由主义之风席卷整个拉美,深陷债务危机的拉美引进美国新自由主义经济发展模式。虽然这种模式使其实现了从封闭的进口替代模式向外向发展模式的转变,经济社会环境有一定程度的好转。但是不久之后也出现了一系列严重问题。新自由主义改革造成经济和社会发展失调,拉美成为世界上贫富最悬殊的地区。20 世纪 90 年代,拉美 20% 最低收入者占国民收入比重仅为 4.5%,而 20% 最高收入者占国民收入比重为 52.9%。从 90 年代末开始,拉美几个主要国家的经济面临巨大挑战,巴西金融危机和阿根廷债务危机接踵而来,经济发展道路曲折,长期在中等收入水平线上挣扎。2002 年,阿根廷经济负增长 11%,拉美地区总体负增长 0.4%。在拉美地区实施了十年之久(21 世纪初——编者注)的新自由主义模式宣告破产。这一系列问题,推动拉美民意对片面追求"效率优先"的

---

① 刘维广:《拉美国家的政治民主化简析》,《中国拉丁美洲史研究会第七届会员代表大会暨"拉丁美洲现代化进程研究学术讨论会"论文汇编》,2007 年 10 月。

新自由主义进行反思，要求"公平优先"的呼声日益高涨。左翼党派的上台，正迎合了拉美民众的需要。拉美左翼通常是指拉美左翼政党，即拉美各国的共产党、社会民主党、民族主义党和新兴左翼联盟。拉美左翼政党大致可以分为两大类型：一种是从传统演变而来的，以巴西、智利、阿根廷、乌拉圭等国家的左翼政党为代表，主要信奉社会民主主义，坚持走不同于资本主义和共产主义的"第三条道路"，致力于解决社会贫困和不公正问题，积极推动市场化改革和对外开放；另一种政党则植根于拉美本土，以捍卫民族利益、保护工人、农民等中下层群众权利为基本出发点。拉美左翼政党在上台后推出了执政新策，比如，加大国家对经济的干预力度，增加社会福利的投入，多渠道解决城市贫困和人民就业问题，千方百计遏制腐败，等等。但其仍须面对传统精英阶层的不信任和中下阶层极高期望的双重压力。

第二，拉美国家在政治民主化进程中深陷腐败泥潭。国际透明组织发布的"2013年全球贪腐印象指数"（CPI）显示，拉美地区最清廉的三个国家分别为乌拉圭、智利和哥斯达黎加，在全球国家中的排名分别为第19位、第22位和第49位。拉美地区最繁荣的四个国家——委内瑞拉、墨西哥、巴西和阿根廷，其腐败程度都排名在全球40%的国家之后，海地仍旧为拉美地区最腐败的国家。① 由于拉美大多数国家的现代化进程一般由外部环境引发和带动，或是遭受外来的打击和刺激，或是由外来殖民主义者引发。因而，拉美国家的民主意识不够成熟，民主政治体制存在缺陷，其政治文化具有浓厚的裙带关系色彩，家族主义和依附观念盛行。而"资源—权利"的相对匮乏和极端的社会不公又强化了传统政治管理体制的有效持续，造成新建文人政府难以有效地遏制政治腐败，严重的腐败问题已在一定程度上损害了民主政治的威信，影响许多拉美国家的政局稳定。拉美国家政治腐败的特点主要体现为选举中存在部分领导人操纵选举，进行钱权交易的现象；执法和司法部门利用职务便利收取贿赂、私扣项目款等违法犯法行为时有发生；

---

① 〔美〕彼得·哈基姆：《拉美地区的腐败》，王倩译，《中国经济报告》2014年第6期。

政府部门中的高级官员和普通工作人员以权谋私的现象十分普遍。①

第三，拉美国家民主化过程中出现民主"疲劳"现象。政治参与是民主政治发展的重要组成部分和影响变量。而政治参与必须具备两大前提条件：一是民众的政治参与热情和能力；二是民众的政治信任感。毋庸置疑，近几年来（2010年前——编者注）拉美多数国家均通过选举来配置政治权力，但值得注意的是，由于拉美民众缺乏良好的民主政治化训练以及对左翼政党政治信任度下降，拉美国家普遍出现了"民主疲劳症"。比如2007年12月2日举行的委内瑞拉全民公投，表决总统查韦斯早前提交的修宪提案。经委内瑞拉全国选举委员会统计，该次公投投票率仅为56%。2009年11月洪都拉斯大选中，被罢免总统塞拉亚的支持者不认同临时政府组织大选的合法性，在投票活动中有将近65%的选民选择了弃权，直接导致自由党在选举中惨败。当前（21世纪初——编者注），拉美国家民主化进程中军事政变和个人独裁的潜在威胁逐步削弱，而通过放弃选举权、投无效票或以暴力手段干涉选举，已成为拉美国家巩固民主政治不可忽视的新情况。② 任何一种民主政治的维持和发展，都离不开本国人民对政党组织的信任和支持。任何民主的稳定性，只有取得民众的承认，获得了政治统治的合法性，才能降低政治治理的成本，有效促进政治团结和社会整合。

拉美政治民主化进程的启示：走中国特色的民主政治道路。启示一：指导思想是党的旗帜。拉美各国政党，长期在法团主义、新多元主义、新民众主义与新自由主义的指导思想下不断进行政治民主化实践，几乎成了各种政治思潮的试验场。政局混乱、经济徘徊不前、社会发展失衡等，使20世纪80年代成为拉美国家"失去的十年"。中国共产党的指导思想深深植根于马克思主义中国化的理论与实践，特别是几十年改革开放和社会主义现代化建设的成功实践。它不是教条的、片面的，而是根据世情、国情、党情的发展变化既有所创新、与时俱进，又一脉相承。党的二十大修改后的新党章规

---

① 江时学：《"第三波民主化浪潮"后拉美政治发展进程的特点》，《国际政治研究》2009年第1期。

② 江时学：《拉美政党政治的新变化》，《世界经济与政治》2004年第1期。

定：中国共产党以马克思列宁主义、毛泽东思想、邓小平理论、"三个代表"重要思想、科学发展观、习近平新时代中国特色社会主义思想作为自己的行动指南。这是中国共产党在新的历史条件下作出的具有重大现实意义和深远历史意义的战略决策，也是当代中国共产党人对马克思主义的重大历史性贡献。指导思想的稳定和发展，是中国共产党长盛不衰的思想保证。

启示二：腐败问题事关党的生死存亡。拉美国家之所以腐败盛行，一个很重要的原因就是政治体制内外有效监督机制缺失，组织建设薄弱，严重损害了党的声誉，削弱了党的凝聚力和政治影响力。习近平指出，反对腐败，建设廉洁政治，保持党的肌体健康，始终是中国共产党一贯坚持的鲜明政治立场。要坚定理想信念，始终把人民放在心中最高的位置，弘扬党的光荣传统和优良作风，坚决反对形式主义、官僚主义，坚决反对享乐主义、奢靡之风，坚决同一切消极腐败现象作斗争，永葆共产党人政治本色。要坚持标本兼治、综合治理、惩防并举、注重预防方针，更加科学有效地防治腐败，坚定不移把党风廉政建设和反腐败斗争引向深入，矢志不移为党和人民事业奋斗。

启示三：执政能力建设是党建的长期目标和根本任务。长期垄断拉美政治权力的传统政党相继丧失政权表明，党的执政地位不是与生俱来的，也不是一劳永逸的，即便是长期执政的政党，如果不注重提高自身的执政能力，难免导致执政能力衰退，最终丧失执政地位。在新的历史条件下，中国共产党面临执政、改革开放、市场经济、外部环境"四大考验"，面临精神懈怠、能力不足、脱离群众、消极腐败"四大危险"。不断提高党的领导水平和执政水平、提高拒腐防变和抵御风险能力，是党巩固执政地位、实现执政使命必须解决好的重大课题。

启示四：坚持走"群众路线"，永葆党的生机活力。不管是拉美传统政党还是新上台的左翼政党在一定程度上都缺乏广泛的群众基础。许多党内精英阶层脱离人民群众，官僚主义作风和腐败习气严重，广大民众的利益诉求得不到满足，造成党的吸引力和感召力不断下降。坚持群众路线，密切联系群众，是中国共产党强大战斗力的根本保证，是党执政的基础，也是永葆党的先进性和活力的根本方法。全面贯彻落实党的群众路线教育实践活动，要从思想上、作风上、行动上牢固树立群众路线，做到"一切为了群众，一切依靠群众，从群众中来，到群众中去"，始终把人民群众放在最高位置。

三 规避拉美"过度城市化"陷阱，坚定不移地走新型城镇化发展道路

人口城市化是人类社会发展的必然结果。进入21世纪，世界人口城市化水平进一步提高，城市化成为经济发展的推动力，但拉美地区的人口快速城市化及其伴随的城市人口膨胀和严重的贫富两极分化成了发展中的突出问题，以致有学者惊呼要警惕人口城市化中的"拉美陷阱"。

拉美"过度城市化"的负面效应及其形成因素。过度城市化是当前发展中国家城市化的突出现象。拉美国家是过度城市化的典型代表，其城市化的速度超过了工农业发展的水平。20世纪80年代以后，随着经济形势的恶化和"去工业化"浪潮的扩展，拉美城市化速度反而不断加快。2011年拉美城市化率为79.10%，仅次于北美的82.20%。《拉美黄皮书：拉丁美洲和加勒比发展报告（2013~2014）》指出，2013年拉美地区的城市化率达到了80%，从20世纪60年代以来实现了"三级跳"，城市人口翻了三番，被国际学术界公认为"过度城市化"的典型代表。①

因快速城市化，拉美地区的经济、政治和社会治理面临巨大挑战。一般来讲，在城市化的早期发展中，工业是快速城市化的推手。随着拉美经济的发展，高度集中的土地制度造成了大量农村迁移人口。城市人口快速增加，大量农村人口涌向城市，尤其是涌向特大城市。由于城市人口过度增长，城市化水平明显超过工业化和经济发展水平。《拉美黄皮书：拉丁美洲和加勒

---

① 李晔：《中国社科院发布2013~2014拉美和加勒比地区黄皮书》，新华网，http://news.xinhuanet.com/world/2014-04/28/c_1110452596.htm，2014年4月28日。

比发展报告（2013~2014）》将1960~2013年拉美地区的经济增长进程分为三个阶段：1960~1980年为高增长阶段，年均GDP增长率为5.8%；1981~2003年为低增长阶段，年均GDP增长率仅为2.0%；2004~2013年为中速增长阶段，年均GDP增长率为4.1%。第二阶段长达23年的低速经济增长使拉美地区出现了"过度城市化"，由于经济增长速度缓慢和缺乏重要产业支撑，拉美工业停滞、家庭消费受到抑制，城市居民的生活长期滞留在中等水平。① 虽然拉丁美洲的城市化率高，但城市工业无力承担如此快速的城市化带来的压力，从而导致城市人口严重超载，失业率居高不下，贫富差距大，人民的生活质量普遍较低，大量贫困人口向城市转移，贫民窟环境恶化，资源生态遭到严重破坏，某些地区治安混乱，政局动荡。农村"边缘化"和农民"积贫积弱"的现象未得到彻底改变。拉美地区"过度城市化"不仅没有推动拉美经济持续发展，没有解决其农村农业问题，反而使拉美各国都陷入了更为棘手的城市化危机之中。在一些城市化高度发达的国家，社缘和职缘两大因素成为进城劳动力身份转化的坚实壁垒。大批居住于棚户区、贫民窟的新移民无法融入多元的城市社区关系之中，只能继续依靠血缘、帮会等传统的庇护制度生存。

拉美城市化的快速推进，主要受以下因素影响。第一，自20世纪30年代起，拉美国家陆续进入工业化阶段，特别是20世纪30~70年代拉美国家进口替代工业化时期，拉美城市化迅速发展。城市现代工业、服务业和基础设施建设的兴起创造了大量就业机会，对人口迁移形成巨大吸引力。大量农村人口涌入，农村人口对城市人口增长的贡献率始终保持在40%以上。此外，这一时期是拉美历史上人口自然增长率最高的时期，城市人口年均增长率高达4.20%。第二，20世纪40~90年代适逢拉美"人口爆炸"期，人口自然增长率达到年均2.6%，城市人口从原来占该地区总人口的40%迅速增长到70%。同时也进一步加剧了农村向城市的移民浪潮。第三，城市"首位度"的集聚效应。由于拉美大城市继承殖民地时期

---

① 吴白乙主编《拉丁美洲和加勒比发展报告（2013~2014）》，社会科学文献出版社，2014。

经济基础的工业化进程，采取发展特大城市的城市化战略，大多数拉美国家走的是集中型城市化道路，城市首位度高是拉美国家的普遍特点。据统计，2010年在世界30个最大城市排名中拉美地区有4个城市上榜。拉美地区的经济增长中，城市的贡献率大约是50%，由此可见大都市的经济总量和在国民经济中的重要地位。① 第四，拉美各国政府对于城市化进程既无明确的指导方针和长远规划，对人口流动也没有任何政策限制。由于城乡经济和区域经济发展严重失衡，大量农村转移人口涌入大城市寻找生存和发展机会，而面对这种态势，政府却对人口迁移流动采取放任自流的态度，缺乏政策性的指导措施、合理的城市规划以及有效的城市管理，导致农村人口盲目进城，大城市人口规模过度膨胀。

借鉴与启示：规避"过度城市化"的拉美陷阱。当前（2014年前后——编者注）中国城市化进入关键发展阶段，拉美经验为我国城市化发展提供了重要借鉴。如何规避拉美"过度城市化"陷阱，规避高城市化率及其相伴而生的一些问题，坚定不移地走可持续的城镇化发展道路，已成为发展中国家的重要议题。国家统计局公布的数据显示，2013年末，中国（不含港澳台）总人口为136072万人，城镇常住人口73111万人，乡村常住人口62961万人，中国城镇化率达到了53.7%，比上年提高了1.1个百分点。这意味着中国城镇人口首次超过农村人口，中国城市化进入关键发展阶段。正是在这一背景下，中国新一届政府在工作报告中果断提出了发展"新型城镇化"的政策理念。新型城镇化是以城乡统筹、城乡一体、产城互动、节约集约、生态宜居、和谐发展为基本特征的城镇化，是大中小城市、小城镇、新型农村社区协调发展、互促共进的城镇化。面对新型城镇化进程中的不完全城镇化、严重污染、资源配置不合理、城市人口规模以及部分地方政府盲目推进城镇化问题，我们要有理性的认识。第一，在新型城镇化进程中，既要尊重市场规律，重新界定政府与市场的关系，发挥"政府引导，

---

① 郑秉文：《拉美城市化的经验教训及其对中国新型城镇化的启发》，《当代世界》2013年第6期。

市场推进"的双重作用,又要坚持"以人为本"的核心理念,理性地看待城镇化发展对经济增长的贡献,不能过分夸大城镇化对拉动经济所起的作用。第二,按照科学发展观的要求,坚持走集约、智慧、低碳、绿色的新型城镇化道路,促进城镇化与工业化、信息化、农业现代化和新农村建设的全面协调可持续发展,从而有效地发挥城镇对经济社会发展和现代化的载体作用,加快推进中国特色社会主义现代化进程。第三,新型城镇化应走"城乡一体化"发展道路,通过体制改革和政策调整,促进城乡在规划建设、产业发展、市场信息、政策措施、生态环境保护、社会事业发展方面的一体化,改变长期形成的城乡二元经济结构,有序推进农业转移人口市民化,积极推进公共服务均等化,让农民享受到与城镇居民同样的文明和实惠,使整个城乡经济社会全面、协调、可持续发展。第四,新型城镇化要合理规划城市发展,建立健全城市发展的长效机制。首先,要建立长效的人口管理机制,完善人口调控体系,制定有效的政策法规,引导农村劳动力有序转移。其次,应加强城市社区管理体系建设,依托社区完善流动人口和出租房管理机制,强化社区流动人口综合管理职能,加强对流动人口聚居区和"城中村"的综合规划和治理。

四 防止贫富差距"拉美化",坚定不移地完善社会保障与分配制度

20世纪30年代世界经济危机爆发后,受严重冲击的拉美国家逐渐改变以出口初级产品为主的经济发展模式,转向"进口替代"工业化发展模式,并在50年代广泛推行,取得了显著成绩,迎来了工业化的高潮期和经济增长的黄金期。到80年代末,巴西、墨西哥和阿根廷等国已建立了比较完善的工业体系,重工业达到较高水平,成为新兴工业化国家。1950~1980年的30年间,拉美经济经历了一个相对较快的持续增长时期,全地区国内生产总值(GDP)年均增长5.4%,人均GDP年均增长2.7%。但是经济快速增长的同时,国民收入差距日益扩大,出现了"有增长而无发展"的"内卷

化"状况。不但没有消除贫困落后的现状,还引发了一系列社会问题,反过来又成为制约经济发展的重要因素。尽管拉美国家采取各种措施,但效果差强人意,收入差距过大现象仍较为严重。

拉美贫富差距的概况。基尼系数有所下降,但仍在警戒线以上。按照国际一般标准,0.4 以上的基尼系数表示收入差距较大,当基尼系数达到 0.6 以上时,则表示收入差距很大。近年来(2010 年前后——编者注),随着拉美各国经济发展方式的不断转型和收入分配制度的逐步改革,拉美国家的基尼系数逐渐下降,收入差距也日益缩小,但大部分仍处于警戒线以上。[①] 比较 18 个有数据资料的拉美国家基尼系数,1990 年有 3 个国家在 0.6 以上,10 个在 0.5~0.6 的区间,5 个在 0.4~0.5 的区间。2010 年,18 个国家的基尼系数整体有所下降,全部低于 0.6,处于 0.5~0.6 区间的国家增加 1 个,达到 11 个;位于 0.4~0.5 区间的国家增加 1 个,为 6 个;低于 0.4 的有 1 个(委内瑞拉,见表 1)。

表 1 拉美部分国家基尼系数情况

年份	巴西	阿根廷	委内瑞拉	哥斯黎加	墨西哥	洪都拉斯	厄瓜多尔
2009	0.550	0.501	0.471	0.438	0.536	0.615	0.461
2010	0.530	0.508	0.394	0.493	0.481	0.567	0.495

资料来源:拉美和加勒比经委会网站。

阶层间的"马太效应"有所缓解,但城乡差距仍旧明显。"马太效应"作为经济学的重要概念,是指社会财富在阶层间分配过程中存在"两极化"倾向,也即富者愈富,穷者愈穷。它反映的是不同阶层的收入分配结构的失衡状态,穷人的收入增幅远低于富人的收入增幅。近年来,拉美国家收入分配高度集中现象有所遏制,"马太效应"有所缓解。拉美地区贫富分化的教训是,在总体财富增长的过程中,如果忽视了底层民众的利益,就有可能导致一个人口众多的社会群体享受不到经济发展所带来的好处。一旦这个庞大

[①] 马强、孙剑平:《拉美国家收入分配问题及其对中国的启示》,《理论导刊》2011 年第 3 期。

的群体被排除在发展之外，那么社会很可能陷入危机，经济往往也无法持续、稳定地发展。以巴西为例，巴西10%最富有家庭的收入占国民收入的比重由2001年的52.8%下降到2009年的46.5%。即使如此，巴西的贫富分化问题依然相当严峻，并没有因经济的发展而发生根本变化。巴西的贫富分化已经严重制约其现代化发展，虽然收入分配不公问题没有继续恶化，但财富的集中度仍居高位。此外，城乡经济社会发展不平衡也严重影响拉美地区收入分配的平等。联合国区域组织公布的数据显示，与其他发展中国家不同，拉美国家普遍存在农村基尼系数要低于城市的现象。2004年秘鲁农村基尼系数为0.40，比城市低0.07，2005年哥伦比亚农村基尼系数为0.50，比城市低0.09，2006年巴西农村基尼系数为0.54，比城市低0.05。这一方面反映了农村居民收入普遍较低，与城市居民收入有较大差距；另一方面说明，尽管城市居民收入相对较高，但相互间的收入差距要比农村地区大。①

人民生活有所改善，但贫困问题仍然很严重。贫困问题是长期困扰拉美国家最严重的社会问题之一。从20世纪80年代初到21世纪初的20年间，拉美经历了一个"社会贫困化程度明显加剧—贫困现象略有改善—减贫进程停滞不前"的过程。② 从总体上看，拉美的贫困现象在20世纪90年代略有缓解，贫困人口比重有所下降，但贫困程度还没有降低到1980年经济危机发生之前的水平。尽管90年代中期以来，拉美国家将反贫困列为政府社会政策的重点，制定和实施了一系列减贫政策，地区贫困率有所下降，但这些政策尚未系统化、制度化，难以应付长期积累的社会贫困问题。当前，拉美国家贫困人口总量依然很大，贫困率仍然很高。2010年拉美国家贫困线下的人口高达1.85亿人，占拉美地区人口总量的1/3以上。其中，农村贫困状况比城市更为严峻，近一半的农村人口处在贫困线以下，近1/3处在赤贫线以下。

---

① 余芳东：《国外基尼系数》，《调研世界》2013年第5期。
② 刘纪新：《中国社会科学院重点学科"拉美政治学科"前沿报告》，《拉丁美洲研究》2005年第4期。

拉美贫富悬殊的启示：建立健全社会保障与分配制度。改革不合理的社会分配制度，完善社会保障体系。一方面，要建立全面、公平的城乡一体化社会保障制度。把保障作为民生之基，坚持广覆盖、保基本、多层次、可持续方针，健全覆盖全体市民的社会保障体系。推进基本社会保险制度整合，加快实现基本社会保障的制度全覆盖。逐步形成以城镇职工养老保险和新型农村社会养老保险为核心的基本养老保险制度体系，完善被征地农民和城镇老年居民养老保障制度。完善以城镇职工医疗保险、城镇居民医疗保险和新型农村合作医疗为主体的基本医疗保险制度体系。另一方面，要扩大社会保障覆盖面，充分发挥社会保障的再分配功能，大力发展社会救助、社会福利和慈善事业，健全最低生活保障制度和社会救助机制；扩大转移支付，进一步提高城乡居民最低收入标准，特别是要建立农民最低收入保障机制，保障低收入群体基本生活，缩小收入差距。

正确处理好政府与市场的关系，加大对社会弱势群体的政策倾斜力度。中国几十年的改革实践证明，在完善市场机制的同时，加强政府的监管和调控职能，能够在一定程度上保证经济运行的良性循环。反之，则会滋生各类社会问题，威胁社会的稳定发展。中国应吸取拉美国家的经验教训，正确处理市场与政府的关系，既要依靠市场机制这只"看不见的手"，又要充分发挥政府调控这只"看得见的手"的作用。一方面，充分发挥市场经济对调节收入分配的基础作用。完善要素市场，推动地区、行业、职业、专业间的收入均等化；进一步完善市场规则，创造公平公正的竞争机制。另一方面，充分发挥政府对调节收入分配差距的主要作用。制定缩小区域收入差距的合理政策，加大转移支付的力度，加大对社会弱势群体的政策倾斜力度，特别是要加大对低收入地区的财政投入和税收优惠力度，加强基础设施建设，吸引外资、技术、人才，带动贫困地区发展；通过社会主义新农村建设，完善农村公共服务体系，通过提高社会最低保障标准，完善分类救助制度，积极推动公共服务城乡均等化。

五 摒弃拉美功利主义经济理念，坚定不移地实施可持续生态文明战略

在经济全球化背景下，拉美国家适应国内经济发展和国际经济竞争的要求，大力推进工业化转型，引进外资，发展资源密集型经济，结果造成拉美地区经济社会发展进程中出现了严重的生态问题，稀有资源逐渐枯竭，生态环境不断恶化，生态问题成为严重影响拉美地区经济社会发展的主要制约因素。

拉美地区生态环境恶化的成因及表现。拉美地区经济发展过于依赖对资源的攫取，导致对生态环境的"开发性破坏"。20世纪30年代，拉美国家为了实现工业现代化发展，实施"进口替代"模式的内向型经济发展模式，这一模式要求国家尽可能地依靠自己的劳动力、原材料和技术，生产本国市场所需要的产品。其核心是发展满足本国市场需要的制造业，以本国生产的工业制成品替代原来需要进口的工业制成品。[1] 这种经济发展严重依赖资源，其必然结果是资源和能源的大量消耗。随着全球化的推动，1982年以来，拉美国家经济发展模式实现了由"进口替代"向"出口导向"的转型。在这种政策的引导下，以巴西为代表的拉美国家为了实现在20世纪末成为世界经济强国的梦想，违反自然规律，鼓励外资企业和经济发达地区的企业向亚马逊地区投资。但由于法规不完善，规划不合理，加上投资者急功近利，不顾当地生态环境的承载力，毁林开荒，伐木建场，致使亚马逊地区的森林、环境、自然资源和生物链遭到严重破坏。据统计，1998年，亚马逊热带雨林被毁面积达1.68万平方千米。1999年2月，巴西政府不得不颁布法令，无限期地不再受理开发亚马逊森林的申请。巴西热带雨林面积的减少被认为是"不可逆转的世纪性过失"。[2]

---

[1] 苏振兴：《关于拉美国家现代化研究若干问题的探讨》，《学术探索》2006年第2期。
[2] 杨志敏：《从拉美发展中出现的生态问题看建设生态文明社会的重要意义》，《拉丁美洲研究》2009年第5期。

拉美国家"超前城市化"与经济发展水平不相适应，导致生态环境压力巨大。1960~2013年，拉美地区的城市人口由1.1亿人增至4.9亿人，增长了3.5倍。拉美地区有21个国家属于中高收入经济体，其中委内瑞拉、阿根廷、巴西三国的城市化率在80%以上，墨西哥、哥伦比亚、秘鲁、巴拿马、古巴、多米尼加等12国的城市化率介于60%和80%之间。[①] 由于"超前城市化"，巴西、智利、墨西哥等拉美国家城市贫困化问题日益严重。据统计，20世纪90年代末至今（2013年——编者注），拉美地区每10个贫困人口就有6个居住在城市。由于城市人口急剧膨胀，城市居民基本的卫生和环境等公共设施严重缺失。尽管某些政府增加了对基础设施建设的投入，城市环境和居民的基本生活条件得到了一定改善，但大城市居民的整体生活水平并未得到根本提升。

拉美国家生态失衡的启示：走生态文明发展之路。当前，拉美国家正在审视传统经济发展模式的利弊，不断从自身发展历程中总结规律，吸取经验和教训，逐渐意识到保护生态环境、走可持续发展道路的重要性和必要性，并采取了一系列切实有效的行动。如2003年巴西亚马逊州制定的"绿色自由区计划"，旨在实现生态健康、社会公正和经济可行的农牧业生产。2010年1月，智利通过20417号法设立环境部取代环境委员会，同时成立环境评估服务局和环境监管局，逐步完善本国的环境保护监管体系。这给我国的启示包括以下几方面。

其一，转变经济发展方式，构建具有中国特色的新型工业化道路。必须坚持扩大国内需求特别是消费需求的方针，促进经济增长由主要依靠投资、出口拉动向依靠消费、投资、出口协调拉动转变，由主要依靠第二产业带动向依靠第一、第二、第三产业协同带动转变，由主要依靠增加物质资源消耗向主要依靠科技进步、劳动者素质提高、管理创新转变。

其二，加快建立资源节约型、环境友好型社会，提高生态文明水平。面对日趋强化的资源环境约束，必须增强危机意识，树立绿色、低碳发展理

---

① 吴白乙主编《拉丁美洲和加勒比发展报告（2013~2014）》，社会科学文献出版社，2014。

念,以节能减排为重点,以科学技术为手段来克服经济发展过程中的负面效应,规范市场经济行为,合理配置自然资源。正确处理政府与市场之间的关系,消除不可持续的功利动机。坚持保护优先、开发有序,合理进行功能区划分,大力发展循环经济,倡导环境文化和生态文明,推动经济、社会、环境的绿色发展。

其三,处理好经济建设、人口增长与资源利用、生态环境保护的关系。必须转变关于发展的传统观念,从重经济增长轻环境保护转变为保护环境与经济增长并重,在保护环境中求发展。要充分考虑人口承载力、资源支撑力、生态环境承受力,正确处理经济发展与人口、资源、环境的关系,统筹考虑当前发展和长远发展的需要,不断提高发展的质量和效益,推动整个社会走上生产发展、生活富裕、生态良好的文明发展道路。

其四,完善法律法规,加大监督和执法力度。加快推动与生态文明建设有关的立法工作,处理好相关法律法规之间的衔接与协调,逐步构建系统、完善、高效的促进生态文明建设的法律法规体系。同时,把生态文明的内在要求写入宪法,从根本大法上保证生态文明建设的健康发展;充分发挥环境和资源立法在经济社会生活中的激励和约束作用。

结 语

继 2013 年出访拉美之后,习近平主席于 2014 年 7 月 15~23 日再度访问该地区,中拉关系迎来新的发展阶段,中拉合作也"换挡升级"。2014 年 7 月 17 日,习近平主席在中国-拉美和加勒比国家领导人会晤主旨讲话中提出构建政治上真诚互信、经贸上合作共赢、人文上互学互鉴、国际事务中密切协作、整体合作和双边关系相互促进的中拉关系"五位一体"新格局。中国与拉丁美洲和加勒比地区的命运共同体逐步形成。诚然,作为世界上最大的发展中国家,中国与发展中国家最集中的拉美地区在经济、社会、外交等领域具有许多共性,拉美国家在现代化发展道路上遇到的各种问题、教训及经验值得我国重视。但这并不意味着中国的发展就会出现"拉美化""拉美病"或"拉美现象"。当前,拉美国家民主政治体制的脆弱性对社会治理的潜在威胁仍然很大,由此引发的经济、社会难题日益增多,社会矛盾也进一步凸显。从某种程度上说,这些问题都是可治理的。然而,在短时期内拉美国家实现可治理性仍面临一系列严峻挑战和困难。拉美国家必须在稳定政治体制的前提下,最大限度消除政治体制的脆弱性。通过一系列有利于民生的社会改革,减轻社会发展的负担,推进民众对本国经济、政治和社会的参与进程,从而增强人民建设法治国家的信心,为拉美国家的发展创造优越的内部条件,同时也要加强同世界上其他国家之间的国际合作,和平解决国家间的冲突和矛盾,积极主动地开展国际反恐联合行动,为拉美地区的可治理性消除外部安全隐患。

"中等收入陷阱",本身就是理论陷阱?

范和生 唐惠敏

摘 要: 智利、日本等国家的实践表明,"中等收入陷阱"只不过是落后国家在实现现代化过程中遭遇发展瓶颈,而难以在短时间内保持经济持续增长、消解社会不稳定性因素的正常状态。过分强调"中等收入陷阱"对于正处于中等收入国家行列的中国来说,无疑是个陷阱。当前中国正处于发展关键期、矛盾凸显期和改革攻坚期,在现代化转型过程中不可避免地遭遇"中等收入瓶颈"。突破"中等收入瓶颈"的根本出路在于,改革和完善不利于经济社会可持续发展的制度设计。

关键词: 中等收入陷阱 中等收入瓶颈 超常城市化 拉美陷阱 社会主义市场经济

一 "中等收入陷阱"概念的误解与厘清

1. 国内外相关研究动态

对于"中等收入陷阱"这一概念的由来,国内外学术界有一种共识:它最初是由世界银行提出的。国内许多学者认为,世界银行《东亚经济发展报

---

* 本文原发表于《人民论坛·学术前沿》2015 年第 4 期,收录时有修改。

告（2006）》中首次提出了"中等收入陷阱"（Middle Income Trap）概念。国际问题研究专家江时学则认为，该报告中没有使用"中等收入陷阱"这一名词。"中等收入陷阱"首次在公开场合被提及，是在2007年世界银行发表的题为《东亚复兴：关于经济增长的观点》的研究报告中。[①] 1997~1998年亚洲金融危机时东亚四个经济体陷入发展的泥沼之中，当时许多人预测，危机所揭示的结构性弱点——腐败、任人唯亲和裙带关系，将使该地区陷入滞胀，但危机过后，东亚经济体的表现依然很出色，世界银行《东亚复兴：关于经济增长的观点》报告就是针对这一现象的延伸探讨。当前使用该概念频率最高的当属中国学者，特别是在探讨拉美国家现代化的教训及经验对中国的启示时，许多学者往往将"中等收入陷阱"特指"拉美陷阱"。究其原因主要有两点。一是拉美是"中等收入国家"最集中的地区。按照世界银行2010年的定义，人均GDP在996~12195美元是中等收入经济体。根据这个标准，在世界银行目前（2014年——编者注）统计的拉美地区的33个经济体中，属于中等收入的就有28个。二是拉美国家滞留"中等收入陷阱"时间长。20世纪60年代末70年代初，拉美主要国家在相继进入"中等收入国家"行列之后，开始普遍出现经济增长动力不足、经济发展波动大、贫富差距凸显、社会矛盾急剧增加、对外依赖度不断攀升等问题，难以在短时间内跨越"中等收入陷阱"，长期在高收入国家行列外徘徊。按世界银行的统计，截至2012年，拉美国家平均滞留"中等收入陷阱"的时间长达38年，其中阿根廷时间最长，已达50年，墨西哥38年，巴西37年，哥伦比亚33年。[②] 当前国内诸多学者针对"中等收入陷阱"这一概念都有质疑和自己的见解。郑秉文指出，中国经济发展已经历和即将经历市场驱动、要素驱动、效率驱动和创新驱动4个阶段和3次跨越。中国要避免掉进"中等收入陷阱"就必须实施"效率驱动"和"创新驱动"战略。其中，破除制度壁垒、革新社会政策和健全基础设施则构成了引领中国跨越"中等收

[①] 江时学：《中等收入陷阱是个伪命题》，《中国社会科学报》2011年3月31日，第14版。
[②] 徐世澄：《拉美有望跳出中等收入陷阱》，《人民论坛》2012年第30期，第52~53页。

入陷阱"的动力组合。① 樊纲指出，"中等收入陷阱"本质上是福利陷阱，其根源是生产力的发展滞后于工资、福利的增长。他进一步指出，中国还未达到中等收入水平，推行高福利不利于经济的长足发展。② 刘福垣认为，所谓"中等收入陷阱"，其成因与发展阶段、收入水平没有必然联系。"任何国家和社会平均收入水平都必然要经历一个或长或短的中等收入阶段"，它是经济社会发展到一定阶段所表现出来的正常规律，其本质上是现代化陷阱的症状。③ 清华大学社会学系社会发展研究课题组孙立平指出，"中等收入陷阱"的突出表现为原有支撑经济发展的有利因素耗尽而形成的经济停滞，当前中国社会发展面临的不是改革受挫或改革处于停滞状态，而是"转型陷阱"带来的经济与社会发展的畸形化。而打破"转型陷阱"的关键在于，在公平正义的基础上重新凝聚改革共识，坚定不移地走向现代文明。④ 胡鞍钢则认为，诱发中国陷入"中等收入陷阱"的原因是多方面的。他强调经济增长过程中各类要素成本的上升、经济转型的滞后，以及由此带来的"超常城市化"、阶层矛盾激化、公共服务欠缺、社会犯罪骤增、制度创新受阻等因素交织影响，从而形成了我国特有的"中等收入陷阱"。他提醒中国要提防中等收入陷阱演变为"政治民主化陷阱"。⑤ 瑞士银行经济学家安德森则从论证中等收入陷阱入手，通过数据发现，中等收入国家的增长率在总体上也并不低于中低收入或低收入国家，并不存在中等收入陷阱的证据。因而把人均收入增长停滞或较慢作为陷阱的依据是不可靠的。⑥ 从上述各位学者的观点中我们不难发现，"中等收入陷阱"本身就是一个值得商榷的概念，虽然大多数处于中等收入水平的国家或多或少地表现出高度重叠的

---

① 郑秉文：《"中等收入陷阱"与中国发展道路——基于国际经验教训的视角》，《中国人口科学》2011年第1期，第2~15页、第111页。
② 樊纲：《中等收入陷阱迷思》，《中国流通经济》2014年第5期，第4~10页。
③ 刘福垣：《中等收入陷阱是一个伪命题》，《南风窗》2011年第16期，第76~78页。
④ 清华大学社会学系社会发展研究课题组、孙立平：《"中等收入陷阱"还是"转型陷阱"?》，《开放时代》2012年第3期。
⑤ 胡鞍钢：《"中等收入陷阱"逼近中国?》，《人民论坛》2010年第19期，第125~145页。
⑥ Jonathan Anderson, "Chart of the Day: Is There Really Such a Thing as a 'Middle-Income Trap' UBS Investment Research", Emerging Economic Comment, July 21, 2011.

"中等收入陷阱"现象，但这并不意味着处于中等收入水平的国家就得为此背负掉入陷阱的包袱。

2. "中等收入陷阱"概念的误解

误解一：概念的狭义化。中等收入陷阱，通常是指"处于相对贫困的发展中国家，由低收入国家行列跨入中等收入国家（人均 GDP 4000 美元）行列之后，便出现经济长期停滞不前，徘徊在 4000~5000 美元附近的现象"。[①] 世界银行认定出现这种现象的国家陷入了"中等收入陷阱"。其中，拉美主要国家墨西哥、巴西、乌拉圭就是典型的例子。由此可见，"中等收入陷阱"主要是从经济角度，特别是利用人均 GDP 来评判一个国家经济社会发展的优劣。将一个国家的人均 GDP 是否达到某一量化指标当作其是否跨越"中等收入陷阱"的标准是显失考虑的。在 GDP 拜物教迷雾笼罩下，片面追求经济增长被视为一切工作的中心，造成许多国家忽视了生态环境的保护、生产方式的变革和产业结构的转型升级。因而，单从某一确定的量化指标来审视一个国家经济社会发展的质量，很难有说服力。德国著名社会学家韦伯认为，"在研究社会分层时，把经济作为分层标准是必要的。但社会的层次结构是个多层面的统一体，除了经济地位之外，至少还有两种同样重要的分层属性，在造成社会发展不平等方面具有突出影响力，这就是声誉和权利"。[②] 由此，"中等收入陷阱"仅从经济角度将不同国家人为划分为低等、中等和高等三个层级，而不考虑这个国家的政治结构、文化软实力和社会稳定性，是不可取的。另外，"中等收入陷阱"概念在不同国家不同时代具有不同的含义，不是确定的概念，也是不稳定的概念，价值不大。我们应认识到，随着经济的发展，划定是否陷入中等收入陷阱的基准线也将会发生变化。中等收入和高收入是相对而言的。经济短时间或者长期处于停滞状态是任何一个国家在实现现代化过程中都难以避免的命运。阿根廷早在 1964 年时人均国内生产总值就超过 1000 美元，20 世纪 90 年代末上升到了 8000

[①] 厉以宁：《论"中等收入陷阱"》，《经济学动态》2012 年第 12 期，第 4~6 页。
[②] 郑杭生主编《社会学概论新修》（第三版），中国人民大学出版社，2003，第 225 页。

多美元，但 2002 年又下降到 2000 多美元，而后又回升到 2008 年的 8236 美元。同样，西方发达国家在 20 世纪 70 年代也经历了经济增长停滞、通货膨胀率和失业率攀升的萧条景象。既然增长停滞乃至倒退在任何收入水平的国家都可能出现，并非中等收入国家所独有，那么是否有所谓"中等收入陷阱"就无法得到证明。①

误解二：概念的标签化。《人民论坛》杂志在征求 50 多位国内知名专家意见的基础上，列出了掉入"中等收入陷阱"国家的十大显性特征，即经济增长回落或停滞、民主乱象、贫富分化、腐败多发、过度城市化、社会公共服务短缺、就业困难、社会动荡、信仰缺失、金融体系脆弱。② 美国著名经济学家华尔特·惠特曼·罗斯托（W. W. Rostow）在其著作《经济成长的阶段》中提出了"经济成长阶段论"，将一个国家的经济发展过程分为 5 个阶段：传统社会阶段、准备起飞阶段、起飞阶段、走向成熟阶段、大众消费阶段。按照"中等收入陷阱"的定义，我们可以大胆估测中等收入国家应该处于"起飞—走向成熟"的阶段。罗斯托结合世界经济发展的总趋势，通过经济模型分析后认为，要实现这一阶段的跨越大约需要 60 年的时间。③ 就发达国家提出的中等收入国家发展陷阱的表现而言，这些其实都是常见"问题"。这些问题并非只存在于"中等收入"阶段，也同样存在于"低收入"阶段，甚至许多发达国家也存在诸如此类的问题。美国 20 世纪 60 年代的"校园革命"是典型的社会动荡和信仰缺失，70 年代又陷入经济滞胀，2008 年国际金融危机导致的就业困难到现在（2015 年——编者注）还没有得到很好解决。有的学者把拉美国家"过度城市化""生态环境恶化"等问题也说成是陷阱，更是不着边际。其实，20 世纪 80 年代陷入中等收入陷阱的几个拉美主要国家已经达到或跨越了世界银行按汇率法分类划定的高收入

---

① 王东京：《"中等收入陷阱"纯属危言耸听》，《学习时报》2014 年 6 月 16 日。
② 江时学：《"中等收入陷阱"：被"扩容"的概念》，《国际问题研究》2013 年第 2 期，第 122~131 页。
③ W. W. Rostow, *The Stages of Economic Growth: A Non-Communist Manifesto*, Cambridge University Press, 1960, pp. 4-16.

门槛，成为世界银行定义的高收入国家。因而，以拉美为典型案例的中等收入陷阱说无疑是有异议的。中等收入陷阱带有浓厚的主观价值评价色彩，是对经济发展受阻国家的人为标签化，严重的会造成这些被贴上"中等收入陷阱"的国家在全球化，特别是国际贸易过程中失去发展机会，增加发展困难，陷入新的发展困境。[①]

误解三：概念的危害性。以美元为衡量标准的中等收入陷阱，反映的是以西方为主导的霸权话语在新一轮国际经济竞争中采取的自我保护手段。以拉美国家阿根廷为例。20世纪70年代以后，美国在拉丁美洲一些有一定经济实力的国家，鼓动和改变那里原来保守而稳定的民族主义经济发展方式，很多拉美国家在美国专家的鼓动和直接指导下，大力推行"新自由主义经济"的发展政策，包括矿产资源和国民经济命脉产业都实行经济完全私有化，模仿美国的经济发展模式，全面彻底放开金融和经济管制，以适应所谓的经济全球化发展。2001年阿根廷爆发全方位的经济危机，美国等发达国家纷纷撤资，导致阿根廷经济受挫，却被以美国为主的发达国家定义为陷入"中等收入陷阱"。之后阿根廷全国处于戒备状态，紧急采取临时性措施，结果不但没有挽回过去的辉煌，反而干扰了经济社会的有序发展，使阿根廷陷入新一轮危机的漩涡中。就中国而言，改革开放之初，西方国家普遍抱有怀疑的态度，不时出现"中国即将崩溃"的悲观论调。改革开放二三十年以后，他们突然发现，中国已经在世界经济和政治格局中占据了重要位置，到了不得不重视的程度，于是又出现了"中国威胁论"的声音。现在，西方国家对我国民主、人权以及民族问题的丑化攻击此起彼伏，在国际贸易中对中国产品的各种限制措施也层出不穷，经济全球化的风险越来越大。因此，必须看到，我们面临的国际环境特别是世界舆论环境，即"西风压倒东风"的格局，并未随着中国崛起、不断强大而根本改变。相反，随着我国经济增长速度下行压力的增大，某些方面还有恶化的趋势。

---

① 尹保云：《中等收入与"陷阱中的发展"》，http：//www.chinareform.org.cn/society/income/Practice/201108/t20110826_119872.htm，2011年8月26日。

3. 概念澄清:"中等收入瓶颈"的提出

中等收入陷阱,作为一个经济学的概念,难以概括一个国家踏入中等收入国家行列后经济、社会、政治和文化领域发展的全貌。简单的国民人均收入水平这一指标既无法反映本国经济可持续发展的能力,也掩盖了发展中国家在经济结构调整、民主法治建设和民生保障方面取得的进步。因此,就某种程度而言,将人均收入能否达到某一人为设置的标准视为陷入或者跳出"中等收入陷阱"的标志,完全是一个伪命题。过分强调中等收入陷阱其本身就是一个"陷阱",会诱导发展中国家将社会发展片面理解为经济总量的增加。科学理性地认识中等收入国家经济社会发展的现实困境及其突破路径,是这些国家未来社会发展的重要议题。笔者认为,"中等收入陷阱"这一概念的提出并非毫无可取之处,至少它指明了中等收入国家经济社会发展可能存在的薄弱环节。从发展中国家的实践来看,中等收入国家在经济社会发展过程中具有普遍的、客观的共性问题。本文基于此,将"中等收入陷阱"修正为"中等收入瓶颈"。正如前文所论述的,当一个国家人均收入达到某一确定的中等发展阶段后,由于人力资源、自然资源的有限性而难以在短时间内达到更高的发展程度,并长期处于由中等水平向高等层次跨越的瓶颈中。"中等收入瓶颈"并不是一个狭窄化的概念,经济领域发展的困境往往会造成政治、社会和文化全方位的发展危机。中国改革开放以来,几十年的经济持续高速增长实现了由一个低收入国家发展成长为一个中等偏上收入国家的历史性跨越。但是,在承认中国保持经济持续高速增长所取得成就的同时,诸多类似于发展中国家或地区在中等收入阶段典型的贫富分化、腐败多发、就业困难等问题也不同程度存在乃至深化,这意味着中国经济社会的持续发展同样面临"中等收入瓶颈"的挑战和考验。①

二 中国可能跌入"中等收入瓶颈"的因素分析

由于"中等收入瓶颈"的客观存在,中国未来面临诸多发展困境:在

---

① 毛强:《中国跨越"中等收入陷阱"的问题研究》,首都师范大学硕士学位论文,2013。

经济领域，由于国民经济增速的下滑，产业结构升级负担增加，自主创新能力动力不足，仅仅依靠经济增长来保证社会良性运行难以实现；在政治领域，官员腐败问题尚未根治，社会不和谐的潜在风险因素威胁政治稳定；在文化领域，随着民众意识内化的淡漠、强势文化的侵入，传统文化在多元文化发展格局中缺乏应有的自信心，主流意识形态面临严峻挑战。上述三种困境并不是孤立存在的，而是相互关联、相互作用、相互影响，形成了特有的"中等收入瓶颈"。

1. 经济常态化瓶颈

改革开放以来，中国通过"独立自主，自力更生"的发展道路，国民经济蓬勃发展，经济总量连上新台阶。1979~2012年，中国经济年均增速达9.8%，同期世界经济年均增速只有2.8%。根据2013年世界银行数据，中国人均国民总收入已由1978年的190美元上升至2012年的5680美元。按照世界银行的划分标准，中国已经跳出低收入国家队伍，跨入中等收入国家行列。单从中国当前人均国民总收入来看，中国已跌入中等收入陷阱。然而，不同国家在不同时期经济增长有其内在规律性。经济增长本身就带有"双刃剑"的性质，它对社会发展既具有创造性的一面，又带有摧毁性的一面，同时经济增长的地区和阶层差异会加剧社会不平衡和不公正。国内外研究表明，干群矛盾、劳资纠纷、贫富差距，以及人与自然之间不和谐因素的不断累积，这些问题如果处理不好，就会反过来对经济增长造成巨大的阻碍，产生"经济增长的负效应"。2010年以来我国经济增速持续回落，经济下行压力逐步增大。国家统计局发布的数据显示，2014年我国前三季度GDP增长7.4%，相比于2013年减少3个百分点。中国经济在未来十年将面临经济增长的"新常态"，也即未来经济增速放缓、经济指标疲软、固定资产投资减少、国内消费带动效应受阻将成为我国经济发展的常态化现象。在这种新常态下，中国跌入中等收入瓶颈的可能性大大增加。

2. 政治民主化瓶颈

由于处于中等收入水平的国家生产要素释放经济增长红利能力下降，因而通过提高经济发展水平来突破中等收入瓶颈难以奏效。于是，相关社会利益群体，特别是在现有政治体制下无法实现自身权益的精英群体，开始寄希望于以推进"政治民主化"改革来实现社会整体发展水平的提高。以拉美国家为例，20世纪七八十年代，众多拉美国家受美国在全世界范围内"促进民主"浪潮的影响，推行新自由主义政策，实现了"民主化"。[①] 按照亨廷顿的观点，民主制度是最可取的、最能保证政治持续稳定的政治制度。[②] 然而，实际情况是拉美的政治"民主化"不仅没有带来经济的繁荣，反而导致了80年代和90年代拉美经济"失去的两个十年"。2013年拉美贫困率高达27.9%，是世界上贫富分化和社会问题最严重的地区之一。中国当前的民主建设需要吸取拉美民主改革的经验，在坚持社会主义的制度前提和马克思主义中国化的基础上，夯实中国共产党的领导，凝聚各民族的爱国情怀，避免"街头民主"诉求的无序膨胀，防止"民主乱象"扰乱经济社会发展的正常秩序。如果民主建设违背了自己的基本国情和经济社会发展的客观规律，就可能落入经济停滞、社会动乱的"低质民主陷阱"。

3. 文化多元化瓶颈

中等收入瓶颈在经济和政治领域表现较为显性，而在思想文化领域则是一个潜移默化的过程。思想文化的变迁往往根源于政治体制变革和生产方式创新。因而，中等收入国家如果在政治、经济领域发生了不良反应，必然会引发思想文化领域的动荡。当前我国思想文化领域面临的突出问题是文化多元化所导致的非主流文化的兴盛，由此引发国民文化的不自信。主流文化和主旋律是我国根本价值的核心所在，是保证经济增长、政治稳定和社会和谐的坚实精神力量。随着社会转型深度、广度的不断延伸，如何在处于中等收入水平的前提下塑造整个社会认同的核心价值观是摆在中国改革发展前进道路上的关键议题。从当前中国文化发展的实际情况来看，主流文化在意识形态领域仍占据主导地位，特别是中国5000年的优秀传统文化对保证社会转型的顺利进行起到了不可替代的作用。然而，我

---

① 范和生：《中国应怎样认识拉美——国内相关研究动态与镜鉴意义》，《人民论坛·学术前沿》2014年第17期，第36~49页。
② 邓伟志主编《变革社会中的政治稳定》，上海人民出版社，1997，第172页。

们应当看到由于经济增长放缓带来的人们社会心态的变化。处于社会底层的弱势群体由于经济资源的相对稀缺，极易形成反文化心理，比如急功近利、心浮气躁、压抑焦虑、怨恨不满、失衡偏激等。处于社会上层的精英群体则拥有过多经济资源，这就容易滋生诸如享乐主义、拜金主义和个人主义等多元主义文化，它腐蚀着社会主义道德大厦，严重威胁我国经济社会的健康发展。

三　中国避免跌入"中等收入瓶颈"的路径选择

既然在比较意义上的中等收入陷阱并不存在，而经济增长放缓、停滞乃至倒退是在不同收入阶段的各个时期都可能出现的现象，那么，真正需要做的不是人为构造一个中等收入陷阱，而是要具体地分析后发国家面临的经济发展阶段的特殊问题与挑战。[①] 就中国当前发展的实际情况而言，突破"中等收入瓶颈"的根本出路在于，改革和完善不利于经济社会可持续发展的制度设计。

1. 推进社会主义民主法治建设，扫清制约中国跨越式发展的不利因素

民主法治虽不是实现经济增长的充分条件，但要想实现稳定的、可持续的经济增长，民主法治建设是不可或缺的保障条件和重要前提。一个国家如果民主法治不健全，必然会影响经济建设的可持续稳定发展，最终导致人均收入水平的"不增反减"。而人均财富的低水平就会为政治极端主义提供社会基础并导致不满情绪的积累。[②] 民主法治保证了政治的有效运转，倘若因民主法治的缺失而引发整个社会强烈的反抗心态，其结果必定是扰乱经济建设的秩序，破坏社会的和谐稳定。拉美国家发展的实践提供了恰好的证明。始于20世纪70年代末80年代初的拉丁美洲民主化进程远没有得到巩固，拉美国家传统的政治体制已经不适应拉美经济发展新形势的需要，以行政权

---

① 华生：《城市化转型与土地陷阱》，东方出版社，2013，第20、26页。
② 〔美〕西摩·马丁·李普塞特：《政治人——政治的社会基础》，张绍宗译，上海人民出版社，2011，第34~36页。

力为核心的传统政治体制造成拉美国家的政治腐败，进而无法为经济增长提供一个相当有效的政府力量。许多拉美国家的政府不能有效解决威胁经济社会稳定的突出矛盾。政治改革进程的缓慢和无效，严重阻碍了拉美经济的进一步发展。目前，拉美腐败之风尚未根治，贫困人口生活艰难，法治建设难以推行，已经威胁到拉美国家政治体制的正常运转。中国应吸取拉美国家的教训，在保证政治体制稳定的框架内，加强民主法治建设。党的十八届四中全会提出的"两个坚持"即坚持依法治国、依法执政、依法行政共同推进，坚持法治国家、法治政府和法治社会一体建设，为中国在推动新一轮改革的关键时期维持经济发展的常态化提供了有力的法治保障，强调运用民主法治思维和法治方式，必然对我国新常态下经济的包容性发展和可持续发展产生强大的推动作用。

2. 进一步实施融入全球化的对外开放体系，增强中国经济增长的外在动力

美国著名经济学家迈克尔·斯宾塞指出："为什么现代化和增长的快速扩张进程开始于第二次世界大战之后？——答案是经济的全球化，包括产品和服务贸易、流动资本的不断开放，最重要的是知识和科技的转让。"[1] 近代中国的实践证明，没有一个成功的高收入经济体是在闭关锁国的环境下实现的。因而，后进发展中国家跨越中等收入瓶颈，实现经济追赶式发展的关键就在于充分融入世界经济贸易体系，利用自身的发展优势参与世界经济的分工与协作。在参与世界经济的竞争与合作中，中国可以根据自身发展的实际情况，直接借鉴和汲取发达国家经过长期的实践探索才能获得的经济建设的经验和发展工业经济的知识、技术和信息。迈克尔·斯宾塞认为，二战后，在经济全球化的带动下，知识、技术和创新的传播与劳动生产率提高开始全球化扩散，使全球经济呈现追赶性增长的特征。[2] 早期工业化国家需要几十年甚至上百年才能跨越的人均收入陷阱，后进发展中国家和地区只需要20余年就能在其经济体对外开放的前提下

---

[1] 〔美〕迈克尔·斯宾塞：《下一次大趋同——多速世界经济增长的未来》，王青、刘其岩译，机械工业出版社，2012，第40页。
[2] 叶雷：《下一次大趋同与中等收入陷阱》，《浙江经济》2012年第9期，第58页。

实现经济快速发展。因此，作为对世界经济存在高度依赖性的中国，只有积极融入世界经济发展的大潮，参与外部资源的交换，建立自由开放的社会主义市场经济体制，才能在后进发展中具备实现追赶跨越高收入经济体的必要条件。

3. 正确处理好市场与政府之间的关系，避免跨越过程中的潜在风险

如果按罗斯托"经济成长阶段论"的说法，处于中等收入水平的中国正从"起飞"走向"成熟"。起飞阶段是工业化国家在具备起飞前提条件基础上经济增长的实现阶段，在这个阶段中，土地、劳动力和资源等生产要素的投入可以有效地进行资本积累，促进经济增长。因而，迫切需要一个强有力的有效政府为经济的追赶提供不可或缺的公共产品，并通过制度安排和政策调节，维持国家经济的稳定增长，防止社会的剧烈震荡。改革开放以来，中国已具备实现工业化的坚实基础，经济增长不再是单纯依靠生产要素的投入和使用，而是要进行技术的创新。没有不断的技术进步，经济增长就难以可持续发展，也就无法带来人均收入的提高。而技术创新需要的是经济体自身的人口素质和创新激励。① 这也就不难理解那种以政府的强制干预为主导的计划经济体在现代化工业时代人均收入增长遭遇瓶颈的原因。然而，我们也应该认识到，自由主义的市场经济体制并不是"万能钥匙"。正确认识和处理政府与市场的关系，是中国避免跌入中等收入阶段经济增长瓶颈的关键议题，也是确保经济增长背后预防社会断裂的重要前提。

4. 着力于发展型社会政策的经济效应，增强经济转型发展的内生动力

党的十七届五中全会明确提出以经济发展方式转变为主线的发展战略。经济发展方式的转变，并不局限于经济社会发展领域，而是在经济结构不断优化的同时社会福利也不断提升。通过增进社会福利来刺激人民群众消费和生产的积极性，为经济发展方式转变创造内生动力。② 从我国发展的实践来

---

① 华生：《城市化转型与土地陷阱》，东方出版社，2013，第20、26页。
② 江治强：《以社会政策为着力点转变经济发展方式》，《中国社会科学报》2011年9月20日，第14版。

看，长期缺乏社会政策的协同，使得经济发展过程中问题百出。一方面经济增长是以牺牲社会公共资源来获取量的增加，另一方面经济发展的成果往往集中于少数人手中，难以惠及广大的劳动群众。这种经济增长方式及发展成果的分配方式，弱化了社会发展质量，使得社会阶层间的利益分化明显，贫富差距逐步拉大。一系列潜在的社会风险及矛盾制约了经济的可持续增长，也导致了社会建设长期滞后于经济发展。因此，需要从发展型社会政策领域寻找社会建设的着力点。发展型社会政策是增进社会公平正义和推动经济增长的积极的前瞻性手段。它充分考虑人的发展需要，通过实施社会福利政策增强人们的潜在能力，赋予他们更多的自我发展的权利。鉴于我国经济发展水平尚不够高、政府财力比较薄弱的实际，实施发展型社会政策需要注意两点：第一，不能盲目模仿西方国家的社会福利体制，而是要在现有的政治体制框架内，结合我国发展的实践，探寻一条经济与社会协调发展的特色之路；第二，科学合理地选择社会政策变革的路径，既要有效地分散社会风险，增强社会凝聚力，又要与社会主义市场经济运行机制并行不悖。[①]

结　语

毋庸置疑，"中等收入陷阱"只是带有"污名化"的标签，用来衡量处于中等收入阶段的发展中国家是不合理的。几十年的改革开放，中国经济发展、政治改革和民生建设取得了巨大成就，也为中国顺利突破中等收入瓶颈和跨越所谓的"中等收入陷阱"积累了丰富的经验，为实现中国经济的可持续发展和包容性增长奠定了坚实基础。处于中等收入阶段的中国，虽然面临诸多社会矛盾和难以预见的风险挑战，但只要处理得当，仍可以抓住难得的历史机遇加快经济社会的转型发展，全面攻破束缚社会改革的体制障碍，

---

① 顾昕：《发展主义的发展：政府主导型发展模式的理论探索》，《河北学刊》2014年第3期，第93~98页。

厘清社会各阶层的利益诉求，疏导社会戾气，健全社会保障机制。当前，增长趋势放缓将是中国经济的新常态，这并不意味着中国经济"冬天"的来临。相反，我国经济新常态的实质是经济增长动力机制的根本改变和经济发展质量的整体提升。高效率、低成本、可持续的现代经济将是我国未来经济增长的主要目标。科学认识中等收入阶段经济社会转型中的诸多问题，实行创新驱动发展战略，强化民主法治建设，不断增强中国在全球化经济竞争中的比较优势，必将有力助推中国实现经济增长和人民生活水平质的飞跃。

从三维视角看拉美国家低度民主化问题及其发展[*]

范和生　王燕

摘　要：在20世纪后期第三波民主化浪潮带动下，拉美国家基本建立了民主政治体制，完成了从威权政治到民主政治的转型。但是，拉美国家民主发展不完善，政治发展水平至今仍停留在低度民主化阶段——从三维视角看具有低质民主化、低能民主化、低效民主化特征。未来一段时间内，在新兴政党崛起、社会局面动荡、地区分裂加剧、经济复苏困难、疫情防控艰巨等影响因素的作用下，拉美国家民主化的进一步发展仍将受到严峻挑战，民主发展的利益格局将会更加复杂化、内部环境将会更加不稳定、地区形势将会更加紧张、物质保障将会更加薄弱、社会局势将会更加多变。

关键词：低度民主化　拉美政治　低质民主　低能民主　低效民主

1974年4月25日，葡萄牙里斯本广播电视台播放的《高山之歌》标志着现代世界第三波民主化浪潮的开启。受此影响，拉美国家于1977年也开始进行民主化转型，厄瓜多尔、秘鲁、玻利维亚、阿根廷、乌拉圭、巴西、洪都拉斯、萨尔瓦多、危地马拉等国家通过军政双方谈判或发动政变等方式

---

[*] 本文原发表于《拉丁美洲研究》2022年第2期，收录时有改动。

将军政权"还政于民",军人执政逐渐转变为文官政府,至20世纪90年代拉美国家代议制民主体制基本确立。与过去相比,拉美国家的民主化进程已取得重大进步:民主体制逐渐完善,政治参与的规模与范围不断扩大;选举制度日益成熟,多党竞选的规则与程序不断规范;政府体制趋于稳定,公务员选拔与任用制度更加合理;民主意识不断增强,言论、出版、集会、结社等公民自由权利基本得到保障。但是,拉美国家民主化进程所取得的成就属于阶段性成就,民主化的弊端与缺陷也在进一步扩大。

目前,国内外学者主要从政治、制度、地区安全视角对第三波民主化浪潮之后拉美民主化的发展进行思考与讨论。从政治视角看,有学者认为拉美国家民主化仍受到民粹主义及威权主义影响。如美国学者库尔特·韦兰认为,竞争性威权主义将继续在拉美存在并对其产生吸引力,会对部分拉美国家的代议制民主体制产生威胁,甚至可能永久性代替。[1] 国内部分学者从民粹主义的角度研究拉美民粹主义对民主的影响,如张芯瑜指出民粹主义对拉美民主具有双面性影响,一方面民粹主义可以推动被边缘化民众的政治参与,另一方面却忽视少数人的权利,会损害政治机构(如政党和议会)和非选举机构(如中央银行或监察局等组织)的合法性和权力。[2] 从制度视角看,有学者认为拉美国家民主政治制度的困境与挑战并存,如袁东振指出拉美国家的政治制度具有脆弱性,权力制衡能力缺失,司法机构效率低、独立性差,民众对现存政治制度和体制存在多重不满。[3] 另有部分学者认为虽然大多数拉美国家都建立了民主制度,但目前多数拉美国家仅仅具有选举民主或形式上的民主,不具备真正的自由民主,没有形成深厚的民主基础。[4] 从

---

[1] 〔美〕库尔特·韦兰:《拉美的威权主义趋向》,盈谷译,《国外理论动态》2014年第11期,第65~71页。

[2] 张芯瑜:《拉美民粹主义对民主影响的实证研究》,《拉丁美洲研究》2021年第1期,第36~58页、第154~155页。

[3] 袁东振:《理解拉美主要国家政治制度的变迁》,《世界经济与政治》2017年第10期,第23~42页、第155~156页。

[4] 李力东:《20世纪50年代以来拉美政治发展的困境与前景:民主维度的思考》,《社科纵横》2012年第6期,第64~68页。

地区安全看，有学者认为拉美国家民主化发展面临诸多国际政治不稳定因素。如美国拉丁美洲事务专家马克·沙利文等指出，拉美地区的政治安全一直深受恐怖主义势力的威胁；[①] 杨志敏指出，近些年拉美地区的安全状况虽有改善，但是暴力案件、毒品走私、跨国犯罪等问题依旧十分突出，表明拉美国家政府的治理能力，尤其是社会治理能力和安全治理能力较弱；[②] 江时学等人指出，在可预见的将来，拉美地区的政治风险不可能彻底消失，但政局将继续保持整体稳定而局部动荡这一基本的态势。[③]

综上所述，现有文献仍存在一些不足及有待探索的空间。第一，已有研究虽然从不同视角对拉美民主化发展进行论述，但是并没有对目前拉美民主化发展的程度进行明确界定，普遍模糊论述为"拉美国家民主化发展取得一定成就，但是存在民主巩固与转型的困境"。第二，现有研究大多停留在现阶段拉美民主化发展所呈现的成就、问题及动因分析上，对拉美国家民主化发展趋势缺乏进一步研究。第三，国内外学者研究的学科视角通常停留在国际政治学领域，认为民主化问题仅是政治问题，很少注意到跨学科研究的重要性和可行性。针对研究现状，本文从三维视角出发，立足于国际政治社会学这一交叉学科，从现阶段拉美国家民主化发展现状透视其"低度民主化"的本质，即多数拉美国家在特定经济关系和利益关系基础上，已基本建立保障公民政治权利得到平等实现的政治形式，但是这种政治形式并没有得到进一步的发展与完善，并呈现低质民主化、低能民主化、低效民主化三维特征。

一 三维视角下对拉美民主再认识

一个国家民主政治的发展是一个渐进的过程，由低质民主逐渐发展到高质民主，低能民主逐渐发展到高能民主，低效民主逐渐发展到高效民主，最

[①] Sullivan M. P., *Latin America: Terrorism Issues*, DIANE Publishing, 2011, pp. 91-92.
[②] 杨志敏：《拉美地区安全状况缘何不容乐观》，《人民论坛》2018年第10期，第38~40页。
[③] 江时学、来源：《论拉丁美洲国家的"国家风险"》，《国际论坛》2021年第2期，第101~119页、第159页。

终实现低度民主到高度民主的转变。目前，拉美国家的民主发展水平还停留在低度民主阶段，与高度民主发展水平尚有一定距离。

（一）拉美国家的低质民主化

民主发展的质量是在理论上和实践中公民在多大程度上享有各种权利和机会，以及确保这些权利成为现实的体制和有效的政治权利。① 中国学者俞可平指出，民主政治就是人民决定国家制度，国家制度最终体现人民的意志，人民是国家全部政治生活的决定性环节。② 也就是说，民主的本质在于"主权在民"或"人民当家作主"，国家能够充分体现最广大人民的意志。拉美国家的政治体制虽然是政府经由定期公开选举而建立的代议制民主政治体制，但是体制机制建设不畅，流于形式，人民的意志没有得到充分体现，人民的要求没有得到充分满足，人民的自由没有得到充分尊重，是一种低质量的民主，主要体现在社会两极分化严重、民众抗议活动频发、政府信任危机加重三方面。

1. 社会两极分化严重

拉美是世界上两极分化最严重的地区之一，社会贫富差距大，政治权力分配不平等。自独立以来，拉美国家的经济发展模式经历了"外向—内向—外向"的转变，经济发展速度缓慢提升，但是拉美国家大部分民众并没有享受到经济发展带来的收入红利，收入分配反而呈现富者越富、穷者越穷的发展态势，其中尤以巴西表现最为严重。拉美经委会的统计数据显示，2019年拉美地区基尼系数普遍高于表示收入分配比较平均的标准0.3，其中基尼系数最高的国家为巴西和哥伦比亚，基尼系数处于0.500~0.538；基尼系数最低的国家为委内瑞拉和阿根廷，但是其数值也处于0.378~0.418的高位，收入分配不平等，社会财富高度集中于高收入阶层。③ 经济基础决定

---

① Charles H. Blake, "The Quality of Democracy in Latin America", *Perspectives on Politics*, Vol. 10, No. 4, 2012, p. 1028.
② 俞可平：《马克思论民主的一般概念、普遍价值和共同形式》，《马克思主义与现实》2007年第3期，第4~13页。
③ ECLAC, "Panorama Social de América Latina 2020", https://statistics.cepal.org/portal/cepalstat/publicaciones, November 27, 2021.

上层建筑，拉美国家经济收入上的两极分化导致政治上的阶级对立，难以形成政策共识。经济收入贫富差距大导致社会低收入群体在政治上被排除在民主体制之外，成为社会发展的边缘人口。拉美国家精英主义政治一直占据主导地位，委内瑞拉、厄瓜多尔、玻利维亚等左翼政党执政的国家虽然一直强调要进行以扩大民众政治参与为目的的"参与式民主"政治实践，但收效甚微，总体上政治家族把握国家重大权力的现象未有明显改善，在政策制定方面难以考虑底层民众对民主政治的发展需求，公民平等、公正参与政治选举的权利部分缺失。

2. 民众抗议活动频发

当民众的合理诉求得不到政府及时回应及有效满足时，民众就会通过反政府示威游行等抗议活动表达自己的意志，要求政府进行政治、经济、社会等方面的改革，这本质上暴露出民众的民主发展需求与国家低质民主化发展之间的矛盾。社会抗议是拉丁美洲民主发展的一个独特特征。[1] 2019年初至今，拉美地区多个国家爆发了不同形式、不同程度的抗议活动，迎来了拉美国家新一轮的抗议浪潮。委内瑞拉、危地马拉、海地、尼加拉瓜、巴拉圭、洪都拉斯、巴西、阿根廷、墨西哥、秘鲁、智利、厄瓜多尔、玻利维亚、哥伦比亚、萨尔瓦多等国相继爆发大规模的反政府游行示威活动，虽然抗议活动大多由地铁票价上涨、燃油补贴取消、不满国家新发展计划等"小事"引起，但是规模持续扩大，最终引发群体性大规模社会骚乱，甚至严重冲击政府的政权稳定，背后反映出民众无法通过完善的参政议政机制合理地表达诉求。其中抗议活动对政府冲击最大的当属玻利维亚，2019年10月，玻利维亚总统大选传出争议后引发民众示威，全国多座城市的警察也加入反政府行动，受此影响，莫拉莱斯总统辞职后被迫流亡墨西哥寻求政治庇护，临时总统上任后地位也不稳定，仍固守原有政治体制，国家陷入愈发严重的冲突与动乱之中。[2]

---

[1] Pion-Berlin, "Explaining Military Responses to Protests in Latin American Democracies", *Comparative Politics*, Vol. 54, No. 2, 2022, pp. 229-251.

[2] 《临时总统仓促上任地位不稳 玻利维亚政局动荡恐将持续》，中国新闻网，http://www.chinanews.com/gj/2019/11-14/9007320.shtml，2019年11月14日。

3. 政府信任危机加重

拉美国家虽然建立了民主政治体制，但是体制建设不畅，仍停留在形式民主层面，中下层民众的利益与心声被忽视，"主权在民"逐渐变成"主权在精英阶层"，民众对民主的满意度逐年下降，对国家民主政治的体制建设产生不满情绪。由图1可以看出，1995年拉美民众对民主的满意度为38%，此后的20多年中拉美民众对民主的满意度虽然有过短暂上升，但总体上呈现下降趋势，至2018年已下降为24%，总体下降14个百分点。在拉美地区第一大国巴西，民众对民主的满意度从1995年的41%降至2018年的34%，下降7个百分点。在阿根廷、墨西哥和秘鲁，1995~2018年民众对民主的满意度也分别下降18个、11个和9个百分点，拉美已经成为全世界民众对民主最不满意的地区之一。① 拉美地区对国家政治发展漠不关心的政治冷漠主义也在抬头，进一步加大了民众对民主的不信任，对拉美国家民主的进一步发展构成潜在威胁。②

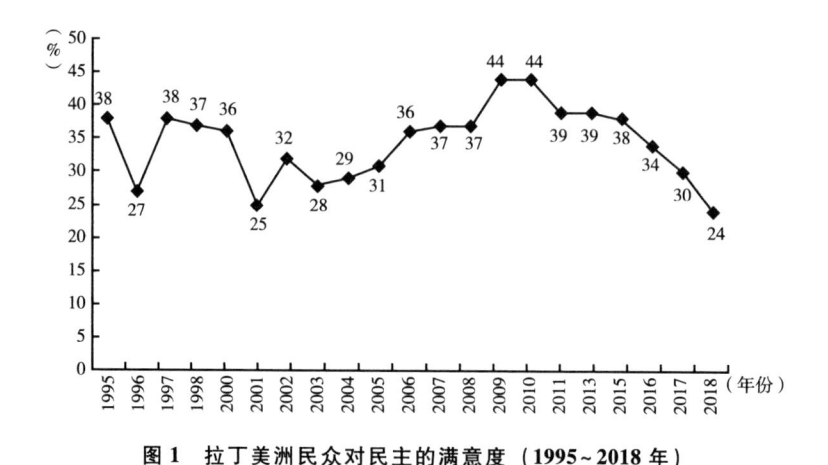

图1 拉丁美洲民众对民主的满意度（1995~2018年）

资料来源：根据拉美民意调查机构 Latinobarómetro Database 相关数据整理，https：//www.latinobarometro.org/lat.jsp。

---

① Latinobarómetro Database, "Informe Latinobarómetro 2018", https：//www.latinobarometro.org/lat.jsp, July 24, 2021.
② 袁东振：《拉美国家民主巩固与转型的趋势及困境》，《当代世界与社会主义》2014年第4期，第22~27页。

如前所述，拉美国家民主化的发展既受西班牙、葡萄牙殖民统治留下的封建政治残余的负面影响，又受专制威权主义政治传统的干扰。15世纪末哥伦布"发现"美洲新大陆后，欧洲封建主义大国西班牙、葡萄牙随即对拉丁美洲进行殖民统治，两个宗主国将拉丁美洲殖民地看成国王及王室的私有财产，一切统治行为以国王的意志及王室的利益为基本出发点，拉美民众的权利与利益被漠视。除此之外，在殖民之初，西班牙和葡萄牙就将本国的专制主义和封建主义移植到拉丁美洲，并成为它们在拉丁美洲实行专制统治的主要制度。① 这些封建因素夹杂在一起，给历史上长期遭受殖民统治的拉丁美洲国家的民主化发展带来极大的困难，人民的意志与利益也很难得到统治者真切的关注。正如李力东指出的，目前在拉美地区，实际上是以总统为代表的行政部门代替了此前国王的角色：殖民地时期人民把社会和经济利益的实现寄托于国王，现在则是寄托于总统。② 20世纪90年代，拉美虽然完成了威权主义政治向民主政治的过渡，但是民主化发展仍受威权主义政治传统的影响，创立了威权政权或在这些政权中长期掌权的领袖常常会成为反对民主化的顽固保守派。③ 拉美国家一直处于威权政治与民主政治的长期争斗中，查韦斯、博索纳罗等威权主义政治风格的国家领导人依旧受到民众的热烈欢迎。威权主义政治虽然不排斥代议制、多党制等民主政治制度形式，但是强调用高度集权的形式管理国家，限制公民自由与政治权利。受威权主义政治传统影响，博索纳罗上台后，通过反对全球化及在政府内阁任用多名军官等新方式积极加强威权主义执政，引发民众的强烈不满，进一步加深巴西低质民主化程度。

---

① 陆国俊：《论独立运动前夕拉丁美洲资本主义因素及其特点》，《世界历史》1997年第2期，第59~67页。
② 李力东：《20世纪50年代以来拉美政治发展的困境与前景：民主维度的思考》，《社科纵横》2012年第6期，第64~68页。
③ 〔美〕塞缪尔·P.亨廷顿：《第三波：20世纪后期的民主化浪潮》，欧阳景根译，中国人民大学出版社，2013，第281页。

（二）拉美国家的低能民主化

国家治理是一种实现公共事务有效治理的活动与过程，它涉及治理权威、治理形式、治理规则、治理机制和治理水平等内容，与这些内容密切相关的所有主体、资源以及各种正式与非正式的制度关系构成了国家治理体系；国家通过制定、执行规则和提供服务而与社会实现"双赢"的能力则是国家治理能力。[①] 发展民主的重要目标之一是实现国家治理体系与治理能力的现代化。拉美国家虽然已经建立民主政治形式，但是在民主的执行方面存在一定问题，没有进一步推进国家治理体系的构建与国家治理能力的提升，在解决政府腐败、治理低质城市化及抗击新冠疫情等问题上政府治理能力不足，属于一种低能民主化。

1. 政府腐败问题难解

政府内部自身腐败问题难以解决，政策执行能力变差，就会进一步加大管理公民及治理社会的难度。拉美国家政府腐败问题一直非常严重，根据世界著名非政府组织"透明国际"公开的清廉指数排行榜（2020年版），除乌拉圭、智利在全球180个国家和地区中排在前30名以外，其余拉美国家排名均比较靠后，委内瑞拉甚至排在倒数后10位，排名第176位。巴西、阿根廷、墨西哥等新兴拉美发展大国政府清廉指数排名也非常靠后，分列第94位、第78位及第124位。[②] 拉美国家腐败问题涉案的范围及数量也非常大，从国家最高领导人到基层公务人员都或多或少存在腐败行为或涉入腐败案件中。如巴西、秘鲁及萨尔瓦多等国家的总统均因腐败行为被调查，秘鲁前总统加西亚甚至为避免牢狱之灾而在被捕前开枪自杀。尽管各个拉美国家政府已深刻认识到腐败问题对民主发展的危害，而且通过完善监督制度、加强反腐国际合作及提高政府信息公开透明度等措施不断与腐败行为进行斗

---

① 薛澜、张帆、武沐瑶：《国家治理体系与治理能力研究：回顾与前瞻》，《公共管理学报》2015年第3期，第1~12页、第155页。

② Transparency International, "Corruption Perceptions Indexes 2020", https://www.transparency.org, November 26, 2021.

争,但是拉美国家的政府腐败问题一直没有得到明显改善,其清廉指数排名近10年来也没有明显变动,多个国家清廉指数排名一直处于倒数后几位。

2. 低质城市化治理困境

拉美国家的城市化发展早于民主化,开始于19世纪末,随着进口替代战略的实施及城市工业化的进程而发展起来,至2011年拉丁美洲的城市化率仅略低于美国及加拿大。但是拉美国家的高速城市化发展主要表现在城市人口的快速增长上,本质上还处于低质城市化水平,具有城市化发展水平与经济发展水平失衡、城市与农村发展失调及大中小城市人口分布不均等特征。① 面对低质城市化困境,拉美国家政府社会治理能力缺失,公共政策出台及执行不到位,致使因低质城市化带来的房屋资源短缺、基础设施配套不到位、教育及医疗资源紧张等社会问题一直没有得到解决。低能民主导致社会矛盾愈发尖锐,陷入"低质城市化→低能民主化(民主治理差)→低质城市化更加严重"的恶性循环。

3. 抗击疫情不力

拉美地区是全球新冠疫情最严重的地区之一,根据世界卫生组织统计,截至2022年3月4日,拉美地区新冠疫情累计确诊病例超过6592万例,死亡病例超过165万例。在拉美国家中,巴西受损最严重,累计确诊病例超过2884万例,死亡病例超过65万例;阿根廷、哥伦比亚、墨西哥等国家确诊病例均超过400万例。② 巴西总统博索纳罗、玻利维亚临时总统阿涅斯等国家政要也感染新冠,新冠疫情在拉美地区持续蔓延。面对突然发生并快速传播的新冠疫情,拉美各国政治经济遭受重创,各国政府的危机应变能力及国家治理能力也面临严峻挑战。但是,大部分拉美国家更关注疫情带来的经济损失,国家公共医疗系统薄弱,组织疫苗研发与生产的能力缺失。以巴西为例,疫情的发生并没有受到总统博索纳罗的足够重视,博索纳罗在公开场合

---

① 范和生、王燕:《拉美国家低质城市化问题论析》,《区域与全球发展》2021年第3期,第5~15页、第154页。
② World Health Organization, "WHO Coronavirus (COVID-19) Dashboard", https://covid19.who.int, March 4, 2022.

甚至一再表示巴西人民自身免疫能力较强，一般不会受到新冠病毒的感染，主张放松疫情防控措施以实现经贸活动的正常运转，一再淡化新冠疫情对巴西人民生命安全造成的伤害，轻视民生事业的发展。事实上巴西已成为新冠疫情最严重的国家之一，累计确诊人数仅次于美国与印度，人民的生命安全受到严重威胁。对新冠疫情抗击不力暴露出拉美国家政府治理能力的缺陷。

造成拉美国家低能民主化的原因主要有以下两个方面。第一，外源性民主的发展没有本土化。拉美国家的民主是在第三波民主化浪潮之后发展起来的，是西方民主运动传播过来的一种外源性民主，先天具有资产阶级民主的特性，与拉美落后的经济社会发展国情不相符。在这种情况下，拉美各种民主发展理论不断涌现，政治思想多元化，社会民主主义、民众主义、自由主义、结构主义等理论都试图提供解决拉美低能民主化问题的药方，但是没有一种理论上升为主流理论，不能对拉美国家探索适合本国国情的发展道路给予正确的指引，反而使拉美国家民主发展的指导思想越来越混乱，国家治理能力越来越低下。第二，美国对拉美国家民主的干扰。韩琦指出，美国因素延缓了拉美民主化的进程。[①] 拉美一直被美国视为"后花园"，1823年美国提出"门罗主义"，其中"美洲是美洲人的美洲"原则看似为了防止欧洲列强对美洲进行再一次的殖民掠夺，实际上是宣告美国已将拉丁美洲划入自己的势力范围。特朗普上台以后在拉美国家推行新门罗主义，更加强调美国在拉丁美洲的领导地位，通过打压左翼政权、培植右翼领导人物、出台"美洲增长倡议"等措施，干涉巴西、委内瑞拉、尼加拉瓜、哥伦比亚、玻利维亚等国家的内政外交，严重阻碍拉美国家民主能力的独立发展。新一任总统拜登上台后虽然强调与拉美构建平等的伙伴关系，但美国利益优先、在拉美"压左扶右"的政策基调不会改动，拉美国家的民主发展仍然受到美国的干扰，难以发展独立的国家治理能力。

---

① 韩琦：《20世纪拉美从威权向民主的转型——读彼得·史密斯的〈论拉丁美洲的民主〉》，载南开大学世界近现代史研究中心编《世界近现代史研究》（第十一辑），社会科学文献出版社，2014，第330~343页。

（三）拉美国家的低效民主化

民主化的发展要求是在保证政治民主的基础上，通过民主政治建设进一步推动社会进步与经济发展，从而促进国家整体向前发展。林尚立指出，现代化发展需要发展有效的民主体系，以保障权利的维护和权力的合法性。①也就是说，民主化发展具有有效性，高效的民主能够推动国家政权建设不断完善，社会发展质量不断提升，经济发展水平不断提高。但与此相反，目前拉美国家民主化的发展呈现低效性，政策效果不佳，具有政策出台缓慢、政策施行困难、权力监督薄弱等特征，从而进一步阻碍了社会进步与经济发展。

1. 政策出台缓慢

在民主政治体制中，政府决策的效率有着非常重要的影响。合理有效的政府决策可以促进民主化进程更好更快发展，低效缓慢的政府决策则会对民主化的进一步发展产生阻碍作用。在拉美国家中，政府决策过程缓慢且艰难。以阿根廷为例，阿根廷现任总统是中左翼政党联盟"全民阵线"成员阿尔韦托·费尔南德斯，副总统是2007年及2011年当选的前总统克里斯蒂娜·费尔南德斯·基什内尔。阿尔韦托·费尔南德斯在竞选时重点强调加强全国团结，希望推行社会各阶级团结政策。但是实际上，仅这一项主张决策起来异常缓慢。一方面，他需要努力克服与副总统克里斯蒂娜之前的政治嫌隙以及解决他自己所在政党庇隆主义政党内部党派林立、嫌隙过大的问题，以获取党内及其他政要的支持；另一方面，他还受到反对党"变革联盟"的激烈反对，"变革联盟"主要由中右翼政党联合组成，在议会中拥有大量席位。委内瑞拉马杜罗政府也遭遇决策"瓶颈"，早在2017年马杜罗就宣布决定召开解决国内纷争的制宪大会，直至2020年12月才宣布制宪大会的使命完成并结束运行，中间遭到反对派的强烈反对。反对派领袖瓜伊多在

---

① 林尚立：《在有效性中累积合法性：中国政治发展的路径选择》，《复旦学报》（社会科学版）2009年第2期，第46~54页。

2019年一度自封"临时总统",公开反对马杜罗政府的各项决策,多项决策进程缓慢甚至中止。

2. 政策施行困难

政策是国家权威机构为解决某些社会问题而制定的策略、规范或准则。政策制定以后就会进入执行阶段,拉美国家在此阶段经常会遇到政策执行受阻的情况,政策执行困难。巴西、阿根廷、委内瑞拉、墨西哥等拉美大国都是模仿美国政治制度而建立的联邦制国家,地方政府相较于联邦政府拥有较大自主权,政府权力高度分散。联邦政府在执行某项政策时,还要受到各州州长及市长的限制。博索纳罗在疫情期间为了维护巴西经济的正常运转,对地方州政府的严格防疫政策予以严厉批评,致使巴西多个州长签署联名信反抗博索纳罗政府的抗疫措施,拒不执行联邦政府的部分政策。[①] 同样,阿根廷现任总统费尔南德斯在竞选时提出要出台"改善民生、提高薪资水平"的政策,虽然获得了大量选民的投票支持,但由于中央政府及各州政府财政支出困难,难以拿出大笔资金支持此项政策,该项政策在执行时也遇到了各州政府的消极应对。目前为止,阿根廷民众的薪资水平没有得到明显提高,甚至因为疫情冲击,非正规就业人口明显增长。

3. 权力监督薄弱

在第三波民主化浪潮之后,受民主示范效应的影响,拉美国家普遍模仿欧美代议制民主政体,在政治制度设计上主张建立行政权、司法权、立法权三权分立制衡的政治制度,但是在制度实际运行过程中暴露出行政权力过大、司法权和立法权受限等缺陷,无法有效对行政权力进行监督。拉美国家的政党制度为多党制,通过普选产生的总统,其所在党派在议会中往往只占少数,不具有代表性,总统在出台政策时很难得到议会多数席位的认可与支持。克里斯玛型政治人物上台使得总统权力不断扩大,司法权过于弱化,对行政权发挥的监督制约作用有限。拉美学者明确指出,拉丁美洲总统拥有超

---

① 孙岩峰:《博索纳罗政府遭遇最大执政困境》,《世界知识》2021年第13期,第48~50页。

越宪法的权力,难以维持民主化的正常发展。① 独立运动之后,拉美国家仿照美国及西班牙颁布自己国家的宪法,纷纷建立各自独立的大陆法系或英美法系等法律体系。第三波民主化浪潮以后,又进行了旨在扩大监督权、巩固民主的司法改革,② 但是改革效果不明显,司法体系的建立及完善流于形式,实际上总统对司法权仍大加干涉,权力监督体系持续弱化,严重阻碍民主化的高效发展。如 2020 年巴西总统博索纳罗被司法机关指控涉嫌干预国家司法独立,但是其代表发言人强烈回应,称不会服从罢免总统的任何命令,对司法指控视而不见。

拉美国家之所以会出现低效民主化,主要原因有两方面。一方面,左右翼政党相互博弈,执政理念相差巨大,上届政府的决议难以得到下届政府的赞同和继续实施。拉美国家政党主要可以分为中左翼政党和中右翼政党这两大派别。中左翼政党主要受马克思主义、民族主义、社会主义等思想影响,在政治上反对帝国主义,主张改革现存政治制度与社会秩序以促进社会向更加公平的方向发展,在经济上强调国家宏观调控的作用,注重经济与社会均衡发展。中右翼政党主要受自由主义、精英主义、资本主义等思想影响,在政治上比较亲美,主张维护现存政治秩序,反对进行激烈的社会变革,在经济上强调自由放任的市场经济制度,反对国家对经济的过度干预。拉美国家左右翼政党经常相互轮替执政,执政理念经常左右转换,上届政府政策还未得到贯彻落实,下届政府就开始重新执政,这严重阻碍了民主有效发展。另一方面,拉美国家政权更迭频繁,政策出台短视。拉美地区政党林立,政党数量众多,如阿根廷主要有 57 个全国性政党,巴西登记在册的政党也有 33 个。为竞选连任,政府出台政策往往短视,出台措施更看重对当前问题的解决,无视政府决策慢、政策执行难、权力监督弱等低效民主长期固有问题的

---

① Botelho, João Carlos Amoroso, Renato Rodrigues Silva, "Presidential Powers in Latin America Beyond Constitutions", *Iberiamericana – Nordic Journal of Latin American and Caribbean Studies*, Vol. 50, No. 1, 2021, p. 120.
② 杨建民:《拉美国家的司法制度研究》,《拉丁美洲研究》2010 年第 6 期,第 35~44 页、第 80 页。

解决，难以从长远角度推动民主政治长效发展，不能从根本上解决社会矛盾与经济困境。

二 拉美国家民主化发展的趋势

拉美国家的民主发展是有前途的，虽然在低质民主化阶段存在诸多问题，但是低度民主的发展在一定程度上为高度民主奠定了基础；与此同时，拉美国家民主发展的道路是曲折的，未来民主化的进一步发展仍将受到严峻挑战，低度民主将会持续很长一段时间。

（一）新兴政党崛起，民主发展的利益格局将会更加复杂化

近年来，面对经济持续衰退、社会动荡加剧、疫情防控体系孱弱等经济社会问题，拉美传统的老牌左右翼政党都没有开出根除问题的有效"药方"，民众对传统政党执政绩效的不满情绪持续上升，推动着新兴政党的不断崛起。新兴政治力量借此机会重组或新建政党，不断提出新的政治指导思想及执政理念，以迎合民众对民主的发展需求从而提高民众支持率。

巴西政党数量众多，但是在博索纳罗上台之前一直是传统大党社会民主党和劳工党两党竞争总统大选，社会自由党仅是巴西的一个中小政党，在巴西步入民主化进程后从未成为执政党。2018年巴西总统大选中社会自由党候选人博索纳罗"严厉打击腐败"的竞选口号深入民心，力压两大传统政党赢得总统大选，打破巴西过去20多年的政党传统。相较于传统政党，社会自由党的执政理念明显带有民粹主义色彩，主张通过政治改革及打击腐败等措施提高国家治理能力。墨西哥在2018年之前一直是革命制度党或国家行动党推出的总统候选人赢得总统大选，其中革命制度党曾是墨西哥第一大党，自1929年成立起执政时间超过77年。2018年墨西哥总统大选中，于2014年成立的新兴政党国家复兴运动党候选人洛佩斯·奥夫拉多尔赢得选举，打破了传统政党长期执政的政治传统。与传统政党相比，国家复兴运动

党提出了"为人民谋福祉"的政治思想,重视改革,淡化意识形态色彩,主张走既非资本主义也非共产主义的"第三条道路"。[①] 2021年12月19日,由智利广泛阵线和共产党组成的左翼竞选联盟候选人加夫列尔·博里奇获得55.18%的票数赢得智利总统大选,打破了智利过去30年由传统左右翼执政候选人当选总统的惯例,其提出的改革智利新自由主义经济发展模式、废除由私营企业管理养老金的制度等政策主张具有鲜明的新左翼风格。除此之外,萨尔瓦多、危地马拉等国家在总统大选中也出现了新兴中小型政党推出的总统候选人凭借着新的政党执政主张赢得大选的情况,打破了传统政党轮流执政的传统。

通过分析以上拉美国家的总统大选可以得出如下研判。第一,新兴政党逐渐崛起,传统政党执政受挫。新兴政党推出的候选人赢得巴西、墨西哥、智利、萨尔瓦多、危地马拉等国的总统大选,背后折射出民众对传统执政党的执政理念逐渐感到失望,对其执政能力逐渐失去信心,因此将民主发展的希望寄托在党员数量虽少但政党理念新颖的新兴政党。第二,政治钟摆现象持续,左右翼执政理念融合。近年来,拉美国家的总统大选中既有博索纳罗等右翼候选人赢得大选,也有奥夫多拉尔、博里奇等左翼候选人赢得大选,说明拉美国家的政治钟摆效应再现,未来左右翼博弈的传统仍将持续。但是新兴政党候选人提出的执政理念,如博索纳罗提出的反对腐败、博里奇提出的加强国家合作等主张带有左右翼执政理念靠近、融合的趋向。第三,新兴政治人物上台,政治利益格局复杂。新兴政党推出的候选人提出的政策主张带有鲜明的个人色彩,打破了传统左右翼政党的固有执政理念,独具风格的同时也让拉美国家民主发展的利益格局更加复杂化。

(二)社会局面动荡,民主发展的内部环境将会更加不稳定

拉美国家在社会层面存在诸多混乱现象,社会矛盾尖锐,社会冲突不

---

① 崔守军、张政:《墨西哥总统大选后的政治走向及其内外政策主张》,《当代世界》2018年第8期,第64~67页。

断。一方面，暴力犯罪活动频发，城市犯罪率居高不下；另一方面，毒品走私案件增多，贩毒集团屡禁不止。

拉美被公认为世界上最不安全的地区之一，暴力组织猖獗，凶杀率居世界最高位。如在恐怖主义犯罪活动频发的国家哥伦比亚，反政府武装组织"哥伦比亚革命武装力量"与政府军之间的武装冲突致使约22万民众死亡，数百万民众无家可归。尽管冲突双方于2016年签署和平协议，"哥伦比亚革命武装力量"也声称解除了武装，但2019年该组织又宣布重组武装。这表明拉美国家的暴力犯罪活动没有得到根本解决。毒品犯罪活动加剧了社会动荡，严重危及社会稳定。拉美地区毒品犯罪活动猖獗，从毒品作物种植到毒品成品贩卖及消费已形成一个完整的产业链。据西班牙媒体报道，古巴是拉美地区唯一没有毒品问题的国家，其余拉美国家均受到毒品问题的困扰，其中哥伦比亚、厄瓜多尔、玻利维亚和秘鲁等国家所在地区被称为毒品"银三角"，民众饱受毒品侵害。作为毒品生产大国的墨西哥，毒品泛滥成灾，毒贩越狱、枪杀缉毒官员事件时有发生。拉美国家的贩毒活动与暴力犯罪活动紧密相连，贩毒组织内部的争斗以及与政府之间的对抗更易引发暴力冲突，低度民主化下的政府在短时间内无法根除贩毒组织及其活动。

通过分析以上拉美国家的社会环境可以得出如下研判。第一，多种犯罪活动交织，社会动荡趋势明显。拉美国家的暴力犯罪活动、毒品走私活动、恐怖主义活动等多种犯罪活动由来已久且交织在一起，毒品走私活动猖獗的背后是部分恐怖主义组织的保护，甚至某些恐怖主义组织也会进行贩毒活动以获得活动资金。拉美国家的这种社会建设短板一直没有得到明显改善，未来拉美各国仍会呈现动荡趋势。第二，政府腐败难以遏制，社会痼疾将会加重。毒品走私在拉美地区已经形成一条完整的产业链，政府官员收受贩毒集团贿赂的行为助长了拉美地区的贩毒风气，在低度民主化的政治发展背景下，未来政府腐败现象和毒品犯罪活动不仅难以得到有效遏制，甚至会日益加剧以致刺激各种社会痼疾进一步加重。在这种发展态势下，社会乱象丛生，未来民主发展的内部环境不确定性增强。

（三）地区分裂加剧，民主发展的地区形势将会更加紧张

拉美国家之间的团结协作有利于为民主化的发展搭建稳定的地区政治平台，推动拉美地区整体民主化进程的快速发展。但 2019 年以来，在意识形态分歧加大、美国对地区一体化进程的干扰、对委内瑞拉问题的立场分化、外交立场不同等因素的共同作用下，拉美地区的一体化进程陷入停滞，国家之间的分裂加剧。

拉美最大的地区组织为 2010 年成立的拉美和加勒比国家共同体（以下简称"拉共体"），该组织覆盖了拉美和加勒比地区的所有国家，旨在加强地区团结，深化地区政治、经济、社会和文化一体化建设，实现本地区可持续发展。[①] 但因与委内瑞拉、古巴和尼加拉瓜等国家的政权立场不同，拉美大国巴西于 2020 年 1 月宣布暂停参加拉共体活动。此外，拉共体内部问题仅靠国家元首和政府首脑会议、外长会议、各国协调员会议协商解决，缺乏具体政策措施与制度保障，难以形成共同的"拉美声音"。由南美 12 国共同建立的南美国家联盟 2018 年以来也遭遇多个国家相继"退群"的冲击，巴西、阿根廷、哥伦比亚、智利、秘鲁、巴拉圭 6 国宣布暂停参与联盟活动，导致联盟发展停滞。除此以外，区域经济合作组织南方共同市场因成员国巴西与阿根廷之间的政治与贸易分歧也面临发展困境；以拉美左翼国家为主的美洲玻利瓦尔联盟的成员国因国内政局变动，在反美、反自由主义的态度上反复不定，其中洪都拉斯、厄瓜多尔也早已宣布退出该联盟。

通过分析以上拉美地区政治分裂的形势可以得出研判。第一，地区凝聚力不足，一体化进程受阻。拉美各国历史上都曾遭受西班牙、葡萄牙等宗主国的政治奴役、经济剥削和文化入侵，具有共同的"被压迫"经历，理应团结起来，互惠互利、共同发展。但事实上，因域内各国之间的政治、贸

[①] 中华人民共和国外交部：《拉美和加勒比国家共同体》，https://www.fmprc.gov.cn.web, 2021 年 7 月 1 日。

易、外交、文化等方面分歧的出现和扩大，拉美地区的区域性组织不断解体，导致地区内部凝聚力不足，未来一体化进程仍会陷入停滞。第二，地区分裂加剧，不团结趋势增强。拉美地区内部明显分为亲美国家和反美国家，存在地区分裂现象。在此基础上，美国等西方国家积极拉拢巴西等右翼政权国家，公开打压古巴等左翼政权国家，致使拉美地区分裂现象加剧，各国之间不团结趋势将会进一步增强。第三，左右翼斗争加剧，地区形势紧张。拉美国家长期存在左右翼政党轮流执政的现象，导致拉美地区内部出现不断变化的左右翼分化现象和不断变动的左右翼阵营国家，因此未来拉美整体发展的形势存在不确定性，地区民主发展的形势仍会紧张、动荡。

（四）经济复苏困难，民主发展的物质保障将会更加薄弱

政治与经济密切相关，经济是政治的基础，良好的经济条件能够为民主的发展提供有力的物质保障。但是，拉美地区经济结构单一，长期以出口初级产品和进口工业制成品的经济发展模式为主，处于世界经济发展的边缘。2011年以来拉美经济持续衰退，阻碍地区国家民主政治的进一步发展。

世界银行统计数据显示，拉美地区整体经济增长率从2011年的3.214%降至2020年的-7.146%，虽然2017~2018年有短暂上升趋势，但这10年间总体呈下降趋势。以拉美发展的样板国家智利为例，2011年智利的人均GDP增长率为6.1%，至2020年已跌落为负增长，变为-5.8%，10年萎缩幅度高达11.9个百分点。[1] 贫困人群的规模依旧庞大，2019年地区贫困人口和极端贫困人口分别达1.91亿人和7200万人，贫困率和极端贫困率分别从2018年的30.1%和10.7%升至30.8%和11.5%。[2] 随着疫情在拉美的持续蔓延，拉美国家的经济将会持续衰退，2021年巴西的经济增速预期从此

---

[1] DataBank, "World Development Indicators", https://data.worldbank.org.cn, November 27, 2021.

[2] 丁大勇：《2019年拉美地区形势：政局变乱交织、经济低迷徘徊》，《当代世界》2020年第1期，第35~39页。

前的-5.3%大幅下调至-9.1%，阿根廷的整体经济将衰退10.5%。①拉美地区本已存在大量贫困人口，经济的持续衰退将会让大量民众陷入生存危机，甚至引发新一轮的社会骚乱。

通过分析以上拉美地区经济发展形势可以得出如下研判。第一，经济发展低迷，复苏异常困难。在疫情之前，拉美地区就长期处于世界经济发展的边缘，被"中心—外围"论视为世界体系的边缘地带。在新冠疫情的冲击下，作为经济发展"三驾马车"的消费、出口、投资总额均大幅下降。因此，未来拉美地区的经济发展仍会更加低迷，经济复苏异常艰难。第二，社会脆弱性加剧，政府管理面临挑战。经济衰退进一步暴露出社会的脆弱性，就业率下降、贫困人口增多、贫民窟扩大、城乡治安不靖等社会问题层出不穷，政府管理功能面临严峻挑战，国家治理能力面临众多压力。第三，政治发展缺乏支撑，物质保障更加薄弱。经济发展保障政治稳定，经济体制改革带动政治体制改革。目前，拉美经济体制的改革一直没有改变依附型经济发展关系，缺乏经济支撑的政治改革进展艰难，民主发展的物质保障将会更加薄弱。

（五）疫情防控艰巨，民主发展的社会局势将会更加多变

在新冠疫情还没有得到有效控制的时候，新型变异毒株"德尔塔""拉姆达"的出现让拉美国家的防疫遭受新一轮挑战。新冠病毒超强的传播能力与超高的致死率严重冲击拉美国家的政局与社会稳定。"德尔塔"毒株的病毒载量是原始毒株的1000多倍，在超强变异毒株的冲击下，大部分拉美国家在社会保障、公共危机应急管理、疫苗接种等方面的问题更加暴露无遗，民众对国家治理能力薄弱的不满情绪进一步上升，令本已动荡的拉美社会局势更加复杂。

变异毒株"拉姆达"2020年8月最先在秘鲁首都利马被发现，截至目前（2021年——编者注）秘鲁90%以上的新冠肺炎感染病例与拉姆达有关，

---

① 董方冉：《疫情拖累拉美经济》，《中国金融家》2020年第8期，第95~96页。

拉姆达已成为秘鲁、智利、阿根廷、哥伦比亚、乌拉圭、巴拉圭等南美多国主要流行的新冠毒株之一。①"德尔塔"毒株在拉美也迅速蔓延，成为诱发拉美各国"第三波"疫情的主要病毒之一。疫苗接种是疫情防控的关键一步。同欧美与亚洲相比，拉美国家的新冠疫苗接种率普遍较低。如巴西完全完成疫苗接种的人数占全体国民总数的68%，同时因医疗科研机构对变异毒株的筛查率低，加剧了巴西疫情扩大的风险，进一步凸显政府社会管理能力的不足。② 除此以外，拉美各国也面临无法对大量新冠肺炎感染病例实现有效隔离、救治、监测的社会管理困境，民众对国家的不满情绪持续上升，社会各种矛盾进一步被触发。

通过分析以上拉美国家疫情的新发展可以得出如下研判。第一，变异病毒出现，疫情防控艰巨。变异病毒的出现，不可避免地对拉美各国的交流交往与社会的协调发展造成严重冲击。在变异病毒出现之前，拉美各国的疫情防控形势已十分艰巨。"德尔塔""拉姆达"的出现不仅加剧了拉美国家公共卫生系统受到的冲击，而且对拉美各国人民的生命及财产安全造成严重威胁，让本已脆弱的疫情防控体系再受挑战。第二，社会矛盾扩大，局势复杂多变。疫情的扩大和变异病毒的出现完全打乱了拉美国家的发展计划，严重冲击了拉美地区的社会经济秩序。疫情若无法进一步得到防控，民众不满情绪被激发，社会治安将会恶化，各种社会矛盾又会进一步扩大，社会局势将会持续复杂多变。

三　对中国的启示

拉美国家在20世纪后期的民主化浪潮中基本建立民主体制，步入民主化发展潮流中。但是，至今拉美国家仍停留在低度民主化阶段，民主发展

---

① 《新冠变异病毒层出不穷，"德尔塔"之后又现"拉姆达"》，中国新闻周刊网，http：//www.inewsweek.cn/，2021年8月7日。
② World Health Organization，"WHO Coronavirus（COVID-19）Dashboard"，https：//covid19.who.int，March 4，2022.

的质量差、有效性低、国家治理能力弱,是一种形式民主,这种低度民主对中国民主政治的发展具有重要借鉴意义。相较而言,中国的民主真正做到了以人民利益为中心,并在民主发展质量高与民主发挥有效性强的基础上不断推进国家治理体系与治理能力现代化。与此同时,我们也要警惕出现类似拉美国家在民主化发展过程中所显露出的问题与弊端,防止陷入低度民主的发展困境。

第一,警惕低质民主弊端,坚持以人民为中心的发展思想。拉美国家出现的社会两极分化严重、民众抗议活动频发、政府信任危机加重等低质民主化问题,本质上反映出拉美国家对民众的不重视,忽视民意,民主建设空有形式。中国坚持以人民为中心的人民民主,坚持"发展为了人民、发展依靠人民、发展成果由人民共享"的理念原则,把民主落实到选举、协商、决策、管理、监督等各领域、全过程。① 人民通过直接或间接选举代表组成国家权力机关,代表人民依法行使立法权、决定权、任免权、监督权,充分体现人民的意志,对人民负责、受人民监督。我们要继续坚持以人民为中心的发展思想,充分尊重民意,不断增进民生福祉,以实现民主高质量发展。

第二,警惕低能民主弊端,不断推进国家治理体系和治理能力现代化。拉美国家出现的政府腐败问题难解、城市化质量低下、抗击疫情不力等低能民主化特征,最根本在于国家治理能力的薄弱,无法有效解决社会发展过程中出现的各种基本问题。中国坚持在发展中保障和改善民生,加强和创新社会治理。目前,中国大力发展教育,把教育事业放在优先位置;重视就业,不断提高就业质量与人民收入水平;推动社会保障制度改革,逐渐完善社会保障体系建设;脱贫攻坚战已取得全面胜利,真正做到"脱真贫、真脱贫"。我们要继续坚持以更成熟的制度和更完善的措施保障和改善民生,不断推进国家治理体系与治理能力现代化,以实现民主高水平发展。

第三,警惕低效民主弊端,坚持走中国特色社会主义政治发展道路。拉美国家政党碎片化、政治思想多元,对低效民主所出现的政府决策慢、政

---

① 樊鹏:《中国特色社会主义民主为什么行》,《红旗文稿》2021年第14期,第26~30页。

策执行难、权力监督弱等问题有各种不同的见解，但是没有一种思想理论及政治主张能够解决上述问题，没有从根本上找到适合本国国情的政治发展道路。中国特色社会主义理论体系与马列主义、毛泽东思想既一脉相承，又与时俱进，发展出了包括邓小平理论、"三个代表"重要思想、科学发展观、习近平新时代中国特色社会主义思想在内的科学理论体系，指导中国特色社会主义民主政治的发展，又随着实践不断创新。中国特色社会主义政治发展道路是中国共产党领导全国各族人民在长期的历史实践中开辟出的符合中国国情的民主政治发展道路，必须坚持党的领导、人民当家作主、依法治国有机统一。面对世界百年未有之大变局，中国必须坚持以中国特色社会主义理论体系为指导思想，坚定不移地走中国特色社会主义政治发展道路，以实现民主的高效发展。

拉美国家低质城市化问题论析[*]

范和生 王 燕

摘 要：首先，本文基于拉美国家城市化发展水平，指出拉美国家的城市化是一种低质城市化，具有三方面的特征：城市化发展水平与经济发展水平失衡；城市发展与农村发展失调；大中小城市人口分布不均。其次，本文重点分析拉美国家低质城市化主要存在的房屋资源短缺、就业形势严峻、贫困现象加剧、两极分化明显、社会治安形势严峻、社会保障覆盖率低等最具有代表性的社会问题。最后，本文吸取拉美国家城市化发展的经验教训，提出对中国城市化发展的四条启示：一是实事求是，走适合中国国情的城市化发展道路；二是以人为本，注意城市化过程中的协调发展；三是优化管理，强化政府的社会管理职能；四是健全制度，建立健全覆盖城乡的社会保障体系。

关键词：拉美国家 低质城市化 社会问题

一 问题的提出

城市化是一个国家与社会发展的必然结果。步入21世纪，随着科技进

---

[*] 本文原发表于《区域与全球发展》2021年第3期，收录时有修改。

步与经济发展，城市化发展水平的高低越来越成为衡量一个国家经济发展快慢的标志。自20世纪三四十年代开始，拉丁美洲国家（以下简称"拉美国家"）采取了"进口替代战略"的经济发展模式，即限制欧美发达国家的工业品进口，在拉美国家市场内以本国生产的工业品为替代品进行流通与销售，为本国工业的发展创造了有利的条件，促进了拉美国家经济的快速发展。由于拉美国家的工业主要集中于大中型城市，并且"进口替代战略"的实施需要大量廉价劳动力。在此背景下，大量农村务工人员涌向城市，所以拉美国家的城市化水平迅速提高。由表1的数据可以看出，拉美国家20世纪三四十年代之前的城市化率仅为25.5%，在世界六大地区中倒数第三，仅高于非洲与亚洲。① 随着"进口替代战略"的实施，拉美地区的城市化水平显著提升。1950年，拉丁美洲的城市化率为41.9%，已远远高于世界平均水平。2000年，拉美地区的城市化水平仅次于北美洲，居世界六大地区中的第二位。2011年，拉美地区的城市化水平已高达79.1%，比1925年增长53.6个百分点。预计到2035年，拉美国家84.3%的人口将居住在城市。② 拉美国家的城市化虽然发展速度很快，但是发展质量差，是一种低质城市化，并产生了一系列社会问题。正如郑秉文所指出的那样，拉美国家城市化的高速发展，致使拉美地区已经出现"过度城市化"现象，城市化水平远远超过工业发展水平和经济发展速度，且农村人口增长缓慢，城市人口呈现爆炸式的增长速度，由此产生了一系列"城市病"。③ 苏振兴也认为，拉美国家城市化发展已经是一种"超前"现象，与经济发展水平不相适应，城市无法为急剧扩大的城市人口提供相应的工作、生活与发展条件，从而引发了更尖锐的社会问题。④

---

① 杜凤姣、宁越敏：《拉美地区的城市化、城市问题及治理经验》，《国际城市规划》2015年第S1期，第1~6页。
② 郑秉文主编《住房政策：拉丁美洲城市化的教训》，经济管理出版社，2014。
③ 郑秉文：《拉美城市化的教训与中国城市化的问题——"过度城市化"与"浅度城市化"的比较》，《国外理论动态》2011年第7期，第46~51页。
④ 苏振兴：《发展与社会边缘化——关于拉美问题的历史考察》，《世界经济与政治》2001年第11期，第71~76页。

表1 1925年、1950年、1975年、2000年、2011年世界各大地区的城市化水平

单位：%

年份	拉丁美洲	北美洲	欧洲	亚洲	非洲	大洋洲	世界平均值
1925	25.5	53.8	37.9	9.5	8.0	48.5	20.5
1950	41.9	63.9	52.4	17.4	14.7	48.5	29.7
1975	61.2	73.8	67.3	24.7	25.2	71.8	37.9
2000	75.5	77.2	74.8	36.7	37.9	70.2	47.0
2011	79.1	82.2	72.9	45.0	39.6	70.7	—

有鉴于此，本文从社会学的角度分析拉美国家低质城市化特征，着重探讨拉美国家低质城市化存在的社会问题，并在此基础上提出其对中国城市化进程的启示。

二 拉美国家低质城市化特征

拉美国家的城市化与一般意义上的发展中国家城市化不同，其城市化发展速度快，在短短50年时间，就已接近欧美发达国家的城市化率，但发展质量差，具有独特的低质城市化特征。

（一）城市化发展水平与经济发展水平失衡

城市化是人类社会历史发展的一个必然过程，是随着一个国家或地区经济和工业发展水平的不断提升而推进的。一般来说，城市化的发展速度与经济自由化、工业化发展水平相适应。也就是说，一个国家或地区的城市化超前或滞后于经济发展，都会对社会经济发展产生消极作用。拉美地区的城市化水平超前发展，与经济和工业发展水平脱节。根据联合国经济和社会事务部《2018年世界城市化趋势》统计，2018年，拉美国家的城市化率为81%，远远高于55%这一全球平均水平，排在世界第二位，略低于北美地区；然而，其经济发展水平却仅仅略高于非洲，居世界六大地区中的倒数第二位。这说明，拉美国家城市化水平与经济发展水平已严重失

衡。一方面，拉美国家的高城市化率使拉美国家大中型城市的非正规就业部门不断扩大，服务业在国内生产总值和就业中所占比例越来越大；另一方面，拉美国家城市的工业生产能力薄弱，提供给城市居民的工作岗位有限。高城市化率不仅没有给拉美国家带来工业的快速发展，反而带来经济发展的萎缩和城市的贫困化。联合国拉美和加勒比经济委员会报告预测，2020年，拉美地区经济萎缩5.3%，其中委内瑞拉经济萎缩18%。因此，拉美国家城市化发展水平与经济发展水平失衡，对社会经济的发展产生了一定的阻碍作用。

（二）城市发展与农村发展失调

早在独立战争之前，拉美国家实行的土地所有制形式主要是西班牙殖民者在美洲强制推行的大地产制，此外存在少量的小农场主和自由民。[①] 大地产制的表现形式是大庄园，大量沦为奴隶或雇农的拉美地区原住民被迫束缚在庄园中为大庄园主耕作或者缴纳农业作物，城市与农村之间人口流动少。自20世纪三四十年代，拉美国家开始大力在国内城市发展民族工业，将资金与技术大量投入工业发展中，加强国家对经济的宏观调控，鼓励在本国市场内流通本国生产的工业产品以替代外国进口商品，推动了工业发展的同时，也使原先被束缚在庄园中的大量农村劳动力从土地中解放出来，大量涌入城市，城市化发展速度快速提高。但是拉美国家长期注重城市工业发展，忽视农村农业发展，一方面，造成拉美国家农村地区人口数量大量减少，城市地区人口数量爆炸式增长，农村与城市地区人口分布失调；另一方面，农村与城市地区建设发展的差距也逐渐扩大。目前，拉美地区是世界农村人口比重最低的地区之一，拉美地区的农村人口占总人口的比重只有20%，且受人口分散、土地制度等因素影响，半数以上的拉美农村人口生活水平仍在贫困线以下，城市发展与农村发展存在巨大差异。

---

① 董敏杰、梁泳梅：《"拉美模式"历史根源和不平等的长期影响》，《改革》2014年第10期，第46~53页。

(三) 大中小城市人口分布不均

大多数拉美国家在发展工业时，选择集中在国家中心城市，比如巴西的工业城市是圣保罗，阿根廷的工业城市是布宜诺斯艾利斯，这一方面是受殖民地时期大城市经济发展基础较好的因素影响，另一方面则归因于国家中心城市资源储量多、交通发达，便于工业产品的生产与运输。这也决定了拉美大多数国家城市化走的是集中型城市化发展道路，城市首位度高。"城市首位度"最早由美国地理学家马克·杰斐逊提出，用于对国家城市规模分布规律的研究。他将一个国家的最大城市称为首位城市，将首位城市与第二位城市的人口规模之比称为首位度。[①] 一般认为，一个国家的城市首位度在 2 以下时，该国的城市化发展模式趋于正常合理。如果城市首位度超过 2，则该国的城市化发展模式出现了一定的问题，城市发展过度集中。1950 年，在拉美国家中，人口数量超过 500 万的超大型城市仅有一个，其人口数量占总人口比重为 3%，占城市人口比重为 7.3%。经过短短 60 年的发展，2010 年，拉美国家中人口数量超过 500 万的超大型城市已变为 7 个，其人口数量占总人口的 15.1%，占城市人口的比重更是高达 20%。[②] 其中，利马、布宜诺斯艾利斯、蒙得维的亚等超大城市人口数量过度集中最为明显。秘鲁首都利马的城市首位度为 13.1，容纳了全国一半以上的人口和工业。阿根廷 37% 的人口居住在布宜诺斯艾利斯，城市首位度高达 10.2。[③] 乌拉圭首都蒙得维的亚不仅是全国最大的工商业和交通中心，而且其人口总数占全国的 44.6%。这些数据表明，拉美国家的人口地区分布不平衡，主要集中在大中型城市，尤其是大型城市，中小型城市人口数量少，发展不充分。这一方面对大中型城市的发展造成了巨大压力，导致

[①] 王家庭：《城市首位度与区域经济增长——基于 24 个省区面板数据的实证研究》，《经济问题探索》2012 年第 5 期，第 35~40 页。

[②] CEPAL, "De la urbanizaciónacelerada a la consolidación de los asentamientoshumanosenAméricalatina y el caribe: elespacio regional", Santiago: CEPAL, 2000.

[③] 程洪、陈朝娟：《论 20 世纪拉美城市化进程及其对中国的启示》，《拉丁美洲研究》2006 年第 2 期，第 35~41 页、第 48 页。

交通拥挤、住房紧张等一系列社会问题，另一方面也限制了中小型城市的进一步发展。

三 拉美国家低质城市化存在的社会问题

拉美国家的低质城市化引发了大量的社会问题，主要表现在房屋资源短缺、就业形势严峻、贫困现象加剧、两极分化明显、社会治安形势严峻、社会保障覆盖率低等方面。

（一）房屋资源短缺

拉美国家在城市化快速发展的过程中，大量农村人口为赶上国家城市化的步伐，因寻找就业机会而盲目地涌入城市，致使城市人口恶性膨胀。但是，城市住宅建设的速度赶不上城市人口增长速度，城市住宅有限，房屋资源短缺，大量涌入城市的人口无法获得满足基本生存需要的居住地。韩琦指出，拉美国家仅在人口指标上实现了城市化，而在住房指标上则落后于发达国家。[①] 美洲开发银行2012年的一项研究显示，拉美地区每3户家庭就有1户没有住房，城市家庭有1.3亿户，但其中有500万户家庭与其他家庭合住，300万户家庭的住房没有充足的上下水等基本设施。[②] 在这种情况下，拉美国家的房屋政策不仅没有解决房屋资源短缺的问题，甚至还产生了加重房屋资源短缺的负面效应。一方面，拉美国家强调住宅私有，不鼓励私人住宅出租。私人住宅出租利润低，因此城市内部没有形成一个信息畅通、出租房资源充足的租房市场。另一方面，拉美国家忽视了公共住宅建设，每年用于公共住宅建设的资金不到国家GDP的1%。所以，大量迁移到城市的农村人口在无法通过正规途径获得居住房屋时，只能采用非正规手段，集结起来在城市的角落搭建简陋的非法住宅，此类住宅不断聚集，便形成了"贫民

[①] 韩琦：《20世纪80年代以来拉美城市化模式的转型及其原因》，《上海师范大学学报》（哲学社会科学版）2020年第1期，第5~14页。

[②] 郑秉文主编《住房政策：拉丁美洲城市化的教训》，经济管理出版社，2014，第67页。

窟"。拉美国家的政府职能发挥有限,既没有能力,也没有财力管理这些非法搭建的非正规住宅。久而久之,"贫民窟"的面积也越来越大。世界上最大的贫民窟是洛西尼亚贫民窟,位于巴西里约热内卢的南侧,该地区人口约30万人,居住条件简陋,水电等基础生活设施供应不足,毒品肆虐,暴力事件时有发生。据统计,2011年,拉美国家的贫民窟人口总计1.22亿,约占拉美国家总人口的25%。[1]

(二)就业形势严峻

拉美国家的城市化是随着"进口替代战略"的实施而发展起来的,前期工业化发展迅速,产业结构不断优化,巴西、阿根廷等国在20世纪七八十年代一跃成为经济大国,综合国力显著提升。但是在发展后期,政府干预过多,阻碍市场机制发挥作用,国家高度保护制造业,企业效益得不到提高,"重工轻农"损害农业发展,劳动生产率不断降低,工业化及经济发展速度逐渐放缓。[2] 经济发展步伐缓慢,城市无法为大量增长的人口提供充足的就业机会,致使拉美地区失业率居高不下。1950年,拉美国家的就业不足人口占全部经济自立人口的46.1%。1970年,这一比例为43.8%,到1980年仍高达42%。[3] 至2009年,拉美地区的平均失业率已高达8.1%,即使失业率最低的墨西哥,也高达6%左右,这意味着在墨西哥1.23亿人口中,有700多万人失去生计。[4] 当城市提供的就业资源有限时,从农村转移出来的劳动力为了寻找就业机会不得不大量转向非正规部门,投入非正规经济的发展中去。秘鲁学者埃尔南多·德索托认为,非正规部门包含了所有处于法律之外的经济活动,确定非正规经济的标准也只有一个,也就是看其是

---

[1] 联合国人居署编著《贫民窟的挑战——全球人类住区报告2003》,于群等译,中国建筑工业出版社,2006。

[2] 江时学:《拉美国家的进口替代及其对俄罗斯的启示》,《欧亚经济》2018年第1期,第19~23页、第127页。

[3] 俞金尧:《20世纪发展中国家城市化历史反思——以拉丁美洲和印度为主要对象的分析》,《世界历史》2011年第3期,第4~22页、第157页。

[4] 郑秉文主编《拉丁美洲城市化:经验与教训》,当代世界出版社,2011。

否符合法律标准。① 非正规经济的出现体现了拉美国家严峻的就业形势和越来越低的就业质量。

20世纪80年代初,拉美国家非正规部门以平均6.8%的增长率快速扩张,而正规部门的就业增长率却不足2%。2016年,拉美国家非正规就业在就业总量中的占比为53.1%,其中玻利维亚的非正规就业占该国就业总量的比重高达83.1%。② 非正规部门虽然吸纳了从农村转移的大量失业人口,但沿街叫卖的小商贩、工地建筑工人、家政服务人员、地下工厂工人等非正规经济从业人员生活环境很差,生产条件恶劣,收入得不到保障,甚至连基本的温饱问题都无法解决。

(三)贫困现象加剧

在拉美国家城市化快速发展,工业及经济缓慢发展的背景之下,从农村转移到城市的大量人口虽然集中居住在大中型城市中,实际上却处于社会的边缘地带,位于社会底层,是城市贫困人群的主要组成部分。受历史因素影响,拉美地区普遍通行一种不平等的土地所有制,大地产主占有农村大部分土地,通过种植出口可可、咖啡、蔗糖等来获得高额利润,广大农村劳动者只是为其从事简单的种植、采摘等工作,被束缚在土地上却难以从中获利,在转移到城市之前本身已非常贫困。在城市化快速发展之后,大量农村劳动者为赚取更多的报酬涌入城市,但他们储蓄能力差,属于低收入人群,没有购买住房的能力,居住环境差,大部分居住在贫民窟,加之城市经济发展缓慢,工作得不到保障,其中大部分人从事非正规经济活动,工资收入普遍低,贫困程度因此加重。2004年,拉美地区的贫困人口已达到2.72亿人,占拉美地区总人口的44%,其中极端贫困人口占20%,是世界上贫困率最高的地区之一,该地区也由农村贫困转变为城市贫困。尽管拉美国家已经意识到贫困问题的严重性,制定和实施了一系列反贫困的政策,如积极鼓励就

---

① 袁东振:《拉美的非正规经济及政府的政策》,《拉丁美洲研究》2001年第5期,第25~27页。
② 赵雪梅:《拉美促进就业正规化政策及其初步效果》,《拉丁美洲研究》2019年第6期,第35~49页、第155页。

业、完善社保制度等,但这些政策缺乏连贯性和制度性,解决贫困问题的效果并不明显。目前,拉美地区的贫困问题依旧非常严重。以巴西为例,2005年,巴西的贫困率达到36.4%,其中赤贫人口占总人口的比重为10.7%。①拉丁美洲和加勒比经济委员会发布的《2019年拉丁美洲社会全景》报告指出,2014年以来,拉美地区贫困人口数量呈逐年增长趋势。2019年,拉美地区贫困人口和极端贫困人口分别达1.91亿人和7200万人;贫困率和极端贫困率从2018年的30.1%和10.7%分别增至30.8%和11.5%。②

(四)两极分化明显

两极分化明显、收入差距过大等一直是大多数拉美国家低质城市化发展过程中存在的重要问题,这些问题既有历史根源,又有现实因素。在殖民地时期,拉美地区受西班牙、葡萄牙等宗主国控制,采用大地产制,大庄园主、种植园主占有绝大多数土地,土地、财产高度集中在他们手中,广大农村劳动力只能附庸在他们身上,土地制度、财产分配制度具有天然的不平等性,两极分化明显。独立战争之后,拉美地区开始步入现代化进程,但是大地产制不仅没有被废除,反而保留下来,土地集中程度不仅没有降低,反而有所提高,其两极分化现象更是进一步加剧。③ 农村劳动力涌入城市之后,大部分人也参与非正规经济活动,没有固定收入来源且收入水平低,与城市精英阶层的收入形成了鲜明对比。同时,在城市化的发展过程中,政府一方面过度看重城市化、工业化发展目标的实现,忽视两极分化明显、收入差距过大这一社会问题,致使相关问题不但没有得到缓解,反而有所加剧;另一方面又过多地放弃社会责任,忽视了国家的保障作用,把大量社会弱势群体置于贫困无助的处境。尽管政府出台了一些社会救助政策,但这些政策在消

---

① ECLAC, "Social Panorama of Latin America 2013", Santiago: ECLAC.
② 《2019年拉美加勒比地区贫困率和极端贫困率将分别达30.8%和11.5%》,中华人民共和国驻厄瓜多尔共和国大使馆经济商务处网站,http://ec.mofcom.gov.cn/article/jmxw/201911/20191102918299.shtml,2019年11月。
③ 李红涛、付少平、李俏:《中国与巴西农村发展中几个问题的比较与启示》,《世界农业》2008年第9期,第37~39页。

除社会贫困中的作用非常微弱，致使社保制度在消除贫困方面无所作为，由此又使两极分化加剧。① 目前，拉美是世界上两极分化最严重的地区。据世界银行和国际货币基金组织报道，拉美国家总人口的10%是富人，但他们却占有拉美地区总收入的60%。基尼系数0.2~0.3被视为一个国家或地区的收入比较平均。拉美大部分国家，如巴西、阿根廷、哥斯达黎加、墨西哥、洪都拉斯、厄瓜多尔等国的基尼系数均在0.5左右，两极分化十分严重。2017年巴西的基尼系数是0.549，富人占国家总人口的10%，其收入却占国家总收入的40%，是穷人平均收入的18倍。

（五）社会治安形势严峻

社会治安的效果与城市化发展的质量息息相关，低质城市化发展最明显的表现便是一个国家或地区的社会治安效果较差，社会治安形势严峻。在快速城市化的过程中，拉美国家城市人口急剧增加，贫民窟等大量非正规住宅的面积不断扩大，贫困人口的数量不断增长，两极分化明显，这些因素使社会治安形势不断恶化，极大地考验了政府的社会管理能力。但是，拉美国家政府在公共基础设施建设、公共政策制定实施等领域的职责严重缺失，不仅没有有效发挥其社会管理功能，反而还导致社会不稳定因素的增加，致使拉美国家的社会治安效果普遍较差，拉美地区也被公认为"世界上最危险的地区之一"，暴力斗殴、吸毒贩毒、抢劫杀人等事件发生率较高。例如，巴西的里约热内卢不仅有世界上最大的贫民窟，暴力犯罪事件数量也居世界前列；在墨西哥，毒品泛滥成灾且屡禁不止，几乎每个月都有政府官员因毒品问题被暗杀，该国每年毒品交易额占GDP的1%以上，贩毒组织甚至形成了足以与政府军队对抗的割据势力；在哥伦比亚，犯罪率居高不下，每年因凶杀案死亡的人数仅次于癌症致死人数。

---

① 房连泉：《社会分化、贫富差距与社会保障——拉美国家福利体制变革的经验教训》，《拉丁美洲研究》2008年第2期，第38~42页、第61页、第80页。

(六)社会保障覆盖率低

拉美国家普遍存在社保制度发展滞后于城市化发展的问题,社会保障覆盖率比较低,覆盖的人口数量较少。这主要由两方面因素造成。一方面,拉美国家的快速城市化发展最明显的特点是城市人口数量呈爆炸式增长,但包括社会保障制度在内的城市制度建设很不完善。社会保障在面对不断增长的城市人口数量面前显得力不从心。加之受"拉美模式"影响,经济运行缓慢,国家在社会保障制度方面的财政支出有限,用于社会保障制度建设方面的支出较少。另一方面,城市中存在的大量从事非正规经济活动的非正规就业人员就业方式灵活,但收入较低且没有固定来源,因此缴纳社保费用的积极性较低,参加社会保障制度的人员较少。仅仅是城市中的精英阶层获得的社会保障权益多,从农村转移到城市中的中下层人民基本被排除在社会保障制度之外。2010年,拉美地区整体社会保障制度覆盖率在40%左右,其中有8个国家的社保制度覆盖率平均低于30%,仅有巴西、阿根廷、哥斯达黎加、乌拉圭、智利等在拉丁美洲经济较发达的5个国家覆盖率超过50%。[①]拉美各国政府也注意到这一问题,希望通过推动社保制度私有化改革等举措来提高社保制度覆盖率,扩大社保制度覆盖面。但受贫困人员较多、政府政策不连贯、传统保守型消费观念等因素影响,效果不是很好。与2010年相比,当前拉美地区社保制度覆盖面并没有明显变化。

四 拉美国家低质城市化问题对中国的启示

我国正处于城市化发展的关键时期,吸取拉美国家低质城市化的经验教训对我国城市化的发展具有重要的借鉴意义。

第一,实事求是,走适合中国国情的城市化发展道路。每个国家的国情

---

① 郑春荣:《城镇化中的社会保障制度建设:来自拉美国家的教训》,《南方经济》2015年第4期,第93~105页。

不同,各具特殊性,城市化的发展道路要因国情而定。拉美国家在低质城市化发展过程中,不顾实际国情,刻意照搬西方发达国家的城市化发展模式,只追求城市化发展的速度,而不注重城市化发展的质量,从而出现了城市人口数量与日俱增、失业率与贫困率也一路飙升的发展态势,社会矛盾与冲突日益加剧。因此,在城市化发展中,我们要充分吸取国外城市化发展的经验教训,实事求是,走适合中国国情的城市化发展道路,选择适合中国国情的城市化发展模式,立足中国城市化发展的实际情况,在追求城市化发展速度的同时,更要注重城市的高质量发展。

第二,以人为本,注重城市化过程中的协调发展。拉美国家低质城市化问题的出现,主要原因在于未能处理好城市与农村、城市化与工业化、政府与市场、效率与公平等方面的关系。中国与拉美国家一样,同为不断推进城市化发展的发展中国家,拉美国家在城市化发展中遇到的房屋资源短缺、交通拥挤、两极分化明显等问题,在上海、北京、广州、深圳等大城市也不同程度地存在。因此,在城市化发展过程中,我们要坚持以人为本,全面、协调、可持续的发展观,注重城市化过程中的协调发展。主要措施有:不能只顾城市发展,不顾农村发展,而要注重城市与农村协调发展;不能超越工业化发展速度,而要注重城市化与工业化协调发展;不能过度依赖市场机制,而要注重政府宏观调控与市场调节协调发挥作用;不能片面追求城市化率,而要兼顾效率与公平。

第三,优化管理,强化政府的社会管理职能。20世纪70年代,拉美国家全面接受西方新自由主义经济发展模式,否定国家对市场的干预,努力实行彻底的市场化。但是,市场调节本身具有盲目性,拉美国家城市化发展过程中过度依赖市场的调节作用,政府在基础设施建设、相关保障制度的建立与完善等方面未能发挥其应有的社会管理职能,致使低质城市化问题不断加重。因此,在城市化发展过程中,我们要优化管理,强化政府的社会管理职能:一方面,转变政府职能,发展服务型政府,充分发挥政府的宏观调控功能,在管理基础设施建设、缩小贫富差距、提供就业机会、维护社会秩序等方面积极发挥调控作用;另一方面,加强政府与公民之间的互动交流,建设

"阳光型政府",积极培育公民社会,实现政府、市场、公民三者之间的良性互动。

第四,健全制度,建立健全覆盖城乡的社会保障体系。拉美国家社会保障制度不完善,社会保障覆盖率低,社保权益不平等,这些因素进一步导致城市化发展过程中的贫困化,两极分化越来越严重。因此,在城市化发展过程中,我们要健全制度,建立健全覆盖城乡的社会保障体系。把社会保障作为民生之基,以正确的社会保障理念为先导,选择合适的社会保障制度模式,使社会保障制度的建设紧跟中国城市化发展水平的变化,不断拓展社会保障覆盖面,建立健全覆盖城乡的社会保障体系。

总的来说,拉美国家的城市化发展速度非常快,城市化率接近欧美等发达国家水平,但城市化发展质量差,是一种低质城市化。这种城市化发展质量与城市化发展速度之间的差距,不仅没有使拉美国家城市化水平越来越高,反而引发了一系列严重的社会问题:房屋资源短缺,贫民窟面积不断扩大;就业形势严峻,非正规就业人员数量不断增加;贫困问题严重,贫困率居高不下;两极分化明显,收入分配差距日益扩大;社会治安形势严峻,违法犯罪活动不断涌现;社会保障覆盖率低,社会保障权益不平等。同样作为发展中国家的中国,应充分吸取拉美国家城市化发展的经验教训,在城市化过程中少走弯路,防止出现低质城市化类似问题,而要采用符合中国国情、具有中国特色的城市化模式。

社会发展战略：巴西迁都引发的思考*

范和生　唐惠敏

摘　要：1960年巴西将首都由沿海地区的里约热内卢迁往内陆高原地区的巴西利亚，基本实现了首都职能的分化整合。迁都对于加强巴西国防安全、推动中西部地区的经济发展具有重大作用，并有利于缓解以旧都里约热内卢为中心的沿海地区人口、经济和环境负担。巴西迁都半个世纪以来产生了良好的经济效应和社会效应，实现了经济社会发展战略目标，原因在于其迁都规划具有合法性、有效性、可行性与高品质特点。巴西迁都经验给发展中国家提供了宝贵的社会发展战略的借鉴：理念发展，破除制约科学发展的壁垒；带动发展，发挥中心城市的辐射作用；均衡发展，促进社会资源的公平配置；规划发展，实现重大决策的前提条件。

关键词：巴西迁都　社会发展战略　中心城市

1987年12月7日，联合国教科文组织宣布巴西首都巴西利亚为"世界文化遗产"，此时离这座城市诞生仅27年。巴西利亚是地球上"最年轻的文化遗产"，也是唯一在20世纪建造并被全世界认可的世界遗产，这一纪录至今仍未被打破。19世纪巴西立国之时就曾在1891年《宪法》中约定将

---

* 本文原发表于《拉丁美洲研究》2015年第6期，收录时有修改。

来要把偏居东南的国家首都迁往内陆中心地带。首都是一个国家或民族的政治、文化中心，是特定时期文明发展的丰碑，一般轻易不言搬迁，但随着国家整体战略的转换，迁都便成为调整利益冲突、保持国家活力的重要手段。① 迁都往往是政治、经济、文化、军事、地理条件等多因素共同作用的结果。迁都所需的庞大财政开支和前期预算、议会不同党派的百般阻挠、里约热内卢市民的复杂心理和既得利益阶层的强烈反对等，令巴西历届执政党领导人对迁都倍感压力。然而就是在这样的现实背景下，巴西实现了迁都的发展目标，并取得了经济社会建设的巨大成就。巴西是世界上通过迁都实现国家发展战略重要转变的典范，为发展中国家首都的职能定位、区域经济社会协调发展以及国家重大政策决策的实施提供了借鉴。

一 巴西迁都的历史进程、成效与迁都规划的特点

迁都巴西利亚是巴西政府酝酿已久、经过反复论证和周密规划的社会发展战略，带动了巴西内陆辽阔荒原的发展，在一定程度上扭转了国内区域经济发展失衡的状况。

（一）巴西迁都的历史进程

巴西迁都的思想萌芽于该国独立运动时期。从19世纪开始，巴西政府一直都在认真地考虑迁都内地的问题。1822年巴西独立后，有识之士一直呼吁重视这一问题，有关技术部门派人深入内地勘察，经过地质、地貌、气候、社会和经济等方面的大量调查研究，提出了在巴西中央高地（现今巴西利亚一带）建设新首都的建议。1891年巴西《宪法》确定要迁都内陆。起初巴西政府提交议会的迁都建议主要是阐述迁都可以避免来自海上的武力侵犯，保卫国家领土安全。但出于种种原因，迁都计划一直停留在纸面上。

从20世纪40年代开始，发展主义在南美洲占据了经济理论的支配地

---

① 鹏程：《"迁都"，有多少种选择？》，《黄金时代》2011年第1期。

位，各国纷纷接受了发展主义理论，并以其为核心经济思想制定国家经济发展计划。发展主义理论认为，由于不平衡发展在发展中国家的作用，全国各地增长速度不可能都是一样的，为此，建立中心城市就成为促进经济发展的"增长点"，能够带动周边地区的经济发展；通过不同层次的中心城市的"增长点"，在不同区域经济发展的基础上，推动全国的经济发展。20世纪60年代以前，巴西南富北穷，经济发展极不平衡，巴西政府为平衡地区经济、促进全国协调发展，曾采取过多项措施，其中"向西部进军"即为开发落后地区而进行的一种长期努力[1]，首都内迁对于实现这一目标可发挥积极的推动作用。

1955年底，高举"发展主义旗帜"的库比契克当选巴西总统，他在致国会的一封信中重申了迁都的必要性。库比契克保留了瓦加斯第二次执政时成立的迁都委员会，指示抓紧迁都的准备工作。1956年新年伊始，迁都委员会向政府报告迁都条件已经成熟。[2] 同年8月，作为新首都开发建设的第一步，巴西国会批准成立新首都建设公司NOACAP，并聘请著名建筑师奥斯·卡尼迈耶把关巴西利亚的城市规划。1956年10月2日，以库比契克亲临视察工地为标志，建设新首都的宏伟工程正式启动。巴西人民为迁都工程倾注了大量的心血和热情，克服重重困难和多方压力，在不到4年时间内就在人迹罕至的巴西高原中部建起一座科学规划、建筑新颖别致的现代化新都。1960年4月21日，巴西举行了迁都大典，库比契克总统在庆典上发表讲话：随着巴西利亚的建成，巴西新一代将享受我们的成果，迎来一个崭新的、一体化的新巴西。[3]

（二）巴西迁都的成效

巴西在最初规划新首都的时候只是将其定位为政治首府，随着城市建设的扩大，巴西利亚的经济、文化中心功能逐步凸显，取得了极大的战略性成

---

[1] 周世秀：《巴西"向西部进军"的历史经验》，《世界历史》2000年第6期。
[2] 周世秀：《巴西"向西部进军"的历史经验》，《世界历史》2000年第6期。
[3] 周世秀：《巴西"向西部进军"的历史经验》，《世界历史》2000年第6期。

功，被公认为世界城市发展史上的成功范例。作为巴西的首都，巴西利亚发挥的中心城市功能[①]主要体现如下。第一，政治中心。巴西利亚建成之前，巴西的中西部地区是一片荒原，人烟稀少，建成之后变成了巴西的政治中心，国会、总统府、最高法院、外交部、司法部、大教堂等国家重要政府机构均迁往巴西利亚，便于从事管理活动。这里随之一改往昔荒芜的景象，经济繁荣，人口集中，交通方便，设施完善。第二，文化中心。巴西利亚虽然没有旧都里约热内卢那样的古城遗址，但其以富有创造性的城市规划和现代化的精致建筑成为最年轻的"人类文化遗产"；巴西利亚的文化生活以大学为中心，1962年建立的巴西利亚大学是巴西重要的文化交流中心；该城文化设施主要有国家剧院、博物馆、电影院等。郊外有一个截流汇合4条河流而成的景色秀丽的巴拉诺阿人工湖，还辟有动物园和森林游览区，为巴西利亚市民提供了优质的文化休闲场所。第三，经济中心。巴西利亚的公路通往全国各地，火车也直达国内主要大中城市，与国内外有定期航班往来；建成后的巴西中部高原地区逐步形成了以巴西利亚、戈亚尼亚、库亚巴等城市为依托，以农业、畜牧业和采矿业为主要产业的中部经济区，带动中西部地区生机勃勃地发展起来，从而实现了国家经济发展中心向内地转移的目标。

巴西迁都成功地带动了全国经济社会协调发展。巴西利亚建成后，从一座仅有10多万人的小城发展成为拥有16个卫星城、人口达200万人的现代化城市；以巴西利亚为中心的公路干线的建设和航空线的开辟，方便了北部、中西部同全国各地的联系，为地区经济开发和全国一体化发展创造了条件。在该城的北部地区，巴西政府设置了马瑙斯自由贸易区，制定各种优惠政策以吸引国内外投资，从而使马瑙斯成为巴西最重要的贸易集散地，带动了整个亚马逊地区的开发。此外，巴西成立了"亚马逊经济开发计划管理局"和"东北部开发管理局"等专门机构，负责对落后地区的开发。同时，巴西还成立了"东北银行"，从财政上对落后地区给予支持。在基础设施建设方面，巴西政府也尽量采取向西北部地区倾斜的政策。经过几十年的经

[①] 范和生编著《现代社会学（下）》，安徽大学出版社，2005，第358~359页。

营，巴西已建立了以巴西利亚和马瑙斯为中心的交通网络，使边远地区的交通状况大为改观。①

新都巴西利亚不仅成为巴西的政治协调中心，也成为该国经济发展和繁荣的枢纽；新首都的建成在政治、经济和文化方面强化了中央政权对内地的影响力，在巴西利亚的辐射带动下，巨大的区域经济发展失衡状况在一定程度上有所改善。经过几十年的建设，巴西利亚所在的中部地区发生了显著的变化：昔日被荆棘封闭的中部高原已成为巴西全国公路网的中心，沉睡多年的稀树草原已被开拓为"世界新粮仓"②，极大地带动了中西部地区的城镇和工业化农场的发展，使巴西成为世界上排名前列的农产品出口大国。迁都之举在把文明和进步带到欠发达西部的同时，也把内地的巨大经济潜力纳入活跃的全国经济生活之中，加强了内地与沿海地区的联系，吸引了落后地区急需的人才，带动了整个西部地区的快速发展，中西部地区在全国国民收入中所占的比重逐年上升。很快巴西就迎来了为期10年的黄金发展期，经济社会发展令世界刮目相看，巴西也成为继日本、德国之后创造出世界"经济奇迹"的第三个国家。不仅如此，迁都成功极大地振奋了巴西人民的民族精神，提高了不同地区居民对国民身份的认同感。

此外，巴西迁都最大的成功之处在于，一座新都城的诞生，并没有伴随着旧都里约热内卢的衰落，反而给它带来新生：旧都里约热内卢作为"文化之都"的形象不但没有削弱，反而有所加强。③ 现在，巴西利亚、里约热内卢、圣保罗3个中心城市分别承担着政治、文化、经济方面的重要职能，各司其职，各具特色。

（三）巴西迁都规划的特点

巴西成功迁都巴西利亚并实现了经济社会发展战略目标，原因在于巴西

---

① 张宝宇：《巴西对落后地区的开发——兼谈中国西部地区的开发》，《拉丁美洲丛刊》1985年第5期，第31~37页。
② 周世秀：《巴西"向西部进军"的历史经验》，《世界历史》2000年第6期，第76页。
③ 〔美〕诺玛·伊文森：《巴西新老国都：里约热内卢和巴西利亚的建筑及城市化》，汤爱民译，新华出版社，2010，第2页。

迁都具有周密的规划，并且表现出规划的合法性、有效性、可行性与高品质特点。

第一，规划的合法性。1889年巴西共和国成立后不久，迁都的立法工作就提上了日程，经过充分讨论，议会通过了迁都的构想并将有关新国都的具体条款写入1891年《宪法》；建都前，联邦区政府成立新首都建设公司，并责成联邦区公路和工程局制定城市建设、城市用地等一系列规划立法。规划立法的权威性保证了城市建设和管理严格遵循总体规划。由于城市建设规划在先，所以就不会出现破坏城市科学布局的违章建筑，保证了城市建设的正常秩序，避免了盲目发展，有利于巴西利亚城市建设取得良好的经济效益、社会效益和环境效益。[①]

第二，规划的有效性。巴西利亚城市建设初期的规划为其城市功能的合理布局奠定了坚实基础。巴西利亚的城市规划一直受到政府严格的控制，城内各行各业均有自己的"安置区"，银行区、旅馆区、商业区、游乐区、住宅区，甚至修车都有固定的区位。为保护巴西利亚"飞机状"的城市构造不被破坏，城内不准新建住宅区，居民尽量分布在城外的卫星城里居住。从落成至今，巴西利亚仍然是个精致的现代化都市。

第三，规划的可行性。在《宪法》确定迁都巴西利亚后不久，巴西政府就开始了新首都的选址工作，并成立了专门的政府委员会负责选址事宜，由联邦气象台台长克鲁尔斯博士牵头的委员会22名成员对气候、土壤、地形地貌、动植物生态以及饮用水的品质等进行全方位、多角度考察，划定了按照《宪法》规定面积的"克鲁尔斯矩形区"。此后又经过历次曲折的商议和多次论证，1922年最终确定新首都选址定于克鲁尔斯博士极力推荐的那片区域。从气候、资源和交通便利等角度来看，新首都选址中部高原的平地无疑是最佳选择。[②]确定新首都地址后，巴西政府开始了巴西利亚城市规划大赛，从中选出最合适的规划方案。与此同时，巴西政府也在短时间内寻找

[①] 方铭迪：《巴西利亚城市发展战略初探》，《城市规划》1984年第1期，第58~64页。
[②] 〔美〕诺玛·伊文森：《巴西新老国都：里约热内卢和巴西利亚的建筑及城市化》，汤爱民译，新华出版社，2010，第121页。

到足够的投资者为新都建设筹措资金。

第四，规划的高品质追求。巴西利亚是在1956~1960年，用3年多时间在一片荒野上建造起来的新首都。城里不见古迹遗址，也没有大都市的繁华与喧闹，但其充满现代理念的城市格局、构思新颖别致的建筑以及寓意丰富的艺术雕塑，使这座新都蜚声世界，并于1987年被联合国教科文组织确定为"人类文化遗产"，成为众多璀璨辉煌的世界人类文化遗产中最年轻的一个。虽然巴西利亚建成后遭到种种批评，但不可否认的是，巴西利亚的规划设计体现了人类的智慧和伟大创造力，也是建筑史上富有现代精神的典范。① 总之，巴西迁都的经验表明了规划发展的极端重要性，可以说，没有规划就没有科学发展。

二　巴西迁都对中国社会发展战略的启示

社会发展战略着眼于社会发展的整体领域，是一个国家或地区通过对现有要素资源进行全面、历史和系统的研究分析，在此基础上制定的相对稳定的国家或地区经济社会发展的重大决策安排和工作部署。二战后，以西方发达国家为发源地，在世界范围内掀起了研究社会发展战略的热潮，并相继提出了一系列发展战略理论。② 巴西迁都正是基于发展主义理论作出的社会发展战略决策，研究巴西迁都的历史进程，深入总结其中的经验与教训，我们可以获得以下重要启示。

（一）理念发展：破除制约科学发展的壁垒

迁都给低迷的巴西经济注入了新鲜活力，巴西随后在20世纪六七十年代取得了经济发展的奇迹，巴西的崛起让处在现代化发展初期的拉美国家看到了曙光，以致传统的依附论也面临巨大挑战。依附论认为世界体系的

---

① 刘少才：《巴西利亚：年轻的城市 年轻的文化遗产》，《友声》2014年第1期。
② 杨小军：《社会发展战略的历史演进及其现实启示》，《学术论坛》2010年第11期。

"中心"是发达国家,而发展中国家是这些发达国家的"外围",处于依附地位;主张发展中国家向"中心"国家出口制成品,加强与"中心"国家的贸易以弥补国内市场的不足。巴西的崛起让拉美学者开始重新转换研究视角,试图证明发展中国家自力更生、独立发展的可能性。实践证明,无论是"和依附相联系的发展"还是"依附性发展",都不能简单地归因为外部宗主国家对殖民国的资源剥削和经济奴役政策。拉美国家在实现政治独立后,不断增强内生动力,逐步摆脱发达国家经济技术的制约,在控制国民经济命脉后更加注重国家内涵式发展,依托本国的自然禀赋、人力资源和制度改革增强自身实力。以信奉发展主义著称的时任巴西总统库比契克决心通过迁都巴西利亚增加社会投资,带动中西部经济发展。鉴于巴西迁都面临国内既得利益群体的强烈反对,为了将迁都的构想付诸实践,在巴西利亚的前期筹划和整个建设过程中,巴西政府给予了大力支持,开展了持久有效的舆论宣传;新都建设的每一个阶段都有庆祝活动、剪彩仪式、代表演讲和纪念摄影,库比契克总统全程参与;巴西利亚的建设者们在共事中逐步形成一种自然的和谐精神,以稳定的工作效率保障了新城建设的进度。

巴西成功迁都及其良好的经济社会发展效应证明:科学发展要求理念先行,发展的实践需要发展的理论;有没有理论自觉,或者自觉的程度如何,对于发展实践能否顺利推进至关重要。要加快发展进程,必须增强理论自觉,最根本的是树立正确的发展理念;同时,为减少发展的代价,少走弯路,也必须增强理念自觉,以正确的发展理论引导发展实践。[①] 发展理念支撑和影响着某种发展理论的形成和建构,反映了一种时代精神、实践理性和价值取向,引导着一个国家、民族的发展潮流,必将对社会发展产生重大而深远的影响。[②] 社会发展战略的具体政策必须建立在对发展理念高度关注的基础上。

(二)带动发展:发挥中心城市的辐射作用

巴西利亚"国家中心城市"的发展历程表明,随着生产全球化和市场

---

① 吴伯奎:《理论建设:马克思主义大众化的首要任务》,《长白学刊》2012年第5期。
② 丰子义:《发展实践呼唤新的发展理念》,《学术研究》2013年第11期,第24~29页。

化竞争的逐渐深入，国家中心城市已成为引领本国经济发展的排头兵。近二三十年来，法国、美国等发达国家也都按照自身的资源进行都市区划分，相应地规划国家中心城市进行资源配置。国家中心城市能够通过聚集社会资源，吸引外来投资，发挥中心城市的辐射带动效应，促使其成为实现现代化的先导区域，成为周边地区的要素配置中心、产业扩散中心、技术创新中心和信息流转中心，推动周边地区融合发展。因此，中心城市对区域经济发展的带动作用正是通过中心城市的聚集功能、扩散功能和创新功能实现的。

国家中心城市是国家经济的聚宝盆。发达国家在制定政策时，也都不忘建设数量适宜的国家中心城市体系。因而，我国经济发展要保持"稳中有增"的目标，必然要发挥国家中心城市的辐射带动作用。2005年，建设部根据《城市规划法》编制全国城镇体系规划时，正式将北京、天津、上海、广州、重庆定位为国家中心城市，这五大国家中心城市自身定位明确，作为国家城镇体系顶端的城市，担负着国家赋予它的重要战略使命，即具备国家经济引领、辐射、集散功能。① 除了在国家层面确定国家中心城市发展战略，2010年中国住房和城乡建设部城镇体系规划课题组确定了中国的区域中心城市为沈阳（东北）、南京（华东）、武汉（华中）、深圳（华南）、成都（西南）、西安（西北）。由此，我国的区域经济发展大框架基本形成，东部率先、西部开发、东北振兴、中部崛起"四大板块"正在共谋打破行政区划的局限和体制的壁垒，朝着市场一体化的经济新格局迈进。

（三）均衡发展：促进社会资源的公平配置

巴西通过迁都实现"向西部进军"的经验，对于解决我国区域经济发展不平衡和城乡关系紧张问题具有重要的研究和借鉴价值。在中国改革开放进程中，西部地区比东部地区起步晚，西部地区不仅在经济基础上落后东部地区一大截，而且在对市场机制作用的认识及运用市场机制的经验等方面与

---

① 王凯、徐辉：《建设国家中心城市的意义和布局思考》，《城市规划学刊》2012年第3期，第10~15页。

东部地区相比都存在较大差距。这将导致西部发展严重滞后,影响中国特色社会主义事业建设的全局。早在 20 世纪 80 年代改革开放和现代化建设全面开展之时,邓小平就针对中国发展不平衡的特点,提出了"两个大局"的战略构想:一个大局是沿海地区加快对外开放,较快地先发展起来,中西部地区要顾全这个大局;另一个大局是当沿海地区发展到一定时期,要拿出更多的力量帮助中西部地区加快发展,东部沿海地区也要服从这个大局。西部大开发和促进中部地区崛起是中共中央、国务院从中国现代化建设全局出发作出的重大决策部署,是落实促进区域协调发展总体战略的重大举措,它将有效缩小区域间经济社会发展差距,使改革开放的成果惠及更多贫困地区的百姓。当前,我国应该继续坚持西部大开发和中部崛起战略,通过东部、中部、西部梯度联合发展战略,加强区域间经济协调创新机制建设,构建"东部领跑、中部崛起、西部提速、东北振兴"的发展态势。

(四)规划发展:实现重大决策的前提条件

前文分析表明,巴西迁都并不是政治家实现自己政治目的的手段和工具,也不是激进派一时冲动的决定,而是经过 50 多年的前期规划和充分准备才最终实现的。从社会发展的角度来说,人类可以根据自己理性的发展,即通过对社会发展规律的科学认识而对其未来发展作出某种程度的计划和干预,从而使社会运行更符合人类的需要、符合社会进步的要求。人们为达到共同的目标而指导社会变化的过程就是社会规划。社会规划并不是人类的唯意志活动,不是随心所欲"设计社会"的活动,而是在顺应社会运行基本规律基础上对它进行一定程度的干预。① 社会规划意味着发展,是融合多种要素、经过多番科学论证而形成的对某一特定领域的发展愿景,是对未来经济社会发展进行全面、整体、长期的考量并设计出科学有效的行动方案的过程。2005 年党的十六届五中全会通过了《中共中央关于制定国民经济和社会发展第十一个五年规划的建议》,改变了之前行之数十年的"计划",代

---

① 范和生编著《现代社会学(下)》,安徽大学出版社,2005,第 476~477 页。

之以"规划"的新提法。这表明中国更加注重规划的宏观性、战略性、前瞻性，是我国社会主义市场经济体制建设的又一个历史性突破。要发展就必须先规划，如果没有规划，一切决策都会丧失方向标。在科学发展观的指导下，适应国内外形势新变化，根据党的十七大作出的战略部署和我国经济社会发展的客观要求，2011年3月14日，第十一届全国人民代表大会第四次会议批准了《中华人民共和国国民经济和社会发展第十二个五年规划纲要》。这表明中国政府充分认识到"十二五"期间规划在全面建设小康社会、深化改革开放、加快转变经济发展方式方面的关键性作用。

结　语

从巴西迁都半个世纪的实践来看，巴西政府的迁都决策把握了恰当的政治态势和合适的迁都时机，构建了服务于国家长期发展方向的战略步骤，是新时期调整国家发展战略、促进本国经济复苏、缩小地区经济发展差距的正确选择；不仅有利于加强国防安全、推动中西部不发达地区的经济发展，而且有力地缓解了以旧都里约热内卢为中心的沿海地区人口、经济和环境负担，实现了巴西国内经济、政治、科技、文化和人的全面协调发展。尽管巴西迁都也存在一些偏差和失误，但总体而言产生了良好的政治效应、经济效应和社会效应，给发展中国家提供了宝贵的社会发展战略借鉴。"理念发展"告诉我们在改革开放的关键时期要破除制约科学发展的壁垒；"带动发展"启示我们要充分发挥区域中心城市的辐射带动功能；"均衡发展"提醒我们要注重促进国家区域经济协调发展；"规划发展"警示我们不仅要注重国家政策规划的时效性，更要关注规划的科学性和长远性，以保证社会政策的可持续发展。当前中国已步入改革与发展的深水区，巴西迁都的实践丰富了社会发展战略思想，为我国社会发展提供了有益的借鉴。

建设篇

论中拉命运共同体的构建*

范和生　陶德强

摘　要：中拉命运共同体是中国主动参与全球治理的积极实践，是应对全球"治理失灵"，加强南南合作、推动全球治理体系优化的新方案新举措。全球治理体系重构、中拉关系发展需求、拉美一体化驱动、"一带一路"建设等为中拉命运共同体的构建，创造了千载难逢的内外机遇。在全球治理背景下，拉美一体化中的分歧、中拉贸易中的同质化、美国因素的干扰、地理距离遥远与文化隔阂等，是构建中拉命运共同体不得不面对的现实挑战。在机遇与挑战并存的时空维度下，中国应在理性分析和科学判断的基础上，以中拉合作框架为整体指引，以全球治理和南南合作为主线，以强化质量与增进互信为目标，与拉美国家携手共进，共同构建"五位一体"的中拉命运共同体。

关键词：全球治理　中拉命运共同体　南南合作

2014年7月16日，习近平主席在巴西国会发表演讲指出，"中国梦和拉美梦息息相通，中拉双方要勇于追梦、共同圆梦"。① 次日，习近平主席

---

* 本文原发表于《国际观察》2020年第2期，收录时有修改。
① 《习近平在巴西国会演讲：中国梦和拉美梦息息相通》，新华网，http://www.xinhuanet.com//world/2014-07/17/c_1111656037.htm，2014年7月17日。

在同拉美和加勒比国家领导人会晤时倡议,中国与拉美国家"努力构建携手共进的命运共同体"。① 中拉命运共同体既是南南合作下中拉携手追梦的共同追求,也是中国参与全球治理的重要体现。中国不仅是全球治理的倡导者,更是积极推动者和实践者,习近平总书记在党的十九大报告中明确指出:"中国将继续发挥负责任大国作用,积极参与全球治理体系改革和建设,不断贡献中国智慧和力量。"② 显然,中拉命运共同体是中国主动参与全球治理的积极实践,是践行共商共建共享的全球治理观,进一步加强南南合作,不断提升发展中国家在全球治理中的话语地位,推动全球治理体系公正化、合理化的新方案和新举措。

众所周知,"全球治理是国际社会解决全球性问题过程中探索的一种新的治理模式,其目的是动员各种国际关系行为体,以人类整体发展为价值导向,实施对全球公共事务的多主体治理"。③ 然而进入新世纪以来,全球"治理失灵"问题不断显现,全球治理机制改革的紧迫性日渐增强。尽管中拉命运共同体建设属于中国与拉美双方之间的事情,但它处于全球治理的场域之内,是全球治理的重要组成部分。全球治理时空之下,中拉之间的互补性和差异性并存,全球治理的确定性与不确定性并存,不仅为中拉命运共同体建设提供了更多的机遇与可能,也意味着在中拉命运共同体建设过程中肯定会遇到各种挑战。

一 研究综述

中拉命运共同体与人类命运共同体一脉相承。2011 年 9 月,国务院新闻

---

① 习近平:《努力构建携手共进的命运共同体——在中国—拉美和加勒比国家领导人会晤上的主旨讲话》,人民网,http://politics.people.com.cn/n/2014/0719/c1024-25301393.html,2014 年 7 月 19 日。

② 习近平:《决胜全面建成小康社会 夺取新时代中国特色社会主义伟大胜利——在中国共产党第十九次全国代表大会上的报告》,http://www.xinhuanet.com//politics/19cpcnc/2017-10/27/c_1121867529.htm,2019 年 11 月 11 日。

③ 郭树勇:《试论全球治理对我国战略机遇期的影响》,《国际展望》2017 年第 6 期,第 2 页。

办公室发布的《中国的和平发展》白皮书首次提出"命运共同体"概念。党的十八大报告明确指出,"要倡导人类命运共同体意识,在追求本国利益时兼顾他国合理关切,在谋求本国发展中促进各国共同发展"。这表明命运共同体理念是站在全人类的高度来看待国际问题的,占据着国际道义的制高点。此后,随着习近平主席的不断阐释,命运共同体作为党和政府治国理政尤其是外交实践的新理论、新思想,其内涵不断丰富与完善起来。显然,在和平发展的主题共识性与国际环境的复杂多变性并存的背景之下,"构建人类命运共同体符合时代发展的潮流和趋势,是中国和平发展的内在需求,是全球化和多极新格局下构建国际政治经济新秩序以及推动全球治理的必要条件"。[①] 拉美和加勒比地区是国际社会的有机构成部分,是中国加强南南合作的重要环节,因此,中拉命运共同体是新时代处理国际关系的重要方案之一。自中拉命运共同体倡议提出以来,国内学术界高度重视,学者们投入了大量精力进行研究,相关研究成果不断增多,主要集中于以下三个方面。

(一)围绕中拉关系,立足于中拉命运共同体,着重对中拉关系的历史、现状、特征、走向等开展分析

谢文泽回顾了改革开放以来中拉关系发展的三个阶段,认为随着中拉高层互访、中国经济进入新常态、部分拉美国家经济形势发生变化,中拉关系正步入新一轮战略调适期,但是发展双边关系要牢牢抓住拉美地区的特点和"四梁八柱"这两个方面。[②] 吴洪英、楼项飞分别对中拉关系的现状开展了探讨,认为在构建中拉命运共同体的背景下,中拉关系正在升级换代,[③] 相互依赖正在从单纯的经济相互依赖向多方位相互依赖扩展[④]。基于中拉命运共同体的时空坐标,牛海彬、杨建民、张凡等学者着重分析了新时

[①] 贺双荣:《构建中拉"命运共同体":必要性、可能性及挑战》,《拉丁美洲研究》2016年第4期,第30页。
[②] 谢文泽:《改革开放40年中拉关系回顾与思考》,《拉丁美洲研究》2018年第1期,第30页。
[③] 吴洪英:《中拉关系正在"升级换代"》,《现代国际关系》2015年第2期,第19页。
[④] 楼项飞:《复合相互依赖视角下中拉关系的现状与特征》,《拉丁美洲研究》2013年第3期,第54页。

期中拉关系的特点：一是中拉关系具有战略性与全局性，但发展中拉关系必须考虑差异性、综合性与阶段性；①二是认为中拉合作的核心支点在于经贸合作，而中国重工业进入新工业阶段则为中拉关系的发展创造了机遇；三是一些人在对待中拉命运共同体建设的态度上存在"悲观主义"和"乐观主义"的分歧。②王鹏认为中拉命运共同体的构建，使得中拉整体合作从构想变成了现实，未来将成为中拉关系发展最重要的推力。③王中华、江喆维以及张慧玲分别从拉美一体化进程出现的新变化④、二战后拉美政治走向论述了影响中拉关系发展的内在因素⑤；而董国辉从美国因素⑥，王萍、王翠文从国际格局的变化⑦分别分析了影响中拉关系的外在因素。赵本堂论述了中拉关系构建策略与路径，认为重点是双边合作与多边合作、遵循民族主义平等与独立以及"一带一路"下实现更高水平优势互补⑧，促使中拉关系不断升级。

（二）围绕中拉命运共同体，从内涵逻辑、挑战、路径等角度开展探讨

在内涵上，贺双荣认为中拉命运共同体的核心是互为发展的命运共同体、安全共同体、政治命运共同体；⑨范和生、唐惠敏认为中拉应紧扣"和

---

① 张凡：《中拉关系的问题领域及其阶段性特征——再议中国在拉美的软实力构建》，《拉丁美洲研究》2019年第3期，第20~22页。
② 牛海彬：《试论新时期中拉关系的战略性》，《拉丁美洲研究》2013年第3期，第49页。
③ 王鹏：《中拉关系：在充满不确定性的时代开拓前行》，《当代世界》2017年第4期，第64页。
④ 王中华、江喆维：《二战后拉美的政治走向及对中拉关系的影响》，《内蒙古农业大学学报》（社会科学版）2016年第2期。
⑤ 张慧玲：《当前拉美一体化进程新变化及对中拉关系的影响刍议》，《太平洋学报》2016年第10期，第62页。
⑥ 董国辉：《论美国对中拉关系发展的"忧虑"》，《福建师范大学学报》（哲学社会科学版）2013年第5期，第148~151页。
⑦ 王萍、王翠文：《国际格局的变化与中拉关系的可持续发展》，《拉丁美洲研究》2014年第1期，第22页。
⑧ 赵本堂：《努力推动中拉关系在更高水平上向前发展》，《拉丁美洲研究》2018年第1期，第8页。
⑨ 贺双荣：《构建中拉"命运共同体"：必要性、可能性及挑战》，《拉丁美洲研究》2016年第4期，第6~13页。

平与发展"的时代主题，努力构建和塑造坚不可摧的命运共同体、合作共赢的发展共同体，最终走向牢不可破的文化共同体；① 江时学指出中拉命运共同体构建的挑战主要表现为彼此了解不深、拉美"国家风险"、经贸关系单一、拉美发展中拉关系长远考虑不足等方面，认为开展多元经贸、加大投资、加强全球治理合作、正确处理整体合作与双边合作关系、加强外交和人文交流等是解决这些问题的基本策略。②

（三）围绕中拉在产能、经贸、整体等领域的合作开展分析

朱文忠、张燕芳认为中拉产能合作恰逢其时、态势良好，但是拉美政治法律环境、营商环境、中拉劳工制度差异、环保与社会责任的挑战必将构成潜在威胁。③ 苏振兴④、胡必亮和张勇⑤、张勇和史沛然⑥对于中拉经贸合作开展了探讨，认为中拉命运共同体的构建创造了中拉经贸合作的新机遇，但也存在诸多挑战。王友明⑦、张勇⑧认为"中拉论坛"从创建到持续推进意味着中拉整体合作从构想步入机制化。

总体而言，围绕中拉命运共同体的研究，目前学界虽然成果颇丰，但是也存在诸多不足之处，这一特点颇为鲜明。一方面，时空视角主要集中在一般性层面，缺乏全球治理视域下的具体性分析；另一方面，学科视角主要停

---

① 范和生、唐惠敏：《全球化背景下中拉共同体关系研究》，《太平洋学报》2016 年第 11 期，第 80 页。
② 江时学：《构建中国与拉美命运共同体路径思考》，《国际问题研究》2018 年第 2 期，第 34~42 页。
③ 朱文忠、张燕芳：《中拉产能合作的机遇、挑战与对策建议》，《国际经贸探索》2018 年第 4 期，第 61~71 页。
④ 苏振兴：《中拉经贸合作继续处于重要历史机遇期》，《当代世界》2014 年第 10 期，第 8~9 页。
⑤ 胡必亮、张勇：《"太平洋和拉美的世纪"——中拉经贸合作的现实挑战与发展机遇》，《人民论坛·学术前沿》2014 年第 17 期，第 8~13 页。
⑥ 张勇、史沛然：《"一带一路"背景下的中拉经贸合作机遇：全球价值链视角》，《太平洋学报》2018 年第 12 期，第 37~40 页。
⑦ 王友明：《构建中拉整体合作机制：机遇、挑战及思路》，《国际问题研究》2014 年第 3 期，第 105 页。
⑧ 张勇：《新时期中拉整体合作的历史机遇与现实挑战》，《学术探索》2018 年第 11 期，第 57~59 页。

留在国际关系、国际政治学领域，而从社会学角度开展论述的研究成果十分少见。基于此，本文尝试从社会学尤其是国际政治社会学视角，运用社会学学科理论与范式，对全球治理背景下的中拉命运共同体构建存在的机遇与挑战开展系统和深入的分析。

二 在全球治理背景下构建中拉命运共同体存在的机遇

当前，构建中拉命运共同体主要存在以下有利条件。

（一）全球治理体系重构提供的机遇

随着20世纪90年代初苏联的解体和冷战的结束，两极格局走向终点。在全球化浪潮席卷下，经济一体化进程加快，发展中国家在经济合作中迅速崛起，世界格局由"两极对抗"转变为"一超多强"，全球治理体系重构为南南合作和发展中国家崛起提供了契机，也为构建中拉命运共同体创造了时不我待的时空机遇。

一方面，全球治理体系重构为构建中拉命运共同体创造了全球场域。"一个场域可以被定义为在各种位置之间存在的客观关系的一个网络（network）和一个构型（configuration）"，[①] 行动者围绕位置展开争夺，形成各种各样的关系。两极格局寿终正寝，国家行为体在国际社会的横向联系和纵向联系加深，合作、发展成为国际关系的主流。当前，"人类社会正处于共处原则的理性社会向普遍道德律令的理性社会"[②] 过渡转型期，在日渐深入人心的和平与发展时代主题驱动下，国际社会公有领域和私有领域日渐模糊，国际政治的基本关注点由高级政治转向低级政治、由传统安全转向非传统安全，[③] 经济一体化、政治多极化成为世界秩序重建的理性和潮流。全球治理

[①] 〔法〕皮埃尔·布迪厄、〔美〕华康德：《实践与反思——反思社会学导引》，李猛、李康译，中央编译出版社，1998，第134页。

[②] 郭树勇：《国际政治社会学简论：马克思主义的视角》，时事出版社，2014，第51页。

[③] 郭树勇：《国际政治社会学简论：马克思主义的视角》，时事出版社，2014，第157页。

体系重构是在尊重法治和契约精神的前提下，通过合作共赢和普遍参与，建立全球治理新机制，这为国家行为体踊跃参与国际事务创造了条件，客观上为新型大国的中国和新型区域政治组织的拉共体参与国际治理、融入国际社会提供了契机，更为中拉命运共同体的构建创造了难得的时空机遇。

另一方面，中拉命运共同体丰富了南南合作，为全球治理体系重构增强了动力。全球治理体系重构是针对既有的"以西方为中心"的治理格局的规则重构和体系重构。作为国际发展的应然趋势，全球治理体系重构不会自然而然地成为现实，更不会一帆风顺地走向幸福"彼岸"，必须通过合作共赢和共同参与的实然行动来推进。"我们秉持的是共商、共建、共享，遵循的是开放、透明原则，实现的是合作共赢"，① 因为"共商共建共享的全球治理观是中国积极参与全球治理体系变革和建设的基本理念和主张"。② 这表明中国从大国担当的角度为全球治理贡献中国智慧。作为中国与其他发展中国家集体合作拼图的最后环节，中拉命运共同体是中国推动南南合作、扩大国际统一战线的重要举措。③ 它既能以大国身份提供国际公共产品，避免全球治理步入"金德尔伯格陷阱"，同时又能丰富南南合作的内容，提升发展中国家整体博弈实力和能力，为推动全球治理体系重构提供动力。

（二）中拉关系发展提供的机遇

经济全球化的背景下，世界联系日臻紧密，"相互依存的程度空前加深，人类生活在同一个地球村里，生活在历史和现实交汇的同一个时空里，越来越成为你中有我、我中有你的命运共同体"。④ 中拉关系也是如此。"你中有我、我中有你"的中拉关系，不仅让彼此认识到了共同的利益，也促使双方在共同利益全球化的背景下开展更高层次的互动，而中拉双方主体间

---

① 《习近平同意大利总理孔特会谈》，《人民日报》2019年3月24日，第1版。
② 苏长和：《坚持共商共建共享的全球治理观》，《人民日报》2019年3月27日，第10版。
③ 何晓静：《南南合作视野下的中拉论坛》，《国际展望》2016年第5期，第66页。
④ 《习近平：顺应时代前进潮流　促进世界和平发展》，《中国青年报》2013年3月24日，第1版。

性的发展需求则为构建中拉命运共同体创造了客观条件。

1. 主体需要是构建中拉命运共同体的内在动力

"国际关系的总体特征一般归纳为'无政府状态',但是,国际关系也存在着某种秩序和维持秩序的机制",① 在国际秩序建立与维持中,国家不仅存在主体的发展和安全需要,同时也存在秩序驱动下的认同需要和公正需要。一方面,对于中国和拉美各国而言,发展与安全始终是大家需要面对的首要问题。正如邓小平所言,发展"是我们解决国际问题、国内问题的最主要的条件。一切决定于我们自己的事情干得好不好"。在眼下奋进新时代的征程中,"实现中华民族伟大复兴的中国梦,保证人民安居乐业,国家安全是头等大事"。② 构建中拉命运共同体是中拉双方在南北矛盾复杂多变的背景之下,基于南南合作的发展中国家主体发展与安全需要的考量,致力于不断推动中拉经济合作关系共同发展,实现彼此长久安全。另一方面,在全球治理开始进入转型期的背景下,同为发展中国家的中国与拉美国家,不仅高度关注旧格局改变与新格局塑造过程中的规则制定、机制构建和自身的主体诉求等问题,而且还要"围绕全球治理、可持续发展、应对气候变化、网络安全等全球性议题和热点问题加强沟通和协作"。③ 而中拉命运相似的历史与发展崛起的共同诉求,决定了双方要携手共建共享中拉命运共同体。

2. 主体间的交往需要是构建中拉命运共同体的外在动力

尤尔根·哈贝马斯（Jürgen Habermas）认为,"人类行为分为交往行为和策略行为,两者的区别在于直接目标不同,交往行为的直接目标是利用沟通寻求交往行为者相互的理解与共识,策略行为的直接目的是行为者实现自身功利性目标"。④ 依此而言,交往行动是社会行动分析的起点。在和平与

---

① 王勇:《国际社会与全球社会》,《哲学动态》1994年第6期,第8页。
② 习近平:《汇聚起维护国家安全强大力量 不断提高人民群众安全感幸福感》,《人民日报》2016年4月15日,第1版。
③ 习近平:《努力构建携手共进的命运共同体——在中国—拉美和加勒比国家领导人会晤上的主旨讲话》,《人民日报》2014年7月17日,第2版。
④ 〔德〕尤尔根·哈贝马斯:《交往行为理论（第一卷）:行为合理性与社会合理化》,曹卫东译,上海人民出版社,2004,第100页。

发展的时代潮流下，现代化时空语境中"合作"是国与国之间交往的主要形态。作为互为发展主体的国际实体存在，中国和拉美之间从传统领域的经济合作、政治合作和文化合作，到机制层面的全面战略伙伴关系、竞争性伙伴关系建立，再到整体层面的中拉命运共同体创新构建，归根结底都是基于全球治理与南南合作的情境共识之下而开展的交往行动。与此同时，在处理区域事务与全球事务中，中拉双方在构建中拉命运共同体过程中能够有效拓展彼此沟通的"公共空间"领域，为构建彼此交往的有效机制和开创"五位一体"① 的中拉关系新格局创造了条件。

（三）拉美一体化提供的机遇

当前，在国际关系复杂多变、国际格局波诡云谲的形势下，区域一体化已成为全球化发展的重要步骤和时代体现。② 拉美一体化是拉美各国民众的长期诉求，"早在19世纪初，拉美独立运动领袖西蒙·玻利瓦尔（Simón Bolívar）就曾提出过建立'美洲联盟'的设想"。③ 作为拉美地区最大的区域性组织，拉美和加勒比国家共同体（以下简称"拉共体"）的成立对于拉美一体化发展无疑具有里程碑意义。中拉命运共同体的构建有利于中拉双方在整体层面开展对话与合作，有利于拉共体作为拉美地区最大区域性组织发挥其特殊的区域性功能，对于推动拉美一体化进程具有非常积极的作用。

1. 中拉命运共同体因其蕴含丰富的合作机制，能够为推进拉美一体化释放有效的工具理性

众所周知，现代化是理性化的过程，把握规律、崇尚计算、有效行动是现代化的重要特质。在黑格尔看来，"合理性按其形式就是根据被思考的即普遍的规律和原则而规定自己的行动"。④ 德国社会学家马克斯·韦伯

---

① "五位一体"即政治上真诚互信、经贸上合作共赢、人文上互学互鉴、国际事务中密切协作、整体合作和双边关系相互促进。
② 郭树勇：《国际政治社会学简论：马克思主义的视角》，时事出版社，2014，第197页。
③ 赵晖：《拉美区域合作与中拉合作的战略选择》，《国际问题研究》2014年第4期，第47页。
④ 〔德〕黑格尔：《法哲学原理》，范扬、张企泰译，商务印书馆，1979，第254页。

(Max Weber)认为,人的行动与人类进程是逐渐理性化的过程。毫无疑问,作为一个因地缘与情感联系的天然共同体,拉共体推动拉美一体化是拉美地区自身理性化的必然要求,只不过由于复杂的国际格局与拉美内部的特殊状况,拉美一体化进程中呈现整体渐进性与局部功能失范性并存这一矛盾现象。一方面,拉美一体化整体向好。"进入21世纪,拉美一体化呈现由初级向高级、从单一向复合型方向发展的趋势。"① 这在客观上为中国与拉美整体对话提供了条件。另一方面,拉美一体化具有对内呈现"分散交叉性"、对外呈现"开放性"的特点。② 但是,拉美一体化因内部协调性和功能一致性都较为欠缺而影响了中拉合作的有效性。作为中拉合作的战略支点,拉共体尽管能够发挥平台作用,但是基于建立时间较短、内部分歧多等因素,其整合作用必然有所折扣。针对上述问题,中拉命运共同体不仅能够有效弥补拉共体存在的缺陷,而且还能够发挥极大的工具作用:一是中拉命运共同体可以为中国与拉美之间的合作建立长效机制;二是"五位一体"的中拉关系新格局愿景、"1+3+6"的务实合作新框架以及"3×3"的产能合作新模式,可以为中拉之间常态化合作机制的建立提供工具理性。这样,双方之间存在的巨大合作空间与美好合作前景必然会产生极大的黏合效应,必然能为拉美一体化输出有效动力。

2. 中拉命运共同体蕴含深邃的思想观念,能够为推进拉美一体化贡献有效的价值理性

人类命运共同体理念是在当今世界面临百年未有之大变局的形势下,中国从人类生存与命运走向的角度进行的系统思考,是基于整体思维和天下情怀的"对人类文明走向的中国判断"。③ "当今世界,各国相互依存、休戚与

---

① 何晓静:《南南合作视野下的中拉论坛》,《国际展望》2016年第5期,第71页。
② 赵晖:《拉美区域合作与中拉合作的战略选择》,《国际问题研究》2014年第4期,第47~49页。
③ 习近平:《顺应时代前进潮流 促进世界和平发展——在莫斯科国际关系学院的演讲》,《人民日报》2013年3月24日,第2版。

共",① 为我们构建人类命运共同体奠定了基础；和而不同、共赢发展则是人类命运共同体的内核；"天人合一的宇宙观、协和万邦的国际观、和而不同的社会观、人心和善的道德观"② 则是这一理念的主要构成。中拉命运共同体与"人类命运共同体"理念一脉相承，是中国在准确把脉时代脉搏的前提下从"历史—现实—未来"的维度针对中拉关系发展与合作的诸多问题展开的科学思考。"地区共同体的形成，既需要地区国际机制的形成以及持续创新，也需要共有观念的形成和集体认同的建构。"③ 因此，构建中拉命运共同体要求中拉双方政治互信、经济互利、文化互鉴、国际互助，④ 这样，它所蕴含的合作观、义利观、整体观，才能为中拉合作发挥价值指引，同时也能为解决拉美一体化存在的内部差异和分歧提供价值借鉴。

（四）"一带一路"框架下多边合作提供的机遇

"一带一路"是由中国倡议并积极推动的"植根于丝绸之路的历史土壤，重点面向亚欧非大陆，同时向所有朋友开放"的国际合作新构想，其核心是开放包容、共商共建共享。在携手共建方面，"'一带一路'建设将由大家共同商量，'一带一路'建设成果将由大家共同分享"。⑤ 2018年1月，在中拉论坛第二届部长级会议上，中拉双方通过了《"一带一路"特别声明》，中拉双方开始迈入战略合作的新时期。截至2019年10月底，中国已与137个国家和30个国际组织签署了共建"一带一路"合作文件，其中

---

① 习近平：《携手构建合作共赢新伙伴 同心打造人类命运共同体——在第七十届联合国大会一般性辩论时的讲话》，《人民日报》2015年9月29日，第2版。
② 王义桅：《人类命运共同体的内涵与使命》，《人民论坛·学术前沿》2017年第12期，第4页。
③ 郭树勇：《国际政治社会学简论：马克思主义的视角》，时事出版社，2014，第209页。
④ 许丰：《"中拉命运共同体"的基本内涵、合作原则与构建路径》，《西南科技大学学报》（哲学社会科学版）2019年第1期，第3页。
⑤ 《习近平出席"一带一路"国际合作高峰论坛开幕式并发表主旨演讲》，《人民日报》2017年5月15日，第1版。

拉美国家有 19 个，① 占目前已与我国建立外交关系的拉美国家总数的 79%。② 可见，参与"一带一路"建设已在拉美地区取得了广泛的共识，这在一定程度上为构建中拉命运共同体创造了基本的前提条件。尽管拉美地区是一个自然的"共同体"，但"一带一路"框架下中拉合作平台更是一个利益相关、功能协调的多边合作有机体，同时也是一个"表现为社会多种要素和多层次子系统之间的交互以及它们多方面功能的发挥"③ 的有机整体，当然，双方在合作过程中必须有效解决控制、激励与保障等问题。第一，要协调各方利益，努力采取集体一致的行动。当前，拉美内部对华贸易发展较不均衡，例如，拉美对华出口的绝大部分商品都来自巴西、智利、阿根廷和秘鲁。④ 同时，拉美地区内部与中国的外交关系也存在较大差异，截至2019年9月拉美仍有9个⑤国家未与中国建立外交关系。此外，拉美地区的区域合作组织不仅众多，而且"其组织形式、运行原则、既定目标、成员数量等各不相同"。⑥ 所有这些都对"一带一路"框架下的中拉合作提出了更高要求，需要中拉双方智慧应对。第二，要建立制度与规范，努力实现合作秩序的正常运转。"过去几十年中拉关系的发展进程表明，绝大多数合作项目均以双边关系为基础"，⑦ 但是，"一带一路"框架下的中拉多边合作需要探索建立多边合作机制，形成多边合作秩序。第三，要关注分配不公问题，防止拉美地区内部发生两极分化。因自然资源禀赋、科技实力、经济水平的差异，拉美各国在"一带一路"合作中的价值链占有、经济产出效应、合作

---

① 《已同中国签订共建"一带一路"合作文件的国家一览》，中国一带一路网，https://www.yidaiyilu.gov.cn/xwzx/roll/77298.htm，2019 年 4 月 12 日。
② 截至目前，已有 24 个拉美国家与我国建立外交关系，据此计算得出。
③ 郑杭生主编《社会学概论新修》（第三版），中国人民大学出版社，2003，第 55 页。
④ 刘青建：《当前中拉合作的成效与深化合作的战略意义》，《拉丁美洲研究》2015 年第 5 期，第 33 页。
⑤ 整理自外交部网站，https://www.fmprc.gov.cn/web/ziliao_674904/2193_674977/，2019 年 11 月 24 日。
⑥ 赵晖：《拉美区域合作与中拉合作的战略选择》，《国际问题研究》2014 年第 4 期，第 47 页。
⑦ 江时学：《"一带一路"延伸推动 中拉合作进入新阶段》，《当代世界》2019 年第 6 期，第 26 页。

获得感等方面必然也存在差异，这就需要我们特别重视这一问题，否则将会导致双方之间的合作失去可持续发展的基础。

针对上述"一带一路"框架下中拉合作的机制运作需求，中拉命运共同体建设不仅能够从系统整合的角度协调力量和整合资源，而且能够为"一带一路"框架下的中拉多边合作输入动力。目前，通过构建中拉命运共同体，"一带一路"框架下的中拉多边合作机制也日趋成熟起来：一是顶层设计层面的《中国与拉美和加勒比国家合作规划（2015—2019）》和《中拉论坛的机制设置和运行规则》都已经完成；二是机制层面的中国—拉共体"四驾马车"外长对话、国家协调员会议、中拉论坛日趋完善；三是具体层面的《"一带一路"融资指导原则》和《"一带一路"债务可持续性分析框架》已经出台；四是成效层面的"'六廊六路多国多港'的互联互通架构基本形成，一大批合作项目落地生根"。① 目前，在和而不同、共赢发展的中拉命运共同体系统整合之下，中拉"一带一路"合作正在向"互联互通、互利共赢、共同发展"的目标迈进。

三　在全球治理背景下构建中拉命运共同体面临的挑战

中拉命运共同体在构建过程中面临的挑战主要表现在以下几个方面。

（一）拉美一体化程度下降

拉美各国具有一体化的内在追求，然而在推进一体化进程的道路上却始终困难重重。早在民族解放时期，拉美独立运动领袖西蒙·玻利瓦尔就把统一拉美作为其毕生的追求，他说："我比谁都更希望看到在美洲能够建立起世界上最伟大的国家。"② 遗憾的是，在取得民族解放的同时，拉美的统一

---

① 习近平：《齐心开创共建"一带一路"美好未来——在第二届"一带一路"国际合作高峰论坛开幕式上的讲话》，《人民日报》2019年4月27日，第3版。
② 曾昭耀：《拉美独立200周年纪念与中拉人民的共同之忧》，《拉丁美洲研究》2010年第6期，第17页。

事业却遭遇严重挫折。对此,有学者认为,"在现代化进程中,拉美历史上最早的、影响最大的一次失误,就是独立运动未能阻止拉美民族的分裂"。[①] 不仅如此,即便在经济全球化、政治一体化的当下,拉美一体化也依然困难重重,这无形当中为构建中拉命运共同体制造了障碍。

1. 难以弥合的左、右分野

新自由主义和左翼运动是拉美社会的两股主要政治力量,不仅能影响拉美地区的经济和社会治理,而且还左右着拉美各国的政治走向。新自由主义深受美国影响,其基本信念是,经济上推行自由化、私有化和完全放任的自由市场经济模式,并依据"华盛顿共识"进行经济社会治理;政治上主张多党制与民主化。与之相对,左翼运动以社会党或社会民主党为代表,强调社会公正,反对资本主义和西方霸权;主张通过制度与秩序变革,推动社会发展。20世纪90年代,新自由主义一度成为拉美政治生态的主流,其推行的改革虽然短暂地推动了拉美地区的经济发展,但很快就失去了动力,因而导致失业率攀升、资金外流、两极分化加剧的结局。[②] 21世纪初,随着委内瑞拉的乌戈·拉斐尔·查韦斯·弗里亚斯(Hugo Rafael Chávez Frías)获得了大选的胜利,拉美左翼力量开始步入政坛,接着巴西、乌拉圭、玻利维亚、智利等国的左翼力量陆续在大选中胜出。左翼力量上台客观上为中拉合作创造了机遇。但不可否认的是,拉美社会持续存在难以弥合的左、右分野现象,在一定程度上制造了拉美社会的撕裂,不仅为拉美一体化进程的推进制造了障碍,而且也对中拉命运共同体的构建构成了掣肘。

2. 难以逾越的内部分歧

众所周知,拉美地区内部各国之间的实力悬殊,它们与中国的关系也不完全一样,最为棘手的是,拉美地区内部国家间政府组织众多,不仅组织规则不一,而且功能相互交叉,因此,"在将来的发展中,如何避免不同组织之间议题和理念的冲突,保持组织内部的凝聚力是提高拉共体运行效率的一

[①] 曾昭耀:《拉美独立200周年纪念与中拉人民的共同之忧》,《拉丁美洲研究》2010年第6期,第16页。
[②] 靳辉明:《新自由主义的危害与拉美左翼运动的崛起》,《江汉论坛》2014年第2期,第6页。

个重要挑战"。① 另外,拉美地区内部缺乏地区主义的整体观,各国想法不一,各个政治党派也存在分歧,例如,温和"左翼"力量比较看重拉共体的经济意义,而激进"左翼"力量则非常强调拉共体的政治意义。这样一来,在内部合作中,各国通常都推崇"本国利益至上"的利己主义,忽视地区合作的利他主义,其结果是,人为制造的沟壑较多、贸易保护主义时有发生、共同目标非常不明确。此外,"巴西等国担心'中拉论坛'会冲击其地区领军者角色",② 削弱其地区影响力。这些因素的存在对中拉命运共同体的构建形成了障碍。

3. 不可回避的领土纷争

拉美地区现存的领土主权争端与海洋边界纠纷属于历史遗留问题,有关国家围绕上述问题不时发生矛盾和冲突,成为拉美内部合作的烫手山芋。在解决边界纠纷方面,大国仲裁是拉美内部解决这一问题的主要机制,例如,从19世纪20年代到20世纪70年代,在大国进行的151次仲裁中,有关拉美边界争端的仲裁就占到了22次。③ 另外,拉美地区的海洋资源非常丰富,各国在此方面的纠纷因而不时发生。近几十年来,"随着资源和能源问题日益突出,拉美国家间围绕海洋资源展开的海洋边界纠纷升级"。④ 尽管多数国家都能够本着和平磋商和共同开发的原则理性处理领土与海洋边界争端,但是这些问题的存在本身就是对拉美一体化和中拉命运共同体建设的一种潜在威胁。

(二)中拉贸易同质化程度升高

在中拉关系中,身份认同是基础,经济合作是关键。中拉同属发展中国

---

① 何晓静:《南南合作视野下的中拉论坛》,《国际展望》2016年第5期,第72页。
② 王友明:《构建中拉整体合作机制:机遇、挑战及思路》,《国际问题研究》2014年第3期,第114页。
③ 王孔祥:《拉美国家领土争端中的国际仲裁》,《国际关系学院学报》2006年第6期,第67页。
④ 吴国平、王飞:《拉美国家海洋争端及其解决途径》,《拉丁美洲研究》2014年第5期,第21页。

家,"中国是南南合作的积极倡导者和支持者,长期以来,我们本着'平等互利、注重实效、长期合作、共同发展'的原则"推动南南合作,① 促使中拉合作内容不断丰富,规模不断扩大。在全球治理背景下,中拉关系正在"构建坚不可摧的命运共同体关系的基础上,塑造合作共赢的发展共同体关系,进而走向牢不可破的文化共同体关系"。② 双方经济迅速崛起,中拉贸易同质化程度势必不断提升,这在一定程度上将对建设中拉命运共同体造成危害。

同质化即趋同化,是指事物之间差异性变小、相似性趋多的一种现象。贸易同质化有广义和狭义之分:广义的贸易同质化是指贸易模式、结构、产业等方面的趋同化;狭义的同质化则主要是指产业的同质化。本文认为,全球化语境下中拉贸易同质化应从广义上来界定,因为全球化是生产力驱动下的生产要素在全球范围内的自由流动,这势必导致生产、分配、交换、消费的全球化趋同趋势。这种趋同趋势率先表现在拉美地区内部各国之间的贸易方面。具体而言,引发拉美地区内部贸易同质化的因素主要有三点。其一,经济全球化所导致的后果。由于经济全球化的本质是资本主义生产要素的全球扩张,因此,随着全球经济的发展,各国之间的经济联系日益紧密,一个重要后果就是"资本主义的全球化发展使不同民族国家的经济关系出现同一化,也使得整个社会呈现同质化的趋势"。③ 其二,美国次贷危机的全球影响。2008年美国次贷危机重创了全球经济,"金融危机以来,世界经济复苏艰难曲折,国际贸易增长乏力",④ 不确定的经济形势给全球经济带来了下行压力。其三,拉美不断推行的经济政策变革所带来的经济增长。在经历

---

① 苏振兴、江世学、蔡同昌:《从战略高度认识拉美 努力开拓中拉合作新领域》,《求是》2005年第22期,第55页。
② 范和生、唐惠敏:《全球化背景下中拉共同体关系研究》,《太平洋学报》2016年第11期,第80页。
③ 李健、李冉:《世界历史的开辟与发展——中国特色社会主义的时代意义》,《青海社会科学》2019年第2期,第29页。
④ 楼项飞:《中拉机制化整体合作的进程及特点解析——以地区间主义为视角》,《拉丁美洲研究》2015年第6期,第66页。

了"进口替代化工业战略""新自由主义政策""开放的地区主义"等经济政策之后，拉美经济与对外贸易不断发展，拉美人民整体迈入了"实现团结协作、发展振兴"的追梦新阶段。

在拉美地区内部贸易同质化增强的同时，中拉贸易同质化程度也不断提升。这主要表现为以下几个方面。其一，经贸模式在时间向度上的趋同化。构建中拉命运共同体，主要是在"1+3+6"合作框架下，通过贸易、投资和金融"三大引擎"，在能源资源、基础设施建设、农业、制造业、科技创新和信息技术"六大领域"逐步进行对接，最终实现包容性增长和可持续发展的目标。然而，不可回避的是，短时期内"中国依靠进口拉美大宗商品和向拉美出口制成品的单一贸易模式"[1]很难改变，中拉经贸模式在时空上的趋同化必然不利于双方合作潜力的充分释放。其二，经济发展在产业向度上的趋同化。由于中拉同属发展中国家，彼此间的合作以互补性为主要驱动的同时，未来将更多面临产业结构的同构性，"均将出口拉动作为经济发展的驱动力，且出口产品均以劳动密集型产品为主"。[2]因此，在共同融入并参与全球经济治理过程中，中国和拉美难免会在经济活动——国内市场和国际市场——中产生竞争。其三，经贸合作在商品结构上的趋同化。总体上，中拉经贸合作的特点是商品结构单一，长期维持的是一种"原产品—制成品"的商品结构。中国"向拉美出口的大多是技术含量和经济附加值较低的机电、化工、纺织品等制成品"，[3]而从拉美进口的是以大豆、铁矿石、原油、铜矿石为主的农产品与自然资源。这必然导致双方在贸易结构上不断趋同的发展趋势。在产品结构上，作为地区新兴大国的巴西和墨西哥在进口替代战略的指导下，工业化水平不断提升，工业制成品生产能力不断增强，

---

[1] 何晓静：《南南合作视野下的中拉论坛》，《国际展望》2016年第5期，第73页。
[2] 王友明：《构建中拉整体合作机制：机遇、挑战及思路》，《国际问题研究》2014年第3期，第115页。
[3] 王素芹：《中拉区域经贸合作影响因素与路径探析》，《区域经济评论》2017年第6期，第109页。

因而导致中国对这些国家的产品出口"呈现程度不一的超'饱和'状态",① 同时也导致双方的同类产品在国际舞台的竞争不断加剧。在国别上,中国对拉美地区的贸易主要集中在固定的少数几个国家身上,例如,"2015年,巴西、墨西哥和智利是中国在拉美地区的前三大贸易伙伴国,贸易规模占中拉整体贸易额的比重分别为 30.3%、18.5% 和 13.5%"。② 显然,中拉双方在贸易结构上的趋同化发展趋势不利于中拉整体合作空间的释放。

(三)美拉关系的干扰

由于地缘政治、经济和文化上的相对优势,美国与拉美国家之间的关系犹如"影子与身体"一般,始终是后者对外关系中无法规避的因素。因此,我们必须时刻考虑"美国因素"给构建中拉命运共同体可能带来的不确定性。

我们可以借助马克斯·韦伯的社会理论来考察美国、中国和拉美国家三方之间的关系。针对社会阶层分化引起的社会不平等现象,马克斯·韦伯从经济、政治、文化的角度进行考察,认为权力、财富、声望是影响社会阶层地位和促使社会阶层发生分化的三个重要因素。事实上,我们可以使用"权力、财富和声望"的逻辑来研究和分析美国对拉美对外关系的干扰和对中拉命运共同体建设的影响。首先,作为世界上最大的经济体,"美国一直扮演着拉美地区第一大投资国、第一大贸易伙伴、第一大援助国的角色",③ 美国出于政治目的对拉美各国实施的各类援助计划和"金元外交"手法,使得拉美各国在开展对外关系时必须将发展对美关系作为首要考量因素。"尽管特朗普政府目前对拉强硬,但不排除重新强化美拉合作的可能"。④ 鉴于此,美国对拉美的经济干扰因素将会始终笼罩在中拉命运共同体的构建过

---

① 周志伟、岳云霞:《中拉整体合作:机遇、挑战与政策思路》,《世界经济与政治论坛》2016 年第 5 期,第 127 页。
② 张春宇、卫士加、朱鹤:《中国在拉美的直接投资对中拉双边贸易的影响》,《拉丁美洲研究》2017 年第 1 期,第 45 页。
③ 王友明:《构建中拉整体合作机制:机遇、挑战及思路》,《国际问题研究》2014 年第 3 期,第 112 页。
④ 王慧芝:《中拉论坛建设成就、问题及前景》,《当代世界》2018 年第 9 期,第 55 页。

程中。其次,"门罗主义"和"新门罗主义"的存在让拉美各国始终无法摆脱美国"民主政治"的影响。尽管"脱美"声音不断,但是面对当今世界唯一的超级大国就在身边这一无情现实,拉美各国始终无法真正摆脱美国的影响。因此,拉美各国在与美国"若即若离"的同时,也始终"难舍难离",例如,美国式的"民主制度"在拉美国家仍然有许多忠实的拥护者,[①] 而且在拉美地区众多的国家组织中只有拉共体一家不是美国主导的,其余均由美国领导。最后,"诬陷他人"一直是美国挑拨中拉关系的一个重要伎俩。美国导演并叫嚣的"中国威胁论"仍在拉美地区上演,声称"中国的触角伸向拉美的意图不仅在于获取原材料,如同中国进军非洲一样,中国还有其更加复杂的政治意图"。[②] 与此同时,美国还不遗余力地在国际场合对中拉命运共同体采取多种形式的污名化策略。

美国因素的干扰必然对中拉关系产生负面影响。在此情形下,拉美各国对于中拉命运共同体畅想的目标和动机难免会心存疑虑,从而可能产生诸多不同的反应。其一,认同中国的倡议。拉美国家接受中拉命运共同体理念、构想与合作机制,在中拉"1+3+6"合作新框架下开展合作,共同向实现包容性增长和可持续发展的目标迈进。其二,创新中国的倡议。拉美国家接受中拉命运共同体的顶层设计与行动构想,但是在行动手段上会有所创新,即这些国家在中拉合作新框架下基于自身利益的考量,会选择性地接纳中国的倡议并有所创新,例如,它们在与中国合作时不会放弃与美国、欧盟等国家和实体之间的合作,同时也不会放弃一些贸易保护主义做法。其结果是,尽管在中拉合作具有巨大潜力和光明前景的吸引下,大部分拉美国家选择加入了中拉命运共同体大家庭,但是在美国影响与诱惑下,部分国家对中拉合作有疑虑。其三,回避中国的倡议。在中美大国博弈之下,拉美国家采取隐退态度,既不加入中

---

① Stefan Halper, *The Beijing Consensus-How China's Authoritarian Model Will Dominate the Twenty-First Century*, New York: Basic Books, 2010, pp. 49–73. 转引自何晓静《南南合作视野下的中拉论坛》,《国际展望》2016 年第 5 期,第 74 页。

② Shannon Tiezzi, "China's Push into America's Backyard", The Diplomat, February 8, 2014, http://the diplomat.com/2014/02/chinas-push-into-americas-backyard/. 转引自王友明《构建中拉整体合作机制:机遇、挑战及思路》,《国际问题研究》2014 年第 3 期,第 113 页。

拉命运共同体，也不参加美国主导的"美洲国家组织"所开展的各种合作活动，而是通过与第三方的合作来实现自身经济发展的目标。

（四）中拉之间存在地理遥远和文化隔阂的不利因素

"中拉双方地理距离遥远，历史、政治和文化传统差异较大"，[①] 这在一定程度上为构建中拉命运共同体增加了难度。

1. 中国和拉美存在隔海相望、地理遥远的自然现状，很容易导致双方互动停留在"机械团结"的状态

一方面，地理遥远直接导致交通不便。中国与拉美相隔遥远，平均直线飞行距离达到2万公里，虽然与部分国家开通了直飞航线，但是在地理遥远这个客观条件之下，中途转机仍是一种常态。另一方面，交通成本高导致沟通难度大。地理遥远使得交通往返的经济成本、时间成本非常高，这必然导致沟通频率低和人员往来少的结果。中拉命运共同体的核心是通过经济合作、对话交流的机制化，建立携手发展的制度化格局，以便实现共同发展的目标。目前，虽然"四驾马车"外长对话、国家协调员会议、中拉论坛等机制日趋成熟，但是由于大多局限于特定的时间和特定的形式，难以实现经常性和机制性的沟通，这使得双方很难"一揽子"解决在构建中拉命运共同体过程中出现的问题。另外，在地理遥远这个自然条件的限定之下，双方之间的合作也很容易导致互动机制的"工具化"和"形式化"，从而使得中拉命运共同体走向"机械团结"的深渊。

2. 在中国和拉美不同的文化大背景下，文化差异更容易让双方产生彼此认知上的"心理差距"，从而在心理认同上产生偏差

尽管基于多元性和多源性下的包容性是中拉文化的共性，但是，在命运多舛的相似历史之背后是双方文化自觉的差异性，这就必然造就了两者不同的文化特质。一方面，中华文化具有"和合性"、"内聚性"和"外兼性"，

[①] 柴瑜、王效云、丁宁：《拉美国家与亚太区域经济一体化——合作进展与观念趋向》，《国际展望》2016年第5期，第93页。

面对外来文化时始终能够取其精华、去其糟粕；另一方面，拉美文化在欧洲和基督教文化的强大影响下，逐步失去自己的内在自觉，其结果是，拉美文化最终形成了一种混合文化结构，即"以移植来的欧洲文化为主体，以美洲印第安土著文化和非洲黑人文化为次要成分"。基于这种因素，与西方文化的"亲和性"是拉美文化与中华文化最大的区别。这种"亲和性"集中表现为，语言上，拉美国家以西班牙语和葡萄牙语为基础；政治上，"拉美国家普遍实行多党制"；① 人口上，拉美国家则由白人、黑人、印第安人、印欧混血人、黑白混血人等不同种族构成；文化上，拉美国家具有印第安文化、殖民文化和后殖民文化共同积淀下来的"多时空异质性"。② 拉美社会崇尚西方的"民主"与"自由"，习惯以西方的价值观审视中拉关系，因而容易对中拉命运共同体产生偏见。

四 在全球治理背景下中拉命运共同体构建的对策

作为全球治理的新方案和新构想，中拉命运共同体的构建尽管道路曲折，但是前途光明。"面对中拉关系发展内外环境变化以及世界政治经济不确定性增加给中拉关系带来的挑战"，③ 中国要时刻保持理性，与拉美国家携手共进，抓住机遇，迈向共赢。

（一）以中拉合作框架为整体指引，科学处理复杂变量关系，尽早实现早期收获

中拉合作框架是中拉命运共同体构建的整体指引，自 2015 年 1 月中拉论坛首届部长级会议在北京召开并通过三个成果文件以来，中拉整体合作的

---

① 李北海：《关于加强中拉历史文化交流的几点想法》，《拉丁美洲研究》2008 年第 1 期，第 12 页。
② 李菡、韩晗：《构建中拉命运共同体的文化支柱——以乌拉圭为例探析拉美文化特性》，《江苏师范大学学报》（哲学社会科学版）2017 年第 5 期，第 110 页。
③ 贺双荣：《构建中拉"命运共同体"：必要性、可能性及挑战》，《拉丁美洲研究》2016 年第 4 期，第 20 页。

总体方向、指导原则、重点领域及具体措施都已明确,中拉整体合作正式迈入机制化阶段。

1. 中拉命运共同体的构建,必须牢牢抓住中拉双方的"整体"关系,将整体性作为战略规划与实施的出发点与落脚点

在全球治理之下,中拉双方至少存在三个维度的"整体"关系,即发展中国家水平下南南合作的"身份整体"、经济转型升级的"发展整体"以及人类文明休戚与共的"命运整体"。我们要辩证看待并自觉撇清合作中存在的不确定性,从中拉命运共同体的高度整体推进双方之间的合作,通过互利共赢推动共同发展,提升发展中国家在全球治理中的话语权。在此过程中,中方应切实"发挥更多的主动性,并相应承担更多的责任,以此来促成这一合作机制尽快取得早期收获和阶段性成果"。① 目前,我们要在中拉合作规划的指引下,以中拉"1+3+6"务实合作新框架与产能合作"3×3"新模式为抓手,继续加强双方在政治、经贸、人文、国际事务、整体合作与双边关系等领域的合作,积极开创"五位一体"的中拉合作新格局。

2. 中拉命运共同体的构建,必须科学处理好三个层面的复杂关系

第一,要从系统均衡角度,处理好中拉命运共同体的若干子系统之间的关系。中拉命运共同体是中拉互动中目标一致、行动协调、功能互补的有机整体,在构建过程中,既要理性审视机体层面的中国—拉共体多边关系、中国与拉美各国双边关系,又要科学统筹组织层面的中国与安第斯共同体、南方共同市场、太平洋联盟等各类区域性组织之间的关系,还要正确处理功能层面的政治、经济、文化、国际事务、整体合作与双边关系等方面的合作关系,推动中拉命运共同体的构建始终保持在健康运行与协调发展的轨道上。

第二,要从内在差异角度,处理好中国与拉美国家的差异互补合作关系。我们要在现有的多边关系、双边关系基础上,借鉴中拉在全面性合作、竞争性合作、互补性合作中取得的经验,并根据拉美各国的自然条件、资源

---

① 周志伟、岳云霞:《中拉整体合作:机遇、挑战与政策思路》,《世界经济与政治论坛》2016年第5期,第132页。

禀赋、经济模式与未来定位，继续实施差异化合作，推进互补共赢的发展，努力平衡中国与拉美不同国家之间的利益关系。①

第三，要从积极防范外因干扰的角度，处理好中、美、拉三角关系。面对美拉之间的互动给中拉命运共同体带来的不确定因素，我们要从中美关系是世界稳定的压舱石的高度，积极研究应对策略，既要加大中美经贸合作力度，又要研究美国在拉美的核心关切，在科学评判和不涉及美国核心利益的前提下，通过深化中美经贸合作来化解中美在与拉美国家合作中的对抗风险。

（二）以全球治理和南南合作为主线，不断拓展中拉合作的公共空间

作为中拉命运共同体的主体，中国与拉美国家都是独立的主权国家，双方之间的合作是全球环境之下的国际互动，这与国内社会环境下的合作存在本质的区别。"国际社会是横向的平等结构，国内社会是纵向的等级结构。"② 在平等结构的国际社会中存在公共空间，是决定国际行为体对话与交往的重要前提条件。毫无疑问，长期以来的经贸合作和身份认同是中拉合作的重要公共空间，然而，在经济全球化、世界多极化的浪潮下，如何维系并拓展中拉合作的公共空间，则是一项需要我们系统思考并深入探讨的重大议题。在当前世界处于百年未有之大变局的背景下，全球治理与南南合作是双方构建中拉命运共同体所具有的重要时空维度，我们必须以此为主线，双管齐下，不断拓展中拉合作的公共空间。

1. 全球治理是中拉合作的外部空间，我们要着重围绕共商共建共享的原则，努力拓展中拉在全球治理中的公共空间

全球治理的核心是合作共赢、全球参与，因此，中国与拉美国家在有关全球治理的程序构建、规则议定、成果分享等机制性问题上不应袖手旁观，

---

① 范和生、唐惠敏：《中国对拉美大国的外交战略逻辑》，《人民论坛·学术前沿》2016年第8期，第49页。
② 张丽东、章前明主编《当代国际关系概论》，上海人民出版社，2000，第60页。

必须积极融入和平等参与，同时也应平等享受全球治理带来的红利。作为全球治理"机制失灵"的共同受害者，中国与拉美国家对于全球治理是什么、为什么、怎么走等重大议题存在广阔的对话与合作公共空间。当前，全球问题呈现多样性和严重性的特征，中拉双方拥有的共同利益决定了其在全球治理中的公共空间必然突出表现在全球贸易治理、全球金融治理和全球气候治理三个方面，① 这就决定了双方势必在打击贸易保护主义、推动国际金融体系改革以及气候治理与应对问题上不断加大对话与合作力度。

2.南南合作是中拉合作的内部空间，我们要着重围绕全球治理公正化、合理化的原则，不断拓展中拉在南南合作中的公共空间

作为中国融入国际体系的重要机制，南南合作始终具有非同一般的意义。在中拉命运共同体构建过程中和南南合作机制之下，中国至少应当在两个方面进一步拓展中拉合作的公共空间。一是发展层面的南南合作。正如王毅外长所言，中拉之间的合作是发展中国家间的相互支持，"同为发展中国家和新兴经济体与广泛的共同利益"② 的发展支持是中拉合作的基础，其最终目的是"为发展中国家经济增长和民生改善贡献力量"。③ 与过去不同的是，在中拉命运共同体构建中，"南南合作超越了过去穷国之间互通有无的传统互助模式，开始拓展到贸易、金融、产能乃至全球治理等各领域"，④ 而根据中拉"1+3+6"务实合作新框架，当前重点体现为能源资源、基础设施建设、农业、制造业、科技创新、信息技术这"六大领域"。

二是国际事务层面的南南合作。党的十八大报告强调"加强同广大发展中国家的团结协作，维护发展中国家的正当权益，支持广大发展中国家在国际事务中的代表性和发言权"；习近平主席也明确提出要"提高发展中

---

① 江时学：《构建中国与拉美命运共同体路径思考》，《国际问题研究》2018年第2期，第40页。
② 王毅：《中拉合作不针对第三方，不受第三方影响》，新华网，http://www.xinhuanet.com//world/2019-07-26/c_1124802633.htm，2019年7月26日。
③ 习近平：《谋共同永续发展做合作共赢伙伴——在联合国发展峰会上的讲话》，《人民日报》2015年9月28日，第1版。
④ 孙靓莹、邱昌情：《"一带一路"建设背景下的南南合作：路径与前景》，《广西社会科学》2016年第2期，第135页。

家代表性和发言权,给予各国平等参与规则制定的权利"。因此,提高发展中国家的话语地位始终是南南合作的一个核心议题。中拉双方在国际事务层面开展南南合作,能够在国际舞台上凝聚发展中国家力量,从而取得集体发声和规模效应①的效果。

(三)以强化质量与增进互信为目标,构建高水平的中拉合作机制

《中国与拉美和加勒比国家合作规划(2015—2019)》提出中拉双方经贸合作的目标是"贸易规模达到5000亿美元和直接投资存量至少达到2500亿美元"。尽管2018年中拉贸易已经达到3074亿美元,但是由于中国经济发展进入新常态以及拉美短期内经济出现下滑的因素,上述经贸目标的实现难免存在一定压力。与此同时,作为中拉合作涉及内容最多的领域,经贸合作是中拉合作的战略支撑与关键因素。中拉经贸合作的不理想状态与经贸目标的实现面临压力,势必对拉美国家与中国深化合作的意愿和信心产生消极影响。在此情形下,强化质量与增进互信理应成为中拉合作的阶段性重要任务,我们应当以"五位一体"为统筹,大力打造高水平的中拉合作格局。

1. 增强"高协同"的政治互动

政治互信是构建中拉命运共同体的基石,我们要从南南合作与全球治理两个维度,强化政治互动的协同性与高效性;要以发展中国家身份为出发点,以共同富裕为归宿点,强化身份认同,加强政策沟通,增进政治互信;要以全球治理为契机,以推动全球政治经济秩序公正化、合理化为使命,借助中拉双边、多边对话机制和"首脑外交",强化战略合作意识,完善中拉在全球事务中的协调机制。

2. 推进"高质量"的经济互动

经济合作是构建中拉命运共同体的基础,我们要从中拉经济结构与全球经济布局两个层面,强化经济互动的互补性和成效性;要改变传统的中拉单一贸易模式,在全球产业链重构背景下,以中国供给侧结构性改革和拉美包

---

① 何晓静:《南南合作视野下的中拉论坛》,《国际展望》2016年第5期,第64页。

容性增长的结构性改革为契机,不断挖掘中拉经贸合作新空间,推进中拉"高质量"经济互动;要根据中国经济由投资驱动向内需驱动转变、拉美国家对于投资的巨大需求等现实因素,[①] 加大产业对接力度,充分释放中国消费升级和产业优化对促进拉美再工业化的潜能;要借助目前全球央行货币政策趋紧、拉美国家融资难但融资需求增大[②]的形势,在"一带一路"合作框架下,不断推动投资领域的双边和多边合作,努力实现设施融通和资金融通。

3. 营造"高内涵"的文化互动

人文互鉴是构建中拉命运共同体的关键,我们要从中拉命运共同体与人类命运共同体两个高度,拓展中拉人文互动的深度与广度。我们要本着"美人之美,美美与共"的原则,加大中拉命运共同体与人类命运共同体的宣传力度;借助文化"走出去"战略,加强拉美地区媒体平台和文化阵地建设,营造良好的舆论氛围,增进拉美民众对于中拉命运共同体的认识。

4. 缔造"高输出"的结果互动

构建中拉命运共同体,关键是要落实到行动,重点是要产生实效。中拉双方必须从结果预期、结果评估上开展有效互动,这样才能推动中拉命运共同体建设落地并取得实效。一方面,我们要建立结果预期商议机制,借助中拉论坛,对于中拉相关领域合作尤其是经贸合作的预期结果进行商议,为合作空间和行动预期提供参考依据。另一方面,我们还要建立结果评估机制,对于已有合作成果进行评估,这样才能便于双方发现问题,并及时有效改进。

结　语

人类命运共同体是全球化不断发展的逻辑演绎,[③] 是中国在和平与发展

---

① 张勇:《新时期中拉整体合作的历史机遇与现实挑战》,《学术探索》2018年第11期,第59页。
② 张勇:《新时期中拉整体合作的历史机遇与现实挑战》,《学术探索》2018年第11期,第59页。
③ 贺双荣:《构建中拉"命运共同体":必要性、可能性及挑战》,《拉丁美洲研究》2016年第4期,第2页。

的时代主题下，面对全球化带来的和平赤字、发展赤字、治理赤字和信任赤字，对于人类命运与发展进行的理性思考与科学倡议。中拉命运共同体是人类命运共同体的有机构成，是南南合作框架下中拉双方携手共进的内在需求，是当今世界百年未有之大变局下构建国际政治经济新秩序和推动全球治理改革的必要条件。面对挑战与机遇并存的现实条件，我们在研判上应当进行理性分析、科学判断；在战略上应当尊重差异、积极推进；在路径上应当强化质量、增进互信；在目标上应当时刻与拉美国家携手共进，推动中拉命运共同体向着"五位一体"的方向迈进。

中国对拉美大国的外交战略逻辑*

范和生 唐惠敏

摘 要：进入新世纪，中国和拉美之间的命运共同体关系得到了前所未有的发展。当前，中国已和巴西、墨西哥、阿根廷、委内瑞拉、智利与秘鲁六国建立了全面战略伙伴关系或战略伙伴关系，彼此之间的政治关系迈入了崭新的发展阶段。这折射出中国传统外交战略逻辑，即在双边和多边外交框架下，既重视与拉美地区的整体性合作，又着重加强与巴西、墨西哥、阿根廷、委内瑞拉、智利与秘鲁等拉美大国在国际事务、经贸往来、人文互鉴等领域的合作。正确把握和处理中国与拉美大国的关系，既符合我国的利益诉求，又有助于提升中国在拉美地区的国际影响力，增强中国与拉美国家间的政治互信，降低战略误判的可能性。

关键词：拉美大国 中拉关系 外交战略

一 研究背景与缘起

当前，中国致力于同世界上广大发展中国家一道，在南南合作的框架内，在和平发展与全球治理中谋求更大的话语权。而拉美作为全球化治理、

---

* 本文原发表于《人民论坛·学术前沿》2016年第8期，收录时有修改。

多边外交与南南合作的重要一环,在国际事务中的影响力不断提升,中国始终高度重视同拉美国家之间建立战略伙伴关系。继2014年习近平主席出访拉美并宣布建立平等互利、共同发展的中拉全面合作伙伴关系后,李克强总理的拉美首访将中拉命运共同体关系推上一个新台阶。2014年成立的中拉论坛标志着中国基本实现全球多边外交体系的建构。近年来,中国与拉美在双边和多边外交框架下,既重视以中拉论坛为核心的整体性合作以实现优势互补,又着重加强与巴西、墨西哥、阿根廷、委内瑞拉、智利与秘鲁等拉美大国在国际事务、经贸往来、人文互鉴等领域的纵深拓展。20世纪90年代,大国外交就成为美国、俄罗斯、印度等诸多国家坚持的基本外交策略。这些大国深谙国家外交之道,明白外交政策的制定应既有利于贸易的繁荣,又能以此推动民主,进而促进国家稳定,形成良性循环。[①] 拉美国家一度在政治经济上依附于资本主义世界体系的"欧美中心",[②] 但这并没有给拉美国家带来长久的政治稳定与经济繁荣。中国已经成为拉美国家在美欧之外的新选择,处理好与拉美大国关系对中拉命运共同体建设十分重要。当前,作为拉美第二大贸易伙伴和主要投资来源国,中国在拉美影响力上升是毋庸置疑的。加强中国同拉美大国全方位战略合作,对于建设更加合理公正的国际新秩序,维护发展中国家利益将会起到重要作用。

二 中国"拉美大国外交"的战略选择

考察中国的外交实践,不难发现"大国是关键,周边是首要,发展中国家是基础,多边是重要舞台"外交指导方针的合理性。建立以大国为核心的新型大国外交关系是中国外交的基本原则与一贯逻辑。中国以合作共赢为核心的特色外交理念在国际外交舞台上赢得了广泛认同与赞誉。中国积极

[①] 肖佳灵、唐贤兴主编《大国外交——理论·决策·挑战》(上册),时事出版社,2003,第20~25页。

[②] 张建新:《从依附到自主:拉美国际关系理论的成长》,《外交评论》(外交学院学报)2009年第2期,第114~122页。

把理念付诸实践,搭建中拉合作的新框架,广泛开展经贸、技术与能源等领域的互利合作,打造深度交融的大国外交典范。当前国际政治民主化、经济全球化发展趋势明显,人类利益共同体意识不断增强,整个拉美世界相比以往有了更多的外交空间和政治选择。[①] 中国特色大国外交以维护世界和平与发展为基本准则,在捍卫国家核心利益的前提下,既不干涉他国内政,又在国际事务与全球化治理中发挥应有的贡献。中国"拉美大国外交"是中国特色大国外交的重要组成部分。中国已与拉美21个国家建立了邦交关系(2015年——编者注),其中2/3是小国。中国应选择若干个拉美大国加强重点合作,通过拉美大国的政治、经济与国际影响,发挥中拉友好合作的典型与示范作用。笔者认为,拉美大国应具备三方面特征:一是国土面积和人口;二是国家的综合实力;三是与中国的利益关切度。本文所讲的拉美大国主要是指巴西、墨西哥、阿根廷、委内瑞拉、智利与秘鲁六国(为使用简便,以下简称"拉美六国")。

综合考虑多重因素,确定重点合作国家与合作领域。实践证明,中国应根据国家利益需要,有目的性地选择与我国国家利益关切度高的拉共体成员国建立牢不可破的外交关系。因为,要与拉美34个国家与地区发展密切的投资与贸易关系既超出了中国的能力,也不是中国的责任。[②] 当前,拉美政治版图变动大,某些国家政权更替频度高,且拉美国家之间的经济发展水平、法律制度完善程度与国家治理能力参差不齐,加之距离遥远、语言障碍以及文化差异,使得中国在与拉美国家打交道时存在难以控制的政治风险。中国只能依据国家利益(以国家安全与经济利益为主,其他利益为辅)的需要确定重点合作国家与重点合作领域。基于对拉共体成员国差异性的认识,中国要想在有限精力的前提下处理好中拉关系,必须将拉美国家组织起来形成一个交往整体,以拉美大国为中拉特色外交的突破口。中国与巴西在

---

① 沈德昌:《全球化背景下国际政治的双重发展趋势》,《人民论坛》2011年第20期,第70~71页。
② 高伟凯:《国家利益:概念的界定及其解读》,《世界经济与政治论坛》2009年第1期,第80~85页。

联合国、世界贸易组织、20国集团、"金砖国家"、"基础四国"等国际组织和多边机制中具有重要的利益诉求与合作前景。中国与墨西哥2013年建立起全面战略合作伙伴关系,墨西哥是中国在拉美的第二大贸易伙伴。2014年,中墨贸易额为434.5亿美元,其中中方出口322.6亿美元,进口111.9亿美元,同比分别增长10.8%、11.4%和9.3%。中国与阿根廷建交以来,各领域互利合作日益深化,中国已成为阿根廷的全球第二大贸易伙伴,两国在国际事务中保持着良好合作。中国与委内瑞拉2014年建立起全面战略合作伙伴关系,是委内瑞拉最重要的贷款来源国,也是该国第二大石油进口国,同时委内瑞拉也是中国在拉美重要的贸易伙伴和投资对象。中国与智利是传统的合作伙伴,中国加入世界贸易组织后,智利是第一个与我国签署双边自由贸易协议并承认我国完全市场经济地位的拉美国家。中国是秘鲁的重要合作伙伴,发展对华关系是秘鲁外交的优先方向,中秘在深化政治互信的同时,不断加强能源、矿业、水电、基础设施建设等领域合作,扩大双边贸易和投资,两国关系已提升为全面战略伙伴关系。中国不仅与"拉美六国"在政治互信及全球化治理中密切联系,在经贸领域也取得了长足发展。

中国海关的统计数据显示,2014年中拉贸易额为2636亿美元,同比增长0.8%。而中国与巴西、墨西哥、阿根廷、委内瑞拉、智利与秘鲁六国的双方贸易额达到2096.91亿美元,占中拉贸易总额的79.55%（见表1）。整体而言,拉丁美洲与中国的大宗商品和原材料贸易顺差在扩大。2000~2013年,拉美对中国的出口商品主要是原油、大豆、铁矿石、铜矿石和精炼铜五种商品,占拉美对中国出口总额的75%。[1] 因而,中国与拉美合作重点应是能源、大宗农产品与矿产资源等关系国计民生的基础领域。2014年委内瑞拉、巴西、阿根廷和墨西哥四国向中国出口的石油占拉美地区出口中国石油总量的66.76%。阿根廷、巴西是中国在拉美最大的两个大豆和玉米进口

---

[1] 驻牙买加经商参处:《2014年中国与拉美及加勒比贸易概况》,http://china.huanqiu.com/News/mofcom/2015-07/6972040.html,2015年7月11日。

国。巴西、阿根廷、智利、秘鲁与墨西哥的矿产资源出口量均占各自对华出口总量的1/3以上。

表1 2011~2014年中国与"拉美六国"的贸易总额

单位：亿美元

国家	2011年	2012年	2013年	2014年
巴西	842.00	750.00	904.90	865.80
墨西哥	333.59	366.76	392.17	434.50
阿根廷	161.60	144.25	148.40	158.01
委内瑞拉	200.00	238.30	192.40	138.90
智利	290.30	322.00	338.06	341.00
秘鲁	125.87	137.96	146.60	158.70

资料来源：笔者根据国家经信委及 World Trade Atlas 的相关数据整理而得。

注意控制单方面国家风险，平衡与拉美各国的关系。新型大国关系本质上虽带有主观偏向性，但应看到这种偏向性是具有积极意义的。自古以来，国家之间的合作就存在限定性，绝对的"普世"性原则不可能存在。中国与"拉美六国"搁置争端和分歧不等于没有争端和分歧。中拉虽同属发展中国家，但双方在政治制度、意识形态、价值体系与发展模式选择等方面差异明显，导致各个国家判断事物的是非标准也各不相同，由此强化了中拉关系的"结构性矛盾"。在分析拉美陷入经济增长缓慢困局的因素时，中国的需求减少与经济竞争被很多经济学者频频提及。中国与拉美都处于经济结构与增长方式转型的关键时期，诚然双方在某些合作领域具有举足轻重的作用，但这并不意味着拉美是不可或缺的经济合作伙伴。中拉双方坚持在国家核心利益不受侵犯基础上的互利合作，是全球化发展的必然趋势。中国对拉投资呈现持续增长和多元化的趋势，这既标志着双方经贸合作走向成熟，又展现了中国在拉美脱困之路上的大国风范。

步入21世纪以后，拉美地区的政治风向不稳定状态虽有所好转，但某些国家政局仍不明朗，政治"军事化"倾向明显，国家权力结构分散，社会动荡因素增多。"拉美六国"中的委内瑞拉、巴西、阿根廷和秘鲁等国的左派政党上台后，经济发展模式的调整并没有有效改变国家不公平的收入分配状况，也没有触及阻碍社会改革的根本性因素。① 这给我国企业在拉美的投资带来了不少挑战。因而，中国企业应充分考虑在拉投资的政治风险，在不触动既有利益格局的前提下，加强对投资国的风险评估，是中国企业防范在拉投资风险、减少政治成本的重要途径。墨西哥取消中国高铁中标和叫停坎昆龙城中国商品集散中心项目以及阿根廷铁路国有化等事件不得不引起中国企业的警惕。即使中国海外投资主体是大型国企，但依然不可忽视拉美的政治风险，特别是在投资额度高且合作国相对集中的能源、矿产领域，一旦发生大的政治变动，必然会影响中国企业的投资利益。同时，在拉美投资的中国企业还应高度重视并处理好与当地劳工组织和工会的关系。在能源与矿产资源合作领域，中国企业须密切关注拉美国家或非政府组织在环境保护、劳工福利、技术标注等方面提出的新条件。值得注意的是，中国的"拉美大国"外交战略还面临处理好个体和群体之间关系的难题，也即如何在突出拉美大国主导作用的同时，又强调"拉美各国同等重要"。以"中拉合作论坛"为核心的中拉整体合作机制看似缓解了上述矛盾，但实际上也对中国与拉美大国间的传统关系形成一定的冲击。中国为了平衡拉美各国间的关系，按照亲疏关系与利益关系度，与拉美各国实行"差序化"外交模式，先后与巴西、墨西哥、阿根廷、委内瑞拉四国建立了全面战略合作伙伴关系，与秘鲁、智利建立了战略伙伴关系，与其他建交国保持着友好合作关系，并不断增强与未建交国的政治互信与经贸往来。

深入剖析拉美地缘政治格局，妥善处理与其他外部大国的关系。中国与拉美大国的新型外交关系应注重其他外部大国在拉美的地缘政治格局。中国在处理与拉美国家的外交关系中首先要考虑美国的态度。拉丁美洲被称为美国的"后花园"，在美国国家安全的全球性布局中战略地位异常重要。在美国战略中心重返亚太的同时，中国的全球化战略转向与在拉美影响力的迅速提升，引起美国政府的不安与担忧。美国政界激进分子甚至将中国在拉美地

---

① 张森根：《从政局发展看拉美当前的政治和社会问题》，《拉丁美洲研究》1993年第1期。

区经济影响力的上升视为严重的地缘政治挑战，臆想中国会借机在拉美扩大势力以对美国的国家安全造成威胁。同时，欧盟和日本也是制约中拉关系发展无法忽视的因素。中国在拉美地区影响力上升无疑会削减美国、欧盟、日本等在拉美的利益空间与政治诉求。当前，西方国家一方面在拉美地区鼓吹"中国威胁论"和"恐惧中国论"，以挑起拉美大国对中国的警惕和戒备；另一方面又积极调整其拉美政策，密切关注中国的拉美动态。当今的拉美正逐步摆脱过度依赖外部力量的经济发展模式，拥有更多的外交空间与自主性。置身复杂多变的国际政治经济格局，中国的拉美外交价值已今非昔比。中国"拉美大国外交"必须妥善处理与以美国、欧盟和日本为代表的大国间关系。中国应与美国在拉美能源、军事与安全等敏感领域开展广泛的讨论与磋商，本着互利共赢原则，秉持谨慎严肃的态度，就美方关切的涉拉敏感问题及时沟通，避免因信息不对称导致的战略误判。中国与欧盟、日本应构建起有效的沟通与协商机制，谨慎处理政治分歧，妥善解决贸易争端，避免经济矛盾政治化。同时，中国还应与拉美12个未建交国家（2015年——编者注）拓展经贸合作领域，增强政治互信，加强战略对话，消除双方的疑虑与隔阂。应当看到，以欧美为主导的全球治理体系存在种种弊端，难以实现全球事务的有效管理，在全球性议题中缺乏公正性与公平性，无法建立起和平与发展的世界秩序。中国致力于改变旧有的国际体系，努力塑造更加包容与公平、能与现阶段全球地缘政治格局相匹配的新型国际关系格局。

三 拉美大国在中拉关系走向中的作用

指引拉美政治导向，规避外交政治风险。中拉关系的稳定长足发展离不开拉美大国的政治导向作用。拉美国家从经济发展程度来看，与中国同属发展中国家和地区，都处在巩固政治稳定和发展国民经济的关键阶段，但从地理位置和文化渊源来看，拉美与西方国家更亲近。拉美国家大多仿照西方国家建立起本国的政治、经济、法律、文化、艺术、教育等体系。因而，拉美国家具有双重属性。这种双重属性，导致中国在与拉美发展外交关系的过程中遭遇各种阻碍。拉美左派思想盛行，表现形态不同，且其虽坚持马克思主义却颇不认可中国特色社会主义制度；而信奉新自由主义思想的拉美右派又对中国政治体制、治国理念与发展道路嗤之以鼻。① 政治意识形态的差异迫切需要政治稳定与经济可持续发展的拉美大国在中拉关系发展中发挥政治导向作用，夯实中拉关系的社会基础，有效引导拉美舆论导向，为中拉双边与多边合作创造良好的舆论氛围。

二战后，拉美国家开展了联合自强的区域合作。里约集团、美洲国家组织、拉美政党常设大会、社会党国际拉美与加勒比委员会、美洲工会联合会等拉美地区性政治组织，加强了拉美国家之间治国理政的经验交流与发展道路的深入探讨。安第斯共同体、加勒比共同体和共同市场、美洲开发银行、南方共同市场等拉美主要经济一体化合作组织，开启了新世纪中拉经贸合作的新篇章。2011年成立的拉美及加勒比国家共同体将拉美区域合作推向了新的高度。其中，拉美大国在拉美一体化合作中发挥了不可替代的作用。虽然拉美大国都试图主导区域合作，使得拉美一体化合作的深度与广度有不同程度的分散，但是在国际事务与拉美区域治理中，拉美大国都尽其所能凝聚各国力量，联合抗击国际市场冲击，规避在全球化进程中的政治风险。拉美地区在与中国共建"命运共同体"时，必将有效整合各国利益，并充分利用拉美大国的区域政治与经济影响力，形成与中国对等的利益整合体，超越社会制度与意识形态的差异，最大限度地谋求共同利益与共同追求。②

主导区域发展战略，增强拉美外交自主权。当今社会已进入全球化时代，和平与发展虽然是全世界发展的主流，但霸权主义和强权政治依然存在，大国利益深度交融，战略力量相互制衡，客观上要求中国积极构建新型大国关系。大国关系直接关乎全球事务治理的有效性，对国际安全起着至关重要的作用。拉美作为发展中国家和新兴经济体的重要组成部分，是中国全

---

① 范和生：《中国应怎样认识拉美——国内相关研究动态与镜鉴意义》，《人民论坛·学术前沿》2014年第17期，第36~49页。
② 邢凯旋、邓光娅：《中国与拉美：以信任为基础的区域合作》，《开放导报》2015年第3期，第105~108页。

球战略的重要一环。自独立以来,拉美政治格局尚未稳定,局部地区时有动荡,经济周期性起落不定,恶性通胀和债务违约频频发生。由于长期的殖民历史,拉美对外部资本有种不信任感。

中国与拉美的合作既是机遇,又存在各种风险。中国"拉美大国外交"具有全球化战略和视野,不再以意识形态为主要考量,而是以经济合作为核心,优先确认合作国家。

21世纪以来,拉美新兴大国巴西、墨西哥、阿根廷等在新的国际形势下适时调整外交战略,削减本国不稳定政治因素,利用其相对稳定的经济条件和20国集团成员的身份,积极参与国际多边事务,特别是在国际经济治理舞台上发挥日益重要的作用,成为新兴国家中不可忽视的重要力量。[①] 巴西的全球战略目标明确,力争成为世界事务决策的主角,在谋求世界大国地位的同时,全面参与拉美地区乃至其他地区和世界事务。墨西哥和阿根廷则致力于提高国际地位,有选择性地参与国际事务,尽其所能调解本地区国家争端,但不主张介入世界其他地区国际争端的调解。此外,墨西哥积极谋求在拉美和加勒比地区的主导角色,首倡并推动拉美及加勒比国家共同体的建立。而巴西、阿根廷则把主要精力放在南美地区,更加重视南美国家联盟和南美地区的一体化。[②] 拉美大国也对中国有所期待:或希望借鉴中国的发展模式,实现经济发展与国家稳定;或希望中国加强对拉贸易和投资,帮助拉美国家摆脱对美国的政治与经济依赖;或希望加强与中国在全球战略层面的全方位合作,提升自身国际地位。加强与中国的伙伴关系也符合拉美大国增强外交独立性,乃至"对冲美国在该地区的主导权"等新的地缘政治利益考量。由此可见,拉美大国是中国在拉美立稳脚跟的关键,也是中国实现与拉美整体外交的突破口,同时符合中拉双方的共同利益诉求。

稳定与中国的重点领域合作,筑构中拉经济外交格局。中拉外交关系的稳定离不开中拉经济合作的坚实基础。从实践角度来说,国际关系总是从双

---

① 张明德:《拉美新兴大国的崛起及面临的挑战》,《国际问题研究》2012年第5期,第115~123页。
② 沈安:《国际多边事务中的拉美新兴大国》,《半月谈》2012年第4期,第81~83页。

边和多边经济问题逐步开展的。特别是在经济全球化背景下，经济因素俨然成为主导大国关系走向的突出因素。总体而言，经济外交实际上是中拉总体外交的实质性领域。① 而中拉经济外交的重要内容就是和与中国具有共同利益的拉美大国建立起可持续发展的经济合作体系。

当前，全球经济不景气使拉美经济风险进一步增加，国家收入负增长趋势明显，公共财政压力不断增加。长期高度依赖初级产品出口与外国资本让拉美地区经济充满不确定性。对拉美而言，中国的经济外交具有很大吸引力。中拉经济合作对拉美经济增长的积极贡献不容忽视。据联合国拉美经委会测算，中国经济每增长1个百分点，将拉动拉美经济增长0.5个百分点。中国经济的不断发展对拉美初级产品、原材料与矿产资源具有巨大需求。特别是能源和资源领域的合作，有力地促成中国和拉美地区的实质性交往。中国是石油消费大国，以石油为代表的能源合作始终是中拉合作最强劲的动力之一。拥有巨大资源储量和产能的巴西、墨西哥、阿根廷、委内瑞拉、智利与秘鲁"拉美六国"则成为中国对外经济外交的首要目标。美国能源信息管理局（US EIA）统计数据显示，2014年拉美主要石油生产大国委内瑞拉石油日产量250万桶，墨西哥日产量245万桶，巴西日产量225万桶，阿根廷日产量53.2万桶，秘鲁日产量6.9万桶。"拉美六国"年石油产量占拉美地区石油总产量近80%。② 与这六国建立起稳定的能源合作框架，对于中拉双方都具有实实在在的好处。

从拉美大国角度来说，无论是筹集其结构优化所需资金，还是获得发展国民经济的优惠贷款，中国都将是拉美国家重要的融资来源。中国与拉美筑构坚实的经济外交格局，既是出于推动本国经济持续发展的考虑，也是本着负责任的态度，致力于通过提供资金和基础设施援建，帮助多数拉美国家脱离贫困。中国资源配置方式和经济增长模式的改革，为中国与拉美未来的经

---

① 李巍、孙忆：《理解中国经济外交》，《外交评论》（外交学院学报）2014年第4期，第1~24页。
② 《US EIA：拉美十个主要石油生产国2014年产量》，http://oil.in-en.com/html/oil-2337466.shtml，2015年5月11日。

济合作创造了各种机遇,毋庸置疑的是,中拉务实有效的经济外交将会进一步增强中拉双方的政治互信与人文互鉴。

四 如何正确处理中拉关系中的拉美大国因素

随着拉美新兴大国经济崛起步伐的加快与政治影响力的不断提升,中国"拉美大国外交"的空间和领域正稳步向纵深方向拓展,其战略性也越发凸显。中国与拉美大国的政治交往起步较晚,中国文化在拉美的影响也很微弱,要处理好与拉美大国之间的潜在矛盾,中国应从以下三个方面入手。

其一,推动中拉关系制度化建设,优化中拉合作的大国机制。中国目前(2015年——编者注)已与15个拉美国家签订了贸易协定,与12个国家签订了投资保护协定,与7个国家签署了避免双重征税协定。在与拉美大国合作方面,不同领域和层次的对话与合作机制不断建立和完善。中国先后与墨西哥、智利、阿根廷等大国建立了双边经贸混委会机制,并与巴西设有高层协调和合作委员会、与墨西哥设有常设委员会、与委内瑞拉设有高级混合委员会。[①] 中国与拉美大国所建立的一系列双边合作框架,为推动双方关系的实质性发展提供了政策性保障和法律支持。未来,中国与拉美主要贸易大国之间应在增强政治互信的基础上,夯实"1+3+6"务实合作新框架("1"是制定"一个规划",即制定《中国与拉美和加勒比国家合作规划(2015—2019》;"3"是以贸易、投资、金融合作为"三大引擎";"6"是以能源资源、基础设施建设、农业、制造业、科技创新、信息技术六大领域为合作重点),扩展现有贸易协定的适用领域及范围,扩大双边经济利益,促进双边重要领域贸易和重大项目投资的便利化。

其二,超越社会制度与意识形态差异,实现中拉大国关系新发展。中国特色大国外交建立的全球伙伴关系始终坚持不侵犯国家主权,尊重不同国家

[①] 乔丽荣、陈红娟:《中拉经贸关系发展的四大趋势》,《经济纵横》2015年第2期,第87~90页。

为实现本民族繁荣发展而选择的发展道路与价值观念，致力于以合作而非对抗的方式处理国际事务，搁置大国争端，最大限度地谋求大国间的共同利益。符合拉美和加勒比国家的迫切需要，符合南南合作和发展中国家团结互助的时代潮流。① 在中拉经济合作趋缓、产品结构过于集中、贸易低速增长的新背景下，中拉大国关系应重塑合作的新格局、新平台，积极实施贸易多元化战略，充分发挥贸易、投资和金融"三轮驱动"的导向性功能，实现中拉贸易的良性优化与平稳转型。

其三，妥善处理中国与拉美大小国的关系，构建有利于中拉整体合作的政治秩序。如何正确处理好个体和群体之间的关系是个难题。一方面，拉美大国在中拉关系中的关键作用不言而喻，拉美大国与中国的关系是判断中国与拉美整体合作情况的"晴雨表"；另一方面，拉美小国也是中拉整体合作框架的重要组成部分。比如古巴、哥斯达黎加、厄瓜多尔等拉美重要小国也是中国在拉美不可忽视的外交盟友。历史上，中国作为亚洲政治、经济、文化等各领域的中心国家，积累了丰富的外交智慧。对于中国而言，发展同这些具有重要战略地位小国之间的双边关系，是实现中国外交政策目标的可行选择。总的来说，中国既不因为同拉美整体合作而架空同拉美传统大国搭建已有的合作平台，也不因为大国的主导作用，而低估拉美小国的政治与外交意义。

结　语

正如查尔斯·W. 凯格利指出的那样，21 世纪的世界政治将依旧表现出冲突与合作、统一与分裂、有序与无序的双重状态，而"世界政治的未来某种程度上取决于国家采取协调合作行动的能力与它们相互竞争和打仗的历史趋势之间竞赛的结果"，"未来虽是不明朗的，但未来是我们塑造的"。②

---

① 吴白乙：《中拉论坛：中国特色大国外交新的风景线》，《求是》2015 年第 3 期，第 53~55 页。
② 〔美〕查尔斯·W. 凯格利：《世界政治：走向新秩序？》，夏维勇、阮淑俊译，世界图书出版公司，2010，第 465 页。

因而，协调的国际合作是实现世界和平与稳定发展的重要途径。既把世界看作一个整体，妥善处理大国之间的利益博弈，同时也要观察其单独的各个部分，扭转"强权即公理"的霸权逻辑。当前，中国同巴西、墨西哥、阿根廷、委内瑞拉四国建立了稳定的全面战略伙伴关系，与智利、秘鲁之间的战略伙伴关系也不断巩固，中拉命运共同体关系得到了前所未有的发展。面对中拉关系中的诸多障碍因素，中国需要做的就是在全球化的历史轨迹中寻找与拉美各国之间相处的平衡机制。如是，正确把握和处理中国与拉美大国的关系，既符合我国的利益诉求，又有助于提升中国在拉美地区的国际影响力；增强中国与拉美国家间的政治互信，降低战略误判的可能性，必将有力加强中拉双方在国际事务、全球化治理与经济发展中的互利共赢。

中美拉三边动态平衡关系及深层博弈[*]

范和生　唐惠敏

摘　要：中国、美国与拉美之间的关系是环太平洋重要的三角关系。从中美拉三边互动的历史进程来看，中国在拉美地区影响力的提高尚不具备挑战美国在拉政治利益的实力。在不涉及国家主权安全的前提下，中美拉具有实现三角关系动态平衡的重要根基，究其原因是中美在国际事务治理中，更多的是合作共赢，而不是对抗得利。然而，拉美国家对外关系多元化的趋向日益明显，尤其是中国对拉美合作层次、合作质量的显著上升，使得美国对中国存在更多的芥蒂。构建中美拉三边动态平衡关系，应当在尊重各方国家利益的基础上，通过建立中国、美国与拉美三边对话与合作机制，妥善处理中美拉在政治、经济和文化交流领域潜在的威胁因素。

关键词：中美拉三边关系　动态平衡　对话与合作

2016年中国与拉美国家的贸易总额达2166亿美元，远低于美国与拉美国家的贸易总额，甚至低于美国与墨西哥的贸易总额。虽然2000年以来，中国与拉美的贸易额提高了16倍，但是中国在拉美的影响力远远不如美国。即使美国特朗普政府宣布退出《跨太平洋伙伴关系协定》（TPP）和北美自由贸易

---

* 本文原发表于《人民论坛·学术前沿》2017年第12期，收录时有修改。

区，即使美国与南美洲大多数国家近半个世纪以来关系一直停滞不前，与美国的关系仍然是中国在与拉美国家进行政治互动、经贸合作与文化交流中必须慎重处理的第三方关系。在中国超越美国成为多数拉美国家的第一大贸易伙伴的同时，拉美不少国家政府官员、专家学者也提出了诸多疑虑，其中最主要的担心是中国与拉美国家经贸合作会在一定程度上放缓拉美经济发展的步伐，增加拉美国家发展的环境成本。中国是拉美石油、铁矿石、铜矿等能矿产品和大豆、食糖等大宗商品的最大进口国。随着中国经济新常态的转型，中国必然会减少能矿产品和大宗商品的需求，并推高拉美出口产品汇率，一定程度上会制约拉美国家的工业化进程。同时，中国在拉美的重大合作工程项目所造成的能源与自然资源的消耗，也必然会引起拉美相关国家的警惕。而拉美政坛的急剧"右"转，使得中国在拉美的政治经济利益潜藏着难以预估的风险。与此同时，美国重返拉美"后院"的步伐正在加快，拉美右翼亲美政治力量的快速崛起，也给中拉关系带来诸多不稳定性因素。可见，中拉关系深受中拉合作难以调和的矛盾及美国重返拉美战略的影响。正确理解中国、美国与拉美的关系走向，有利于厘清在国际环境复杂多变的时代背景下中国与拉美国家的合作重点，减轻美国对中国干扰其全球战略的忧虑。

一 中美拉三边关系的历史进程与特征

由于地理位置偏远和太平洋的阻隔，中国与拉丁美洲的正式外交关系始于20世纪60年代中古建交。因而，在20世纪90年代之前中美关系中很少掺杂拉美因素，美国的对中外交政策也很少涉及中拉关系。20世纪70年代中国与拉美国家迎来了建交高潮。步入21世纪后，中拉高层的频繁互动和经贸合作规模的拓展，使得中国、美国与拉美的三边关系逐步形塑。中拉关系的内容也从"单一的经贸合作关系发展为全面战略伙伴关系"[1]。将拉美

---

[1] 范和生、唐惠敏：《全球化背景下中拉共同体关系研究》，《太平洋学报》2016年第11期，第78~87页。

视为"后院"的美国对中拉关系的快速发展也充满疑虑。因此,客观分析中美拉三边关系的发展进程与特征,无疑是把握中美拉关系走向的重要前提。

隔离阶段:冷战初期至20世纪60年代。冷战时期,以美国为首的西方国家集团和以苏联为首的东欧国家集团为争夺世界霸权开展了力量角逐。一方面,作为社会主义国家的新中国和受美国制约的拉美国家基本处于隔离状态。受美苏关系的影响,直到20世纪50年代末新中国未与任何拉美国家建立外交关系。而另一方面,早期与台湾当局建立所谓"外交关系"的国家大部分集中在拉丁美洲,直到2016年拉美地区仍有部分国家与台湾当局保持所谓"外交关系"。因此,20世纪60年代之前,中国与美国、拉美之间的三边关系尚未形成,中美关系受中拉关系的影响极其微小。与此同时,美国在拉美的战略布局一直未松懈,试图主导整个美洲地区的国际形势,稳定拉美作为其"后院"的政治地位。而摆脱殖民统治的拉美国家迫切希望拥有独立的国家主权和自主发展的平等地位。从古巴、委内瑞拉、阿根廷等国家的历任领导者一直致力于打造"拉美共同体"的努力中,可以窥见一斑。20世纪中叶,中国与拉美国家面临同样的发展境地,即使未建立正式的外交关系,中拉之间的友谊仍可以通过民间交往加以巩固,尤其是毛泽东的"第三世界国家"的论断和周恩来的"和平共处五项原则"得到拉美国家的热烈响应。中国与拉美国家、非洲国家对于国际形势的研判高度一致,在世界政治舞台上逐步形成相互支持的格局,客观上为中拉关系的破冰之旅奠定了坚实基础。

破冰阶段:20世纪60年代至中国加入WTO。1960年9月28日,新中国与拉美第一个社会主义国家古巴建交,开启了新中国与拉美国家建立正式外交关系的进程。1972年2月,美国总统尼克松访华,标志着中美关系的解冻。与此同时,新中国与拉美国家也迎来了建交高潮。冷战结束后,中国与美国的关系稳步推进,客观上促进了中国与拉美国家的进一步接触。中拉无论是政治关系(建交国家增多)、经贸往来(双方贸易规模扩大),还是文化交流,都取得了新的成就。尤其是民间外交,有效增强了中拉双方的理解，为中国在拉美的形象传播作出了重要贡献。2000年中拉之间的贸易规模达到了125.95亿美元，比1990年的22.9亿美元增加了将近5倍。① 20世纪80年代，邓小平先后在与来华访问的巴西总统若昂·菲格雷多和阿根廷总统阿方辛会谈时阐述了中国独立自主的和平外交政策，并对中拉在国家事务治理中的合作提出了期盼。2001年江泽民对智利、阿根廷、乌拉圭、古巴、委内瑞拉和巴西六国进行访问，开启了中拉高层互动的新篇章。同年，中国加入世界贸易组织，经济发展步入新的提档增速阶段，综合国力显著提升。中国与美国在保留意识形态差异的基础上维持了两国关系的基本稳定，"使得中拉关系处于一个相对良好的发展环境"。② 中拉关系由无到有、由小变大，总体而言，仍处于发展的初级阶段。中美关系仍是中美拉三边关系的核心，在不平衡的关系结构中保持了较高的稳定性。但是美国已开始对中拉关系的持续发展有所察觉，尤其是中国入世后在包括拉美在内的全球范围内与美国不可避免地存在市场竞争的摩擦，也促使美国开始有意识地防范中国在拉美影响力的提高。

加速阶段：中国加入WTO至今。中国自加入WTO后，在全球政治、经济与文化中的地位逐步提高，在国际事务治理中的作用日益突出，中美拉三边关系的互动呈现加速发展的特征。从政治领域来看，中国与33个拉美国家中的21个建立了外交关系，中国共产党与近30个拉美国家的90多个政党保持着密切往来。③ 20世纪90年代中期以来，中国先后与巴西、墨西哥、阿根廷、委内瑞拉、智利与秘鲁六国建立了全面战略伙伴关系或战略伙伴关系，④ 并将中拉政治磋商进一步制度化，不仅成立了中拉合作论坛、双边经贸混委会机制等双边对话平台，还积极在构建多边合作机制领域找准位

---

① 《中拉经贸合作迈出新的步伐》，商务部网站，http://www.mofcom.gov.cn/article/ae/ai/200411/20041100312496.shtml，2004年11月30日。
② 朱鸿博：《中、美、拉三边关系互动与中国的拉美政策》，《拉丁美洲研究》2010年第4期，第59~64页。
③ 周力：《中国与拉美合作的现状与前景》，《光明日报》2014年12月3日。
④ 乔丽荣、陈红娟：《中拉经贸关系发展的四大趋势》，《经济纵横》2015年第2期，第87~90页。

置，先后建立起"与里约集团、南共体、安第斯集团的多边对话机制及与主要国家外长级的磋商机制"。① 这种以拉美大国为战略突破点，以双边和多边合作机制为战略支撑点的外交策略，折射出中国对拉美外交政策的基本逻辑。从经贸领域来看，加入WTO后，中国对世界经济增长的贡献率由改革开放初的2%上升到了2016年的33.2%（按2010年美元不变价计算）。② 2016年中国与拉美国家和地区的贸易规模达到2166亿美元，是2000年的16倍，超过欧盟成为拉美第二大贸易伙伴国，是向拉美提供美元贷款最多的国家。然而，相比美国与拉美的贸易总额，中拉之间的贸易规模对美国在拉美的外贸地位冲击有限。此外，中拉在民间外交和文化交流领域也处于频繁互动的阶段。双方人员往来、孔子学院建设、文化交流活动，在数量和质量上都取得稳定进步。由此，中拉关系的发展促使美国考虑中美关系中的拉美因素，中美关系也成为中国在处理中拉关系中首要考虑的因素。事实上，中拉贸易关系的发展并未对美国在拉的政治、经济利益构成实质性威胁。③

以上三个阶段的划分只是为了进行类型化分析而作出的判断。在中美拉三边关系中，中美关系是新型大国关系，美拉关系是传统联系，中拉关系是命运共同体关系。其中，中美关系仍处于三边关系的主导地位，是三边关系互动的核心要素。从美拉关系来看，拉美国家正在摆脱对美国的"完全依附"，地缘政治格局的相对封闭意识正在打破，"'太平洋意识'正从战略上销蚀着拉美国家的对美依附特征"。④ 带有霸权逻辑的美国"后院"思维在削减拉美国家的美国认同，而美国对中国与拉美大国建立的全面战略伙伴关系也充满了疑虑。李洋在解读美国学者伊万·艾里斯（Evan Ellis）的著作《中国在拉丁美洲：其然及其所以然》中透视了美国的忧虑，"以'北京共

---

① 周志伟、岳云霞：《中拉整体合作：机遇、挑战与政策思路》，《世界经济与政治论坛》2016年第5期，第122~135页。
② 《中国对世界经济增长贡献远超欧美》，《经济日报》2017年1月6日。
③ 高奇琦：《中美拉三边关系的影响因素及其战略应对》，《国际观察》2015年第5期，第132~144页。
④ 晓岸：《谁的"后院"？美国对拉美控制力难符其实》，http://news.china.com.cn/world/2014-07/14/content_32938871.htm，2017年3月26日。

识'取代'华盛顿共识'已成为许多拉美国家的新认知……中国不仅通过加强与拉丁美洲的军事合作挑战美国在该地区的绝对军事主导权,还接连取得外交突破"。① 可见,中美拉三边关系互动已经进入了实质阶段,突出表现为中美关系、中拉关系、美拉关系三者之间的动态竞合关系。然而,拉美国家拥有更大的自主权选择美、中、俄以及欧盟任何一方或者多方进行密切合作,在拉美很难形成绝对对垒的阵营。因此,非此即彼的两难选择不会左右拉美国家独立自主的发展权。

二 中国与美国在拉的利益博弈与平衡

拉美是中国构建全球多边外交和参与南南合作的战略要地。中国致力于与拉美国家通过经贸合作和人文交流夯实双方的政治互信。而美国和拉美国家一直保持着传统而密切的双边外交关系。美国政府深刻认识到拉美对于美国国家本土安全的重要意义,地理位置的一衣带水、经贸合作的广阔前景、人文交流的密切往来以及大量移民的血缘关联,都表明拉美是美国外交战略中不可忽视的重要一环。回防拉美大后方,强化美国本土安全是美国推进全球战略的重要保障。特别是中、俄在拉美地区影响力的逐步提升,使拉美成为中国与美国外交关系中必须慎重考虑的外在因素。

中国的全球外交战略与美国的本土安全意识。构建独立自主的全球外交关系是中国在全球化迅速发展的时代背景下作出的战略选择。中国自古重视与周边国家建立和平的外交关系,致力于通过协商的方式解决国家之间存在的争端和摩擦。随着中国国际地位的日益提升,中国的全球外交战略应运而生。从地缘政治格局来看,国土之周边安全是实施全球外交战略之基石。中国在全球构建全方位、多层次外交格局的首要考虑是稳定和经营周边外交,这与美国不断强化在拉美的存在是相通的。美国是中国对外关系中最重要的

---

① 李洋:《中国-拉丁美洲-美国战略博弈——读〈中国在拉丁美洲:其然及其所以然〉》,载吴心伯主编《美国问题研究》(第16辑),上海人民出版社,2013,第197~218页。

国家，历代中国领导人都重视同美国建立良好的政治互信。中美在亚太和拉美有着各自的利益考虑，但是从和平和发展的时代主题来看，双方具有更多的共同利益，而非传统的大国分歧。正如习近平主席多次强调的那样，"宽广的太平洋有足够的空间容纳中美两个大国"，这是中国"共同、综合、合作、可持续"的新"亚洲安全观"最直接的表述。① 拉美作为美国本土安全的重要着力点，美国当局从没松懈对中国在拉外交战略的警惕，特别是对中国军事力量的增强存在高度的防备。王晓梅总结了美国不同利益主体对中拉关系的认知趋向：美国国会担心"门罗主义"受到冲击；美国军方夸大中拉合作的挑战；美国保守人士在媒体上渲染中拉合作的威胁，美国学界则是理性看待中拉合作的影响。② 而美国部分保守主义分子甚至歪解中国在拉美"深耕细耘"的意图，认为中国视拉美为"原材料来源地、制成品市场、力量投送平台"。③ 美国的本土安全意识与其全球强权战略相辅相成、相互联系。纵然美国各方对中国在拉美的外交战略表现出不同的看法，但是美国对中国在拉美影响力的上升始终保持着高度警惕，美国既与中国在全球化和国家事务治理中共同合作，又利用各种方式牵制中国在拉的力量崛起。

中美关系的"拉美因素"与"台湾因素"。需要澄清的是，新中国一贯奉行不干涉他国内政的和平共处五项原则。中国对拉外交战略的实施有着政治、经济两方面的考量。通过与拉美国家的经济合作和人文交流，强化政治互信，挤压台湾当局的拉美关系空间是中国出于维护国家核心利益而作出的慎重选择。事实上，中国在与拉美国家和地区的合作中始终尊重拉美国家的选择，从不附加任何政治条件，在平等协商和互利共赢的基础上开展经贸合作和文化交流。中国在困难时期选择与拉美国家共患难，在改革开放创造人类发展奇迹的条件下仍不忘与拉美、非洲等广大发展中国家之间的友好合作

---

① 《王缉思：中美最大的战略互疑是"两个秩序"》，http://finance.ifeng.com/news/special/SinoUSrelations5/，2015年3月3日。
② 王晓梅：《美国对中国加强与拉美合作的认识与政策》，《教学与研究》2007年第2期，第78~84页。
③ Stephen Johnson, "Balancing China's Growing Influence in Latin America", Heritage Foundation, October 24, 2005.

与共同进步，这是中国获取国际社会认可与支持的重要法宝。祖国大陆在拉美的深耕细作让部分拉美国家选择与台湾当局"断交"，并不是大陆刻意的"诱导"和"奖励"。① 而借助"台独势力"增加自己在中美拉三角关系博弈中胜算的把握，是美国实施重返亚太战略的惯用伎俩。美国表面担心中国在拉美建立霸权，进而支持拉美的反美国家，威胁其本土安全，实质则是出于政治性的考虑，遏制中国在拉力量。中国与美国建立的新型大国关系本身就包含平等、互利、合作、共赢的基本要素。台湾问题涉及中国的核心利益，作为全球国际关系中重要的双边关系，如果美国在台湾问题上仍模棱两可，突破中国坚持的政治底线，必然会对中美"斗而不破"、相对稳定的政治关系基础产生强烈冲击。② 总体而言，中美关系的"拉美因素"与"台湾因素"是制约中国、美国与拉美三边关系有序互动和良性发展的关键因素。因此，将三边关系稳定在合理的框架内，从而不威胁三方国家的核心利益，并保持相对的弹性状态，是确保三边关系动态稳定的必然选择。

中拉经贸合作的坎坷与美国对拉的"善意忽略"。虽然中美两国在拉美的外交耕耘都以维护国家核心利益为根本目标，但是二者的拉美外交战略目标各有侧重点。美国与拉美地理位置相邻，双方地缘政治格局的重要性异常凸显。中国与拉美则"不存在领土纠纷、历史纠葛和地缘政治冲突"，③ 建立政治互信更多的是出于全球化经济合作的大势所趋以及中拉之间经济结构的互补优势。中国在拉美的经济地位远不及美国之于拉美地区的重要性。2015年，拉美和加勒比地区占中国进出口总额的比重仅为5.96%，而在美国的占有份额接近14%。而拉美和加勒比地区进出口贸易中国的占比也远低于美国，甚至在2016年上半年中国与拉美地区贸易额出现大幅下滑。同时，中国与美国在拉美的经贸合作也呈现区域差异化特征。正如西班牙

---

① 〔西〕埃杜阿多·丹尼尔·奥维多：《中国与拉美国家关系的现实与发展》，蓝博译，《江苏师范大学学报》（哲学社会科学版）2016年第3期，第12~20页。
② 王栋、贾子方：《浅析美国对台政策演变及其基本特点》，《国际政治研究》2012年第2期，第27~47页、第7~8页。
③ 王友明：《构建中拉整体合作机制：机遇、挑战及思路》，《国际问题研究》2014年第3期，第105~117页、第132页。

《起义报》2014年12月1日发表的《新的亚太自贸区和中国的银行》中所指出的那样:"在拉美贸易版图中,一边是以美国为中心的加勒比地区,另一边是与中国联系更密切的南美洲。"[1] 美国与拉美双边贸易的增长区域在以墨西哥为代表的加勒比地区,2014年墨西哥是美国最大的拉美贸易伙伴,美墨双方的贸易额占美拉贸易总额的63.3%。因此,尽管中国在拉美地区的经贸合作与资本输出不断增加,但仍不足以动摇美国在拉美地区经济发展中的特殊作用。当前,中美两国在拉美的直接经济竞争并不突出,但是仍存在难以规避的贸易摩擦和矛盾。中国重视与拉美国家的大宗商品,尤其在石油、新能源和农产品等方面的贸易。同时,在拉美地区的资本输出也主要集中在基础设施建设、矿产开采业以及新兴能源等投资领域。采矿业以及基础设施建设已不再是美国海外投资的重点。受美国全球战略调整、世界经济持续低迷与缓慢复苏、部分拉美国家政局混乱等多重因素的影响,拉美地区已成为美国"善意的忽略"[2] 地区。当然,美国在拉美的相对"衰退"和中国在拉美的相对"崛起",也导致了美国的忧虑以及部分拉美国家对中国的不满。无论是出于国家安全和政治稳定的考量,还是出于防范中国与拉美的经贸往来,美国都不会放松对中拉经贸合作的关注和警惕。

三 中美拉三边动态平衡关系的构建

美国是世界强国,中国是具有全球影响力的新兴大国。中国与拉美的政治互动、经贸合作与人文交流等是中国出于全球外交战略而作出的理性选择,不具备冲击美国全球战略的力量要素。中国、拉美与美国的力量悬殊,中美拉之间很难形成与美欧俄类似的全球性三边关系。长期来看,中美外交关系的首要博弈地区仍在亚太,尤其是中国台湾地区和周边国家。因此,拉

---

[1] 《中国成拉美第二大贸易伙伴 西媒:影响力不断上升》,http://caijing.chinadaily.com.cn/2014-12/04/content_ 19021411.htm,2014年12月4日。
[2] 《李和:从美国视角看待中国在拉美的崛起》,搜狐网,http://mt.sohu.com/20160108/n433930904.shtml,2016年1月8日。

美尚未成为中美竞争的主阵地。于美国而言，拉美是美国本土安全保障的战略要地；于中国而言，拉美是中国加强南南合作的重要地区和对外关系布局的新兴增长极。因而，中美拉存在具有实质利益的三边竞合关系。这种关系具有相对的稳定性，但在全球复杂的政治格局中也充满了不稳定性。中美拉各方都不会轻易捅破三方动态平衡关系背后的外交利益。这在一定程度上有利于防止任何两方结成针对第三方的战略联盟，对维系环太平洋地缘政治安全具有重要意义。

政治释疑：以国家安全为根基的三方政治互信。在中美拉三边关系中毋庸置疑的是美国的主导作用，但美国利用拉美制衡中国的必要性、可能性是有限度的。从特朗普上台之后的对外政策言论来看，拉美在特朗普的全球战略版图中的地位很难得到大幅度提升，尤其是美国与墨西哥的关系将停滞不前，美国与古巴的关系也不会继续向好。但拉美依然是美国的"后院"，美国不可能彻底放任中国、俄罗斯等国家在拉美力量的增长。美国在中美拉三边博弈中的制胜点在于：调动台湾、东南亚、南亚地缘因素来制衡中国。拉美国家在中国和美国的两面选择中要做到"左右逢源"，才能尽可能争取有利的发展环境。从长远关系来看，在中美拉三边关系中中国应当主动作为，并且中国完全有条件在三边互动关系中取得主动权。中国把握三边关系走向的策略是，在拉美不触碰美国实质利益要害，加强中美在全球事务，特别是东北亚安全防务中的合作；与拉美增信释疑，落实政治共识和合作事宜，树立南南合作的典型示范，提升南南合作的命运共同体意识。在国家安全内涵不断拓展的全球化合作与竞争的时代背景下，习近平主席针对世界范围内日趋复杂的国际安全形势，提出了中国特色的国家外交安全观。政治互信是中美拉三边动态平衡关系的前提，是三边参与国际事务治理和经贸合作的基石，也是加强三边人文交流和民间交往的动力所在。这既是历史之鉴，也是现实之趋。在国际政治秩序相对稳定、国际政治体系深度调整的当今世界，和平与发展是世界发展的两大主题。无论是单边关系还是双边、多边关系都应建立在政治互信的基础上，关照彼此国家的核心利益。中美在拉丁美洲和加勒比地区应当避免触碰美国的国家安全底线，加强中美在拉美地区公共事务治理领域的合作，而不是开启政治竞争。因此，在中美拉三边关系中尤其是要慎重处理好中美两国在亚太地区存在的重大地缘政治利益分歧和战略矛盾。① 同时，由于拉美国家众多，且国家间差异较大，必须建立起与拉美国家合作的整体性机制，妥善处理好与拉美大小国之间的关系。② 这既是中国，也是美国需要采取的外交战略。中美拉三边关系应当以拉美大国为突破口，以中美拉三边大国关系带动拉美国家间的整体性合作。

机制建设：构建中美拉三边互动的制度平台。努力构建中美拉三边互信机制的制度化建设是确保现代政治信任的基础，即"公共权力运行的确定性与可信性主要依靠制度的规范和约束"。③ 由于制度本身具有规范性、约束性和可预期性的特点，④ 通过中美拉三边搭建的制度化框架，将三边的合作行为纳入相对稳定的约束范围内，既是增进三边政治信任的重要手段，也是避免单方战略意图误判的有效方式。从现有的合作机制来看，并不存在包括中美拉三方都在内的合作机制。在双边互动机制下难以有效在关系三方利益的重大问题上达成共识。因而，尝试建构三边沟通与合作机制就成为可考虑的路径。目前中美就拉美事务召开了七次磋商会议，但中美的战略与经济对话仍是磋商的重点，很难有效吸纳拉美国家的主体性参与。冷战时期形塑的区域地缘政治格局已发生根本转变，在全球经济一体化的时代背景下，中美拉三边的政治互动应当置于环太平洋，乃至全球多边国际安全的视野内。在长期的外交实践中，中国政府高度重视利用与联合国、世界贸易组织等全球性国际组织以及与欧盟、非盟、阿盟、东盟等区域性国际组织之间的多边外交机制，参与全球和区域性国际事务治理，"运用多边国际机制处理相关

---

① 王鸿刚：《美国的亚太战略与中美关系的未来》，《现代国际关系》2011年第1期，第7~13页。
② 范和生、唐惠敏：《中国对拉美大国的外交战略逻辑》，《人民论坛·学术前沿》2016年第8期，第42~49页。
③ 上官酒瑞：《现代政治信任建构的根本原理——兼论制度化不信任的功能与限度》，《山西大学学报》（哲学社会科学版）2011年第2期，第110~118页。
④ 莫盛凯、陈兆源：《国际关系中的国际法：一种基于国际制度理论的法理构建》，《外交评论》（外交学院学报）2017年第1期，第129~151页。

问题的能力建设得到加强"。① 因此，需要构建一个定期的中美拉高层（部长级以上）战略对话机制。从美洲地区现有的多边合作机制来看，相对成熟和稳定的美洲地区多边合作平台主要是美洲国家组织。中国完全可以在征求美国和拉美国家意见的基础上参与其中，在选定的少数议题领域，比如，在经贸领域建立起三方的官方工作级别对话机制。特别是《跨太平洋伙伴关系协定》（TPP）和北美自由贸易区遭遇美国冷落后，智利、墨西哥、秘鲁等国迫切寻求与亚太国家经贸合作的平台机制，中国或许成为拉美国家参与亚太区域经济一体化发展的突破口。另外，也可以借助中拉之前已有的、比较成熟的对话机制，比如可考虑在现有的中拉论坛中邀请美国作为第三对话国，就中美拉三边共同关心的核心议题进行广泛的交流和讨论。需要指出的是，中美拉三边对话具有战略性和针对性，即三边对话共同关心的是涉及国家核心利益的问题，而非处理三边合作中的具体性事务。其根本目标是通过增进大国间的战略信任，妥善处理分歧，关照彼此国家和人民利益。

经济嵌入：竞争中的合作与合作中的竞争。对拉经贸合作是中拉外交关系的重要推动器。中国密切关注拉美国家的政治环境，并努力加以适应，取得了较为稳定的发展成就。在量的方面，2014 年中拉贸易额是 21 世纪初中拉贸易总额的 21 倍；联合国贸发会议（UNCTAD）统计数据显示，2015 年中国对外直接投资达 1280 亿美元，流量连续 4 年居世界第三，存量首次突破万亿大关，达 1.01 万亿美元；② 2015 年中国向拉美地区提供的外部贷款达到 291 亿美元，是 2014 年的近 3 倍。目前，拉美已是中国在全球的第七大贸易伙伴，中国则是拉美地区的第二大贸易伙伴，双边关系已进入贸易增长、产业合作、金融投资、工程承包等全方位、更高层次的升级换档阶段。特别是在双边贸易机制领域的探索，推动了中国与除智利、秘鲁、哥斯达黎加以外的拉美国家签订自贸协定的进程。然而，正如前文所述，在拉美地区美国始终在国际贸易领域占据主导地位，拉美地区将近一半的国际贸易发生

---

① 朱威烈：《试论中国与中东伊斯兰国家的战略性关系》，《世界经济与政治》2010 年第 9 期，第 4~18 页、第 155 页。
② 吕洋：《中国对拉美投资的现状及问题》，《国际研究参考》2016 年第 11 期，第 7~13 页。

在美拉之间。美国和中国与拉美国家经贸合作虽有重叠，甚至具有竞争性，但是双方完全可以依靠现有的政治对话机制在对拉经贸合作领域发挥各自的优势，开展务实合作。美国完全有可能在中拉的合作中拓展新兴市场，而中国也能在与美国企业的共同合作开发与投资过程中受益。与此同时，特朗普的对外贸易新政和中国"一带一路"倡议，很大程度上将为中美在拉美经贸合作，特别是在重大基础设施建设和开拓拉美能源新市场领域的合作提供强有力的推动作用。① 因此，在世界经济持续走低和全球经济一体化进程不断发展的时代背景下，中国与美国完全可以摒弃政治偏见，在无损国家利益和不附带政治条件的双重前提下实现对拉经贸的精诚合作，这对中美拉三方来说必将有百利而无一害。

互鉴共存：以文化交流促进民心相通。当今世界经济全球化并非简单的资本输出和经济扩张的过程。在政治和文化领域，经济全球化在推动世界各国、各民族之间文化交流与认知的同时，也助长了极少数西方强国的"文化霸权主义"，造成严重的文化不平等问题，使得民族国家之间的文化互动过程夹杂着各自的政治霸权逻辑。中国与美国、拉美虽然被太平洋阻隔，文化差异性较为明显，但是在长期的文化交流中相互影响，彼此吸引，互鉴共存。文化无高低贵贱之分，中国始终在文化外交中秉持"多样共存、互鉴共进、合作共享的人类文明观"。因此，在中美拉三边文化交流中，要建立起平等对话和深化交流的合作机制，要求三边国家尊重人类文化发展规律，以开放包容的态度推进人类文明的碰撞、交流与合作，从而在求同存异中消除彼此的政治疑虑和民心隔阂。构建中美拉三边动态平衡关系，离不开人文交流而塑造的民心指向。中美、中拉外交关系中因双边文化差异导致的合作障碍，告诫我们在承认文化多样性的同时要创新国家公共外交的方式方法，通过媒体传播、现场体验与人际沟通等传递方式，运用美国和拉美国家民众易于接受的形式，传播中国形象与中国声音，消除美国特别是拉美国家对中

---

① 李仁方：《特朗普冲击：中国-拉美经济合作的良机？》，http://www.ftchinese.com/story/001070205? page=3。

国的误解。以文化交流为主要内容的官方正式外交和民间外交均是中国外交战略的重要组成部分，那些认为文化交流难以有实效、文化交流形式主义过重或者带有文化功利主义色彩的文化外交想法都不利于中美拉三边关系的长久稳定。此外，在中国形象对外传播中要创新方式方法，特别是杜绝大而不当的形式主义作风，要做到立足中国实践，讲好中国故事。进而，增强中国文化的体验感，促进不同文化间的互鉴互融。

结　语

无疑，中美外交和中拉外交均为中国总体外交战略的重要组成部分。妥善处理与美国和拉美的外交关系是中国环太平洋外交不可回避的领域。相对而言，中美关系是三边关系的平衡器，也是最为敏感的关系神经，是决定和影响中美拉三边关系走向的主导因素。这也充分表明，中美在拉美有着不同的政治和经济考量，同时中美在拉美也有着不同的地位和作用。因此，开放性、互动性以及不稳定性等特征决定了中美拉三边关系的动态性与不平衡性。尽管拉美国家的自主性不断增强，但美国仍然是影响拉美地区对外关系不可忽视的外在力量。随着中国和拉美国家实力的增长以及全球经济一体化进程的加快，未来中美拉三边互动的强度和深度都将不断拓展，必将对世界局势和国际事务治理产生更大范围的影响力。中美拉三方应本着互利共赢的原则，在互不威胁本国国家安全的基础上，搁置争议，包容差异，着力巩固和发展全球化治理时代三边关系的动态平衡。中国应当主动作为，积极有为，在三边互动中瞄准中美利益的契合点，精准施策，从而推动中美拉在政治释疑的基础上加强政府间的高层协作、企业间的紧密合作和民间的友好往来，积极谋划三边对话的制度化机制建设，在尊重各方国家主权和维护各方国家安全的前提下以务实合作筑构多边关系的世界典范。

从国际社会团结看逆全球化产生及应对：
基于国际政治社会学视角*

陶德强 范和生

摘　要：随着逆全球化不断蔓延，探讨逆全球化产生的因果机制，成为国际政治社会学研究的一项重要议题。通过置身于国际社会团结这一时空范畴，尝试从行动者"认知—行动"角度，对逆全球化发生的过程开展动态分析。国际社会团结是全球化作用下，国家幸福追求与幸福实践的统一，存在互利与自利两种路径。置身于国际社会团结中的西方发达国家，在利益受损之下，对于全球化存在"推动"或"阻挠"的选择难题，为了转移本国矛盾、获取选民支持，往往倾向于选择自利路径，由此导致逆全球化的出现。逆全球化集中表现为重利、轻义、玩弄规则。国际社会团结的未来走向不会改变，面对冲击既要维护并完善现有机制，强化国际社会团结，同时也要坚持共商共建共享，探索建立新的制度安排。

关键词：国际社会团结　逆全球化　全球化

团结问题历来不容小觑。尽管埃弗里·科勒斯（Avery Kolers）断言，"过去二十年虽有出色著作问世，但在最近的政治哲学中，团结一直是被

---

* 本文原发表于《太平洋学报》2021 年第 3 期，收录时有修改。

严重忽视的问题"。① 然而随着全球变暖、公共卫生安全等问题的日渐突出，在全球化语境之下，团结问题日益引发人们关注。尤其是自英国"脱欧"和特朗普当政以来，逆全球化②浪潮正以风起云涌之势扫荡全球，国际社会团结正面临新的考验。因此有学者指出，团结问题已成为21世纪的最大问题。③

逆全球化并非新生事物，"但是这次不同以往之处在于，曾一度是全球化主要推动者的美英等西方国家，现在却成了它的强烈反对者"，④ 这不得不令人深思。对此，国际社会一方面思考团结的重要性，另一方面则针对其何以出现开展反思。联合国将"团结"写入《联合国千年宣言》，将其作为21世纪处理国际关系的基本价值之一，国际社会"必须根据公平和社会正义的基本原则，以公平承担有关代价和负担的方式处理各种全球挑战"。⑤ 联合国前秘书长潘基文（Ban Ki-moon）也指出，国际社会的可持续发展，"必须坚定倡导团结和共同责任"。⑥ 关于逆全球化何以产生学界存在诸多分析，概括起来主要有两种取向。其一，从发达国家失利开展分析。罗杰·奥尔特曼（Roger C. Altman）⑦、

---

① 张国清：《论人类团结与命运共同体》，《浙江学刊》2020年第1期，第30页。
② 逆全球化即全球化逆流表现，对此现象学界存在反全球化、去全球化、逆全球化三种表述。其中，反全球化指反对全球化的观点与行动，去全球化是制定规则与制度来限制全球化，而逆全球化强调出现否定全球化的负面行为并引起相应指标停滞或下滑的后果。本文论述的逆全球化即属于这一划分上的界定。陈伟光、郭晴：《逆全球化机理分析与新型全球化及其治理重塑》，《南开学报》（哲学社会科学版）2017年第5期，第60~61页。
③ 李义天主编《共同体与政治团结》，社会科学文献出版社，2011，第185页。
④ 周琪、付随鑫：《美国的反全球化及其对国际秩序的影响》，《太平洋学报》2017年第4期，第2页。
⑤ 2000年9月8日，《联合国千年宣言》经联合国大会第五十五届会议第55/2号决议通过，宣言内容参见联合国网站，https：//www.un.org/zh/documents/treaty/files/A-RES-55-2.shtml。
⑥ "On International Day, Ban Urges Human Solidarity to Build New Sustainability Agenda", *UN News*, December 20, 2014, https://news.un.org/en/story/2014/12/486852-international-day-ban-urges-human-solidarity-build-new-sustainability-agenda.
⑦ Roger C. Altman, "Globalization in Retreat: Further Geopolitical Consequences of the Financial Crisis", *Foreign Affairs*, Vol. 88, No. 4, 2009, pp. 2-7.

彼得·范·博盖吉克（Peter A. G. van Bergeijk）[①] 指出，逆全球化是发达国家在经济危机之后的一种选择；而汉斯彼得·克里希（Hanspeter Kriesi）等也认为，逆全球化是全球化赢家与输家对立加剧的结果。[②] 国内学者郑春荣将这一对立界定为结构性分歧，认为主要原因在于发达国家受损日益严重。[③] 张刚生、严浩则着重围绕发达国家成本收益、内部贫富差距等，对此开展专门论述。[④] 其二，从全球化自身进行分析。尼尔·迪亚斯·卡鲁纳拉特纳（Neil Dias Karunaratne）认为，全球化具有"扩散效应"，经济繁荣会伴随福利削弱等问题；[⑤] 汉斯-彼得·马丁（Hans-Peter Martin）和哈拉尔特·舒曼（Harald Schumann）则明确提出，逆全球化根源于"全球化陷阱"；[⑥] 国内学者陈伟光、郭晴认为，除了全球化发展引发的问题，发达国家内部治理、民众负面情绪等也是导致逆全球化的重要因素。[⑦]

总的来看，现有研究主要侧重经济学分析路径，社会学视野下的分析则鲜有论及。对于逆全球化，目前的解释主要是借助于经济理性，对于发达国家在全球化中的行为变化开展分析。尽管不可否认利益因素的重要性，但是难免存在一些不足。其一，在看到利益因素的同时，却淡化了文化、规则等

[①] Peter A. G. van Bergeijk, "One is not Enough! An Economic History Perspective on World Trade Collapses and Deglobalization", International Institute of Social Studies, working paper, March 29, 2017, https://www.iss.nl/en/news/one-not-enough-economic-history-perspective-world-trade-collapses-and-deglobalization-peter-ag.

[②] Hanspeter Kriesi, et al., "Globalization and the Transformation of the National Political Space: Six European Countries Compared", European Journal of Political Research, Vol. 45, No. 3, 2006, pp. 921-956.

[③] 郑春荣：《欧盟逆全球化思潮涌动的原因与表现》，《国际展望》2017年第1期，第34~51页。

[④] 张刚生、严浩：《论美欧发达地区的逆全球化现象》，《国际观察》2020年第2期，第124页。

[⑤] Neil Dias Karunaratne, "The Globalization-Deglobalization Policy Conundrum", Modern Economy, Vol. 55, No. 3, 2012, pp. 373-383.

[⑥] 〔德〕汉斯-彼得·马丁、哈拉尔特·舒曼：《全球化陷阱：对民主和福利的进攻》，张世鹏等译，中央编译出版社，1998，第297页。

[⑦] 陈伟光、郭晴：《逆全球化机理分析与新型全球化及其治理重塑》，《南开学报》（哲学社会科学版）2017年第5期，第58页。

因素在逆全球化中的作用。其二，割裂了外部环境与内部治理、利益追求与价值文化之间的互动关系。由此，在研究当中往往可以静态地看到逆全球化的原因，却难以更为深入地从前因后果方面对其开展一种动态性的解读。

受此影响，逆全球化与国际社会团结往往被割裂看待。一是逆全球化分析鲜有团结话题，主要集中于历史与演进、表现与原因、风险与应对等。[①] 二是团结研究主要限于民族国家层面。对于以"为民族国家的现代化服务"为基本任务的社会学界而言，[②] 其对逆全球化则一直缺乏关注。在此情形之下，本文关注的问题是，国际社会团结是什么，具有怎样的机理；国际社会团结中，逆全球化又是如何出现的。就上述问题开展探讨，无疑是当下国际政治社会学极具魅力的重要议题。

一 国际社会团结与逆全球化浪潮

团结即相互配合。根据《现代汉语词典》的解释，团结既形容"齐心协力，结合紧密"，又表示"为了集中力量实现共同理想或完成共同任务而联合或结合"。[③] 一般而言，团结具有广义和狭义之分，奥古斯特·孔德（August Comte）、埃米尔·迪尔凯姆（Émile Durkheim）等经典社会学家侧重于团结的广义表达，将其视为秩序与整合，而狭义上的团结则表示微观层面的个体联合。[④] 可见，团结的核心是联合与配合，具有主观意愿性和客观共同性的双重属性。

随着非国家行为体的国际社会活动日渐活跃，国际社会团结的主体存在一

---

① 廖晓明、刘晓锋：《当今世界逆全球化倾向的表现及其原因分析》，《长白学刊》2018年第2期，第28~37页。
② 文军：《全球化与全球社会学的兴起——读科恩与肯尼迪的〈全球社会学〉》，《马克思主义与现实》2001年第4期，第87页。
③ 中国社会科学院语言研究所词典编辑室编《现代汉语词典》（第5版），商务印书馆，2005，第1383页。
④ Steinar Stjernø, *Solidarity in Europe: The History of an Idea*, Cambridge University Press, 2004, pp. 25-41.

定争议。有学者认为,伴随着国内和国际事务处理能力的下降,"国家的时代可能将终结"。① 美国未来学家阿尔文·托夫勒(Alvin Toffler)就直言,在全球化浪潮之下,"国家已经寿终正寝"。② 事实上,尽管国际组织、公民个人逐步在国际社会崭露头角,但是国家在规范制定、机制创设和事务处理中的主导作用依然无可替代。因此,本文认同赫德利·布尔(Hedley Bull)的判定,国际社会是以国家为单位的。③ 基于此,本文将国际社会团结界定成以国家为主体的团结,体现了"人类共同体为了促进国际合作,愈合国际冲突与战争的创伤,消除民族国家之间的裂痕,战胜人类贫穷和苦难做出的各种努力"。④

国际社会团结从来不乏破坏因素,逆全球化就是一个典型。逆全球化即全球化的逆流表现,与资本、生产和市场在世界范围一体化的全球化进程背道而驰。⑤ 以单边主义、贸易保护主义为集中表现的逆全球化,主要存在三个特点。其一,全球性。西方发达国家是主流,其他国家也同样存在。其二,虚伪性。"发达资本主义国家口头上表示反对贸易保护主义,但实际上却反其道而行之,只不过采取的贸易保护手段显得更加隐蔽。"⑥ 其三,复杂多样性,手段与形式愈加多样。近年来,随着希腊主权债务危机、英国"脱欧"、中美贸易摩擦等事件的爆发,以"反自由贸易、反一体化"为特征的逆全球化呈愈演愈烈态势。毫无疑问,逆全球化必然有悖于国际社会团结。然而问题在于,在相互依存不断深化、国际社会团结日益加深的背景下,逆全球化却能犹如幽灵一样阴魂不散,这不得不令人深思。更具讽刺意味的是,在逆全球化中扮演发起者的西方发达国家,作为全球化的主导者和

---

① 〔英〕罗宾·科恩、保罗·肯尼迪:《全球社会学》,文军等译,社会科学文献出版社,2001,第117页。
② 刘中民、田文林、桑红:《国际政治社会学》,军事科学出版社,1999,第32页。
③ 孙兴杰:《社会·国际社会·世界社会——三种国际关系史阐释的视角?》,《史学集刊》2009年第6期,第118页。
④ 张国清:《论人类团结与命运共同体》,《浙江学刊》2020年第1期,第35页。
⑤ Walden Bello, *Deglobalization: Ideas for a New World Economy*, University Press Ltd., 2002, p.132.
⑥ 廖晓明、刘晓锋:《当今世界逆全球化倾向的表现及其原因分析》,《长白学刊》2018年第2期,第29页。

最大受益者，① 同样在国际社会团结中发挥关键作用。回答这些问题，必然要从国际社会团结中找寻答案。

二 国际社会团结的现有解释及不足

现代意义上的国际社会是工业革命后的产物，尤以世界经济和国际政治基本要素形成为标志。② 究其原因，国际社会产生于民族国家交往之中，在此之前受丛林法则支配并无国际社会存在。③ 根据这一判定，有关国际社会团结的研究，可以划分为三个层面。

其一，从道德内化层面分析国际社会团结，这种观点注重道德、道义因素的分析，认为国际社会团结是道德内化的结果。19世纪70年代，面对普法战争和法国大革命带来的社会混乱，迪尔凯姆试图从道德层面寻求解决之策。在他看来，随着分工发展，"机械团结"将让位于"有机团结"，道德因素对于团结的作用将日益显著，人类将迈向一种超越民族国家的超级人类社会，即"世界主义"道德团结。基于欧洲一体化，迪尔凯姆设想"在这个国家之上，还有另一个国家正在形成，它将囊括我们的民族国家，它就是欧洲之国或人类之国"。④ 同样，阿克塞尔·霍耐特（Axel Honneth）认为，团结之所以产生，主要源于对各类不尊重行为的道德义愤感。⑤ 对于持这种观点的学者而言，国际社会之所以团结，道德内化作用极为重要。对此有学者指出，虽然具有一定合理性，但在某种意义上，此一观点忽视了道德源于现实生活这一事实，难免存在"空洞""抽象"的缺陷。⑥

---

① 朱西周：《论全球化与"反全球化"进程中的国家》，《太平洋学报》2005年第9期，第88页。
② 刘中民、田文林、桑红：《国际政治社会学》，军事科学出版社，1999，第7页。
③ 徐进：《国际社会的发育与国际社会核心价值观的确立》，《国际安全研究》2008年第5期，第4页。
④ 李义天主编《共同体与政治团结》，社会科学文献出版社，2011，第197页。
⑤ 李义天主编《共同体与政治团结》，社会科学文献出版社，2011，第201页。
⑥ 刘拥华：《道德、政治化与抽象的世界主义 基于对涂尔干〈社会分工论〉及相关著作的解读》，《社会》2013年第1期，第80页。

其二，从制度规约层面论述国际社会团结，与前一种观点不同，这种观点注重从世界政治的制度与规范方面探讨国际社会团结。赫德利·布尔认为，制度规则是国际社会的基础，基于制度规则，不同国家能够形成团结与合作关系。"当一组国家意识到它们具有特定的共同利益和价值观念……认为在彼此关系中受到一套共同规则的约束，并且一起运作共同制度时，国家社会（或国际社会）就出现了。"① 同样，罗伯特·杰克逊（Robert Jackson）也强调制度与规范的重要性，认为"主权国家所组成的社会，是一种观念和制度，它不仅表达了关于分歧、承认、尊重、关心、对话、往来、交换的道德，而且展示了那些规定独立政治共同体如何共存共处和互利互惠的规范"。② 对于持这种观点的学者而言，国际社会团结要立足于现实社会，尤其注重制度与规范的作用，这也是与前一种观点的最大不同。问题在于，制度与规范只是为团结创造了约束条件，但是本身未必能够产生团结。

其三，从风险刺激层面探讨国际社会团结，在持这种观点的学者看来，风险刺激在国际社会团结中发挥着不可替代的作用。乌尔里希·贝克（Ulrich Beck）等认为，"全球化乃是人类遭遇的新命运，是世界正在经历的又一次历史转型……世界所有国家和民族已经被纳入一个休戚与共、相互依存的'风险共同体'"。③ 为了应对全球化危机，民族国家需要团结行动，"世界主义"是唯一的出路。而尤尔根·哈贝马斯（Jürgen Habermas）也指出，全球化带来的金融危机、生态危机等世界性风险很难在某一国家内部解决，所有民族和国家将逐步集合为一个非自愿的风险共同体。④ 与上述两种观点不同，这种观点主要基于人类生存的外在风险，试图对国际社会团结开

---

① Hedley Bull, *The Anarchical Society: A Study of Order in World Politics*, Columbia University Press, 1977, p. 41.
② 陈志瑞、周桂银、石斌主编《开放的国际社会：国际关系研究中的英国学派》，北京大学出版社，2006，第303~304页。
③ 〔德〕乌尔里希·贝克、约翰内斯·威尔姆斯：《自由与资本主义——与著名社会学家乌尔里希·贝克对话》，路国林译，浙江人民出版社，2001，第104页。
④ 章国锋：《"全球风险社会"：困境与出路——贝克的"世界主义"构想》，《马克思主义与现实》2008年第2期，第50页。

展探讨。然而，这种以风险来预设团结的分析也存在一定不足，最为明显的是忽视了现实当中行动选择的多样性。

由上可见，学界对国际社会团结的研究，主要围绕道德、制度与风险三个层面展开。针对团结何以形成，现有研究分别从价值内化、客观制度、外在风险方面做出了大量分析，但是很少有研究将三者结合起来探讨。国际社会团结是一项复杂工程，现实当中不同国家之间之所以能够团结起来，并不只能从道德、制度、风险三者中的某个单一层面进行解释。戴维·霍林格（David A. Hollinger）就指出，团结是一个综合体，"即便在温和的意义上，它也蕴含着一种特殊的意义，即人们拥有彼此的力量、情感和资源"。[1] 事实上，作为一种主体间性产物，团结本身必定遵循一定的逻辑。作为针对国际社会现象寻求一般性解释的社会科学，[2] 国际政治社会学在分析国际社会团结的过程中，势必不能将道德、制度和风险分割对待；相反，要基于社会建构的本质，在深入剖析团结逻辑的背景下对此开展论述。

三 团结的发生逻辑与国际社会团结机理

与新现实主义和新自由主义不同，以建构主义为代表的国际政治社会学注重社会学理论与概念的运用，在分析国家行动时强调共有观念与集体知识的作用。[3] 根据安东尼·吉登斯（Anthony Giddens）的总结，建构主义的核心观点在于，"社会及其制度安排处于不断变化的过程中，社会学的任务就是分析和研究这个永恒的变化过程"。[4] 可见，社会学意义上的团结属于一个能动性的统一过程，包括两个要素，即"因何团结"和"如何团结"。其中，前者强调团结动因，后者侧重团结的实现。基于此，解释国际社会团

---

[1] 李义天主编《共同体与政治团结》，社会科学文献出版社，2011，第180~181页。
[2] 曹玮：《国际关系理论教程》，中国社会科学出版社，2020，第5页。
[3] 〔美〕玛莎·芬尼莫尔：《国际社会中的国家利益》，袁正清译，上海人民出版社，2012，第21页。
[4] 〔英〕安东尼·吉登斯、菲利普·萨顿：《社会学基本概念》（第二版），王修晓译，北京大学出版社，2019，第61页。

结，首先需要从一般意义的社会层面，厘清团结的发生逻辑，方可展开讨论。

（一）从个体需要到集体共识：团结的发生逻辑

团结源于主观情感，这是容易形成也是并无争议的一种解释。在本质上，团结是彼此支持的成员之间的相互情感和责任感。在豪克·布鲁克霍斯特（Hauke Brunkhorst）看来，法国大革命中的团结，表达的是革命者之间的"博爱"之情。[1] 同样，约翰·贝克（John Baker）也认为团结与"爱""友谊"等事物相联系。本质上，情感表示的是一种需求，既可以是内在归属感，也可以说是外部刺激下的联合需要。

实践中，主观需要与实际团结往往存在一定差距。原因在于，主观需要可以表达社会成员"个体层次"的某种期望，但是这种期望很难与社会成员"个体之间"的现实团结相等同。在现实当中，团结既表现为主观状态，更表现为实践状态。作为两者的有机统一，"个体层次"主观需要能够解释"因何团结"，但是未必可以实现"如何团结"。因此，伯特兰·罗素（Bertrand Russell）认为，团结重在实践，"社会团结是必要的，但人类迄今还不曾有过单凭说理就能加强团结的事"。[2] 在此当中，最重要的是寻找共同需要，即在社会成员不同需要之间寻找共同点，从而将主观需要从"个体层次"上升为"个体之间"。

可见，从社会层面看，团结遵循"从个体需要到集体共识"的逻辑。"社会团结既不是一厢情愿的自我满足，也不是无奈的社会现实，而是一种与隐藏在历史深处群体生存需求联系起来的社会财富。"[3] 一方面，团结源于社会成员的个体需要，情感需要、风险刺激等会激发个体主观上的联合需

---

[1] Hauke Brunkhorst, *Solidarity: From Civic Friendship to a Global Legal Community*, trans. by Jeffrey Flynn, Cambridge, MA: The MIT Press, 2005, p.1.
[2] 〔英〕罗素：《西方哲学史》（上卷），何兆武、李约瑟译，商务印书馆，1982，第23页。
[3] 秦文鹏：《"群"，非自足——"社会团结"理论依据三种》，《理论与改革》2012年第6期，第20页。

要;另一方面,团结实现于集体共识,团结的实现离不开社会成员之间共同需要这一共识的产生。

(二)从理想到契约:国际社会的团结机理

以建构主义为代表的国际政治社会学,其核心特点是最大限度将社会建构论引入国际关系领域,"将一般意义上的社会和社会成员替换成国际社会和国家"。① 据此,作为团结的一种类型,国际社会团结遵循着团结的发生逻辑。"所谓国际团结涉及国家与国家之间的关系,意味着不同国家就它们关心的共同问题或共同利益达成某种共识而形成的联合。"② 根据上述分析,国际社会团结之所以发生,关键是共同需要的存在。在实践中,这种共同需要主要以幸福追求为主观起点,同时又以制度规范为保障。

第一,国际社会团结以幸福追求为内驱。幸福是人类的永恒追求。英国思想家大卫·休谟(David Hume)认为,"人类心灵的主要动力和推动原则就是快乐和痛苦,一切人类努力的伟大目标在于获得幸福"。③ 长期以来,人们对于幸福的认知存在多种理解,但是始终认为其与国家存在十分紧密的联系。例如,在古希腊哲学家柏拉图(Plato)看来,幸福即善与德行,真正的幸福只能存在于城邦国家之中。同样,意大利思想家托马斯·阿奎那(Thomas Aquinas)也指出,国家的责任在于创造幸福,"掌握国家的统治权实际上成为一种责任,由拥有统治权的政府来承担道义上的义务,就是通过政治统治,维护和平与秩序,使人民过上有道德的幸福生活"。④

对于现代国家而言,创造幸福生活是其重要职责。当前,无论是中国正在奋力构筑的"实现中华民族伟大复兴的中国梦",还是拉美国家正在努力的"实现团结协作、发展振兴的拉美梦",为民谋福祉都是其根本所在。即便是对高喊"让美国再次伟大"的美国前任总统唐纳德·特朗普(Donald

---

① 曹玮:《国际关系理论教程》,中国社会科学出版社,2020,第180页。
② 左高山、段外宾:《论团结问题》,《伦理学研究》2020年第3期,第90页。
③ 〔英〕大卫·休谟:《人性论》,关文远译,商务印书馆,1997,第616页。
④ 浦兴祖、洪涛主编《西方政治学说史》,复旦大学出版社,1999,第125页。

Trump)而言,改善国民生活也是其重要追求。为此,在国际系统"无政府状态"下,国家的功能高度相似,都是对外保证国家安全,对内要从经济、民主和法治等方面保证国民福祉。① 有鉴于此,在国际社会中,民生幸福感日益受到广泛关注。② 早在1972年,不丹王国便提出"国民幸福总值"研究。2008年,法国总统尼古拉·萨科齐(Nicolas Sarkozy)着手组建经济表现和社会进步委员会,目的是推动包含幸福的综合发展指标建设。③ 联合国也极为看重"幸福"的价值,自2012年开始,每年对外发布年度《世界幸福报告》。可见,"民生幸福"已具有国际共识,成为世界上广大国家和政党执政的重要理念。④

第二,国际社会团结以共同利益建构为纽带。对于国家而言,幸福追求需要通过行动来实现。现实中,由于民族国家的边界性,幸福实践往往首属内部事务,主要在本国内部完成。然而随着全球化的兴起,商品、资本和劳动力等跨国流动日益增多,国境以外的因素对于国境以内的影响越来越频繁。⑤ 19世纪以来,随着资产阶级革命完成、资本主义世界扩张和科技革命的兴起,全球化不断推进与发展,国与国之间地理藩篱日渐消弭,相互联系日益加深。"单是大工业建立了世界市场这一点,就把全球各国人民,尤其是各文明国家的人民,彼此紧密地联系起来,以致每一国家的人民都受到另一国发生事情的影响。"⑥ 全球化发展给世界带来的影响是多方面的,最突出的莫过于两点:其一,相互联系加深,原本是一国内部事务,却愈发影响其他国家;其二,相互依存加深,很多事务很难在一国内部解决,需要共同

---

① 〔美〕亚历山大·温特:《国际政治的社会理论》,秦亚青译,上海人民出版社,2014,第202页。
② 丘海雄、李敢:《国外多元视野"幸福"观研析》,《社会学研究》2012年第2期,第225页。
③ 丘海雄、李敢:《国外多元视野"幸福"观研析》,《社会学研究》2012年第2期,第226页。
④ 陈东冬:《伦理学视域下的民生幸福与服务型政府建设》,《中共桂林市委党校学报》2011年第2期,第44页。
⑤ 李雪:《社会学视野中的全球化与现代国家》,社会科学文献出版社,2018,第2页。
⑥ 《马克思恩格斯全集》(第一卷),人民出版社,1995,第241页。

努力方能解决的问题日益增多。① 在此情形之下，在国家幸福实践中，探索"个体之间"的新路径，注定成为一种必然。

"个体之间"幸福实践的主要路径是合作，即不同国家通过相互合作的方式，实践自身的幸福追求。合作即团结，目的是在相互合作当中实现彼此对于幸福生活的追求。"团结是利益和情感的协调一致，是我为人人和人人为我。人们在团结中展示个性，达成最佳发展，享受最大可能的幸福。"② 毫无疑问，在此过程中，共同利益是前提，也是关键。对于不同国家而言，共同利益的找寻，需要彼此在幸福实践中建构共同点。在贝克看来，全球化进程中的共同利益，主要存在两种类型：其一，不同国家在发展中存在资本、技术和资源等方面的相互需求；其二，金融危机、生态危机等外在风险使得不同国家产生合作的需要。在工业社会中，共同利益主要表现为"需求"；随着后工业社会来临，面对科技发展带来的"潜在的副作用"，不同国家会因风险"焦虑"产生合作需求。整体而言，国际社会正从"需求型团结"迈入"焦虑促动型团结"。③

第三，国际社会团结以制度规范为保障。在建构共同利益的过程中，团结往往具有一定的脆弱性。原因包括：其一，在客观上，国与国在合作中往往奉行利益至上，而国力上的差异通常使得利益的实现存在差异；其二，从主观上，这种差异会促使其在利益计算上产生"相对收益"与"绝对收益"的区别，从而使不同国家对于团结的认知产生差异。因而在实践当中，为了确保团结的有效性，国际社会往往通过制定制度与规范来降低这一脆弱性的负面影响。罗伯特·基欧汉（Robert Keohame）认为，制度与规范的作用在于降低合法交易成本、增加非法交易成本、减少行为不确定性等机制，从而促进合作。④ 现实当中，"历史上不同国际体系和文明的国家和人民之所以

---

① 陈玉刚：《国际政治对国家行为的结构影响》，《太平洋学报》1998年第1期，第67页。
② Errico Malatesta, *Anarchy*, London: Free Press, 1974, p.24.
③ 〔德〕乌尔里希·贝克：《风险社会》，何博闻译，译林出版社，2003，第56页。
④ 〔美〕罗伯特·基欧汉：《霸权之后：世界政治经济中的合作与纷争》，苏长和、信强、何曜译，上海人民出版社，2006，第107页。

能在战争、和平、联盟和商业方面达成协议,是因为他们认识到信守承诺、履行协议的好处"。①

制度规范的本质是契约。对于国家合作而言,其根本作用是为共同利益的建构提供保障,避免团结陷入利益纷争的失序状态。当前在国际社会,制度与规范的数目繁多,《罗马条约》《联合国宪章》《世界贸易组织协定》等皆是其表现。赫德利·布尔认为,在国际社会中,制度侧重协调性,规则偏向于具体性。其中,规则主要是国际法、国际道德准则和国际惯例等限制国家行动的一般性原则,而制度旨在让规则产生效力。② 虽然存在一定区别,但两者都为合作提供了契约保障。

根据上文所述,笔者基于团结的发生逻辑,勾画出一个简要的国际社会团结机理示意图(见图1)。国际社会团结是以主权国家为主体的团结,现实中这一主体应当涵盖大多数主权国家,图1中为了便于阐释,主要以国家A、国家B、国家C等来体现。总而言之,国际社会团结是全球化作用之下,国家幸福追求与幸福实践的统一。这具有两层含义。其一,随着相互依存加深,不同国家在幸福实践中需要突破国别地理界线,通过合作来实现幸

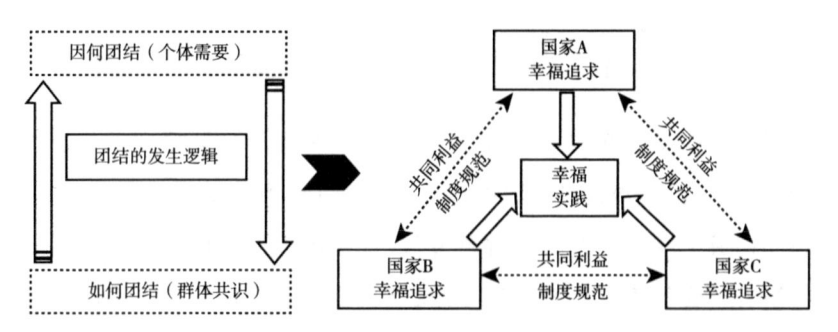

图1 国际社会团结机理示意

资料来源:笔者自制。

---

① Hedley Bull and Adam Watson, eds., *The Expansion of International Society*, Oxford University Press, 1984, pp.4-5, 434.
② 章前明:《布尔的国际社会思想》,《浙江学刊》2008年第1期,第111页。

福追求。其二，合作以共同利益建构为前提，以制度规范为保障。其中，内在道德、客观制度、外在风险，无疑都在发挥作用。反观近现代国际关系变迁，它所经历的威斯特伐利亚合约、国际联盟和联合国三次里程碑式的进步，本质上都是幸福追求内驱下，广大国家建构共同利益、形成契约的过程。

四 国际社会团结中逆全球化的产生过程

逆全球化并非以破坏国际社会团结为目的，因为逆全球化的国家从不否定幸福追求。无论是特朗普的"美国优先"还是英国"脱欧"，他们无不以创造幸福生活为口号。只是在幸福实践上，这类国家存在显著差异。逆全球化的产生，不仅与资本主义内在矛盾、全球化危机等因素有关，更为关键的是，它始终蕴含一定的因果过程。事实上，引发逆全球化的原因是多方面的，而置身于国际社会团结之内，西方发达国家之所以出现逆全球化之举，也是基于一系列前因后果而做出的选择。

（一）从"受益者"到"受损者"：空间转换带来的身份转型

国际社会团结以全球化为重要推力。作为波及全球范围的社会变迁，"全球化并非自己本身就具有明确的目的和动力，相反，是人类行动者和社会组织才构成全球化动力的本质源泉"。[①] 在全球化推进过程中，西方发达国家扮演着重要角色。整体而言，全球化的影响是全球性的、具有深远意义的，"既是商品、资本、劳动力跨国流动的结构性过程，也是个制度性过程"。[②] 与此同时，这种影响是波浪式的、逐步呈现的，因为全球化"以一

[①] 〔英〕罗宾·科恩、保罗·肯尼迪：《全球社会学》，文军等译，社会科学文献出版社，2001，第34页。
[②] 李雪：《社会学视野中的全球化与现代国家》，社会科学文献出版社，2018，第5页。

种相当不稳定的方式来影响不同地方、国家和个体是需要很长时间的"。[①] 从某种意义上说,全球化的波浪式发展即为这种不稳定方式的集中体现。原因在于,市场是一把双刃剑,受其影响,全球化始终在两种空间,即"正面效应"和"负面效应"交织过程中螺旋前进。与之相伴的是,在国际社会团结当中,这两种空间也始终是共生共存的。

两种空间形成了"受益者""受损者"两种身份状态。全球化伊始往往"正面效应"正盛,推动者也是"受益者"。相反,后期则"负面效应"凸显,推动者往往成为"受损者"。毫无疑问,在幸福追求驱动之下,不同国家的反应表现为两种方式,身处"正面效应"的国家,作为"受益者",往往对全球化持支持态度;相反,以"受损者"身份出现,身处"负面效应"的国家往往对全球化持反对态度。正因如此,"发达资本主义国家需要扩张时,则主张贸易自由政策;需要调节、维护时,则主张贸易保护政策"。[②]

问题是对于"负面效应"空间,即便是全球化发起者与推动者的西方发达国家,也很难形成天然免疫。一方面,这是市场规律的必然结果,在市场的资源配置作用之下,没有哪个国家注定成为赢家。另一方面,发达国家内部治理失调也是一个重要原因。对此,发达国家往往持有不同的认识。面对"负面效应"引发的贸易赤字、内部失业等问题,它们往往淡化内部治理的不足,通过贸易保护主义而片面地归罪于全球化。对于发达国家的这一做法,卡尔·马克思(Karl Marx)早已断言,"保护关税制度不过是在某个国家建立大工业的手段……是它聚集自己的力量和实现国内自由贸易的手段"。[③]

(二)推动与阻挠:身份转型引发的国际社会团结悖论

国际社会团结中,大国起着关键作用。约瑟夫·奈(Joseph Nye)认为,

[①] 〔英〕罗宾·科恩、保罗·肯尼迪:《全球社会学》,文军等译,社会科学文献出版社,2001,第34页。
[②] 甘子成、王丽荣:《逆经济全球化现象研究:理论基础、本质透视及应对策略》,《经济问题探索》2019年第2期,第187页。
[③] 《马克思恩格斯文集》(第一卷),人民出版社,2009,第758页。

"一国内部,需要政府提供诸如警察、清洁的环境等公共产品,每位公民都将获益,没有人被排除在外。同样,在全球层面,也需要以最强大国家为首的联盟提供公共产品,如稳定的气候、稳健的金融以及海洋的自由通行"。① 在国际社会团结当中,西方发达国家承担国际公共产品供给的责任,这不仅为其在全球事务中把握话语权提供了便利,也为自身发展创造了有利条件。然而,"受损者"身份的出现意味着原有利益格局受到冲击,难免引起这些国家的反思。

西方国家倾向于从全球化的负面作用之中找寻原因。米歇尔·于松(Michel Husson)认为,全球化具有收入分配效应,容易引发内部不平等问题;② 普拉温·克利希那(Pravin Krishna)等也指出,贸易自由化的替代效应将增加劳动者就业和收入风险。③ 如此意味着,"对于发达国家来说,国际贸易一方面会通过减少发达国家低技能劳动力的就业机会而使其收入状况恶化,另一方面则有可能降低技能劳动力的相对报酬或收入水平,从而拉大其与高收入群体之间的差距"。④ 与之不同,在国内一些学者看来,"从理论逻辑上看,经济全球化与发达国家内部收入不平等之间的因果关系并不存在",⑤ 因为发达国家内部治理中的职业培训、最低工资保障等机制,对于不平等现象起到有效的抵消作用。本质上,"受损者"转型是内外因综合作用的结果,不可否认全球化带来的负面影响,但是更多的原因应从内部找寻。

然而以"受损者"身份出现,往往使得西方发达国家面临双重压力。其一,持续"受损"的压力。国际公共产品存在消费非竞争性、非排他性特点,在承担这类产品供给责任时,西方发达国家需以大量人力、物力和财

---

① Joseph Nye, "The Kindleberger Trap", *Project Syndicate*, January 9, 2017, https://www.belfercenter.org/publication/kindleberger-trap. https://www.project-syndicate.org/commentary/trump-china-kindleberger-trap-by-joseph-s—nye-2017-01.
② 〔法〕米歇尔·于松:《资本主义十讲》(插图版),潘革平译,社会科学文献出版社,2013,第56页。
③ Pravin Krishna and Mine Zeynep Senses, "International Trade and Labor Income Risk in the USA", *Review of Economic Studies*, Vol. 81, No. 1, 2014, pp. 186-218.
④ 李奇泽、黄平:《经济全球化与发达国家收入不平等》,《红旗文稿》2017年第22期,第16页。
⑤ 李奇泽、黄平:《经济全球化与发达国家收入不平等》,《红旗文稿》2017年第22期,第17页。

力为后盾。随着全球化不断推进，国际公共产品的需求与日俱增，"以全球经济治理领域为例，全球经济增长与发展的压力依然很大，对公共产品需求量巨大"。① 在"受损者"转向之下，继续推动全球化势必导致"受损"持续化。其二，国内幸福追求的压力。对于发达国家而言，"受损者"身份使得本国幸福追求受到影响，势必招致国内民众、政治精英的反对。自20世纪90年代以来，发达国家与发展中国家经济实力一直呈缩小态势。例如，在各国国内生产总值（GDP）世界占比方面，1991~2011年这21年间，七国集团（G7）的这一指标从66.7%下降到48.1%，而金砖五国则从7%上升到20%左右。② 与此同时，发达国家内部贫富差距日益拉大。2005~2014年，在全球25个高收入经济体中，65%~70%的家庭（5.4亿~5.8亿人）实际收入出现停滞或下降趋势。③ 在此双重压力下，推动全球化则意味着继续受损，阻挠则导致国际公共产品供应不足，从而使得国际社会团结陷入困境。由此，如何选择幸福实践路径，成为西方发达国家面临的考验。

（三）重利、轻义、玩弄规则：悖论之下"另类"幸福实践选择

国际社会团结倡导互利合作，通过对话协调化解分歧，进而迈向共同幸福。习近平主席指出，"经济全球化进入阶段性调整期，质疑者有之，徘徊者有之。应该看到，经济全球化符合生产力发展要求，符合各方利益，是大势所趋"。④ 在相互依存日益加深的背景下，面对全球化带来的"负面效应"，合理应对之策应是强化国内治理，加强国际协调，通过对话与合作促进发展。然而与之不同的是，现实当中，西方发达国家却倾向于选择一种"另类"路径，即以"狭隘利己主义"化解自身危机。对此，有学者指出，

---

① 任琳：《中国全球治理观：时代背景与挑战》，《当代世界》2018年第4期，第46页。
② 郭强：《逆全球化：资本主义最新动向研究》，《当代世界与社会主义》2013年第4期，第18页。
③ 《家庭收入停滞，发达国家经济发展遇瓶颈》，人民网，http://world.people.com.cn/n1/2016/0802/c1002-28602201.html，2016年8月2日。
④ 《习近平在亚太经合组织第二十四次领导人非正式会议上的发言》，新华网，http://www.xinhuanet.com/world/2016-11/21/c_1119953815.htm，2016年11月21日。

表面上或许是应对内部民众不满，其背后的真正目的则是转移国内矛盾、寻求自我保护。①

"狭隘利己主义"的核心特点是只求利己，不求利他。结合现实表现，西方发达国家的这一路径主要集中为三类：追求本国利益至上、轻视责任与义务、选择性遵守制度与规则。

首先，唯本国利益至上的国家，一切以本国利益为主，无视其他国家的正当权益和合理诉求。无疑，美国是这类"重利"的典型代表。自 2008 年次贷危机以来，为了刺激出口、复苏国内经济，美国以绿色贸易保护、技术壁垒等方式频频掀起反倾销调查。英国经济政策研究中心发布的《全球贸易预警》显示，2008～2016 年美国对其他国家采取的贸易保护措施达 600 多项，仅 2015 年就采取了 90 项，居各国之首。② 一直高喊"让美国再次伟大"的特朗普，在 2017 年上台之初，就以"美国优先"为口号启动对中国的"301 调查"，掀起中美经贸摩擦。同时，美国制裁"大棒"不惜挥向传统盟友。2018 年，在对欧盟钢铁和铝开征 25% 关税后，美国陆续对墨西哥、加拿大、日本等国家提高关税税率。之所以漠视经济规律、选择与盟国为壑，皆因为美国最为看重的还是本国利益。

其次，放弃国际责任是"受损者"身份转向下，西方发达国家的又一极端做法。借此既能降低本国相应支出，也能回应国内民众关切。在全球经济低迷、各国经济复苏乏力的背景下，劳动力跨国流动和大批难民、非法移民的涌入，给西方发达国家带来了就业机会减少、社会治安恶化和经济福利下降等问题。③ 对此，美国采取移民禁令、建美墨边境墙等措施来消极应对。而欧盟内部反移民的呼声和政治力量也不断壮大。2018 年 6 月 20 日，匈牙利国会通过"史上最严"移民法案（即"阻止索罗斯法案"），规定帮助非法移

---

① 王文：《中国引领打造"新型全球化"》，参考消息网，http://ihl.cankaoxiaoxi.com/2017/0315/1770327.shtml，2017 年 3 月 15 日。
② 《以开放发展引领经济全球化步入新时代》，人民网，http://opinion.people.com.cn/n1/2017/0309/c1003-29132780.html，2017 年 3 月 9 日。
③ 廖晓明、刘晓锋：《当今世界逆全球化倾向的表现及其原因分析》，《长白学刊》2018 年第 2 期，第 31 页。

民的援助行为将被认定为犯罪。① 而一向对移民持接纳态度的德国，面对内部压力也开始收紧相关政策。对于这些国家而言，上述移民政策的出台，其根源在于无视国际责任。本质上，"当前这些带有民粹主义非理性色彩的孤立主义事件，反映的是英美大国经济实力渐衰及其全球责任与担当意识的下降"。②

最后，为了本国利益玩弄制度、漠视规则，也是西方发达国家的惯常做法。对于这类国家而言，制度与规则只是其获取利益的工具，于是"合则用，不合则弃"。③ 其中，美国频繁"退群"无疑是这一类型的典型。特朗普自提出"美国优先"以来，符合美国利益便成为其衡量和判定国际社会制度与规则的标尺，由此频频出现退出《巴黎协定》、《中导条约》、联合国教科文组织等操作。

五　逆全球化背景下国际社会团结的走向及应对

当前，贸易壁垒、"脱钩"威胁等逆全球化行径与思潮甚嚣尘上，国际社会团结面临极大考验。如何化解与应对，成为亟须探索的一项重要工作。

（一）未来走向：团结将是国际社会的主要基调

对于国际社会团结而言，逆全球化具有一定破坏性。概括而言，这种破坏性可以归结为四点：④ 其一，引发国家主义的复归，使得政府对于经济与市场的干预增多；其二，强化本国优先和本国利益至上，导致民族主义复兴；其三，促使制裁与反制裁这类现象逐步增多；其四，导致国与国之间冲

---

① 《匈牙利通过"阻止索罗斯法案"，帮助非法移民可能坐牢1年》，观察者网，https://www.guancha.cn/internation/2018_06_21_460890.shtml，2018年6月21日。
② 张超颖：《"逆全球化"的背后：新自由主义的危机及其批判》，《当代经济研究》2019年第3期，第68页。
③ 《国际规则不是提线木偶——看清美国某些政客"合则用、不合则弃"的真面目》，人民网，http://world.people.com.cn/n1/2019/0612/c1002-31131556.html，2019年6月12日。
④ 张刚生、严浩：《论美欧发达地区的逆全球化现象》，《国际观察》2020年第2期，第147~150页。

突与对抗的可能性增加。由此导致,"长久以来旨在实现市场自由化的运动已经中断,全球已进入新一轮的国家干预、重新管制和保护主义蔓延的时期"。① 尤其是在当前全球经济整体萎靡的背景下,西方发达国家的逆全球化思潮及其消极影响,在短期内很难消解。尽管如此,这并不影响对全球化发展的乐观判断。② 从长远来看,团结将是国际社会的主要基调,这既能从历史中找寻力证,也具有一定的现实基础。

历史证明,团结实属国际社会发展的主流。"在第一次工业革命以来的200年间,人类经历了两次全球化浪潮,但同时也见证了三次逆全球化思潮。"③ 在两者的此消彼长之中,逆全球化从来没有占据主导地位。从现实来看,这股负能量也不具备形成气候的条件。其一,国际社会的幸福追求未变。在当今世界,幸福追求仍是发展的内在驱动,是大多数国家的主要追求。其二,国际社会面临的共同问题有增无减。"人类也正处在一个挑战层出不穷、风险日益增多的时代。世界经济增长乏力,金融危机阴云不散,发展鸿沟日益突出,兵戎相见时有发生,冷战思维和强权政治阴魂不散,恐怖主义、难民危机、重大传染性疾病、气候变化等非传统安全威胁持续蔓延。"④ 其三,制度与规则早已深入人心。在和平与发展的时代主题之下,基于国际法、国际惯例等规则化解矛盾、达成合作,已成为各国共同的心声。

(二)应对路径:维护制度理性与探索制度超越

约瑟夫·奈认为,"不平等会导致政治反应……发生导致大规模失业的金融危机和经济萧条,这样的政治反应可能会最终限制世界经济全球化的步

---

① Roger C. Altman, "Globalization in Retreat: Further Geopolitical Consequences of the Financial Crisis", *Foreign Affairs*, Vol. 88, No. 4, 2009, pp. 2-7.
② Martin Sandbu, "Three Reasons Why Globalization will Survive Protectionism Rebellions", *The Financial Times*, March 9, 2017.
③ 盛斌、黎峰:《逆全球化:思潮、原因与反思》,《中国经济问题》2020年第2期,第6页。
④ 习近平:《论坚持推动构建人类命运共同体》,中央文献出版社,2018,第415页。

伐"。① 据此有学者指出，逆全球化是美欧发达国家出于对全球化中遭遇的"经济不平等的政治反应"。② 当然也有不同看法，有学者指出"美国并未在国际体系中获利"只是该国政府对外给出的一种借口，其真正关心、在乎的实际上是其他国家获利过多而导致自身霸权利益受损。③ 事实上，无论何种观点成立，西方发达国家握有主动权皆属不争的事实，其逆全球化的背后，旧有的全球治理体系才是关键。逆全球化的化解或许与美欧发达国家内部治理改善存在关系，但是并不能寄希望于此，问题最终的有效解决仍然需要新的全球性制度安排。④ 而在其成形之前，在现有体系内维护制度理性也同样重要。

第一，维护并完善现有机制，强化国际社会团结。制度理性是全球化发展以来人类幸福实践的最大成果。当前，国际社会团结的制度与规则是在联合国框架下，以美国为主导而建立的。虽存有缺陷，但制度理性对国际社会团结的价值却是毋庸置疑的。卡尔·多伊奇（Karl Deutsch）就明确指出，"它预先做出了许多规定，减少了沟通和决策的负担，协调了不同行为者的期望"。⑤ 而逆全球化的出现，无疑使得制度理性遭到冲击，从而给现有的国际社会团结制造障碍。一方面，这与国际社会现有的团结机制缺陷有关，"如联合国安理会的目标是保证国际社会集体安全，国际货币基金组织的目标是保证国际金融稳定，世界银行的目标是消除贫困，但今天这个世界上，集体安全、经济稳定和共同富有的合理需求在许多国家和地区仍是严重匮乏的"。⑥ 另一方面，又与机制自身的现实约束力有关。国际制度与规则是主

---

① 〔美〕小约瑟夫·奈、〔加〕戴维·韦尔奇：《理解全球冲突与合作：理论与历史》，张小明译，上海人民出版社，2012，第296~297页。
② 桑百川、王伟：《逆全球化背景下东亚经济合作的机遇》，《东北亚论坛》2018年第3期，第82页。
③ 陈庭翰、王浩：《美国"逆全球化战略"的缘起与中国"一带一路"的应对》，《新疆社会科学》2019年第6期，第74页。
④ 汪毅霖：《"逆全球化"的历史与逻辑》，《读书》2020年第2期，第22页。
⑤ 〔美〕卡尔·多伊奇：《国际关系分析》，周启朋等译，世界知识出版社，1992，第271~272页。
⑥ 潘一禾：《多元认同方式与国际社会认同》，《杭州师范大学学报》（社会科学版）2008年第4期，第62页。

权国家通过缔约实现的,因而是有限的。即便作为最具权威性的制度,"联合国大会的决议只不过是反映着大多数成员政府利益的虔诚的期望而已。这些决议既不具有法律效力,也不具有实质上的约束力"。①

尽管如此,现有机制对于国际社会团结依然起着关键作用。一方面,"国际制度改革不可能在'一张白纸'上理想地进行,必须在原有的历史遗产基础上逐步改进"。②另一方面,目前在国际社会中,对于现存国际秩序与制度持完全不认同的国家几乎不存在。因此,在信任基础依然存在的前提下,维护并完善现有机制将是合理的选择。为此,在联合国框架内,要强化对话机制,通过对话与合作缓解全球化发展带来的问题,避免陷入制裁与反制裁、冲突与对抗的恶性循环。同时,要加强多边机制建设,发展中国家要尤其加强合作,构建更广泛的团结。

第二,坚持共商共建共享,探索国际社会团结新机制。制度失灵是引发逆全球化的重要因素。表面上,这种制度失灵不仅与现行机制的碎片化有关,也与资本主义固有矛盾所蕴含的危机存在很大关系。然而,更深层次的原因则在于文化层面。一直以来,西方国家在世界秩序上推崇人性恶假设,习惯以"二元对立"的冲突观审视和处理外界关系。受其影响,"近代以来,国际制度的建立和发展基本上源于西方文化,无论从组织形式还是文本风格,都体现了西方文化价值观的要求,成为国际制度中的主流价值取向"。③因此,探索建立国际社会团结新机制显得尤为重要。

团结新机制的建立,重点要突破新自由主义利己、虚伪的本质。受新自由主义影响,国际社会现有团结机制以维护美欧西方大国的利益为出发点,"市场规则只对你,不对我;除非'游戏场'正好向着有利于我的方向发生

---

① 〔美〕西奥多·A.哥伦比斯、杰姆斯·H.沃尔夫:《权力与正义》,白希译,华夏出版社,1990,第317页。
② 潘一禾:《多元认同方式与国际社会认同》,《杭州师范大学学报》(社会科学版)2008年第4期,第62页。
③ 潘一禾:《多元认同方式与国际社会认同》,《杭州师范大学学报》(社会科学版)2008年第4期,第62页。

偏斜"。① 为此，新机制的建立要紧紧围绕三个方面：其一，杜绝话语权单一，崇尚多方参与；其二，避免重利轻义，推崇"义利相兼、以义为先"；其三，规避自由风险，注重公平与共赢。在逆全球化业已引发"全球主义已经死亡"② 等悲观论调的背景下，探索构建团结新机制的主要目的在于继续支持全球化，其核心特点是开放与包容，"它不同于以往以市场为导向的单一模式的全球化，而是以发展为导向、强调包容性增长、兼顾效率与公平的新型全球化"。③ 毫无疑问，这正是习近平主席所致力倡建的"人类命运共同体"这一时代命题的题中应有之义。

"人类命运共同体"是中国站在全人类高度，对于人类发展与未来走向的系统思考，④ 和而不同、共赢发展是其内核。因与新自由主义存在显著差异，西方发达国家对于这一新的理念，必然有所忌惮。为此，在实际构建过程中，要坚持团结多数、争取少数的原则，广泛建立以发展中国家为主体、涵盖不同国家及国际组织的国际社会团结统一战线，加强对话协调，凝聚共同主张。具体而言，一是体现差异，坚持共商共建共享的底色，恪守与现有"赢者通吃"规则的区别；二是强调包容，坚持以发展为导向，不断推进包括西方发达国家在内的世界各国发展；三是凸显责任，彰显大国担当的成色，积极推动"一带一路"建设，大力提供国际公共产品，基于平等互利，携手发展中国家实现共同发展。

结　语

针对逆全球化何以产生，笔者基于国际政治社会学视角，重点从国际社会团结视角尝试开展新的解读。立足于现有研究，通过将逆全球化纳入国际

---

① 〔美〕诺姆·乔姆斯基：《新自由主义和全球秩序》，徐海铭、季海宏译，江苏人民出版社，2000，第49页。
② Jayshree Bajoria, "The Danger of 'Deglobalization'", Council on Foreign Relations, March 16, 2009, http://www.cfr.org/immigration/dangers-deglobalization/p18768.
③ 盛斌、黎峰：《逆全球化：思潮、原因与反思》，《中国经济问题》2020年第2期，第12页。
④ 习近平：《顺应时代前进潮流　促进世界和平发展》，《人民日报》2013年3月24日，第2版。

社会团结这一时空范畴当中，笔者重点从行动者即西方发达国家"认知—行动"角度，对其发生过程进行了动态分析。其一，国际社会团结是全球化作用下，国家幸福追求与幸福实践的统一，存在互利与自利两种路径。其二，受市场规律支配，国际社会团结存在"正向效应""负向效应"两种空间。即便是西方发达国家，也无法对后者产生天然免疫。其三，鉴于本国治理不善与全球化冲击，在"受损者"身份转向下，承担国际公共产品供给的西方发达国家，存在"受损"持续化和国内幸福追求的压力。受人性恶的西方价值观影响，为了转移本国矛盾、获取选民支持，它们倾向于选择自利路径，由此产生逆全球化。其四，逆全球化集中表现为重利、轻义、玩弄规则。面对其给国际社会团结带来的破坏，根本的应对之策是建立新的制度安排，推动全球化转型升级。在此当中，既要在现有体系内重塑制度理性，又要坚持共商共建共享，探索制度超越。在此过程中，中国无疑起着举足轻重的作用。关于如何贡献"中国智慧"，将是后续研究的一个重要方面。

中国与拉美太平洋联盟经贸合作[*]

王 燕 范和生

摘 要： 2015年1月8日，习近平主席在中国-拉共体论坛首届部长级会议上指出，中国人民正在为全面建成小康社会、实现中华民族伟大复兴的中国梦而奋斗，拉美和加勒比各族人民也在为实现团结协作、发展振兴的拉美梦而努力，共同的梦想和共同的追求，将中拉双方紧密联系在一起。[①] 近年来，中国以构建中拉命运共同体为目标，在"一带一路"的框架下通过利用双多边机制、拓展与拉美区域及次区域组织之间的合作对话平台等措施，同拉美国家在政策沟通、贸易畅通、设施联通、资金融通及民心相通等领域开展了富有成效的合作，推动了双方"战略伙伴关系"的不断深化与加强。经多年发展，拉美太平洋联盟已经成为拉美地区经济发展最为抢眼的次区域经济组织。从2011年开始，中国与拉美太平洋联盟开展了广泛的交流与对话，保持着密切的经贸关系。

关键词： 拉美太平洋联盟 经贸合作 次区域经济组织

一 中国与拉美太平洋联盟经贸合作发展的成就

2011年4月28日，在秘鲁首都利马，智利、哥伦比亚、墨西哥、秘鲁

---

[*] 本文原发表于《国际研究参考》2021年第6期，收录时有修改。
[①] 习近平：《共同谱写中拉全面合作伙伴关系新篇章》，《人民日报》2015年1月9日，第2版。

四国总统签署《太平洋协定》，宣布成立太平洋联盟（以下简称"联盟"）。联盟并不寻求建立关税同盟，而是希望在推动成员国间贸易自由化的基础上，促进与其他国家或地区建立自由贸易关系。① 该组织旨在加强拉美太平洋国家贸易政策协调，促进联盟内货物、服务、资本和人员自由流通，致力于将联盟打造成为对亚洲最具吸引力的拉美次区域组织和亚洲进入拉美市场最便利的入口。② 这是拉美一体化组织中，第一个提出以面向亚洲这一特定区域发展经贸关系为战略目标的地区组织。由此可以看出，该组织在成立之初就不再将贸易与投资的发展目标与愿景寄希望于美国，而是着眼于最具有经济增长空间和发展活力的亚洲地区，希望与亚太地区进一步发展经贸交往与合作关系，借此提高拉美地区经济增长活力，为拉美区域经济合作和一体化注入新动力、增添新色彩。在中国特色大国外交方略的推动下，中国也从全球战略视野和全球利益出发重新审视拉美地区，拉美不再是遥远的外围和边缘，而是中国构建全球伙伴关系网的重要一环。③ 近年来，中国与拉美太平洋联盟的经贸交往与合作关系发展迅速，取得了重要成就。

（一）部长级对话定期召开

2013年7月，中国正式成为拉美太平洋联盟的观察员国，并与其成员国一直保持良好的双边关系，中国驻四国大使分别应邀参加各届联盟同观察员国部长级对话。秘鲁是联盟成员国中首个与中国建立全面战略伙伴关系的国家，2013年4月中秘由战略伙伴关系正式提升为全面战略伙伴关系，在此基础上，双方经贸合作不断扩大，高层交往密切。2014年4月，拉美太平洋联盟举办了联盟同观察员国的首次对话会，中国驻秘鲁大使应邀参会。在此次对话会中，中拉双方都展现了在经贸、教育、科技、中小企业等领域

---

① Juan Carlos Morales Manzur, Lucrecia Morales García, "La Alianza del Pacífico perspectivas de un nuevo modelo de lo de integración latinoamericano", *Cuestión Políticas*, Vol. 31, No. 54, enerojunio 2015, pp. 22-24.
② 《太平洋联盟组织概况》，中华人民共和国外交部网站，https://www.fmprc.gov.cn/web/，2020年9月。
③ 贺双荣：《新时代中国对拉美的战略及其影响因素》，《拉丁美洲研究》2019年第6期。

开展合作的浓厚兴趣,并希望进一步明确双方合作领域。2016年4月,中国政府拉美事务特别代表访拉,与联盟轮值主席国秘鲁举行对话,就推动中国与联盟合作进行探讨;2019年7月,中国驻秘鲁临时代办应邀参加联盟同观察员国部长级对话会。智利是第一个就中国加入世界贸易组织与中国签署双边协议、承认中国完全市场经济地位、同中国签署双边自由贸易协定和自贸协定升级议定书的拉美国家;2016年6月,中国驻智利大使应邀参加首届联盟同观察员国部长级对话会。墨西哥与中国在2013年6月习近平主席访墨期间将战略伙伴关系提升为全面战略伙伴关系;2018年7月,中国驻墨西哥大使应邀参加联盟同观察员国部长级对话会。哥伦比亚与中国建立外交关系的时间同联盟其他三个成员国相比较晚,两国于1980年2月7日才正式建交,建交之后两国的经贸交流与合作不断扩大;2017年6月,中国驻哥伦比亚大使应邀参加联盟同观察员国部长级对话会。

(二)自贸区建设稳步推进

加快实施自由贸易区战略,对于把握全球区域经济一体化的新趋势及加快发展中国与拉美太平洋联盟的经贸合作具有重要意义。中国与智利、秘鲁已建立自由贸易区,双边经贸合作不断成熟。早在2004年11月,中国就正式启动与智利的自由贸易区谈判。2005年及2008年,中智双方正式签署了自由贸易协定及服务贸易协定,开启了中国同拉美国家签署自由贸易协定的先河。[①] 2019年,中智自由贸易区实现扩容升级,双方相互实施零关税的产品覆盖率达到98%,服务贸易也进一步扩大。[②] 中智自贸区建立并不断发展完善的同时,中国与秘鲁自由贸易协定谈判也取得重大进展。2009年4月28日,中国商务部副部长与秘鲁外贸旅游部部长梅塞德斯·阿劳斯在人民大会堂正式签署《中国-秘鲁自由贸易协定》,这是中国与拉美太平洋联盟成员国签署的第一个一揽子自贸协定,具有较强的模范示范作用。相比于中

[①] 李玉举:《中国双边自由贸易区建设的进展、成效及建议》,《国际经济合作》2013年第4期。

[②] 李紫莹、卢国正:《中国与拉美太平洋联盟》,《唯实》2020年第8期。

智贸易协定，中秘自贸协定覆盖领域更广、开放水平更高，在货物贸易方面，中秘双方将对各自90%以上的产品分阶段实现零关税；在投资方面，双方将给予对方投资者及其投资以准入后国民待遇、最惠国待遇和公平公正待遇，鼓励双边投资并为其提供便利等。① 中国与哥伦比亚及墨西哥两国虽没有正式签署自由贸易协定，但是中国与哥伦比亚于2013年已经正式启动自由贸易区谈判；近20年，中国与墨西哥两国相互出口产品的规模与范围不断扩大，两国经贸合作也在不断加强中。

（三）贸易额总量逐年增长

智利、秘鲁、墨西哥及哥伦比亚四国一直与欧美国家保持着密切的经贸往来，但自2011年拉美太平洋联盟成立以来，中国已逐步成为其重要的贸易伙伴，双方之间的贸易额总量逐年增长，经济发展呈现紧密的相关性（见表1）。中秘之间经济发展较快，2014年中国已成为秘鲁第一大贸易伙伴、第一大出口市场和第二大进口来源国，秘鲁则成为中国在拉美的第七大贸易伙伴。② 2019年中秘双方的贸易总额比2018年增长5.8亿美元，双边贸易额达到236.9亿美元，中国主要向秘鲁出口电机电气设备、机械设备、车辆等商品，进口鱼粉和铜、铁等矿产品。中智之间经济发展较早，2011年中国已成为智利第一大贸易伙伴、第一大出口目的地国、第二大进口来源国，智利则成为中国在拉美的第三大贸易伙伴。③ 2005~2006年，中国对智利出口的增速是同期总体出口增速的两倍，2019年中智双边贸易额达到409亿美元，比2017年贸易额增长55.05亿美元，其中中国向智利主要出口机电产品、高新技术产品、纺织品服装、钢材等，出口总额为147亿美元；中国向智利主要进口铜矿砂、纸浆、水果和葡萄酒等产品，进口总额262亿美

---

① 《中国-秘鲁签署自由贸易协定》，中国自由贸易区服务网，http://fta.mofcom.gov.cn/article/chinabilu/bilunews/201508/28031_1.html，2009年4月28日。
② 张芯瑜：《拉美区域经济一体化的新星：太平洋联盟》，《西南科技大学学报》（哲学社会科学版）2014年第5期。
③ 田志、吴志峰：《中国在拉美地区的自由贸易区布局及合作战略》，《拉丁美洲研究》2014年第1期。

元。哥伦比亚和墨西哥是中国在拉丁美洲和加勒比地区重要的出口市场。目前，中国已成为哥伦比亚第二大贸易伙伴，哥伦比亚是中国在拉美的第五大贸易伙伴。[①] 2019 年，中哥双边贸易额为 155.97 亿美元，比 2018 年增长近 10 亿美元，两国贸易合作具有互补性，中国向哥伦比亚主要出口机电产品、高新技术产品等，中国从哥伦比亚主要进口原油、废金属、生皮革等商品。中国是墨西哥的第二大贸易伙伴，仅位居美国之后，墨西哥也是中国在拉美地区的第二大贸易伙伴，仅次于巴西。[②] 2000 年，中墨双边贸易额仅为 18.2 亿美元，至 2018 年，中墨双边贸易额达到 580.6 亿美元，19 年间增长近 31 倍。相较于其他三个成员国，墨西哥经济及科技发展呈现良好态势，中墨之间相互出口的产品主要集中于电子技术产品，产品相似性高，贸易互补性差。

表 1　2018 年、2019 年和 2020 年 1~8 月中国与拉美太平洋联盟成员国经贸往来

单位：亿美元

国家	2018 年贸易总额	2019 年贸易总额	2020 年 1~8 月贸易总额	中方出口产品	中方进口产品
秘鲁	231.1	236.9	150	电机电气设备、机械设备、车辆	矿产品、鱼粉
智利	427.5	409	193	机电产品、高新技术产品、纺织品服装、钢材	铜矿砂、纸浆、水果和葡萄酒
哥伦比亚	146	155.97	86.22	机电产品、高新技术产品	原油、废金属、生皮革
墨西哥	580.6	607.2	374.2	计算机与通信技术产品、电视、收音机及无线电讯设备的零附件和自动数据处理设备的零附件	电子技术产品、计算机与通信技术产品、自动数据处理设备零附件、集成电路及微电子组件

资料来源：根据中华人民共和国商务部网站相关数据整理，http://mds.mofcom.gov.cn，2020 年 12 月 28 日。

[①] 刘馨蔚：《中国与哥伦比亚：携手共绘经贸新"蓝图"》，《中国对外贸易》2019 年第 9 期。
[②] 李紫莹：《中国与墨西哥经贸合作的发展趋势与前景》，《国际贸易》2017 年第 9 期。

（四）经济论坛定期举办

拉美太平洋联盟是推动区域经济一体化的新生力量，其成立后不久就通过定期举办经济论坛等方式与中国在经贸领域开展积极的对话与合作，有效推动了双方经贸关系的进一步发展。从2013年开始，成员国驻华使馆每年都会选择在中国的一个主要城市联合举办投资和贸易促进论坛。2013年12月首届拉美太平洋联盟投资和贸易促进论坛在北京举办，并向中国企业推出了总金额达1400亿美元的投资项目，涉及基础设施建设、制造业、农业、能源和矿业等多个领域，吸引了中国企业家的投资目光，加深了中国企业与拉美太平洋联盟的经贸关系。至2020年，拉美太平洋联盟已先后在北京、上海、广州、南昌等8个城市成功举办了八届投资和贸易论坛，借助这一经济论坛，中国与拉美太平洋联盟在农业、制造业、新能源等领域展开了广泛的沟通与合作。此外，在2013年举行的第七届中国-拉美企业家高峰会上，中国同拉美太平洋联盟成立了"中国-太平洋联盟联合商会"，旨在促进联盟成员国同中国在人员交往、物流服务和投资等方面的机制性交流与合作。① 中国与智利及秘鲁经贸混委会会议也在定期召开，解决中国同智利、秘鲁双边经贸合作中存在的主要问题，探讨双方在经贸合作领域的新方法。

二　中国与拉美太平洋联盟经贸合作存在的机遇

中国与拉美太平洋联盟经贸合作日趋密切，双方有着巨大的发展潜力，共同面临大好发展机遇。

（一）经济发展需求为中国与拉美太平洋联盟经贸合作提供根本动力

投资、消费、出口是拉动中国经济增长的"三驾马车"，也是推动中国与

---

① 黄放放：《太平洋联盟与中国的经贸关系——回顾与展望》，《国际展望》2019年第3期。

拉美太平洋联盟经贸合作的经济引擎。首先，对外投资带动了中国与拉美太平洋联盟经济合作的持续繁荣。对外投资有利于利用外部资源弥补国内资源短缺的劣势以促进国内经济的发展。《2019年度中国对外直接投资统计公报》显示，在投资金额方面，中国对外直接投资流量1369.1亿美元，蝉联全球第二位，其中流向拉美太平洋联盟成员国的投资19.8亿美元，流向秘鲁、智利、墨西哥的直接投资分别为3.5亿美元、6.1亿美元、1.6亿美元；在投资结构方面，中国对联盟的投资结构日趋多元化，不局限于传统的基础设施、能源矿产等领域，还日益向金融、农业、制造业、信息产业、服务业、电子商务、航空运输等领域拓展。其次，中国对外的旅游性消费需求带动联盟的旅游经济发展。秘鲁的利马、智利的圣地亚哥、墨西哥的墨西哥城、哥伦比亚的圣菲波哥大等城市具有丰富多样的旅游资源和多姿多彩的旅游产品，都是以发展国际旅游为基础的旅游性城市。中国是全球出境游的第一大客源国，随着双方经贸交流的增多，众多中国游客逐渐将秘鲁、智利、墨西哥、哥伦比亚作为新型旅游目的地。自习近平主席2016年出访智利、秘鲁后，造访两国的中国游客增长速度至少超过50%。中国的北京、上海、西安、成都等旅游性城市同样也对智利、秘鲁、墨西哥及哥伦比亚等国的游客具有巨大的吸引力。除此之外，中国每年对拉美太平洋联盟也具有巨大的金属消费需求，中国已成为秘鲁及智利最大的金属消费国之一。最后，相互出口带动双方经济合作向互补性方向发展。中国是世界人口第一大国，对粮食与能源等有巨大需求，拉美太平洋联盟成员国因农产品种类多、产量高及矿产资源丰富等优势，每年对华出口大量农产品及矿产资源等大宗商品，借此不断开拓中国市场以实现国内经济总量的持续增长。中国主要向其出口工业制成品，其中对墨西哥的出口规模最大，对哥伦比亚、秘鲁、智利的出口增速较快且逐年呈上升趋势。可见，投资、消费、出口等经济发展需求已成为双方经济合作的推动力。

（二）政治包容互信为中国与拉美太平洋联盟经贸合作提供价值认同

中国与拉美太平洋联盟在地理位置上隔海遥远相望，双方之间不仅不存在领土纠纷与意识形态冲突，而且长期以来的友好合作使之在国际事务中具有相似甚至相同的政治立场与看法，这种政治上的包容互信为双方的经贸合作提供了源源不断的价值认同。早在19世纪上半叶，秘鲁就与中国开展了交往，是第一个向中国开放国门的拉美国家。[①] 新中国成立以后，秘鲁也是最早与中国建立外交关系的拉美国家之一，1971年两国正式建立外交关系。建交以来，中秘政治关系长期稳定健康发展，并于1992年共同签署关于建立政治磋商制度的议定书，建立了政治磋商制度。在此基础上，中秘高层之间政治交往密切，从2001年开始，历任秘鲁总统已对中国进行过5次国事访问，2008年及2016年，胡锦涛主席与习近平主席分别对秘鲁进行了国事访问，双方之间的政治互信不断深化。中国与智利是世界上两个经济增长最快且增长持续时间最长的国家，两国政治关系的发展也是中国与拉美太平洋联盟成员国合作互鉴的典范。[②] 智利是南美洲地区第一个与中国建立外交关系的国家，1970年12月中国与智利正式建立外交关系。中智建交以来，智利历任政府领导人都非常重视与中国的政治与经贸关系，自1990年开始，每位智利总统都访问过中国，智利也是唯一一个中国每位国家主席均到访过的拉美国家。智利一直将加强与中国的关系作为其对外交往重点推进的方向之一，1994年智利在中国及其他国家的帮助下加入亚太经合组织，标志着中智关系进入新的历程，正如智利前总统拉戈斯所说，中智关系是"一种迈向建立在联合基础上的战略框架下的互动，有具体的计划、目标并能进行定期审视"。[③] 2019年4月智利总统塞瓦斯蒂安·皮涅拉·埃切尼克对中国进行国事访问期间，中智双方共同签署中华人民共和国政府与智利共和国政府共同行动计划（2019—2022）》，标志着中智政治包容互信的进一步发展。墨西哥政府外交政策的总体目标为"恢复墨西哥在世界上的领导地位，并在解决全球性重大挑

[①] 陈路、范蕾：《秘鲁与中国关系的发展》，《拉丁美洲研究》2006年第2期。
[②] 贺双荣：《中国与智利关系40年回顾》，《拉丁美洲研究》2011年第1期。
[③] 〔智〕马里奥·阿尔塔萨：《智利与中国关系：远超预期的好伙伴》，曹廷译，《现代国际关系》2011年第8期。

战上,确立墨西哥作为一个新兴力量的影响力"。① 由此,近年来墨西哥政府积极参与全球治理中的各项议题,重视发展与包括中国在内的亚太地区的关系。2004 年,中国与墨西哥在北京共同设立"中国墨西哥政府间常设委员会",推动了中国与墨西哥战略伙伴关系的进一步发展。在此基础上,墨西哥政府积极参与在华举办的各项国际活动,如 G20 杭州峰会(2016 年)、首届中国国际进口博览会(2018 年)、中墨议会对话论坛第四次会议(2019 年)等,双边政治关系稳固发展。中国与哥伦比亚建交比较晚,于 1980 年 2 月正式建立外交关系,但是建交以来两国关系稳步发展,政治交流与合作不断加深。2019 年 7 月杜克总统首次对中国进行国事访问,并认为与中国这个"世界经济大国"发展关系对哥伦比亚至关重要。

(三)文化沟通交流为中国与拉美太平洋联盟经贸合作奠定民意基础

文化与经济相互交融,经济是基础,文化是经济和政治的反映,中国与拉美太平洋联盟文化上的沟通交流促进中国与拉美太平洋联盟进行更加广泛的经贸合作,为双方的经贸合作奠定民意基础。中国与拉美太平洋联盟文化上的沟通交流主要分为两方面,一方面为双方发展理念的相互认同,另一方面为双方文化活动的不断举办。自 1978 年党的十一届三中全会中国开始实行对外开放政策以来,对外开放对我国经济的发展作出了巨大的贡献,目前中国已成为世界第二大经济体。党的十八大以后,以习近平同志为核心的党中央提出了创新、协调、绿色、开放、共享的新发展理念,引领中国对外开放进入新阶段。拉美太平洋联盟自成立之日起就以"开放的地区主义"思想为指导,秉承深度一体化、自由、开放的发展理念,成员国经济开放程度高,与中国的对外开放发展理念高度契合。除此之外,双方不断举办文化活动,推进双方的沟通与交流。中国对外举办的文化项目最具代表性的是孔子

---

① 吴白乙主编《拉丁美洲和加勒比发展报告(2014~2015)》,社会科学文献出版社,2015,第 132 页。

学院的设立，截至2020年12月，中国已在拉美太平洋联盟成员国设立了15所孔子学院（秘鲁4所、智利3所、墨西哥5所、哥伦比亚3所），加深了所在国当地居民对当代中国的了解，发展了双方之间的友好关系。近年来，拉美太平洋联盟成员国也兴起了中国热，如2013年秘鲁在里卡多帕尔玛大学设立汉语研究中心，2017年智利与中国共同举办了中国与智利文化友好交流活动，2017年墨西哥在中墨建交45周年之际举办"中国文化年"活动，2019年哥伦比亚杜克总统访华期间与中国签署2019~2022年教育交流计划为100多名哥伦比亚留学生来中国交流提供留学机会。

（四）"一带一路"为中国与拉美太平洋联盟经贸合作提供多边合作框架

2013年习近平主席在出访哈萨克斯坦和印度尼西亚时提出共建"丝绸之路经济带"和"21世纪海上丝绸之路"的重大倡议，旨在促进经济要素有序自由流动、资源高效配置和市场深度融合，推动沿线各国实现经济政策协调，开展更大范围、更高水平、更深层次的区域合作，共同打造开放、包容、均衡、普惠的区域经济合作架构。[①] 2017年，习近平主席在会见阿根廷总统毛里西奥·马克里时指出"拉美是21世纪海上丝绸之路的自然延伸"。拉美太平洋联盟作为拉美地区最为活跃的次区域经济组织，更是"一带一路"重点发展的沿线地区之一。智利是联盟成员国中最早与中国签署合作文件的国家。2018年11月2日，中国与智利正式签署《中华人民共和国政府与智利共和国政府关于共同推进丝绸之路经济带和21世纪海上丝绸之路建设的谅解备忘录》，拉开了"一带一路"延伸到拉美太平洋联盟的序幕。中国与智利在签署"一带一路"谅解备忘录后，在能源与公用事业领域的合作不断加强。智利的锂储量占全球总储量的一半以上，中国又被视为全球锂需求的主要推动力，2018年12月中国企业收购了智利锂业巨头23.77%

---

① 国家发展改革委、外交部、商务部：《推动共建丝绸之路经济带和21世纪海上丝绸之路的愿景与行动》，《人民日报》2015年3月29日，第4版。

的股份，实现了锂产业的合作；在此基础上，2020年6月中国国家电网有限公司又全资收购智利切昆塔集团公司，实现了电力产业的合作，中智双方经贸合作在"一带一路"框架下不断深化。秘鲁也积极参与到"一带一路"倡议中，早在2017年1月秘鲁驻华大使胡安·卡洛斯·卡普纳伊就表示，秘鲁积极参与"一带一路"建设并尝试将中国与秘鲁的港口连接起来，以期实现贸易、学术、经济、文化等更多领域的合作。2018年8月中国首钢集团在秘鲁铁矿新区扩建项目竣工，这是"一带一路"倡议对接拉美后首个在联盟成员国竣工的项目，对于"一带一路"倡议与拉美太平洋联盟的对接具有重要意义。墨西哥与哥伦比亚虽未与中国就共建"一带一路"签署合作文件，但"一带一路"在墨西哥、哥伦比亚两国也有实质性进展。2017年9月习近平主席在会见来华出席新兴市场国家与发展中国家对话会的墨西哥总统培尼亚时指出，欢迎墨方深入参与"一带一路"建设框架内合作，成为"一带一路"建设向拉美自然延伸的重要节点；培尼亚总统表示墨西哥愿积极参加"一带一路"建设，加强同中国在经贸等领域的合作。① 中国与哥伦比亚在数字经济、创意产业等领域也达成合作共识，2020年12月中国产的电动车在哥伦比亚首都波哥大投入使用，中哥以"一带一路"为依托的经贸关系实现了进一步发展。

三 中国与拉美太平洋联盟经贸合作面临的挑战

中国与拉美太平洋联盟经贸合作已经取得一定的成就，并互为机遇共同将经贸合作往纵深方向发展，但中国与拉美太平洋联盟在经贸合作的过程中也面临一些挑战。

（一）拉美太平洋联盟自身机制建设有待加强

拉美太平洋联盟虽然是拉美一体化进程中最耀眼的一颗新星，但内部机

---

① 《习近平会见墨西哥总统：欢迎深入参与"一带一路"合作》，中国一带一路网，https://www.yidaiyilu.gov.cn/xwzx/xgcdt/26216.htm，2017年9月5日。

制建设困难重重。一方面，各国社会动乱不断，政治钟摆现象明显。2019年起，阿根廷、墨西哥、秘鲁、智利先后爆发了大规模的群众示威游行抗议活动，随之引发了严重的社会动乱与政局动荡，其中尤以智利最为严重。2019年10月皮涅拉政府专家小组宣布将智利早晚高峰的地铁票价从800比索涨至830比索，虽然只涨价30比索（约合人民币0.3元），但是遭到了智利民众的强烈反对，爆发了上百万人参与的大规模示威抗议活动，街头放火、打砸商店等暴力事件不断发生，最终智利政府不得不宣布全国进入"紧急状态"，首都圣地亚哥实行军管宵禁。联盟各国的政治格局也从"左退右进"向"左右僵持"发展。[①] 智利反对党中左翼政党"新多数派联盟"与执政党中右翼政党"智利前进"势力不相上下，秘鲁中右翼政党人民力量党在2016年国会选举中打败"广泛阵线党"成为第一大党，墨西哥国家复兴运动党在2019年选举中艰难保住执政党地位，哥伦比亚执政党民主中心党势力范围不断缩水，左翼政党势力范围不断扩大。另一方面，联盟内部制度建设不健全，缺乏规范的制度保障。拉美太平洋联盟的发展及各项协议的签署一直都是联盟成员国高层领导之间相互磋商的结果，对于建立高度一体化的制度体系各国民众一直持有反对意见，主张实行弱制度化的体系运行模式。虽然弱制度化的体系运行模式在一定程度上能够提高各项协议推进的效率，但从长久来看，缺乏维持体系平稳运行的规范性机制会阻碍体系一体化发展的广度与深度。

（二）中国与拉美太平洋联盟贸易同质化程度不断升高

贸易同质化主要指双边之间贸易产业、结构、方式等差异性较小，趋同性较多的一种现象。中国与拉美太平洋联盟各成员国共同处于经济发展速度趋缓、经济结构逐步转型的关键期，随着双方经济的不断发展，双方贸易同质化程度也不断升高，对双方经贸合作的持续发展构成一定挑战。中国与智

[①] 丁大勇：《2019年拉美地区形势：政局变乱交织、经济低迷徘徊》，《当代世界》2020年第1期。

利、秘鲁、墨西哥及哥伦比亚等国都以劳动密集型产业为主,在劳动力成本上均有价低优势,对外出口贸易产品也都以劳动密集型产品为主,出口商品结构趋同,在国际社会中的竞争不断加剧。秘鲁、智利两国与中国在出口裤子、鞋、衬衫、内衣、睡衣等服装产品上竞争激烈,双方贸易同质化主要集中在纺织产品上;墨西哥是拉美太平洋联盟成员国中与中国贸易同质化程度最高的国家,与中国在有色(黑色)金属、电机、电器设备及其零件、服装、机械器具及零件、钢铁制品、车辆及零附件等产品领域存在竞争冲突;① 哥伦比亚与中国贸易同质化主要集中在瓷器餐具、袜子、内衣等产品上,对此近年来哥伦比亚对中国频频发起反倾销措施以保护国内劳动密集型产业的发展。显然,伴随着中国与拉美太平洋联盟贸易同质化程度不断升高而出现的商品竞争冲突、反倾销措施等势必会阻碍双方贸易合作的进一步发展。

(三)美国对中国与拉美太平洋联盟经贸合作的干扰

尽管中国与拉美太平洋联盟经贸合作发展势头良好,但不得不考虑"美国因素"的干扰。拉美地区与美国地理位置相邻,在美国的全球战略中一直占有特殊地位,自"门罗主义"提出后,美国更是将拉美地区视为自己国家的"后院"。拉美太平洋联盟成立之初,就被打上了亲美的标签,相比于秘鲁与智利,墨西哥与哥伦比亚一直将美国视为重要的贸易伙伴。2018年,在美国的主导与推动下,美国、墨西哥、加拿大签署了《美墨加贸易协定》(USMCA),加强了对非市场经济国家的歧视性约束,强化了墨西哥对中国非市场经济的定位,从而阻碍了中国与拉美太平洋联盟成员国之一墨西哥经贸关系的发展。② 近年来,随着中国与拉美太平洋联盟经贸合作的蓬勃发展,美国忧心自己的霸权影响力在拉美地区日渐衰落,因而在国际舞台

---

① 岳云霞:《中拉贸易摩擦分析——拉美对华反倾销形势、特点与对策》,《拉丁美洲研究》2008年第6期。
② 宋利芳、武晥:《〈美墨加协定〉对中墨经贸关系的影响及中国的对策》,《拉丁美洲研究》2019年第2期。

上对中国与拉美太平洋联盟的经贸合作不断加以诋毁，释放出了中国在拉美制造"债务危机"、进行"经济掠夺"等错误论调，以此抹黑中国的国际形象，阻碍中国与拉美太平洋联盟经贸合作的进一步发展。2019年，美国政府出台"美洲增长倡议"，将矛头指向中拉经贸合作，希望通过强调西半球的地区认同，达到挤压中国、重返拉美的目的，最终实现抵消中国在拉美和加勒比地区影响力、保持美国传统优势的战略意图。[1] 在此情形下，拉美太平洋联盟对于与中国经贸关系的发展难免会心存芥蒂，不利于双方经贸合作的进一步发展。

（四）中国与拉美太平洋联盟地理遥远沟通难度大

中国与拉美太平洋联盟隔海相望，分别位于东西两半球，地理位置相距遥远，距离中国最近的墨西哥与中国的直线距离也有1.3万公里，交通受限，彼此间交流沟通成本大。一方面，交通受限导致沟通不便。中国与拉美太平洋联盟旨在通过双方之间的货物、服务、资本、人员自由流通等途径加强经济往来，促进经贸合作的发展，但是双方往来基本无直达飞机，大多需要中途转机，在货物、服务、资本、人员自由流通等方面受到限制，难以实现经常性面对面的沟通与交流。另一方面，双方相距遥远，历史、文化等方面差异较大，无形之中也增加了双方间沟通与交流的难度。中华文化受儒家思想影响大，奉行以"礼""仁"待人，有着建立"大同社会"等对人类美好社会的理想追求。拉美文化历史上为拉美土著文化，15世纪末以来受欧洲殖民者对拉丁美洲殖民的影响，当地文化发展被打断，现发展为以欧洲文化为主体的一种多元混合文化，崇尚个性的自由与发展，在语言、风俗习惯等方面与中华文化存在较大差异，双方之间沟通难度较大。

---

[1] 郭语：《美国"美洲增长倡议"评析》，《拉丁美洲研究》2020年第4期。

拓展篇——

安徽打造内陆开放新高地建设路径研究[*]

范和生　唐惠敏

摘　要： 加快推进内陆开放新高地建设是深入贯彻习近平总书记系列讲话精神的根本要求、适应新一轮经济全球化背景下世界经济发展趋势的基本要求、正确把握经济发展新常态的内在要求和落实安徽"十三五"发展规划的必然要求以及对接"一带一路"和长三角城市群发展格局的现实要求。安徽具有打造双向互动、内外联动内陆开放新高地的基本要素。安徽打造内陆开放新高地面临新的机遇和挑战。在经济全球化、区域一体化的时代背景下，安徽打造内陆开放新高地应主动对接现有的国家级平台、培育开放型经济主体和创新型主导产业；主动融入和拓展与共建"一带一路"国家的务实合作；积极探索和构建内陆开放的体制机制；谋划合芜马自由贸易区建设；着力优化安徽对外开放的发展环境；创新安徽对外宣传的方式方法。

关键词： 安徽　内陆开放新高地　开放型经济　双向互动

一　内陆开放高地的内涵与延伸

从字面意义来说，"内陆开放高地"概念主要由内陆、开放型经济、高

---

[*] 本文系安徽省政府外事办公室2016年重点招标课题"安徽打造内陆开放新高地建设路径研究"（Y01001871）的成果，发表于安徽蓝皮书《安徽社会发展报告（2017）》（社会科学文献出版社，2017），收录时有修改。

地三个基本要素构成。内陆是与沿海和沿边城市相对而言，地处内陆腹地，远离海岸线和边境线的区域。开放型经济是指在资源优化配置的基础上，参与国际分工和交换程度较深，商品、劳务、资本、服务和人才等跨界流动较为自由，通过持续不断的资源交换，使得自身经济体制与外部经济体制在本区域内得到最优化配置。高地则可从经济学意义上理解为经济优势区、资源要素聚集区、政策制度改革区等。因而，"内陆开放高地"的基本特点是，以统一大市场为基本前提，以双向开放为基本模式，以国际分工与合作为基本形式，以开放型经济为基本支撑，是经济、文化、科教与对外宣传等领域综合竞争力处于领先水平的地处内陆的中心城市或区域。

具体而言，内陆开放高地建设要求通过全方位、多层次、宽领域的对外开放和务实合作来实现内陆地区的跨越式发展。第一，人才、资金、技术等要素集聚和流动是高地效应发挥作用的关键；第二，科学的制度机制和政策体系是高地效应集聚的软条件；第三，内陆开放高地是相对于沿海开放型经济而言的，强调同时扩大国际开放和国内开放，充分利用国际和国内两大市场；第四，内陆地区不仅要主动承接国际和国内沿海地区的产业转移，还要积极对接国际和国内沿海地区的加工贸易转移，以实现资源优化配置。内陆开放高地概念如图1所示。

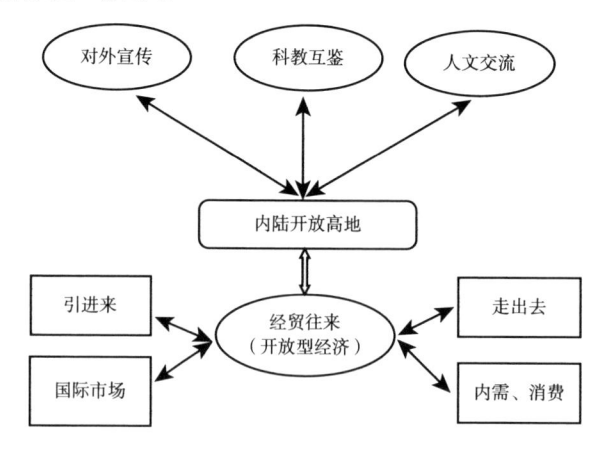

图1　内陆开放高地概念

资料来源：笔者自制。

开放型经济是内陆开放高地建设的内核要素，与沿海地区相比，内陆地区面临的区位、时空条件、主要问题以及发展道路选择等有所不同，因而不能简单复制沿海地区的成功经验。第一，内陆地区发展开放型经济更加依靠内需来推动经济增长，要坚持内外需并重、进出口并重、引资和引技引智并重、"引进来"和"走出去"并重。第二，内陆地区发展开放型经济的首要障碍是交通、信息和物流系统，要坚持加快交通、信息和物流等基础设施建设，促进国际国内要素有序自由流动，参与国际市场的分工协作。第三，内陆地区发展开放型经济应特别注重寻求和发展中高端的开放合作伙伴，[1] 要坚持依据国内外产业分工体系的变化，重点在科技创新和制造业升级领域寻求突破。内陆开放高地与沿海开放带应适当错位发展、协同联动发展。内陆开放高地作为沿海开放向纵深延伸的战略支点，增强腹地支撑功能，是形成"增长极带动、轴线拓展、网络联动"全域对外开放总体空间格局的必然要求。

二 安徽打造内陆开放新高地的必要性

作为长江中下游重要的内陆省份，安徽战略性新兴产业发展相对滞后，企业创新能力相对不足，对外经济开放水平相对较低，整体实力有待增强。这是中西部地区开放型经济的现实情况和一般特征。但是巨大的市场潜力、优越的区位和交通条件、丰富的工业资源和劳动力要素以及日趋完善的工业体系，构成了安徽发展开放型经济的独特优势。综合考量国家战略布局和安徽自身条件，安徽打造内陆开放新高地是可能的，也是必要的。

1. 深入贯彻习近平总书记系列讲话精神的根本要求

2016年，习近平总书记在推动长江经济带发展座谈会上强调，长江流域仍然是连接丝绸之路经济带和21世纪海上丝绸之路的重要纽带。同年，

---

[1] 宋宏：《安徽经济提升开放发展水平的思路》，《安徽日报》，http://news.ifeng.com/a/20170104/50520807_0.shtml。

习近平总书记在安徽考察时指出:"安徽具有沿江近海、居中靠东的区位优势,又处于'一带一路'和长江经济带建设的重要节点,要积极融入国家'三大战略',推进开放大通道、大平台、大通关建设,加快打造内陆开放新高地。"① 安徽当务之急就是深入贯彻习近平总书记对安徽未来发展战略的重要指示精神,依托长江经济带黄金水道,探索符合中央要求、体现时代特征、具有安徽特色的内陆开放高地建设新路。

2. 适应新一轮经济全球化背景下世界经济发展趋势的基本要求

经济全球化、区域一体化是世界经济发展不可逆转的时代潮流,也是推动世界经济持续稳定发展的不竭动力。特别是在中国经济步入新常态后,世界经济政治格局正发生深度变革,提升安徽开放发展水平,竭力打造内陆开放新高地就成为安徽在国际经济形势复杂多变的背景下,把握世界经济发展趋势和适应新一轮经济全球化的战略部署。

3. 正确把握经济发展新常态的内在要求

新常态符合中国经济发展的客观规律,符合安徽区域经济发展的客观规律。适应新常态推进安徽经济新一轮发展,要抓住新常态带来的新机遇,造就战略新优势。尤其在供给侧改革的新阶段,更加要求安徽寻求更高层次和更高端的产业合作,开拓更具前景的国际和国内市场。把安徽打造成内陆开放新高地,是正确认识和把握经济新常态发展规律的内在要求。

4. 践行和落实安徽"十三五"发展规划的必然要求

2016年,安徽省委书记在中国共产党安徽省第十次代表大会上的报告内容,概言之,就是以安徽"五大发展行动"践行"五大发展理念",实现中部崛起闯新路、全国方阵走前列的美好安徽新篇章。《安徽省国民经济和社会发展第十三个五年规划纲要》明确指出,全面融入国家"三大战略",深化长三角一体化发展,积极对接国家新一轮开放总体布局,在更高水平、更高层次上参与国内外分工合作,进一步提升"引进来"和"走出去"水

---

① 《习近平总书记考察安徽(2016年4月24~27日)》,人民网—安徽频道,http://ah.people.com.cn/GB/227122/376123/index.html。

平，推动外贸"优进优出"，加快把安徽建成双向互动、内陆联动的内陆开放新高地。安徽省"十三五"规划提出打造内陆开放新高地，这既是现阶段安徽经济社会发展的必然要求，也是响应国家"一带一路"倡议和中部崛起发展战略的必然选择。

5. 积极主动对接"一带一路"、长三角城市群发展格局的现实要求

安徽"承东启西""沟通南北"，是长三角地区辐射中西部地区两条"动脉"上的重要枢纽。2016年，安徽合肥、芜湖、安庆等8市正式成为长三角城市群的新成员，并确定合肥为长三角城市群副中心，安徽内陆开放程度逐步提升。建设内陆开放新高地就是要推动优势产业、科技要素、人力资源、两个市场、政府服务等方面的务实对接，实现长三角区域经济一体化发展。

三 安徽建设内陆开放新高地的机遇与挑战

（一）安徽建设内陆开放新高地的机遇

1. 战略地位日益凸显，国家级平台建设稳步推进

安徽建设内陆开放新高地符合国家发展的战略布局，是现阶段实现区域经济均衡发展的内在要求。总的来说，安徽现有的国家发展战略主要有以下几个方面。一是中部崛起战略。中部崛起战略是继西部大开发战略后，中央为缩小内陆地区与沿海发达地区之间的经济差距、拓展开放型经济宽度和深度，而实施的区域经济协调发展的长期战略。二是"一带一路"倡议。对接"一带一路"产业合作，深入实施"走出去"战略，是安徽经济开放突围的重要契机。特别是《推动共建丝绸之路经济带和21世纪海上丝绸之路的愿景与行动》明确提出合肥是"一带一路"重要节点城市和中西部内陆开放新高地，将为安徽东西联动发展注入新活力。三是皖江城市带承接产业转移示范区。皖江城市带是中部区域协调发展的重要支点，是国家扩大内需的战略区域，也是承接长三角产业转移的先行区。四是长三角城市群新晋省份。2016年，安徽合肥、芜湖、安庆等8市正式成为长三角城市群的新成员，并确定合肥为长三角城市群副中心。这一战略布局为安徽实现与沪苏浙产业梯度转移和深度合作铺平了道路。五是合芜蚌国家自主创新示范区。合芜蚌国家自主创新示范区是促进安徽省国家重大科学基础设施建设和重要创新资源高效配置的关键之举，也是实现安徽区域内均衡发展的重要举措。

2. 国际国内产业梯度转移，区域经济结构持续优化

安徽，乃至整个中国正在经历世界最深刻、最大规模的产业转移浪潮。其中基本的趋势是发达国家的富余产业向发展中国家转移，且转移速度稳中有快，并出现了明显的"跨梯度转移"① 特征。同时，我国东部地区经济增速放缓，正经历产业转型、升级、改造，土地、劳动力、原材料等要素供给紧张，生产成本增加且环境承载力削弱，一些产业和产品丧失了原有竞争优势，产业"西进"转移成为必然趋势。而西部地区大量的劳动力资源、土地资源、矿产资源等正是东部产业发展所迫切需要的基本要素。这意味着，取而代之的新一轮国际产业梯度转移的阵地是内陆地区。安徽通过中部崛起的十余年发展，各项经济指标已经跃居中西部省份前列，产业基础设施建设稳步提升，优势、特色产业聚集效应明显。截至2015年底，安徽共有各类高新技术产业基地48个。其中，国家级产业基地18个、省级产业基地30个，战略性新兴产业集聚发展基地24个。全省各市规模以上高新技术产业总产值15313.8亿元、增加值3680.8亿元。② 全省三次产业结构由2010年的14.1∶52.1∶33.8调整为2015年的11.2∶51.5∶37.3，全年生产总值（GDP）由2010年的12263.4亿元增至2015年的22005.6亿元，③ 有效支撑地方经济转型升级。合肥、芜湖、马鞍山、蚌埠等城市的综合投资条件稳居

---

① 跨梯度转移，即跳离了原来严格按照资本要素成本差异进行的传统梯度转移模式，呈现蛙跳现象。
② 安徽省科学技术厅高新处：《2015年安徽省高新技术产业统计公报》，http://www.ahkjt.gov.cn/technologi/service/kjtj/gxjscyfz/webinfo/2016/01/1452215605202856.htm。
③ 数据来源于安徽省2010年、2015年国民经济和社会发展统计公报。

中部前列,再加上皖江城市带产业转移示范区和合芜蚌自主创新示范区的国家优惠政策,安徽省已然是中西部地区承接国际国内产业转移的重要选择地。

3. 综合交通建设不断推进,区域便捷度逐步提升

安徽日趋完善的综合交通运输体系极大地保障了安徽内陆开放型经济的发展,内陆地区不靠海的劣势正逐步弱化。一是航空港建设进程加快。安徽省境内现有合肥新桥国际机场、安庆天柱山机场、黄山屯溪国际机场和池州九华山机场等民航机场7个。① "十三五"期间,合肥开建新桥机场二期工程、芜宣机场、亳州和蚌埠机场等重大项目,有效丰富了安徽空域资源。合肥空港经济示范区以建设合肥临空产业基地、国家级临空经济示范区为重点,正加快构筑快捷通道,打造安徽对外开放新平台。② 二是全省高速铁路网正在形成。省会合肥铁路枢纽地位突出,"米"字形高铁格局基本形成。"十三五"期间,安徽建成以合肥为中心、连接所有设区市、通达长江中下游地区的快速客运铁路网。三是"四纵八横"的骨干高速路网建设稳步推进。③ 未来五年,安徽将"有序推进合宁、合六、合芜、合安等13条高速公路繁忙路段扩容改造;继续推进滁淮、溧广等12个高速公路项目续建工程;启动山东德州至江西上饶高速公路合肥至枞阳段、岳武高速公路东延工程等15个高速公路项目"。④ 四是水运港口建设提速,抢滩长江经济带。安徽现有长江流域芜湖、马鞍山、铜陵、合肥、池州、安庆六大港口。"十三五"期间,安徽以打造芜马组合港、合肥、蚌埠、安庆等航运中心为契机,加强岸线资源开发和港口建设,并逐步推动芜湖港、马鞍山港、合肥港等省

---

① 《"空港经济",新经济增长极 | 机场 | 航空运输》,《安徽日报》,http://news.ifeng.com/a/20151021/45873712_0.shtml。
② 《合肥空港经济示范区横空出世》,合肥新闻网,http://www.ah.xinhuanet.com/2014-10/27/c_1112994337.htm。
③ 《安徽:"四纵八横"高速规划敲定》,中国公路网,http://www.chinahighway.com/news/2006/144356.php。
④ 《安徽:未来5年再建15条并拓宽改造13条高速公路》,安徽新闻网,http://www.ahwang.cn/anhui/20151230/1484652.shtml。

内主要港口一体化发展,形成优势互补、错位发展、功能协调的港口联盟体关系。①

4.资源能源溢出效应增强,对外合作基础坚实

安徽资源能源富集,近年来在资源能源开发方面有着很强的基础,省会合肥聚集人才、产业优势,"一带一路"资源开发以及产业链条的深度拓展将为安徽的地区发展带来新的战略机遇。其一,矿产资源。在45种主要矿产中,安徽省保有资源储量居全国前十位的矿产有12种。② 安徽拥有两淮煤基地、马鞍山钢铁基地、铜陵铜基地、海螺水泥基地等重要的全国矿产能源基地,是区域经济合作的重要支撑。其二,劳动力资源。安徽省是传统的劳动力输出大省,劳动力丰富且成本低廉。截至2015年末,安徽常住人口6143.6万人,其中15~64岁人口占比近70%,适龄人口处于平稳增长期,城镇人口比重增至50.5%。省会合肥常住人口的受教育程度逐步提升,具有高中及以上文化程度的人口占常住人口的49.6%,其中大学及以上文化程度的人口占30.9%。③ 另外,合肥的高层次人才资源凸显。全市现有中国科学院和中国工程院院士52人,国家自然科学基金创新群体等入选人数居中部第一位,拥有各类技术研究人员和开发机构科技人员30余万人。其三,科技资源。合肥是全国著名的四大科教基地之一,也是国家科技创新型试点城市、世界科技城市联盟会员城市。合肥是除首都北京以外国家重大科学工程布局最密集的城市,拥有"合肥微尺度物质科学国家实验室""合肥火灾科学国家重点实验室""国家(合肥)同步辐射实验室""国家(合肥)高性能计算中心"等国家重点科研设施及33个省部级重点实验室。安徽应充分激活合肥的科教资源,形成一批具有国际竞争力和创新活力的高新技术企业。其四,旅游资源。当前,安徽省应当着力打造黄山、合肥、芜湖"三个旅游中心城市",积极构建皖南国际

---

① 《安徽港口资源将整合,芜马港口将一体化发展》,中国海事服务网,http://www.cnss.com.cn/html/2015/gngkxw_1012/189149.html。
② 安徽省国土资源厅:《安徽省矿产资源总体规划(2016—2020年)》。
③ 苏晓琼:《2015年合肥市常住人口达779万人》,《合肥日报》2016年3月14日,第A01版。

文化旅游示范区、皖江城市带旅游区、合肥经济圈旅游区和皖北旅游区"四大旅游板块",形成强有力的旅游发展格局,加大安徽旅游对外传播和合作力度。

5.内需动力持续增长,市场空间有序拓展

内陆开放高地重视的是国际、国内两个市场,强调的是两个市场同时抓,既依赖出口,也要扩大内需。而内需市场的壮大又离不开良好的市场环境和居民购买能力的提升。"十二五"期间,安徽城镇居民恩格尔系数保持在40%以下,达到富裕水平,农村居民恩格尔系数也总体呈下降趋势,并于"十二五"末进入富裕阶段。[①] 城乡恩格尔系数的下降伴随着日常消费中服务型消费比例的逐渐提升。进入21世纪,安徽省城乡居民的消费支出呈现层次化与多样化的特征,实物型消费水平指数正在下降,服务型消费水平指数上升,特别是对教育、保健、文化、旅游、休闲等方面的需求增多,带动了消费市场的多元发展。安徽人均GDP由2008年的1444.8元提高到2015年的35997元。人均GDP的连年上涨,有力支撑了消费结构的多样化趋势。"十二五"以来,安徽省城乡居民收入在稳步增长的同时,差距明显缩小。国家统计局安徽调查总队的调查数据显示,安徽城乡收入比由2010年的2.69:1下降至2015年的2.49:1,明显低于同期全国的城乡收入比2.80:1。在中部6省中城乡收入差距最小,同时也低于全国21个省份。[②] 中国首份网络消费指数报告指出,在全国31个省份中,安徽省网络消费水平指数101.16,排在第13位。安徽省网络消费指数最高的是合肥市,紧随其后的是黄山市和铜陵市,相对较低的是阜阳市、宿州市和亳州市。近年来,安徽省不断调整行政区划,优化区域城市布局,积极统筹城乡一体化和区域经济协调发展,合肥和芜湖的辐射带动作用日益明显,极大地提升了安徽本地市场的需求潜力。

---

① 《喜迎省第十次党代会:安徽居民恩格尔系数不断走低》,中安在线,http://ah.anhuinews.com/system/2016/10/08/007475231.shtml。

② 《安徽城里人收入5年涨了七成,城乡收入比居全国第十四位》,搜狐新闻,http://mt.sohu.com/20160413/n444053670.shtml。

（二）安徽建设内陆开放新高地的挑战

1. 国际贸易摩擦与市场疲软，国内经济竞争激烈

从国际层面来看，由于世界经济持续疲弱，未来我国国际贸易面临的将是更加严峻的贸易摩擦。2015年，全球工业生产低速增长，国际贸易持续走低，金融市场大幅动荡，大宗商品价格下跌加剧。而中国经济虽然步入新常态，但是仍保持了7%左右的增长速度，对世界经济增长的贡献超过25%。中国已成为世界第二大经济体和第一大出口国，但是针对中国开展的绿色壁垒、技术壁垒和反倾销调查层出不穷。而世界主要国家"宏观政策各自为政、以邻为壑、转嫁矛盾所带来的负外溢效应正在增大全球经济调整风险"。① 因此，我国仍旧是国际贸易保护主义的最大受害国，且在短时间内很难扭转这种局面。世贸组织统计数据显示，"2014年世贸组织成员采取的所有贸易救济措施中，涉及中国的超过30%。中国的钢铁、新能源、重型机械等支柱产品成为遭受国外贸易摩擦的重点，对出口的影响有所加深"。② 商务部在例行发布会上也指出贸易保护主义对我国出口贸易增长是雪上加霜，美国、欧盟和印度实施贸易救济措施一定程度上说明了全球贸易增长乏力的事实。从国内层面来看，中国经济增长放缓，步入新常态。投资需求不断收缩，通缩压力上升，财政政策和货币政策放松效应递减，成为中国经济下行的主要因素。而以扩大内需来刺激消费，抑制经济下滑风险，虽然带来了内陆地区经济增长的机遇，但是也使区域之间的竞争日益激烈。

2. 外贸依存度比较低，外需支撑力度有待提高

"十二五"期间，安徽省货物贸易进出口额持续增长，对外贸易有了较大进步，2015年进出口总额达到488亿美元，是2005年91.2亿美元的5倍，年均增长约15%。但是由于安徽对外贸易起点低，与全国平均水平、

---

① 《全球经济持续低迷 唯有中国敢问路在何方》，搜狐新闻，http://mt.sohu.com/20160818/n464909326.shtml。
② 《2016年中国对外贸易发展态势分析》，搜狐新闻，http://mt.sohu.com/20160425/n446125547.shtml。

沿海城市比较而言，对外贸易能力弱，国外市场需求不足。就数据而言，安徽省对外贸易发展严重落后，外贸依存度低于全国平均水平，在中部地区优势也不明显。2006年，中国外贸进出口依存度为0.64，安徽进出口依存度只有0.15，仅仅接近全国平均水平的1/4。此外，安徽进出口总额占比较低，2015年仅占全国进出口贸易总额的1.27%，较小的外贸规模和较低的外贸依存度，表明安徽在对外贸易方面存在明显的不足，国际市场的外需对安徽发展开放型经济的支撑度还不高。再者，安徽省对外贸易在很大程度上依靠江汽、海螺、马钢、铜陵有色等一大批国有企业来拉动，外商投资企业与民营企业占比较低。安徽省在国际产业链中处于末端，加工贸易与高新技术产品贸易量比例小，① 其中高新技术产品仅占出口总额的20%，主要依靠的是资源密集型与劳动密集型产品，且安徽省初级产品的出口处于劣势地位，"在国际上已经逐步丧失竞争优势"。② 就利用外资角度而言，2015年安徽实际利用外商直接投资额136.2亿美元，占全国比重仅为10.78%，外资利用水平只有同期江苏的56.11%。而投资主体的前两位是我国香港和台湾地区，结构较为单一，容易受到国际经济环境和政治环境变化的影响，境外投资稳步增长的同时波动性较强。

3. 中心城市实力相对薄弱，产业辐射和聚集效应不足

安徽现有的两座区域中心城市是合肥和芜湖。省会合肥是安徽经济总量最大、工业实力最强的区域。从地区经济首位度③来看，成都、武汉、长沙是中西部地区主要经济大省中首位度最高的省会城市，其中成都的首位度高达6.40，武汉的首位度为3.20，长沙的首位度为2.95。而2015年合肥的城市首位度为2.30，这一数字暗含两个层面的意思。一是地区经济增长的中

---

① 数据来源于《2015年安徽省国民经济和社会发展统计公报》。
② 《〈安徽贸易发展研究报告（2016）〉发布》，安徽新闻网，http://ah.anhuinews.com/system/2016/06/29/007395381.shtml。
③ "经济首位度"一般是指一个地区的最大城市（中心城市）与第二大城市经济规模、总量之比值，它通常用来反映该国或地区的城市规模结构和人口集中程度。一般认为，城市的经济首位度小于2，表明结构正常、集中适当；城市的经济首位度大于2，则存在结构失衡、过度集中的趋势。

心城市有一个先集聚后辐射扩散的过程，只有先提升中心城市的集聚力才能不断增强中心城市对地区经济发展的辐射带动作用。2015年安徽县域经济总体水平较好的"十强"县中，合肥市占了4席，肥西县、肥东县、巢湖市名列前三，中心城市辐射带动县域经济发展效应显现。二是安徽区域经济发展严重失衡，地区整体实力有待提升。从对全省经济增长的贡献度来看，2015年合肥市对全省经济增长的贡献率为25.72%，芜湖其次，为11.17%，其余各地区均未超过10%。而安徽第二大工业城市芜湖2015年地区生产总值仅为2457.32亿元，不到合肥经济总量的1/2。皖北经济总量最大的阜阳市地区生产总值不到合肥经济总量的1/4。在中部6省中，安徽省在总量方面除财政收入、实际利用外资、固定资产投资位次靠前，其他多数指标居中靠后。[1]

4. 地理生态优势不够明显，区域开放意识相对封闭

安徽虽是典型的内陆地区，但地理位置较好，但是由于大别山余脉、黄山山脉的阻隔，历史上安徽六安、黄山、池州、铜陵、安庆部分县域等交通不便，特别是长江水运的逐步萎缩，使得近代安徽上述地市物流成本上升，工业基础和"走出去"战略发展明显滞后于安徽其他地方。而黄山、池州、六安、安庆等地为保障长江经济带的生态屏障，长期限制和排除一些高能耗、高污染等基础工业的发展规模。就思想层面而言，安徽既不沿海，又不属于西部，历史上，安徽交通长期闭塞，自然衍生出相对封闭的文化观念、思想意识和体制安排，其中不乏粗放传统、思想僵化、小农思想、"小进即满"、"等靠要"等缺乏长远规划和创新精神的内陆意识，其左右着人们的思想和行动。改革开放之初，由于尴尬的地理区位，安徽获取的国家政策红利支持十分有限。而计划经济的体制安排，并没有营造一个允许实现资源要素自由流动的开放市场环境。同时，大多数企业缺乏主动走向国际市场、寻求发展的意识，固守传统的发展模式。因此，长期的思维束缚使得企业参与国际竞争与国际分工合作的能力较弱，在市场化浪潮中逐步丧失主导权。

---

[1] 《省统计局提出安徽崛起建议》，合肥在线，http://news.hf365.com/system/2012/03/26/011441925.shtml。

四 安徽省开放型经济发展现状与趋势

1. 进出口总额稳步提升,对外贸易增长潜力大

21世纪初,安徽省进口额仅为11.74亿美元,出口额为21.72亿美元,进口贸易依存度仅为0.40,出口贸易依存度为0.74。2000~2010年的十多年间,安徽省处于经济发展的快速增长时期,出台了一系列政策措施,抓住中部崛起的优惠政策和靠近长三角的优势区位,承接国际国内产业转移,主动建设和开拓国际贸易平台,实施产业创新驱动战略,在国际经济环境并不景气的条件下,实现了外贸规模的迅速增长。2010年,进出口总额较2000年增长了6倍之多,呈陡峭上升状态。其中2008年美国次贷危机波及全球范围,导致安徽省的出口额出现了明显下降,一度接近进口额。但只用了五年的时间,安徽省外贸快速复苏。2015年进出总额达到488亿美元,其中出口总额331.1亿美元,进口总额156.9亿美元(见图2),进出口总额居全国第13位,占省内GDP的14.16%。在中部地区,安徽省进出口总额继续排名中部次席,落后河南省,在全国31个省份中排名第8,增速位于中西部地区第5,存在较为广阔的贸易增长空间。

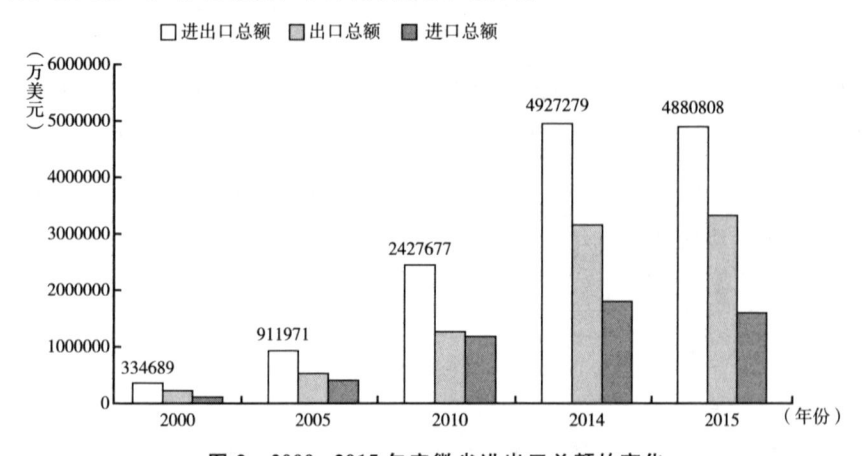

图2 2000~2015年安徽省进出口总额的变化

资料来源:安徽统计局公布的各年《安徽统计年鉴》。

2.进出口结构持续优化,高新技术产品出口比例不高

统计数据显示,安徽省加工贸易、高端制造业和高科技产品在对外贸易中所占比重日益增加。安徽省初级产品的出口额占出口总额的比重由1979年的约80%,下降到2015年的5.51%。[①] 而工业制成品出口额占出口总额的比重从1979年约20%上升到2006年历史最大值,占出口总额的93.78%,2015年占比达到94.49%(见表1)。然而,值得注意的是,2015年出口的产品结构中,"机电产品、高新技术产品出口占安徽全省出口的比重分别由2010年的39%、16.2%提高到2015年的53.2%、20.7%"。[②] 这表明安徽省产品结构日益优化,已从改革开放初期以出口初级产品为主转向以出口工业制成品为主,高端制造业和高新技术产品比例稳步提升,均高于平均增长率。然而,与江苏、山东等沿海省份相比仍处于劣势地位。在进口领域,主要进口产品在保持增长的同时也出现波动状态,工业制成品(主要是机电产品)进口额占进口总额比重虽有下降,但仍占主导优势,高端制造业产品和高新技术产品的进口比重呈现连年增长趋势,农产品和传统劳动密集型产品进口额在总量缓慢增长的同时,占比连年下降。这也说明安徽进口产品结构也在不断优化,对外贸易形式更加灵活多变。

表1 安徽省改革开放以来部分年份出口商品构成

单位:万美元,%

指标	1979年	1990年	1999年	2000年	2003年	2006年	2010年	2014年	2015年
出口总额	2782	65409	167657	217206	306424	683617	1241288	3149309	3311424
初级产品出口额	2226	26818	35610	28988	35224	42513	78229	193288	182463
初级产品出口额占比	80	41	21.24	13.35	11.50	6.22	6.30	6.14	5.51

---

① 王力:《安徽省出口产品结构的实证分析》,《铜陵学院学报》2008年第4期。
② 《"十二五"安徽进出口总额》,搜狐新闻,http://mt.sohu.com/20160127/n436047042.shtml。

续表

指标	1979年	1990年	1999年	2000年	2003年	2006年	2010年	2014年	2015年
工业制成品出口额	556	38591	132047	188218	271200	641104	1163059	2956021	3128960
工业制成品出口额占比	20	59	78.76	86.65	88.50	93.78	93.70	93.86	94.49

资料来源：1979年和1990年的数据来自李颖《安徽省外贸竞争力及其影响因素分析》，《当代经济》2007年第1期；1999~2015年数据来自《安徽统计年鉴》。

3. 外资利用规模逐步扩大，外商投资迈入新领域

安徽省吸引外资的历程大致可以分为以下四个阶段。①①初始阶段（1978~1991年），由于安徽省利用外资刚刚起步，且国家政策的偏向度不在内陆地区，近15年安徽的外商投资总额不到5000万美元，外资的实际利用额为4237万美元，引进的外资项目数不超过300个。②提速发展阶段（1992~1996年），国内市场的逐步放开，以及在政策上鼓励外商向相对落后的地区和部门投资，带动了安徽省利用外资的发展。到1996年底，安徽省吸引外资总额达到了50661万美元，实际引进外资额为54.41亿美元，占到实际利用外资累计额的99%。③曲折发展阶段（1997~2004年），受东南亚金融危机的影响，跨国公司对外投资的步伐放缓。1997年出现递减，在1998年短暂的回调后又出现下跌趋势。直到2000年，外资利用量才回归平稳状态。④飞速发展阶段（2005年至今），虽然2008年国际金融危机导致短暂的增速放缓，但外资增量一直处于上升趋势。2015年安徽省实际利用外资达到1361945万美元。从最近两年的外商投资来看，其有两大特点。一是外商投资的领域扩大，制造业到资增长强劲，全省三次产业到资比例为2∶59∶39。战略性新兴产业、机械、新能源、交通设施等是投资重点领域，商业服务业成为新的经济增长点。二是我国港台地区和日本的投资略微下降，受意大利、英国、法国、爱尔兰来皖投资增速拉动，

---

① 张孟菲：《安徽省利用外资的状况、业绩和潜力研究》，安徽大学硕士学位论文，2011。

欧洲到资规模扩大。

4. 外商投资向非中心地区扩散，但区域发展仍不均衡

受最近十年（2006~2015年——编者注）来安徽区域经济平衡发展战略的效益影响，外商投资的企业不仅集中在经济发达的全省中心城市合肥，而且外向扩散速度加快。特别是外商投资环境较适宜的其他地区，外商投资增长趋势明显。以2015年为例，全省14个设区市到资实现同比增长，"合肥、芜湖、马鞍山、蚌埠、滁州5市到资超10亿美元，其中，滁州到资首次突破10亿美元，宣城到资8亿美元，增长15.4%，增速全省第一"。[①] 而皖北6市在经历2015年初的负增长后逐渐回升企稳，全年在建亿元以上项目1596个，实际到位资金2527.5亿元，同比增长11.5%。[②] 尤其值得注意的是，近年来，安徽重点开放的县域也积极抓住开放的大好机遇，外商投资增长加速。合肥的肥西、肥东和长丰3县以及宣城的宁国市、滁州的天长市、马鞍山的当涂县、蚌埠的怀远县等成为县域利用外资的中心。而在十年前，安徽的外商投资主要集中在合肥、芜湖、淮南等经济发达和资源丰富地区，皖北的宿州、亳州和淮北，皖南的铜陵和池州等经济欠发达和交通闭塞的地区外商投资规模甚至不足省会合肥的10%，外资利用水平更是与合肥、芜湖等地相差甚远（见图3）。

5. 对外经济合作程度稳步提升，质量和数量增长空间大

对外经济合作度反映的是，本地区与境外其他地区和国家开展经济合作的程度。主要指标有对外承包工程和劳务合作完成额、对外直接投资、对外旅游合作度等。从对外承包工程和劳务合作完成额来看，2010~2015年安徽全年对外承包工程新签合同金额和完成营业额呈连年上涨趋势。2010年全年对外经济技术合作新签合同金额15.8亿美元，完成营业额20.5亿美元，

[①] 《2015年全省利用外资和境外投资情况》，中国安徽外资网，http://wzc.ahpc.gov.cn/sitecn/jwtz/12520.html。

[②] 安徽省外商投资促进中心：《2015年1~12月份全省利用省外资金和境外资金情况》，http://www.ahwstz.com/jjhz_show.asp?id=18745&ghid=348。

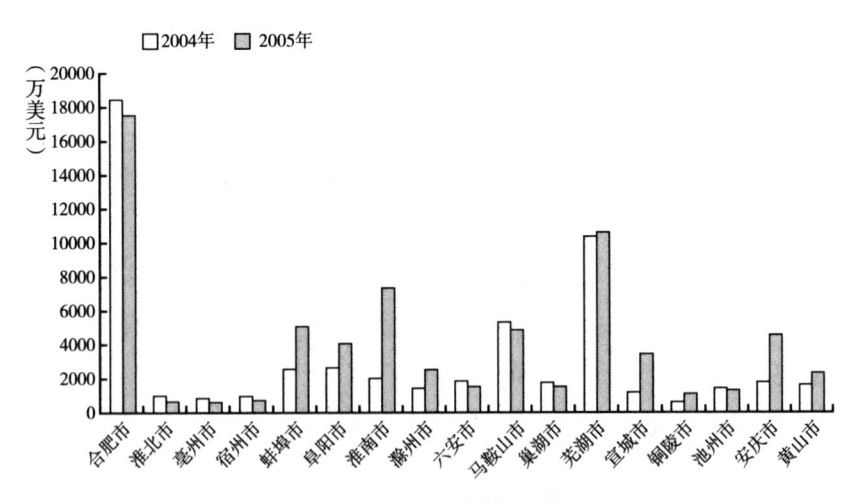

图 3　2004~2005 年安徽主要城市实际利用外资情况

资料来源：由《安徽统计年鉴 2006》的相关数据整理而来。

当年外派劳务人员 12631 人。① 2015 年安徽对外承包工程新签合同金额 30.7 亿美元，是 2010 年的 2 倍，完成营业额 26.9 亿美元。当年外派劳务人员 10500 人，比 2010 年下降 16.87%。从对外投资来看，"十二五"期间，"安徽省对外投资涉及的行业扩大到 49 个，境外生产加工企业增加到 81 家"，② 其中民营企业发展迅速。同时，对外投资的市场结构更趋合理。除了传统的非洲和东南亚市场，欧洲、美国、中亚和拉美国家等新兴市场也在不断拓展，已覆盖全球 112 个国家和地区。从对外旅游合作度来看，自 2000 年以来随着我国对外开放深度和广度的不断拓展，安徽境外旅游人数、旅游外汇呈现不断增长势头。2015 年全年境外（包括港澳台）旅游人数 444.6 万人次，比上年增长 9.8%，实现旅游外汇收入 22.6 亿美元，同比增长 23%。③ 其中，皖南旅游示范区是安徽境外游客旅游的主要目的地，2015

---

① 数据来源于安徽省统计局《2010 年安徽省国民经济和社会发展统计公报》。
② 中华人民共和国商务部：《"十二五"期间安徽省对外投资合作稳中有进》，http://www.mofcom.gov.cn/article/resume/n/201512/20151201216012.shtml。
③ 数据来源于安徽省统计局《2015 年安徽省国民经济和社会发展统计公报》。

年接待入境游客361.49万人次,同比增长10.6%,占全省总量的比重达到81.3%。①

五 安徽建设内陆开放新高地的路径选择

安徽作为中部崛起、"一带一路"和长江经济带开放开发战略的叠加之地,是内陆开放高地的重要节点区域。安徽内陆开放新高地的建设,需尽早谋篇布局,积极打造对外开放的国家级平台,优化配置国内国外两个资源、两个市场,进一步提升安徽在中东部地区地位和作用。

(一)积极主动对接安徽现有的国家级平台

1. 以"一带一路"节点城市(合肥)为平台,打造内陆开放型经济省份,推进安徽中心城市对外合作与国际化都市建设

安徽应当以共建"一带一路"国家为重点,建立重点产业产能合作项目库,培育具有国际竞争力的省属骨干企业,特别是要鼓励民营资本做大做强,发挥安徽传统优势产业的作用,并积极谋篇布局,打造一批战略性新兴产业聚集基地。同时,要推进安徽中心城市对外合作与国际化都市建设。依托合肥—芜湖经济圈,重点将合肥、芜湖打造为具有区域影响力的现代化国际都市,提升安徽对外开放的整体实力。

2. 以建设"长三角世界级城市群副中心城市"(合肥)为契机,进一步拓展安徽作为内陆经济新兴强省的发展空间

"十三五"时期合肥应借助自身优势,重点打造新一代电子信息技术、高端装备制造、生物制药、新能源汽车、智能语音及装备、通用航空、新型显示、机器人制造等战略性新兴产业,加快构筑"以战略性新兴产业为引领、先进制造业为主体、现代服务业为支撑、现代农业为基础的现代产业体系"。

---

① 《2015年皖南示范区旅游收入突破2200亿》,凤凰安徽,http://ah.ifeng.com/a/20160219/4286829_0.shtml。

3. 以"皖江城市带核心城市"（合肥、芜湖）为支撑，推进国家级滨湖新区建设，增强安徽省内陆开放新高地建设的内生动力

皖江示范区的主体功能规划应更加凸显合肥、芜湖作为核心城市的空间结构和综合承载能力，深度融入长三角，强势加盟长江中游城市群，抓住难得的发展机遇和争取更大的竞合空间。同时，省会合肥应加快整合现有国家级开发区和高新技术开发区的优势资源，积极推动国家级滨湖新区的审批进程，谋划推进滨湖新区朝着全国现代产业聚集区、高新技术研发示范区、现代金融与物流服务基地建设的进度。

4. 以合芜蚌自主创新示范区为平台，通过建设合肥、芜湖、蚌埠国家科技创新城市，进一步打造国家科技创新强省

借助国家级合芜蚌自主创新示范区的科教和创新实力，安徽正在建设有重要影响力的综合性国家科学中心和产业创新中心。合肥市应以建立有利于人才激励和集聚的新机制为抓手，打造综合性国家科学中心，重点建设世界一流的大科学装置群和一批前沿科学领域的国家（重点）实验室，力争在2020年基本建成综合性国家科学中心和产业创新中心，在2030年把安徽省建成具有全国示范带动作用的科技强省。

（二）培育开放型经济主体和创新型主导产业

开放型经济主体和创新型主导产业是安徽打造内陆开放新高地的立足之本。因此，培育开放型经济主体，建设国家级战略性新兴产业基地是安徽开放型经济集聚创新要素资源和优化特色优势产业结构的重要手段。

1. 以打造战略性新兴产业集群为切入点，力争到2025年在全省合理布局建设3~5个国家级创新基地

①新一代信息技术产业与研发基地。"着力推动集成电路、新型显示、智能语音、智能终端、软件和信息服务等产业发展壮大，提升电子基础产品支撑能力。"[①] ②家电产业创新基地。省会合肥是中国最大的家电产业基地，

---

① 《安徽省战略性新兴产业"十三五"发展规划》，http://aqxxgk.anqing.gov.cn/show.php?id=487398。

现有20多个全国著名的家电生产基地。国家家电产品质量监督检验中心和惠而浦全球研发中心落户合肥后,合肥正在从家电生产聚集中心向家电研发中心迈进,从家电大市向家电强市转变。③新能源产业示范基地。利用安徽省传统优势能源基地,打造以新能源汽车、新能源材料、光伏电能为核心的产业示范区。④生物医药产业基地。以合肥、芜湖、蚌埠等省域中心城市为依托,着力构建生物医药新体系,推动医疗器械向高端迈进,加强移动医疗、远程医疗等智慧医疗产业的集聚与研发。⑤航空港产业创新基地。航空经济成为区域经济的新发展点,其既可在优化全球资源配置中发挥重要的作用,又可促进高端制造业和新型服务业的发展。依靠合肥空港经济示范区、芜湖航空产业园,促进航空培训、轻型飞机旅游项目开发、航空物流与贸易等现代服务业发展。

2. 大力培育开放型经济主体

①充分发挥政策型支持的作用,加强融资贷款、出口信用保险等政策创新,更加注重运用市场机制、经济手段、法治思维,加强外资企业政策、资金的整合与集成。②健全"走出去"服务保障制度。在重点国家和区域,特别是共建"一带一路"国家的政治、外交、法律、经贸以文化传统等领域开展专项研究,为安徽企业"走出去"提供政策建议和智力支持。推进境外安保和领事保护工作,加强安徽省公民和机构在境外的人身和财产安全保障工作,建立并完善境外安全保障信息库。③以创新驱动、产业升级为主题,摒弃简单的制造业产能转移模式,更加注重创新链、产业链与安徽优势创新资源和战略性新兴产业的深度融合。④通过财税政策支持、准入标准提高等措施,推动传统产业优化升级,大力提高智能制造的工业效益,淘汰落后工业产能。支持企业间战略合作和跨行业、跨区域兼并重组,培育一批核心竞争力强的企业集团。⑤突出企业创新的主体地位,充分发挥企业在创新决策中的话语权,鼓励和引导安徽科技创新主体与世界主要创新源头国家和地区的跨国公司研发中心、高校和科研院所等开展多层次的合作。

(三)主动融入和拓展与共建"一带一路"国家的务实合作

安徽参与"一带一路"建设,具有沿江近海、承东启西的独特区位优势,主动融入,并积极拓展与共建"一带一路"国家合作的广度和深度,是安徽构建对外开放新格局,实现产业结构优化升级的战略选择。

1. 深思熟虑,优选共建"一带一路"重点合作国家

鉴于共建"一带一路"过程中某些国家存在政局、政策和法律等的不确定性风险,安徽省应加强与本省技术、产业、市场等关联度高、互补性强的国家和地区的各领域合作,重点推进国家发改委与省人民政府共同确定的与印尼、巴西、厄瓜多尔、罗马尼亚、匈牙利等国家或区域的产业合作,积极谋划和推进中德合作产业园建设,进一步扩大与俄罗斯伏尔加河流域项目合作。同时,扩大对东南亚、中亚、西亚等地区的重点沿线国家的投资。

2. 知己知彼,建立重点产业产能合作项目库

安徽与共建"一带一路"国家资源禀赋、产业基础、产品需求等不尽相同,产业产能合作潜力巨大。建立重点产业产能合作项目库应着眼两大方面。①对接安徽产能合作。西亚、东南亚、北非、拉美等在交通基础设施、商贸物流、产业投资、工程承包等方面有着巨大的投资需求,安徽应当充分挖掘家用电器、汽车和装备制造、煤炭、钢铁、有色金属、水泥、机械制造、建筑施工、现代农业等领域的产能优势,加强工程项目合作。建设境外生产基地和产业园区,促进产能转移、劳务和资本输出。②扩大和优化进出口贸易。既要深化与俄罗斯、伊朗、阿联酋、印度、印尼、越南等传统双边贸易大国的进出口贸易,大力推动安徽优势产品"走出去",又要借助共建"一带一路"国家的资源禀赋、技术优势和物流通道,扩大进口贸易,实现进出口贸易均衡发展。

3. 重视与加强合作机制和合作平台的建设及完善

安徽要高度重视和加强与共建"一带一路"地区和国家政府间的高效沟通及制度完善。通过政府间的高效沟通,了解双方所需所长,发挥优势互补作用,合理对接中国和共建"一带一路"国家已有的发展战略和计划项目。同时，利用我国特别是安徽现有的国家级合作平台，加快国际货运专列、海港航空港口、电子口岸等外贸通道的建设。

4. 以龙头示范企业主体，促进皖企抱团"走出去"

拓展共建"一带一路"国家市场面临国际贸易摩擦和国内企业同质化竞争的双重风险，鼓励以安徽龙头企业为主体，采取联合组团、产业联盟等方式，抱团出海。同时，组织专门力量，调研安徽省在海外的企业、机构、资产、人员情况，摸清底数、建立机制，形成有效的安全防范体系，加强涉外政治、政策、法律和文化的研究和学习，提高安徽省企业开展国际经贸合作的风险预警和应对能力。

（四）积极探索和构建内陆开放的体制机制

安徽对外开放的体制机制，包含安徽参与国际分工和合作的体制机制和安徽参与长江经济带区域合作的体制机制两大层面。

1. 安徽参与国际分工和合作的体制机制建设

借力国家对外重大平台，发挥政府多边合作机制作用，充分用好中非合作、中拉合作、中国—中东欧合作、中俄"两河流域"合作等机制平台和国家年、文化年、旅游年等活动，深化安徽与其在经贸、人文、科教、农业、医疗等领域的务实合作，积极落实双边协议成果。同时，出台政策鼓励安徽有能力的企业积极参与国际分工和合作，实施"引进来"与"走出去"的双向发展战略。

2. 建立健全长江经济带区域合作机制

国务院印发的《关于依托黄金水道推动长江经济带发展的指导意见》指出，长江经济带11个省市要"建立健全地方政府之间协商合作机制，共同研究区域合作中的重大事项"。①搭建安徽与长三角地区各省市之间的网络交流平台，积极公布产业政策、招商引资、合作交流等方面的信息，让各地区都能及时、准确地掌握产业信息，以帮助安徽政府和企业作出合理的投资决策，实现等高对接。②积极主动地掌握长三角地区发布的产业信息，了解产业发展动态，找准与长三角地区在产业发展政策与理念、发展方式和路径等方面存在的差距,提高产业对接的效率与质量,保持高频互动。③积极参与区域合作和经贸交流。加强与沪苏浙等东南沿海地区的全面经济合作,在新兴产业、重要能源、现代物流、信息技术、金融信贷等领域开拓国内市场,充分利用上海自由贸易区的辐射带动作用,联手长三角城市群,共建国际大通道。④探索区域合作的市场新机制,消除区域经济合作的体制障碍。与长三角城市群、长江中游城市群协商建立推动区域经济自由贸易的制度性规定和协议,增进高效合作。⑤在承接长三角地区产业转移过程中,不能全盘承接产业转移,要根据安徽产业战略布局,合理科学地优选适合安徽进一步发展的优势产业,避免盲目上马项目,防止生态破坏。

(五)谋篇布局合芜马自由贸易区建设

自由贸易区是发展开放型经济的政策高地,是安徽对外贸易提质提速的排头兵。设立自由贸易区是优化安徽对外贸易、提高安徽经济开放水平的跳板,不仅能推动安徽省消费结构的升级,而且对提升安徽外贸企业的国际竞争力和引进优秀的外资企业投资兴皖都大有裨益。因此,谋划安徽省自由贸易区就尤为重要。省会合肥申报自贸区优势明显。合肥"区位交通优势明显,且临江达海,水、陆、空交通体系完备,是皖江城市带承接产业转移示范区、合芜蚌自主创新综合配套改革试验区、国家长江经济带转型升级战略等国家战略的叠加区"。①合肥自由贸易区应充分借鉴上海自贸区的建设模式,依托"合肥综合保税区、合肥出口加工区、合肥空港经济示范区的政策优势,同时整合芜湖出口加工区、合肥港、芜湖港朱家桥港区、芜湖三山港区、马鞍山郑浦港区的联合优势",定位为涵盖货物贸易、服务贸易、要素流动的内陆综合性自由贸易区。同时,积极利用皖江示范区、合芜蚌自主创新示范区等国家级平台在金融税收、贸易投资、产业聚集等方面的政策支持。

---

① 《安徽自贸区方案已报至国务院 合芜马三市打包申报》,http://news.cnwest.com/content/2014-03-28/content_ 10932443.htm。

(六)着力优化安徽对外开放的发展环境

1. 首要条件就是要增强开放意识,拥有全球思维①

着眼国际发展新动态,时刻关注世界经济发展的新机遇;高标准规划安徽经济社会发展,特别是在重要区域布局和战略性新兴产业区的规划编制中,要动员全省规划力量,发挥后发优势,实现高端切入。

2. 加强交通、信息硬环境建设,畅通对外联络方式

抓住国家交通大建设的机会,在国际空港、高速铁路、城际交通、长江海港等领域尽早谋篇布局,形成对外联系的交通通道网络,开拓海外市场。同时,加强信息技术研发和信息通道建设,实现以互联网为代表的新一代信息通信技术与经济社会各领域的跨界融合和深度应用。

3. 加强对外开放大通道和大平台建设

整合安徽港口资源,优化口岸布局,加快建成国际贸易"单一窗口"开放口岸;发挥入境指定口岸功能,打造进口整车等特色口岸;加强海关特殊监管区域和场所建设,有效对接产业转移;优化通关服务环境,加快建设开放合作的综合信息服务库,切实降低企业通关成本;依托安徽交通和信息的比较优势,打造东西联动、南北贯通的物流枢纽,进而架起通江达海、连接欧亚、东临太平洋、西至大西洋的国际物流大通道。

4. 大力建设竞争公平、政策透明、行政高效的投资软环境

安徽省特别是地市级政府要因地制宜地利用好国家的政策优势,制定适宜的招投资政策、人才政策、税收政策、进出口政策。推进政府职能转变,加快行政审批制度改革,优化重大投资项目的审批流程,简化外商投资企业外汇资本金结汇手续。同时,建设高效廉政的法治政府,公正执法,平等对待各类市场主体,着力营造重商、亲商的政务环境。

5. 创造良好的金融服务环境和信用体系

加快金融生态区的建设,特别是推进外商投资企业外汇管理制度的改

---

① 戴维来:《打造内陆开放新高地的安徽路径》,《安徽日报》2016年9月19日。

革。按照分类原则，对符合规范和依法经营的外商投资企业先行设立外国投资者专用外汇账户，允许延长出资期限。同时，进一步创新银、企、政三方合作机制，加强金融监管和指导，完善信用体系建设，防范金融风险。

6.加强供给侧改革，扩大内需规模

积极扶持自主创业，强化创业培训和创业服务，营造"大众创业、万众创新"氛围。进一步促进就业，创造更多的就业岗位。加快城乡公共服务均等化改革，实施城乡社会保障一体化发展战略。

（七）创新安徽对外宣传的方式方法

对外宣传工作是提升安徽国际形象，促进安徽更高水平"引进来"、更大步伐"走出去"的重要着力点。当务之急是创新安徽对外宣传的方式方法，增强对外宣传的实际效果。

1.加强官方交往，配合国家总体外交

争取邀请外国元首与政府首脑、国际组织要员、国际名人到安徽考察访问，加强与外国地方政府的交流与合作。同时，积极开展同共建"一带一路"国家立法机构、主要党派和政治组织的友好往来。特别是利用安徽与世界五大洲34个国家的85个省（州、区、县）、市缔结的友好省际（城市）关系，推动友好关系从传统的政治、经贸领域延伸到文化、旅游、环保、技术、教育、新能源等新领域。

2.拓展民间交流，注重民间外交

既要举办国际性的文化、科技、体育赛事活动，吸引国际选手参赛，扩大国际影响力，又要发挥安徽省在海外的留学生、华人华侨、皖籍华人社团和"走出去"企业的桥梁作用。发挥合肥"侨梦苑"的政策优势，重点引进国家急需的海外高精尖人才，汇聚侨资、侨智、侨力。认真实施孔子学院发展规划，进一步密切与相关国家对华友好团体的联系。支持安徽省公共外交协会、省民间组织国际交流促进会等各类非政府组织参与"一带一路"建设。

3. 积极构建对外传播立体格局

积极构建以徽文化对外展示、皖南国际文化旅游示范区对外推介、黄梅戏艺术文化交流、中国国际徽商大会、政府多边合作论坛等重大主题外宣与重大文化交流和重大政府外交活动等为主要内容的对外传播立体格局。

4. 探索利用互联网新媒体开展对外推介，加强对外宣传阵地建设

在外事门户网站、英文网站、Facebook社交网站、微博微信平台、海外主要华文媒体开设安徽专版、专栏，提升对外传播能力，积极塑造"开放安徽"形象。有针对性地加强同境外媒体的联系、交流与合作，努力引导新闻报道走向，争取正面宣传效果。

5. 增强安徽文化的体验感

依托国家年、文化年、旅游年、皖南国际文化旅游示范区等平台，积极打造"徽山、徽水、徽文化"、"外国留学生修学"和"外国留学生讲安徽故事"等品牌活动，筹划举办"开放的中国：牵手世界的安徽""安徽省与外国驻沪代表机构联谊会""与共建'一带一路'国家互办文化节、艺术节"等活动。按照国际受众信息需求和思维习惯，编制综合性、分领域的多语种外宣材料，提高翻译质量，提升沟通效果。

地方高校国别区域研究的困境及路径选择*

——以A大学为例

范和生

摘　要：在新的时代机遇下，大力发展精细化的国别区域研究是高校的崇高使命，有利于为党和政府对外战略决策提供智力支撑。但由于各地高校发展条件不同，相关研究的开展也面临诸多困境。就A大学国别区域研究的实际情况而言，其在人才培养机制、信息获取渠道以及研究成果推广方面有较大完善空间。应坚持以人为本，不断完善相关人才机制；运用各种途径充分收集获取研究信息；通过与各类媒体和政府外事部门的合作拓展研究的社会和政策影响力。

关键词：国别区域研究　地方高校　A大学　路径选择

随着对外开放、国际交往的深化，我国正在经历一个由区域性国家变成世界性国家的重大转折期，需要更加关注世界、了解世界，[①] 为此，多地高

---

* 本文发表于《北华大学学报》（社会科学版）2019年第4期，安徽大学社会与政治学院2016级国际事务与国际关系专业王乐瞳同学参与了本文的资料收集、整理以及正文撰写工作，收录时有修改。

① 《北京大学区域与国别研究院揭牌成立》，https：//mp.weixin.qq.com/s/CY4rHSy wsh42 rwK3MdTC_ w，2018年4月14日。

校着重建设国别区域研究智库。大力发展国别区域研究,既是时代的禀赋,也是应有的自觉,同时它还是了解和研究世界的重要学术工具和相关政策制定的有力支撑。然而,就我国地方高校的具体情况而言,由于地理位置、经济水平、文化水平以及资源禀赋等条件的差异,其开展国别区域研究均面临不同程度的困境。因而有必要对其在现实中存在的问题进行梳理并构建针对性的改善路径。

一 国别区域研究的内涵及发展现状

"国别区域研究"或"地区研究",是指综合历史、地理、文化、经济、政治、军事、外交等多个研究角度对其他国家或地区的研究。[①] 其追求地方性、精细化的具体知识,重视基于对外部世界的深入理解为国家制定更为精细的对外战略与策略。[②] 因此,开展国别区域研究首先需要有一种跨学科的综合视角,同时还应充分掌握所研究国家或地区的详细资料,在此基础上科学分析以为国家涉外决策提供智力支撑。

高校作为各领域人才汇集的高地,可凭借自身良好的学术积淀和社会影响充分对接国别区域研究。为此,教育部在 2014 年《中国特色新型高校智库建设推进计划》的文件中指出,"创新组织形式,重点建设一批全球和区域问题研究基地"[③];2016 年,其在《推进共建"一带一路"教育行动》的文件中再次提出把建设国别区域研究基地作为共建"一带一路"的基础性举措。[④] 多地高校为此积极响应,据统计,我国已至少有 269 所地方高校

[①] 唐世平、张洁、曹筱阳:《中国的地区研究:成就、差距和期待》,《世界经济与政治》2005 年第 11 期,第 7~15 页。
[②] 陈岳、莫盛凯:《以深化地区和国别研究推动中国国际关系学科的发展》,《教学与研究》2016 年第 7 期,第 36~44 页。
[③] 《教育部关于印发〈中国特色新型高校智库建设推进计划〉的通知》(教社科〔2014〕1 号),2014 年 2 月 12 日。
[④] 《让"一带一路"愿景与行动在教育领域落地生根》,http://www.moe.gov.cn/jyb_xwfb/s271/201608/t20160811_274678.html,2016 年 8 月 11 日。

(不含京沪两地高校)设立国别区域研究机构。[①] 就已有文献来看,当前学界对地方高校国别区域研究型机构的挖掘较少,且其中以个案为具体研究对象详细分析地方高校此类研究的困境与改善路径的文献更为少见。

地方高校的国别区域研究动因可以分为两类:一是响应国家号召,服务地方"走出去";二是基于自身的地缘优势或研究传统。后者如开展南亚研究的云南大学、开展中亚研究的西北大学等,而我国地方高校的国别区域研究动因多数属于前者,其设立时间多在中国共产党的十八大召开之后,相对而言面临的瓶颈更多。

A大学的国别区域研究动因也属前者,其建立是响应国家"一带一路"倡议和中部崛起战略、对接长江经济带建设、服务安徽企业"走出去"和助力安徽打造内陆开放新高地的有力举措。经调研发现,其最突出的特点在于人才的"交叉",即在国别和区域研究院的统筹规划下有效整合了校内外各专业领域的教研人才,将社会学、人类学、民族学、外语、国际政治和世界史等多个学科有机融合,初步形成了跨学科的立体研究特色。但在人员培养的具体机制、信息获取的具体渠道以及成果推广的具体方式上仍有较大完善空间。

二 存在的困境

(一)人才培养机制有待完善

2016年,中共中央办公厅、国务院办公厅印发《关于做好新时期教育对外开放工作的若干意见》,该意见指出要将国别和区域研究人才列入"五类人才"加快培养。[②] 为此,A大学国别和区域研究院将"国际问题研究人才培养"作为自身的发展目标之一,着力打造以跨学科人才为基础的高

[①] 《国别区域研究机构榜单》,https://www.sohu.com/a/167268851_618422,2017年8月25日。
[②] 《坚持扩大开放 做强中国教育》,http://www.jyb.cn/zgjyb/201604/t20160430_36445,2016年4月30日。

校—智库共生机制。但在具体实施层面，人才建设仍面临诸多困难。其原因具有普遍性——教育部国别和区域研究工作秘书处主任在 A 大学进行座谈时指出，优秀的国别区域研究人才应掌握对象国语言，拥有在对象国长期生活经历并具备国际政治理论基础。但当前阶段此类复合型毕业生数量有限，难以满足国别区域研究蓬勃开展的需要。这一点在笔者对苏州大学等高校的此类研究机构进行调研时均有所体现。此外，A 大学的相关问题也有其特殊性。

1. 尚缺乏多样化的人才考核激励机制

首先，A 大学国别区域研究人员的成果认证方式主要分为论文、专著与报告三项。其优点在于体现了对智库建言献策功能的认可。但研究者在社会服务和人才培养两方面所作的贡献尚未纳入人才考核的标准之内。例如利用校际友好关系开展跨国教育合作，推动与对象国各民族的友好交往。这是切实推动国别区域研究成果转化为实际生产力和社会效益的举措，有助于为国别区域研究的持续开展提供保障。接受访谈的研究员普遍认为这正是推动高校国别区域研究人才考评机制多样化所应关注的方向，也是高校相对于纯智库而言的独特性所在。

其次，各国别区域研究中心的研究员多以中、青年教师为骨干，其具有评选晋升更高教师资格的客观需求。而在查询 A 大学教师资格申报以及科研项目分类标准等文件并将其与临近的郑州大学、南昌大学相关文件进行比较后，可得出两个结论。一是现有评价标准较高。以所规定的三类及以上刊物为例，不仅国别区域研究领域的重要刊物如《拉丁美洲研究》《非洲研究》等尚未纳入其中，且部分三类期刊在其他学校视为一类期刊，结合院系引进教师的标准来看，这样的情况可能会将潜在的国别区域研究人才拒之门外。二是与同类学校相比，A 大学的职称评定标准项目较多。以副教授职称为例，其教学考核必须同时满足教学质量优秀、综合排名靠前、指导学生科研等标准，而在郑州大学则仅需满足其中之一即可。这些在无形中使从事国别区域研究的青年教师将更多时间用于职称晋升、个人论文发表等方面，相对挤占了科研时间，而国别区域研究又是一个难度高、时空跨度大的领域，投入时间减少易影响研究质量。

2. 引入外部智囊的实际效果有待提升

著名学者以及政府外事官员的学术资源和政策影响力能够给在地理位置和影响力方面不占优势的地方高校带来诸多便利。因而引入外部智囊有助于推动相关研究的开展。笔者通过调研发现 A 大学的国别区域研究机构在智囊引入方面存在两方面的困境。一是如何"善用"，即如何发挥其最大功效，避免"只聘未用"。二是当前状况为学者外援多，官员外援少。虽然前者拥有广阔的学术视野和较高的学术能力，但后者则因其从政经验而拥有良好的政策思维与分析能力，此类外援利于促进研究人员对国家外交政策和地方外事政策的理解，便于更好地发挥建言献策功能。

3. 学生辅助国别区域研究的机制尚未形成

鉴于高校教师兼职研究的实际情况，选拔适当数量的学生助理是高校国别区域研究值得探索的方向。以斯坦福大学胡佛研究所为例，其为每位研究员配备了多达 2.5 名助理研究员。这充分证明了助理研究员的重要性。A 大学的国别区域研究也可通过学生的深度参与来解决教师在研究中所遇到的问题。为了解 A 大学国别区域研究与学生的互动状况，笔者选取了与此类研究关系密切的外语学院作为调查对象，对该院 127 名学生进行了问卷调查。在"如何看待国别区域研究与其专业未来发展的相关度"问题上，共有 86 人（67.72%）认为"两者相关度很大"，其中甚至 31 人（24.41%）认定"国别区域研究就是自己未来职业发展方向之一"。这充分显示出学生对国别区域研究的热情。但在随即问到的"目前情况下两者沟通结合程度如何"一题中，认为"当前两者结合情况一般"以及"当前几乎感觉不到两者的结合"的人数分别达到了 55 人（43.31%）和 30 人（23.62%），该数据反映出当前国别区域研究与学生存在一定的脱节。

（二）信息获取渠道有待补充

2018 年 5 月安徽省副省长在《关于推进安徽省"一带一路"国际合作情况的报告》中指出："安徽企业分布较多的'一带一路'沿线，跨越东西方多个文明交汇区，宗教冲突和种族矛盾问题明显，区域内多为发展中国家，矛盾突出、政局不稳"。然而不仅是企业，为安徽企业"走出去"建言献策的A大学国别区域研究人员同样面临类似困境。国别研究本身存在地理上的天然阻隔，同时语言、历史、文化等诸多深层次的差异也对其造成了极大障碍。就A大学此类研究的具体方向而言，针对西亚、非洲等都难以轻易获取研究所需的一手信息。笔者在多次参与相关国别研究机构的座谈会后得知，信息资料的获取、实地调研的顺利开展……已然是诸多研究员共同关注的棘手问题。而获得宝贵的一手信息离不开常态化的国内外交流机制。

（三）成果推广力度有待提升

高校智库在决策系统内部信息中的相对劣势，导致其研究往往难以准确把握决策者的政策需要，也不易根据即时的内部信息抓住政策窗口期，[①]而研究周期长的国别区域研究更是如此，因而导致政策影响力的相对不足。正如帕特里夏·林登（Patricia Linden）所说的"智库必须充分传播他们的观点，否则再有能力的智库专家也只是自言自语"[②]——高校国别区域研究需着力提升其政策影响力。同样，我们也应意识到高校智库在决策系统外部信息中的独特优势，即可以通过各类媒体渠道增强社会影响力，再以此构建影响政府决策的新路径。然而我国地方高校的国别区域研究大多仍处于起步阶段，对于如何将自身成果转化为实际的社会及政策影响力还未形成完整的认知。以基础门户网站建设为例，笔者对269所地方高校国别区域研究中心进行了检索，发现有146所（54.27%）无网站，在有网站的研究中心中，双语（多语）网站占比仅为28.5%。针对A大学的具体情况看，虽然4个研究中心目前均已建立了双语网站，但内容更新速度有待提升。同时，在增强社会与政策影响力方面，4个研究中心均存在进一步完善的空间。

[①] 龚会莲：《研究成果、传递通道与高校智库治理研究》，《情报杂志》2018年第7期，第39~44页。

[②] 〔加〕唐纳德·E. 埃布尔森：《智库能发挥作用吗？公共政策研究机构影响力之评估》，扈喜林译，上海社会科学院出版社，2010，第83页。

三　解决路径

（一）始终坚持以人为本

1. 建立多样化的人才考核激励标准

首先，根据 A 大学国别区域研究的实际状况，相关人员应考虑主动与负责智库平台建设的人文社会科学处建立定期联系机制，通过调研、座谈等形式进行深入沟通，表达研究人员的实际困境。例如在进行期刊认定时考虑该期刊在对应国别区域研究领域的实际影响力，对特殊期刊实行特殊对待。以此营造宽松氛围、尊重知识成果、鼓励思想创新，且在关注政策影响的同时也注重国别区域研究的社会影响与社会服务职能的构建，逐步完善学校层次对国别区域研究的人才成果评价体系，促进科研成果转换为生产力和国民教育的成果。

其次，国别区域研究中心的主要研究人员可按照 A 大学"双肩挑"人员标准对待，灵活减免教学量和业绩指标，最大限度地协调教学与研究的关系，以此提高中心研究人员的工作积极性。另外，应将 A 大学国别区域研究人才的引进方式由院系逐步转移至国别和区域研究院。具体可以从相应的研究生招生入手，探索完善国别和区域研究院的招生方式，以最大限度地帮助国别区域研究获得急需人才。

2. 提升外部智囊人才实际引用效果

外部智囊人才中的学者，可分为著名专家和正在成长的中青年学术人才两类。目前 A 大学各国别区域研究中心对于前者的引进已有了初步成效，接下来可邀请其定期到访以增进与中心研究人员的沟通，使其资源和见解惠及本校国别区域研究；但对于相对更有利于指导学生和促进实际研究开展的后者，A 大学目前还缺少关注。正如教育部国别和区域研究工作秘书处主任在座谈时所指出的，当前 A 大学国别区域研究的引援工作应重点关注中青年学术骨干。要通过参与中心课题的形式使其融入本校国别区域研究和学生的培养中。由于此成果同样有益于其自身职称的晋升，故而是一种互利的合作模式。此外，还应加强对政府外事官员的引入，在政策信息方面助推国别区域研究发展。

3. 探索学生辅助国别区域研究的新路径

国别区域研究发展较好的美国地方高校基本都开设了相关的通识课程供学生选择。而国内相关领域发展较早的高校也有各自独特的经验。例如北京语言大学在国别区域研究的课程设置上开设世界智库追踪研究，通过教师引导，让学生直接关注最新的智库发展动态，重点培养政策研究和对策研究能力。[①] 又如笔者访谈的北京大学非洲研究中心设定了"本科生证书""研究生证书"，通过为不同层次的学生设定不同的参与模式来推动学生对国别区域研究的深度参与。在笔者针对 A 大学的问卷中，有 81 名（63.78%）学生认为 A 大学各国别区域研究中心的教师应逐步为其开设相关的课程；有 84 名（66.14%）学生认为研究中心应丰富学生参与的互动形式。因而 A 大学相关国别区域研究应着力构建具有自身特色的学生参与模式，如利用本校来源广泛的留学生资源举办艺术文化节。各研究中心也应互相学习借鉴彼此经验，形成常态化交流机制。

4. 激发研究者乐于奉献的学术情怀

研究人员的学术兴趣是使其进入科研情境的重要驱动力。面对国别区域研究的重重困难，研究人员须坚持自身的学术追求，以构建人类命运共同体的情怀投入研究工作。笔者访谈的北京大学非洲研究中心主任就讲道："北大非洲中心既无办公场所，也无经费支持，但却做出了全国同行瞩目的研究成果，本质上靠的还是研究人员不慕名利的学术追求。"因而，A 大学乃至各高校的国别区域研究应在加强制度等"硬环境"建设的同时关注研究"软环境"，在增强研究人员学术兴趣上寻找突破口，激发学术情怀，促进研究质量进一步提升。

（二）完善信息获取模式

1. 充分收集现有资料

高校国别区域研究智库应充分利用好图书馆及相应数据库资源，这是相

[①] 罗林、邵玉琢：《"一带一路"视域下国别和区域研究的大国学科体系建构》，《新疆师范大学学报》（哲学社会科学版）2018 年第 6 期，第 79~88 页。

对于民间同类智库而言较易实现的途径；同时，应与各级档案馆之间建立合作机制，充分挖掘本地对外发展的史料资源。针对A大学而言，其开展国别区域研究应抓住位于省会城市的便捷条件，对全省的图书和档案资源加以有效收集利用。此外，要关注国内外共享的自建数据库。例如国家图书馆、现代国际关系研究院等国家层次的对外研究数据库以及有特色的地方数据资源，如浙江师范大学非洲研究数据库等。研究中心可以请学生助理列出清单，积极收集整理相关资料，当研究需要时便可定点查询、快速获取。

2. 积极拓展交流渠道

首先，充分利用大使馆的"中间桥梁"作用。主动与研究国使馆建立密切联系，通过"使馆渠道"为信息资料收集获取奠定基础。A大学可联系、邀请对象国驻华使馆人员访问相应的国别区域研究中心，也可与文化参赞等官员讨论共办文化艺术节等活动，增进双方文化互信，为后续合作奠定良好基础。而聘用使馆外交官员为兼职研究人员也不失为获取政策信息时值得考虑的方案。

其次，研究中心应积极为青年研究人员争取访学和考察机会。一则可以通过与渠道丰富的中央智库建立联系，搭建智库之间的横向合作平台，让A大学的青年研究人员融入更高层次的研究氛围；二则可以借助校际合作的途径与对象国高校建立长期合作机制，助推研究人员长期访学调研。据统计，目前A大学的4个国别区域研究中心均开始了赴对象国考察的尝试，但多为非常态化的、短期的考察，鉴于研究人员多为高校教师的实际情况，在合理运用上述建议的基础上应考虑将调研放在暑期，以适当延长调研时间。

3. 灵活寻求调研便利

国别区域研究需要依托对对象国的实地调研。因此寻求调研时的便利和帮助，是国别区域研究必须面对的问题。鉴于此，笔者在调研的基础上提出部分建议。一是充分利用本省涉外企业在当地的影响力。能够开拓国外市场的公司在当地具备了一定的生存和组织能力，故而地方高校开展国外调研可以积极依托企业的力量。例如A大学西亚北非研究中心与安徽农垦集团的合作已为该所研究人员赴非洲调研考察提供了极大便利。而安徽省涉外企业的分布状况与各国别区域研究中心的研究区域基本吻合，因此"智企联盟"是一条适宜推广的途径。二是积极拓展与对象国商会的联系。例如北京大学非洲研究中心与在南非的中国商会建立了战略协作关系。商会负责接待该研究中心到访的调研人员，这一举措为其调研的有效开展提供了便利。而这一点在 A 大学的国别区域研究中还未曾使用。商会是提供调研便利的有效途径，A 大学可通过统战部等的统计资料获知相关区域内本省商会及海外联络站的联系方式，利用当地安徽省籍商会领袖回国的机会邀请至研究中心访问并建立联系。三是利用"城市外交"途径——安徽已与 34 个国家的 85 个省（州、区、县）、市缔结了友好省际（城市）关系，[①] 研究人员应充分把握这一契机。例如俄罗斯研究中心可充分利用合肥市与乌法市的友好关系，为其访问调研提供便利。最后，在上述基础上充分发挥 A 大学与安徽省外事办共建的优势，申请缩短研究人员出国调研的办证流程，在政策上促进赴外调研工作的开展。

（三）促进成果多元推广

1. 探索智库—媒体互动新模式

通过传统媒介以及新媒体发声是高校国别区域研究扩展影响力的重要举措。前一类媒介受众广，影响力大，且易引起政府的关注。例如北京大学非洲研究中心与《半月谈》杂志的合作在扩大自身社会影响力的同时也有效传达了咨政建议。A 大学国别和区域研究院可首先与安徽省内媒体建立长期合作关系，例如积极参与安徽省主流媒体《安徽日报》即将开辟的"第三只眼"国际时事评论栏目。此外还可以主动邀请各级地方乃至中央媒体参与报道研究中心举办的各次学术会议。针对国别区域研究的特殊性而言，主动参与社会科学文献出版社的"列国志"和"国际问题类皮书"项目同样是一个展现自身成果的极佳路径。

相对于传统媒介而言，新媒体具有交互性强、信息传播速度快等优势，

---

① 戴维来：《打造内陆开放新高地的安徽路径》，《安徽日报》2016 年 9 月 19 日，第 11 版。

国别区域研究智库可充分利用新媒体的传播优势。例如北大非洲中心主办的"北大非洲电讯"公众号，内容丰富，及时全面地展示了研究中心的深度思考和学术交流等活动。A 大学的国别区域研究中心也应开展相应的探索和实践。除继续完善各自的网站建设外，还可通过邮箱、微信公众号等方式及时全面地向社会传播自身研究成果。具体形式可结合实际或与不同的受众（如本省的涉外企业、政府外事部门）沟通后确定。

2. 完善智库—政府合作新路径

各级政府需要完善高校国别区域研究智库建设的外部环境，完善决策咨询购买的机制，为特色高校智库的建设提供制度保障。[①] 此外，安徽省政府外事部门应与 A 大学国别区域研究中心人员进一步建立常态化的沟通机制，允许和邀请相关研究人员参与涉外事务的部门会议，使研究者能够及时、全面地获取政府的外事决策进程，以便针对性地提出咨政建议，并继续完善安徽省外事课题的定向委托机制，给予相关研究者更多施展空间。

对于研究中心而言，有三点需注意。一要提高自身建言献策的质量，积极参与和争取政府外事课题的招标。二要创新参与决策的方式。例如通过举办国别区域问题专题座谈的方式为安徽省政府外事官员作相关讲座和主题报告。另外，要精简研究报告的篇幅，变学术论文为政策简报，在缩短政府外事决策人员阅读时间和提高内容质量上下功夫，并利用自身设立的微信公众号等媒介开辟政策研究专栏，让政府外事部门的官员不自觉地受到研究成果的影响。三要拓展成果影响范围，通过各类内参以及教育部"智库专报"途径将研究中心的成果传递至更高层级，助力党和政府对外战略决策。

结　语

高校积极开展国别区域研究是我国落实"一带一路"倡议和迈向世界

[①] 张桐赫：《我国高校智库建设研究——以浙江师范大学非洲研究院为例》，浙江师范大学硕士学位论文，2017。

性大国的必经之路。面对人才培养机制有待完善、信息获取渠道有待补充、成果推广力度有待提升的困境，包括 A 大学在内的各地方高校均应高度重视，坚持以人为本，不断完善人才培养机制；灵活运用各种途径充分收集和获取研究信息，在此基础上打造自身研究的标志性成果；最终通过与各类媒体和政府外事部门的合作拓展研究的社会和政策影响力，助力各级党和政府对外战略决策。

美国"建造法案"论析*
——基于中美大国博弈视角的分析

范和生　王乐瞳　李博

摘　要：随着特朗普正式签署"建造法案",这项由美国国会发起、对非洲地区的投资与经贸发展格局将产生较大影响的法案正式出台。该法案具有遏制中国对非影响力的战略考量,美国将对非投资和贸易纳入与中国在非洲博弈的战略框架,试图凭借此法案重塑美对非经贸主导权。"建造法案"与美国外交战略紧密结合,体现出鲜明的经济外交工具性质。该法案通过新组织架构、投融资模式和关切议题等完善美国私人资本对非投资方式,提升美国企业在非投资竞争力,并在理念层面与中国开展竞争,提出不同于中国对非合作的竞争性方案。"建造法案"的出台表明美国已将与中国的战略博弈扩展至"一带一路"沿线地区的经贸领域。因此,中国应对"建造法案"出台产生的战略影响进行研判,在明确中国方案既有优势的基础上评估中非合作未来可能面临的挑战,秉持可持续发展理念,完善对非投资方式,全面深入扩大中非合作。

关键词："建造法案"　美国非洲政策　中非合作

---

* 本文原发表于《国际展望》2019年第4期,收录时有修改。

2018年10月，美国参议院以93票对6票的绝对多数通过了"建造法案"（Better Utilization of Investment Leading Development Act，BUILDAct），并于当月由特朗普总统签署后正式生效。该法案整合了美国国际开发署（U.S. Agency for International Development，USAID）下属的相关部门，在原海外私人投资公司（The Overseas Private Investment Corporation，OPIC）主体基础上，成立美国国际发展金融公司（U.S. International Development Finance Corporation，USIDFC）。这一新设立的机构将美国全球基建项目融资规模增加至600亿美元，以促进私营部门资本和技术参与非洲等地区中低收入经济体以及经济转型国家的经济发展。

"建造法案"规定了过渡性条款，包括将OPIC的职能、人员、资产以及USAID的特定要素转移给新机构。[1] 同时该法案明确表示，新机构的任务是促进可持续的经济增长、消除贫困和建立更高标准的公共问责制以保证政策透明。新的组织架构突出与USAID的合作，将后者的署长作为新机构董事会的副主席，此外还设立首席发展官一职，其职责包括与其他政府机构及USAID协调发展政策，以及就商机和开发重点等事宜促进USAID与私营部门的合作。根据这一法案，USIDFC能够参与股权融资、提供对外技术支持、发放催化式资助金，为促进美国国家安全和外交政策目标筹措资本。此外，USIDFC还可使用目标国货币来提供担保和贷款，帮助投资者规避汇率风险。值得注意的是，该机构还加入了一个独立问责机制，这将使美国政府的外交事务部门有权独立监察USIDFC根据授权运作的情况。

在美国对非投资战略及政策的演进中，如此大规模的变革和调整实属罕见。结合当前中美大国博弈的背景分析该法案，可以判断，"建造法案"虽具有促进美国对非投资的实际作用，但更有制衡中国对非投资与经贸合作的战略考量。面对在非影响力相对衰落的现实，美国已将中非不断增进的合作视为战略威胁。该法案如果得以落实，将对中非合作产生重大影响。由于新

---

[1] U.S. Congress, "S. 2463 - BUILD Act of 2018, 115th Congress (2017-2018)", June 27, 2018, https://www.congress.gov/bill/115th-congress/senate-bill/2463.

法案出台过程较为"低调",目前国内对其背后所隐藏的战略意图以及中国对非投资与合作将受到的影响的关注和研究尚有限。本文将梳理"建造法案"的内容,分析其战略意图,分析其对中非合作的影响,并尝试提出中国的战略应对举措,争取对维护和促进中非合作的稳步发展有所贡献。

一 美国出台"建造法案"的战略考量

"建造法案"是美国参众两院一致推动的产物。分析其出台的原因,需要对 21 世纪以来中美两国在非洲政治经济影响力的此消彼长进行对比。正是中国对非洲投资及贸易的迅猛发展与美国日渐式微的影响之间的鲜明反差,使美国产生了从战略层面支持私人资本对非投资以制衡中非合作的意图。

(一)国会成为美出台对非新政策的主导性力量

特朗普政府执政以来,美国表现出孤立主义、保护主义和单边主义的倾向。在对非关系上,特朗普也与前几任美国总统不同,其上台后美国的对非政策较长时间处于停滞状态。截至 2018 年 7 月,特朗普一直未任命负责非洲事务的助理国务卿;很多美国驻非洲国家的大使职位也处于空缺状态;特朗普还多次以侮辱性的言辞谈及非洲各国。这些都在一定程度上反映了特朗普政府"非洲最后"的态度。而且,在美国既有的对非政策中,突出的是安全和反恐对策,而非经贸投资。如前国务卿蒂勒森 2018 年 3 月重点访问的埃塞俄比亚、吉布提、尼日利亚、肯尼亚和乍得五国都是美国在非进行反恐合作的支柱国家。[①] 此外,由于推进美国对非投资不符合特朗普政府整体的政策基调,美国在财政预算中甚至计划取消对 OPIC 的资金支持。但像科克·鲍勃(Corker Bob)和克里斯·库恩斯(Chris Coons)等长期关注美国在非利益的国会议员则认为,美国急需一个新的金融机构来作为其对非洲等

---

① 张凯:《特朗普政府的非洲政策》,《中国投资》2018 年第 6 期,第 21 页。

地开展经济外交的工具。① 在其不断进行充满反华色彩的游说的背景下，"建造法案"在美国参众两院均以压倒性优势获得通过。由于特朗普政府在2018年12月以前一直缺乏一项明确的对非政策，因此美国国会以两院一致的姿态走到了对非关系的前台，开始在促进美国在非利益扩展和遏制中国在非影响力方面扮演重要角色。

（二）制衡中国在非洲不断增强的影响力

相较于美国，中国与非洲各国之间有着相似的被殖民侵略的遭遇和历史记忆，中非之间也始终在不附加任何政治条件的平等互助基础上开展相关合作，其领域和深度都在不断扩展。特别是进入21世纪以来，中国对非投资规模不断上升，已连续9年为非洲最大的贸易伙伴、最主要的投资和游客来源国。2016年，中国对非洲的非金融类直接投资流量达到33亿美元，同比增长14%，② 同时对非投融资存量超过1000亿美元；而2017年中国流向非洲的投资达到了41亿美元，③ 创历史新高。中国投资主要流向采矿业、建筑业和制造业等领域。并且，中国对非合作有其自身特点，其中之一就是投资项目以政府为主导。中国政府分别于2006年和2015年颁布了第一份和第二份《中国对非洲政策文件》，地方政府也在跟进中央政策的基础上引导本地企业选择与自身经营领域相关的项目走进非洲。④ 同时，即使当前赴非投资的民营企业数量已超过国有企业，但在应对安全风险、高额海外投资成本和较长收益周期等方面，国有企业依然占有明显优势。但是，对于中国国有

---

① U.S. Senate Committeeeon Foreign Relations, "Corker, Coons BUILD Actto Modernize U.S. Development Finance Passes Committee", June 26, 2018, https：//www.foreign.senate.gov/press/chair/release/corker-coons-build-act-to-modernize-us-development-finance-passes-committee.

② 《2016年中国对非洲投资数据统计》，商务部网站，http：//www.mofcom.gov.cn/article/tongjiziliao/fuwzn/swfalv/201704/20170402557490.shtml，2017年4月2日。

③ 《商务部 国家统计局 国家外汇管理局联合发布〈2017年度中国对外直接投资统计公报〉》，商务部网站，http：//fec.mofcom.gov.cn/article/tjsj/tjgb/201809/20180902791493.shtml，2018年9月27日。

④ 刘青建：《中非合作发展的先导作用与"一带一路"倡议》，《当代世界》2018年第6期，第68页。

企业对非投资的快速发展，美欧国家认为是"不正当"竞争的结果，认为这类企业由于长期获得政府的财政补贴和优惠政策，在国际经济角力中拥有不公平的竞争优势。[①] 持此类观点的各类群体通过游说等政治手段煽动西方国家与中国竞争。另外，进入21世纪以来，中非稳定发展的政治关系为经贸领域合作构建了良好外部环境，尤其是中非合作论坛机制更是推动了双方在经济领域的互利合作。2015年中非合作论坛约翰内斯堡峰会确定了"十大合作计划"；在2018年中非合作论坛北京峰会上，习近平主席提出携手打造中非命运共同体，并着手实施包括产业促进、设施联通等在内的"八大行动"，鼓励中国企业扩大对非投资和建立经贸合作区。[②] 正如南非驻华大使多拉娜·姆西曼（Dolana Msimang）所表示的："中非合作论坛已成为南南合作的一个成功范例，并吸引了世界的关注。"[③] 为落实这一机制，中国领导人多次访问非洲各国，并为中非合作以及"一带一路"建设赢得了良好声誉和效益。但是，日益紧密的中非政治经济关系也引发了一些国家恐慌，其谋求将大国博弈引向非洲大陆。

（三）提升美国在非洲不断衰落的影响力

从战后历史来看，美国对非洲投资与援助很大程度上是对其他大国在非洲对美构成的战略竞争态势的反应。[④] 因此，其经济政策常常附带大量的政治条件。进入21世纪后，小布什政府基本延续了美国历届政府对非洲事务的态度。其政策目标仍是实现"非洲的自由经济与民主政治"，并通过延续

[①] 李欣：《国有企业"走出去"与当代中国外交海外困局》，《国际展望》2012年第2期，第18页。

[②] 习近平：《携手共命运 同心促发展——在二〇一八年中非合作论坛北京峰会开幕式上的主旨讲话》，《人民日报》2018年9月4日，第2版。

[③] 郭艳：《中非合作论坛是南南合作的成功范例 专访南非驻华大使多拉娜·姆西曼》，《中国对外贸易》2018年第9期，第25页。

[④] 有关大国竞争的文献，参见 Charles Wolf, *Foreign Aid: Theory and Practicein Southern Asia*, Princeton, NJ: Princeton University Press, 1960, p.442；张丽娟、朱培香《美国对非洲援助的政策与效应评价》，《世界经济与政治》2008年第1期，第16页；刘中伟《二战以来美国对非政策的动因与走向》，《国际论坛》2017年第5期，第16页。

《2000年贸易与发展法》来推进相关经贸合作。这一举措确实推动了美国对非投资的增长，但实际效果仅局限在少数产油国。[①] 自"9·11"事件后，反恐成为小布什政府的首要任务，其对美非经贸合作的关注度相对下降。在奥巴马执政时期，美国在非洲安全与经济利益的基本内容保持不变，但在经贸领域开始更加注重动用私人资本的力量。例如，美国在2014年首届美非峰会中推出了总额为330亿美元的投融资方案，并高调宣布其政府与私营部门等将共同出资120亿美元支持最新的"电力非洲计划"。[②] 有学者指出此举是为了应对中国在非不断增长的经济影响力。[③] 可见美国已认识到自身在非影响力的下降，并将中国因素纳入其对非战略的关注点。从美国2013年以来对非投资的相关数据（见图1）来看，即便其投资总额仍远高于中国，

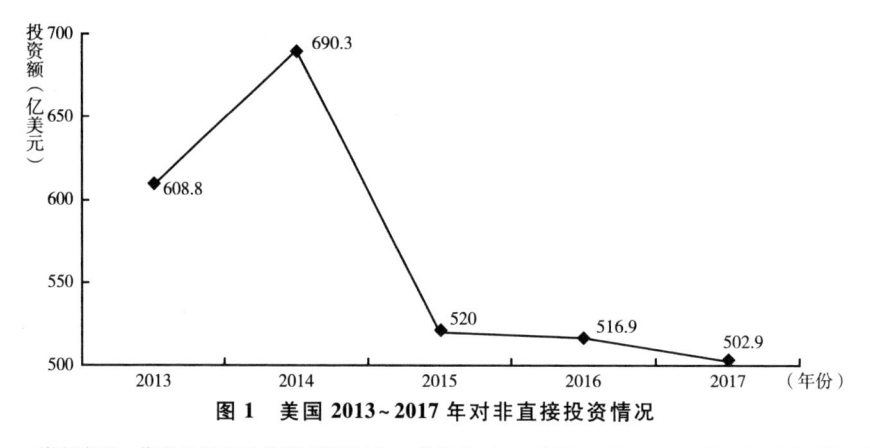

图1 美国2013~2017年对非直接投资情况

资料来源：作者根据相关资料整理制作，参见 Statista, "Direct Investment Positionof the United Statesin Africa from 2000 to 2017 (inbillion U. S. dollars, on a historical‐cost basis)", July 2018, https：//www.statista.com/statistics/188594/united-states-direct-investments-in-africa-since-2000/#。

---

① 刘勇：《美国〈非洲增长与机遇法案〉述评》，《武大国际法评论》2009年第1期，第176~178页。
② 王磊：《中美在非洲的竞争与合作》，《国际展望》2018年第4期，第19页。
③ 王涛、鲍家政指出，"电力非洲计划"是美国出台的与中国对非投资相抗衡的投资战略。参见王涛、鲍家政《美国对非洲投资的历史透视与现状解析》，《美国问题研究》2018年第1期，第193页。程诚等同样认为"电力非洲计划"是希望通过增加私人投资来扭转美国相对中国而言在非经济影响力不断下滑的趋势。参见程诚、范志毅、潘文悦《"电力非洲倡议"与美国对非洲经济政策的调整》，《区域与全球发展》2018年第3期，第18~34页。

但其试图带动私人投资、遏制中国在非经济影响力的效果并不明显，反而表现出了继续下滑的趋势。自 2014 年因首届美非峰会的推动而达到较高水平之后，美对非直接投资连续三年下滑。2017 年，美国对非洲直接投资额为 502.9 亿美元，只占当年美国对外直接投资总额 6.01 万亿美元的极少部分，且自 2015 年起有大批美国企业甚至开始从非洲撤资。

从贸易视角来分析中美在非洲的经济实力变迁，同样也能发现美国的焦虑。当 2008 年西方国家开始陷入金融危机时，中非贸易总额已突破千亿美元，一年之后，中国便首次成为非洲最大贸易伙伴。而在 2013 年，短短四年之后，中非贸易额跃升至 2102 亿美元，2014 年达到峰值 2218.8 亿美元，后虽有小幅回落，但 2017 年中非之间 1697.5 亿美元的贸易总额仍达到美国同年 553 亿美元对非贸易额的 3 倍以上①，且两者之间的差距仍在随着中非合作论坛成果的逐步落实而不断加大。这在很大程度上是美国缺乏有效引导私人企业进入非洲开展贸易投资的具体法律和政策所导致的结果。所以美国希望通过"建造法案"动员更多私人资本进入非洲，来巩固其正在下降的对非投资优势，力争重塑对非经贸合作的主导权。

（四）在战略层面对中国进行遏制

尽管非洲事务目前并不占据特朗普政府相关优先政策的地位，相关政策也显得有些被动和分散，但在美国 2017 年底出台的《国家安全战略报告》中，已经明确非洲市场对美国的重要性，并将中国明确列为美国在非洲的"战略竞争者"（strategic competitor）。该报告甚至声称："中国通过腐蚀当地精英阶层、控制采矿业、让非洲国家受制于不透明的债务和不可持续的承诺来抑制非洲的长期发展。"② 由此，美国实际上已从战略层面为遏制中非合作奠定了基调。美国对非新战略的出台，就是落实遏制中国在非洲发展的

---

① 《中非贸易十八年往事》，中非贸易研究中心网站，http://news.afrindex.com/zixun/article11102.html，2018 年 9 月 4 日。
② White House, "National Security Strategy of the United States of America", December 2017, p.52.

战略设想的政策体现。而"建造法案"的出台，便是美国从经贸领域入手抵制中国的一步"先手棋"，充当了美国对非新战略中经贸领域的"急先锋"，试图以此改变非洲部分国家的经济发展道路选择，进而影响其政治和外交选择，以此达到遏制中国在非影响力的目的。正如美国副总统迈克·彭斯（Mike Pence）所称："我们正在精简国际发展融资计划，为某些国家提供公正透明的选择，以替代中国债务陷阱外交。为此，特朗普总统将签署'建造法案'。"①

美国各类战略文件以及政府高层的种种行动，表明了美国政府对中国在非洲投资的抵触态度，因为其逐渐意识到，应将对非贸易和投资纳入中美在非洲经济竞争的战略框架之中。这在一定程度上也反映了美国对中国在非洲影响力上升尤其是对"一带一路"倡议下日益紧密的中非关系的警惕。"建造法案"所针对的地区大多与"一带一路"倡议涵盖地区相重叠，因此该法案所囊括的基础设施项目投资可被视作中国基建投资的替代选项。美国的非洲政策既显示了中美在非洲经济政治影响力此消彼长的形势，也反映了美国政府在全球发展层面将中国定义为竞争对手以实行遏制的战略目的。

二 "建造法案"出台对中非合作的战略影响

"建造法案"出台及随之成立的 USIDFC 将从理念及实践等不同层面对中非合作产生不利影响。这种影响本质上源自其经济外交的工具性质，即 OPIC 原有的投资理念正被服务于美国外交政策的原则所替代。新的组织架构、投融资模式及关切议题则试图直接从实践层面提出对非合作的替代选择，非洲国家在选择上或将出现两难。但中美间的角力并不完全是"零和博弈"，两国在非洲发展问题上仍具有潜在合作机遇。

---

① Mike Pence, "Remarks by Vice President Pence on the Administration's Policy toward China", White House, October 4, 2018, https://www.whitehouse.gov/briefings-statements/remarks-vice-president-pence-administrations-policy-toward-china/.

（一）新经济外交工具压缩中非经济合作空间

"建造法案"以及随之设立的 USIDFC 是一种旨在替代 OPIC 来遏制中国的经济外交工具。"建造法案"为 USIDFC"量身定制"了一套指导方针和操作标准，将其明确定位为抵制中国在海外影响力的"经济工具"，使其突破了 OPIC 的原有投资原则，转而重点确保每个投资项目都"反映美国国家和战略利益"，[①] 即直接将 USIDFC 所支持的投资项目与美国外交政策的目的挂钩。而从投资对象来看，USIDFC 更加关注非洲的中小企业，力图通过私人企业来"填补非洲中小企业投融资空缺"，[②] 压缩其"战略竞争对手"在非的经济空间。美国通过此类投资鼓励措施，一方面可以减轻该国企业因高风险而不愿投资非洲的顾虑，另一方面则能加强美国经济外交在非的民间基础，以间接的商业联系为美国遏制中国的政策目的服务。这种利用经济工具服务美国外交战略的鲜明特点，也必将对中国对非合作空间造成相应的挤压。从影响领域来看，基础设施建设领域将是其首要目标，USIDFC 将促进企业对非洲国家道路、港口、机场、医院等设施的投资，而这也是中国所关注的，这无疑将加剧两国潜在的商业竞争。而促进各国基础设施的互联互通是当前阶段"一带一路"建设的重点，因而该法案的出台也标志着美国对中国的战略干扰已开始向"一带一路"沿线地区的经贸合作领域渗透。

（二）替代性投资方式降低中国对非合作影响力

美国投资方式的改变为非洲提供了经济合作的替代选择，其新的组织架构和投融资模式等提供了新保障和新方案。第一，新机构的组织架构为美国对非合作方式转变提供了新保障。该法案通过 USIDFC 聚合了以往的 OPIC 以及 USAID 下属的相关部门，这种设置整合了美国的对外投资机构，力图

[①] U. S. Congress, "S. 2463-BUILD Act of 2018, 115th Congress (2017-2018)", October 5, 2018, https://www.congress.gov/bill/115th-congress/senate-bill/2463/text.

[②] Daniel F. Runde, "The BUILD Act has Past, What the Next", Center for Strategicand International Studies, October 12, 2018, https://www.csis.org/analysis/build-act-has-passed-whats-next.

增强投资的风险可控性。并且USIDFC为美国企业与非洲当地的法律部门及本土企业搭建了一个双向沟通的合作平台,以此为私人资本赴非提供先期的咨询服务。同时,该法案还要求新的机构以机器可读的形式向社会公开历次交易信息,用数据公开制度保障投资的透明度。这些改革一定程度上提高了其后续进行投融资的可靠性,但也增加了其在中非合作透明度问题上抹黑中国的可能性。

第二,新投融资模式为美国对非合作方式转变提供了新方案。该法案通过赋予USIDFC股权投资权的规定,让美国跳出了以往OPIC与其他经合组织成员达成的"君子协定"(约定不在海外提供大规模出口信贷或股权投资),促使其投资方式变得相对多元和灵活。以往OPIC的对非合作缺乏其他参与者,这一是因为股权的限制,二是因为债务上限低且受到先期偿还机制的束缚。而"建造法案"规定的比原有规模翻番的600亿美元融资规模为其大幅提高了债务上限,使其具有相对充裕的资金填补非洲市场。这些均增加了美国企业今后在非洲的综合竞争力,并对中非合作构成新的挑战。

第三,USIDFC新关切议题为美国对非合作方式转变提供了新目标。其通过支持非洲在信息和通信技术(ICT)领域的创新来凸显美国的科技优势。而这种技术创新正是有望在2019年启动实施的非洲大陆自贸区(AfCFTA)所急需的动力。[①] 无论是传统的第一产业还是高新技术产业,物联网等技术的引入都有助于非洲经济的协调和可持续发展。埃塞俄比亚等国已为进入其信息和通信领域的私人资本与技术提供了免除关税的待遇,[②] 而美国互联网企业如微软公司等也已顺势而动,在非洲创建研发中心。美国正是看到了非洲技术市场未来的庞大需求,才通过与中国的竞争来争夺潜在的经济利益。

美国在"建造法案"之下形成的新投资方式、投资领域和保障机制将为非洲国家提供一个接收外资的替代性方案,以规避所谓的"中国债务陷

---

① 《非洲自贸区协议有望2019年启动实施》,商务部网站,http://www.mofcom.gov.cn/article/i/jyjl/k/201903/20190302840014.shtml,2019年3月5日。
② 商务部:《对外投资合作国别(地区)指南—埃塞俄比亚(2018年版)》,第47~48页。

阱"。随着该法案的进一步落实，中国赴非投资企业可能会面临更多的竞争对手，相关领域的投资份额也有可能受到冲击。

（三）加剧中美对非经济合作理念之争

第一，在政府与市场的关系上，中国主张政府应在市场经济中扮演积极角色；而美国则倡导私有化改革，推动非洲实行金融和贸易自由化，削减政府对经济活动的管制。"建造法案"明确规定其目标为促进发展中国家开放市场，推动私营部门资本和技术参与中低收入经济体发展并推进其市场化进程，而美国政府的官方声明也表明此法案旨在为非洲国家提供替代政府主导型的对非投资方案。从历史上看，美国在非洲的经济投入一直以私有部门为主，例如，2014年在华盛顿举行的美非领导人峰会上，美国私人企业承诺投资140亿美元用于促进非洲国家发展。而随着"建造法案"的签署和经济形势的发展，部分非洲国家已产生推进私有化的思想倾向。例如，埃塞俄比亚开始着手推动其国有电信公司私有化来引进外国资本；[①] 而坦桑尼亚计划在其2019年采矿业条例修正案中将原有的"坦桑尼亚本国公司至少拥有矿业公司51%股权比例"的要求降至20%，以增加对外国资本的吸引力。由于采矿业在中美两国对非投资领域中均占有极大比例，[②] 因而中国企业可能会在较长一段时间内在该领域面临来自美国经济观念以及资本的双重冲击。

第二，在经济发展理念上，中国对非投资注重经济发展速度、基础设施建设效率，开发重点之一为传统能源领域；美国对非投资也以能源开发领域为主，但相对重视清洁能源开发。在这一领域，中国对石油等传统能源的投资存量达79.2亿美元，占投资总量的24.5%。[③] 相比之下，从USIDFC的主

---

① 《埃塞俄比亚推行电信私有化》，中非贸易研究中心网站，http：//news.afrindex.com/zixun/article11599.html，2019年2月13日。
② 王磊：《中美在非洲的竞争与合作》，《国际展望》2018年第4期，第24页。
③ 田泽、王奕力、金水英：《我国对非洲重点能源国家投资效率研究》，《经济纵横》2016年第10期，第93页。

体部分即 OPIC 2018 年在非洲的能源投资领域来看，其主要集中于清洁能源项目上（见表1）。此外，美国"电力非洲计划"的实施主体也是 OPIC，它通过促进非洲企业与拥有先进技术的美国企业合作，已经帮助 6 个非洲国家建设电网和发电站。随着"建造法案"的出台，部分非洲国家也开始在清洁能源等领域寻找可引进的资本。例如，2019 年 3 月埃塞俄比亚在"非洲能源论坛"上便商讨了进一步吸引私营资本参与投资可再生能源的措施。

表1 2018 年 OPIC 在非洲主要清洁能源项目

受资方	项目	东道国
奥卡万戈肯尼亚毛里求斯有限责任公司（Okavango Kenya Mauritius Ltd）	风力发电	肯尼亚
跨界能源控股公司（Cross Boundary Energy Holdings）	太阳能	肯尼亚、加纳、卢旺达
太阳能转换基金有限责任公司（Solar Energy Transformation Fund LLC）	太阳能	尼日利亚、乌干达、赞比亚等7国
吉瓦特全球布隆迪股份有限公司（Gigawatt Global Burundi S. A.）	光伏发电	布隆迪

资料来源：根据 OPIC 官网资料制作，https://www.opic.gov/opic-action/all-project-descriptions。

由此可见，中美之间存在差异的经济理念可能造成非洲国家在选择发展伙伴问题上的两难。非洲国家虽然希望保持高速稳定发展，但对于中国企业在当地经营时的环境保护力度及劳动者工作状况有一定的意见分歧。相比之下，美国"建造法案"则表现出了较为可持续的发展理念，这对传统的中国对非投资理念造成了一定冲击，在一定程度上降低了中国传统投资模式的吸引力，不利于中非保持长期稳定的经济合作关系。

（四）潜在的战略机遇

美国此次能够大规模调整其对非投资模式并迅速通过"建造法案"，固然存在遏制中国在非经济影响力的战略考量，并将以替代性方案的形式对

"一带一路"建设形成干扰。但这两者仍存在潜在的交叉点，而这种交叉点恰恰也是当前非洲真正实现经济可持续发展的一大关键，即私人资本的实际动员效果。具体来看，主要包括两个方面。一是"一带一路"建设的需要。因为该倡议在当前阶段同样面临融资的挑战。例如，中国在2014年和2017年已分别向丝路基金出资400亿美元和1000亿人民币以支持其为沿线项目建设提供融资服务，但资金需求仍呈上升趋势，只有发动多边力量才可能填补沿线发展所需的巨额资金缺口。要想切实推动沿线尤其是非洲地区的经济发展，需要秉持"共商、共建、共享"的原则，积极引入市场机制，鼓励私人资本有效参与。二是"建造法案"的不足。即便非洲有着广阔的市场，且该法案使得美国动员私人资本赴非投资的机制得以完善，但在影响私人资本对非投资的关键因素，即当地社会治理及法治化水平方面，"建造法案"并没有太多创新，这就使得其私人资本的实际动员效果难以达到预期。况且其通过国家手段推动私人资本对外投资的方式本身就是在学习借鉴中国模式的长处。所以我们仍能发现两者潜在的交叉因素。

三 中国应对"建造法案"的战略举措

"建造法案"的出台反映出中美两种对外合作模式的博弈，而我们应先对自身模式的优势进行全面深入分析，保持应有的对非合作自信，同时，应评估"建造法案"出台对中非合作造成的大国竞争态势，寻找对非投资方式的改善路径，通过战略研判进一步提升中国对非投资合作水平。

（一）全面综合分析，认清和巩固中国优势

第一，在投资模式方面中美之间存在明显差异。"建造法案"主要是向美国在非洲的私人投资提供贷款和担保，而中国则是经由国有银行牵头直接为非洲基础设施建设融资。对于很多非洲国家来说，基础设施是其经济持续发展的基石，但因其投资周期长、回报率低甚至存在风险而对私营企业缺乏足够的吸引力。相比较而言，中国政府对政府（G2G）以及政府对大企业

（G2B）的投资模式则为其建设提供了高效、优质的方案选择，且以政府信誉担保的方式能够有效保证对非投资优惠的长效性。例如，习近平主席在2018年中非合作论坛北京峰会上宣布，中国将以政府间援助方式为非洲提供大约600亿美元的援助、投资和贷款，且其中有150亿美元是无偿援助、无息贷款和优惠贷款。① 而在2018年11月开幕的首届中国国际进口博览会上，习近平主席再次表示，"中国将认真实施中非合作论坛北京峰会提出的'八大行动'……搭建更多贸易促进平台，鼓励更多有实力、信誉好的中国企业到沿线国家开展投资合作"。② 这不仅有利于中国企业走进非洲，而且符合非洲国家实现经济发展的期望，中国不附加任何政治条件的投资方式也保护了非洲人民自主选择其发展道路的权利。此外，其他国家对非合作论坛的经常性延期与资金难以落实的状况，也从侧面验证了中非合作论坛机制的可靠性。

第二，美国各种对外援助机构彼此间的合作与协调性较差，且USAID等主要援外执行机构的相关行动必须确保在美国政府的政策框架之内，运行效率有待提高，同时广泛而有效的社会监督机制也未完全成形。如何促进援非机构分工与协调，提高运行效率与效果，有赖于美国在"建造法案"出台后对相关机构改革的不断深化。而这势必要经历一个较长的过程。相比较而言，中国对外援助机构则更为集中且具有鲜明的制度优势，③ 这有助于国家集中有效地监督对非援助及投资情况。而由国家开发银行直接牵头、注重机构协调、充分关注非洲本土经验的中非金融合作银行联合体的建立，也为今后制定切实有效的对非投资政策提供了极大便利。

---

① 习近平：《携手共命运 同心促发展——在二〇一八年中非合作论坛北京峰会开幕式上的主旨讲话》，《人民日报》2018年9月4日，第2版。
② 习近平：《共建创新包容的开放型世界经济——在首届中国国际进口博览会开幕式上的主旨演讲》，《人民日报海外版》2018年11月5日，第4版。
③ 例如，《深化党和国家机构改革方案》要求，将商务部、外交部等部门的对外援助职责整合，组建国家国际发展合作署，并将其作为国务院下辖的一大直属机构。

（二）明确战略定位，准确进行"威胁评估"

美国因素是中国对非投资与合作的重要外部因素之一，其变化深刻影响着中非关系的国际环境。一直以来，美国都将非洲视为其全球战略的边缘地带，但此次美国极为高效地通过了对非洲乃至整个发展中国家都有重大影响的"建造法案"，我们有必要进行相关的"威胁评估"。

第一，要充分认识"大国博弈"对中非合作的潜在影响。因为无论美国如何高喊"美国优先"的口号且频繁"退群"，其对中国的遏制都不会减少，而只会增加，尤其是当美国认为中国在非洲等"一带一路"沿线地区的投资与合作将触碰其潜在利益时，更是如此。当前阶段，中国要密切关注美国外交的"战略回归"倾向，因为特朗普政府将与中国的"战略竞争"作为首要考量，美国会在各区域极力阻挠中国影响力的扩大，而非洲的战略地位也会随着其与中国竞争的加剧而不断提升，"建造法案"即可被视作美国在非对华战略布局的关键一步。为此，在后续合作中，中国既要立足非洲，管控好中美在非洲的利益分歧，同时还必须跳出非洲，妥善处理中美关系。[①]

第二，要完善对美国对外经济决策的习惯认知。在"建造法案"提出与审议通过的过程中，传统认知上美国对外大权的掌控者总统在其中仅发挥了相对次要的作用，参众两院反而成为推动"建造法案"快速出台的主导性力量。除其利用"反华外衣"来包装的因素外，也反映出美国对外决策主体间的"双向同心圆模式"，即决策既可从位于核心的总统传向边缘，也可由边缘逐步传递到总统。而从边缘到核心的对外决策进程是我们关注的薄弱点。事实上，根据美国宪法的相关条款，国会在对外贸易政策和法律的制定方面同样拥有很大的权力，美国总统也常在此领域受制于国会。考虑到非洲的现实，其在美国国内利益牵涉最多的并非总统与行政部门，而是长期关注美国在非利益的国会议员。他们为保持美国对非政策的连续性，很有可能

---

① 张宏明：《中国在非洲经略大国关系的战略构想》，《西亚非洲》2018年第5期，第39页。

会设法介入美国政府的对非议题乃至左右美国对非政策。此次"建造法案"能在特朗普政府"战略收缩"大背景下强势出台，在某种程度上即显示了这一点。伴随着2018年11月美国中期选举后"政治极化"现象的加剧，这一点更值得深入关注。同时，"建造法案"能在决策分散多元的美国国会迅速达成共识，也从侧面反映出美国内部对中国在非洲等"一带一路"沿线地区所取得的突出成果的忧虑和对中国实行战略遏制的决心。该法案已成为美国与中国开展战略竞争的重要一环，且不排除今后美国再次以"国会先导"甚至"府会合作"的形式将对中国的遏制提上议程，因而中国需要高度重视。

（三）完善投资方式，提升对非合作水平

第一，因势利导，发挥优势，推动新领域投资。"建造法案"所依托的主体部分即OPIC长期致力于非洲清洁能源的开发利用，其综合利用了当地丰富的风能、太阳能以及地热能等资源，相对更加重视经济的可持续发展与环境保护。除2018年其新推出的清洁能源项目外，"电力非洲计划"也已为非洲国家提供了70亿美元资金用于此类能源的开发、输送及管理。姑且不论其最终效果，它已为非洲国家描绘了一个绿色发展的蓝图。中国是新能源开发和设备制造大国，并且相关产品的价格相对国外同类产品更低，① 所以完全可以因势利导，借助这一优势逐步改变以工程承包和技术培训为主的对非新能源合作模式，② 推动中国对非洲新能源领域的投资。这一方面可以改善以基础设施投资为主的投资结构，另一方面也可以更新可持续发展的投资理念，推进绿色"一带一路"建设。例如，当前联合国环境规划署（UNEP）正在非洲着力推广汽车清洁能源，而中国已经开始在此方面与肯尼亚开展合作，未来可将这一经验适时推广。

第二，增加透明度，提高开放度。"建造法案"规定USIDFC的任务之

---

① 王涛、赵跃晨：《非洲太阳能开发利用与中非合作》，《国际展望》2016年第6期，第130页。
② 姚桂梅：《中国在非洲投资的新挑战及战略筹划》，《国际经济合作》2015年第5期。

一就是促进建立更高标准的公共问责制以确保政策透明。USIDFC 的组织结构突出与 USAID 的合作,而后者在援助信息的透明度、及时性与可获得性上处于领先位置。每年其首先通过互联网向世界公布美国年度对外援助数据,其次还向经济合作与发展组织定期提供官方援助报告。① 中国对非援助机构也可以借鉴这种方式,利用互联网和各类媒体拓宽公众和第三方机构参与信息互动的渠道,以数据公布的形式提高中非经贸合作的透明度,并在此基础上逐步设立涉及各个援助和投资领域的数据库,提高非洲相关国家的信息掌控能力,进而提升中国对非经济合作的透明度和开放度。

第三,趋利避害,妥善开展与发达国家的合作。"建造法案"首次规定美国在非私人企业可以进行股权投资,这在一定程度上体现了这一投资形式的优势,而其指向的实质即第三方市场合作。中国需要把握国际合作投资非洲的积极效果,进一步完善当前对非投资的方式,包括邀请发达国家资本入股,共同投资非洲等。一方面,用"非洲投资利益共同体"来增强投资实力,降低在非投资可能遇到的潜在风险;另一方面,则可学习其他国家先进的管理经验。目前,中国开展对非多边投资合作的路径众多。例如,中日已有在亚非地区共同投资燃气发电站项目的成功案例,② 且习近平主席与安倍晋三首相的会晤也在"一带一路"框架下就开展第三方市场合作达成了重要共识,因而中国可以考虑与日本等国家共同开展对非投资。包括与欧洲乃至与美国开展相应的战略互动,也是可供考虑的选择。如上所述,中国应抓住时机开展战略学习,积极寻找"一带一路"与"建造法案"可相融之处,包括通过建立国家国际发展合作署与 USIDFC 间的战略对话机制,化竞争为合作,共同助推非洲国家发展。

第四,对"建造法案"本身也宜进行相关思考,即中国目前还缺乏一部国家层面的海外投资专项法,而这会使得赴海外投资的企业面临无法可依的状态,中国可以对非投资为试点,加强相应研究,尽快制定出台有针对性

---

① 朱月季:《中国对非洲的农业技术援助研究》,华中农业大学博士学位论文,2015。
② 郭丽琴:《详解中日第三方市场合作:边界不局限合作新模板》,第一财经网站,https://www.yicai.com/news/100047976.html,2018 年 10 月 28 日。

的对非投资法。一方面,重点明确对非投资的产业政策、风险准备金制度、财政税收政策、金融支持、审批程序和保障政策等,① 为企业赴非投资提供法律保障;另一方面,也可借鉴"建造法案"为美国私人企业提供赴非投资先期法律咨询的经验,将企业需要的东道国实际法律状况等有关内容纳入中国相关立法的考虑范围。同时,政府也宜为企业对非投资设立完整详尽的"负面清单",更好地体现中国的制度优势,提升中国企业对非投资的法治化和规范化水平,以应对美国企业的新一轮竞争。

结　语

美国制定和推行"建造法案",迈出对非经济外交新的一步,并以此阻遏中非合作,在此背景下,中国自身需要保持足够的战略定力。进入 21 世纪以来,美国对非洲的逐步重视,很大程度上是建立在中国对非影响力不断提升的背景之下的。而这恰恰证明中国数十年来不间断对非友好合作取得了丰硕成果。虽然"建造法案"很有可能从实践和理念层面对中非合作造成冲击,但其目前并非完美无缺,其存在的缺陷为中国的应对提供了战略空间。因此,中国需要准确研判"建造法案"出台所产生的战略威胁与潜在机遇,在坚持自身对非合作模式、坚定对非合作信心的基础上评估今后一段时间内中非合作可能面临的竞争态势,完善对美国外交决策过程的相关认知,对"建造法案"遏制中国对非合作的新方式和新变化保持密切关注。通过战略研判,秉持可持续发展理念,完善对非投资方式,扩大国际合作,出台国家层面的对非投资专项法律,在不断提升中国对非投资质量和水平的基础上趋利避害,妥善应对,将美国的战略威胁降至最低,开创中非合作共赢新局面。

---

① 姚桂梅:《中国在非洲投资的新挑战及战略筹划》,《国际经济合作》2015 年第 5 期。

拉美和加勒比国家共同体与中国、美国关系研究[*]

范和生　唐惠敏

摘　要：新时代中美、中拉关系处于重要的调整阶段，中国、美国与拉美之间的关系作为环太平洋重要的三角关系，对维护国际政治体系安全都有举足轻重的作用。基于对拉美和加勒比国家共同体作用的正确认知，回顾拉美和加勒比国家共同体与中国、美国三边关系的历史进程与特征，审视中美、中拉双边关系的发展趋势，找准中国与美国在拉利益博弈的平衡点，进而从政治互信、机制建设、经贸合作和文化交流等方面提出构建中美拉三边动态平衡的政策建议，也即应当在尊重各方国家利益的基础上，一方面基于中美、中拉的双边优势，巩固中美拉三边关系的动态平衡基础，另一方面通过建立中国、美国与拉美三边对话与合作机制，妥善处理中美拉在政治、经济和文化交流领域潜在威胁因素。

关键词：拉美和加勒比国家共同体　中国　美国　三边关系

---

[*] 本文系2018年教育部国别和区域研究课题"拉美和加勒比国家共同体与中国、美国关系研究"的阶段性成果之一。

一 正确认识拉美和加勒比国家共同体的作用

"拉美和加勒比国家共同体"（以下简称"拉共体"）是拉美和加勒比国家共同体一体化整体合作的政治发展产物。该组织是在2011年12月举办的拉美和加勒比国家领导人峰会上成立的，包括西半球的33个主权国家。该组织的主要特点有如下三点。①与"美洲国家组织"等相比，该组织将北美的美国和加拿大排除在外，带有强烈的独立自主意识形态和摆脱美国影响的倾向。[①] ②该组织是西半球最大的区域政治性组织。所谓政治性组织表明，其主要是组织成员国之间围绕国家核心利益进行政治性对话，尤其是在处理与拉美和加勒比各国利益攸关的全球性议程中，该组织具有高度的政治互信和相对一致的对外举措。③就组织内部而言，其首要任务仍然是致力于在区域内构建起共建共享发展的协调机制，以推动地区和平稳定发展，加快地区"政治、经济、社会和文化一体化"发展进程，讨论和实施改善共同体各国人民生活质量的各种倡议和计划，进而使拉共体成为拉美和加勒比国家"联动式对内发展"和"抱团式对外合作"的新型国家联盟。拉共体对于中拉关系的作用主要有以下几个方面。

（一）为中国与拉美国家整体合作机制全覆盖奠定了坚实基础

中国-拉美和加勒比国家共同体论坛（以下简称"中拉论坛"）是中拉关系在更高水平上实现整体合作和共享发展的主要平台，中国可以和拉美国家之间开展"面对面"的对话交流与合作。2015年1月中拉论坛首届部长级会议在北京举行，并发表《北京宣言》，标志着论坛正式启动，实现了中国与发展中国家整体合作机制的全覆盖。2018年1月21日至22日首次在拉美地区举行中国-拉共体论坛第二届部长级会议，并在智利圣地亚哥共同制定了《中

[①] 张凡：《拉美和加勒比国家共同体：地区整合，任重道远》，载吴白乙主编《拉丁美洲和加勒比发展报告（2013~2014）》，社会科学文献出版社，2014。

国与拉美和加勒比国家合作规划（2015—2019）》，对巩固论坛建设成果，进一步深化中国同拉共体关系具有重要意义。这意味着借助中拉论坛，中国和绝大多数拉美国家在政治和安全、基础设施和交通、贸易、投资和金融、农业工业和科技以及人文交流等领域能够开展全方位的合作。

（二）有利于消除中拉关系长久发展的不利外部影响

拉共体成员国在政治制度、意识形态、社会经济基础等方面差异较为明显，对外交往有着不同的利益考量和政治主张。美国在拉美国家的影响力不言而喻，依然是大多数拉美国家外交的重点。中拉整体性合作如何避免直接挑战美国在拉核心利益，是必须要慎重考虑的问题。当前美国总统特朗普作出的修复和改善与拉美国家关系的举动都表明，中拉合作应该走"中美拉"三者良性互动与协商发展之路。尤其是在关乎中拉美三方国家核心利益的合作领域，中国要秉持谨慎严肃的态度，充分利用好中美、中拉和美拉对话平台，及时沟通，避免因信息不对称导致的战略误判。[1] 同时，与欧盟、日本、俄罗斯等的关系也是中拉关系发展中需要有效处理的三边关系，为此，应当积极构建多方沟通与协商机制，以经贸合作强化政治互信，以人文交流夯实民意基础，谨慎处理意识形态分歧，避免经贸问题政治化。

（三）有利于推动拉美国家对中国国家核心利益的认知

拉共体取代里约集团和拉美峰会，有利于推动拉美国家协调一致的命运共同体意识的形成。中国同拉美作为重要新兴国家和地区，在重大国际事务中双方共同利益不断增多。妥善处理中国与拉美33个国家和地区的关系，是实现中拉整体合作政治秩序稳定发展的前提。拉共体33个成员国中仍然

---

[1] 朱鸿博：《中、美、拉三边关系互动与中国的拉美政策》，《拉丁美洲研究》2010年第4期，第61页。

有9个国家与新中国未建立外交关系,① 且与台湾当局保持所谓的"外交关系"。因此,通过中拉论坛能够为中国与这些国家建立起沟通与合作的理想平台,尤其是加强经贸合作,寻找彼此利益契合点,进而促进对中国国家利益的认知。中国致力于同拉共体成员在涉及国家主权、领土完整、稳定发展等核心利益和重大关切问题上相互理解和互相支持,共同维护世界和平与稳定发展。

二 中、美、拉三边关系的历史及特征

拉共体虽然成立于2011年,但是其成立符合历史发展的规律,也是长期以来拉美国家内部合作后作出的正确选择。因此,有必要分析中、美、拉三边关系的发展进程与特征,这也是把握拉美和加勒比国家共同体与中国、美国关系走向的重要前提。

(一)从冷战初期的隔离阶段迈向20世纪60年代的破冰阶段

中华人民共和国成立之初,以美国为首的西方国家集团和以苏联为首的东欧国家集团为争夺世界霸权开展了力量角逐。一方面,作为社会主义国家的中国和受美国制约的拉美国家基本处于隔离状态。受美苏关系的影响,到20世纪50年代末新中国都未与任何拉美国家建立外交关系。而另一方面,早期与台湾当局建立所谓"外交关系"的国家大部分集中在拉丁美洲,直到2019年拉美地区仍有9个国家与台湾当局保持"邦交关系"。因此,20世纪60年代之前,中国与美国、拉美之间的三边关系尚未形成,中美关系受中拉关系的影响极其微小。与此同时,美国在拉美的战略布局一直未松懈,试图主导整个美洲地区的国际形势,稳定拉美作为其"后院"的政治地位。而摆脱殖民统治的拉美国家迫切

---

① 2017年6月《中华人民共和国和巴拿马共和国关于建立外交关系的联合公报》发布,拉共体成员国巴拿马与中国建立外交关系。

希望拥有独立的国家主权和自主发展的平等地位。从古巴、委内瑞拉、阿根廷等国家的历任领导者一直致力于打造"拉美共同体"的努力中，可以窥见一斑。20世纪中叶中国与拉美国家面临同样的发展境地，即使未建立正式的外交关系，中拉之间的友谊仍通过民间交往得到发展。尤其是毛泽东的"第三世界国家"的论断和周恩来的"和平共处五项原则"在拉美国家获得热烈反响。中国与拉美国家、非洲国家在国际形势的研判上高度一致，逐步在世界政治舞台上表达声音，客观上为中拉关系的破冰之旅奠定了坚实基础。

（二）从20世纪60年代相继建交到逐步拓展与拉美国家的整体合作

1960年9月28日，中国与拉美第一个社会主义国家古巴建交，开启了新中国与拉美国家建立正式外交关系的进程。冷战结束后，中国与美国的关系缓和发展，保持基本稳定的状态。中美邦交正常化，客观上促进了中国与拉美国家的进一步接触。无论是政治关系（建交国家的增多）、经贸往来（双方贸易规模的增长），还是文化交流，中拉都取得了新的成就。尤其是民间外交，有效增强了中拉双方的理解，为中国在拉美的形象传播作出了杰出贡献。2000年中拉之间的贸易规模就达到125.95亿美元，比1990年的22.9亿美元增加了将近5倍。[①] 20世纪80年代邓小平先后在与来华访问的巴西总统若昂·菲格雷多和阿根廷总统阿方辛见面时阐述了中国独立自主的和平外交政策，并对中拉在国家事务治理中的合作提出了期盼。2001年江泽民对智利、阿根廷、乌拉圭、古巴、委内瑞拉和巴西拉美六国进行访问，开启了中拉高层互动的新篇章。同年，中国加入世界贸易组织，中国的经济发展步入新的提档增速阶段，综合国力显著提升。中国与美国在保留意识形态差异的基础上保持了两国关系的基本稳定，"使得中拉关系处于一个相对良好的发展环境"。[②] 中拉关系从无到有、由小变大，总体而言，中拉关系

---

① 《中拉经贸合作迈出新的步伐》，http://www.mofcom.gov.cn/article/ae/ai/200411/20041100312496.shtml，2014年11月30日。
② 朱鸿博：《中、美、拉三边关系互动与中国的拉美政策》，《拉丁美洲研究》2010年第4期。

仍处于发展的初级阶段。中美关系仍是中、美、拉三边关系的核心，在不平衡的关系结构中保持了较高的稳定性。但是美国已开始对中拉关系的持续发展有所察觉，尤其是中国入世后在包括拉美在内的全球范围内与美国不可避免地存在市场竞争的摩擦，也促使美国开始有意识地防范中国在拉美影响力的提高。

（三）中国加入 WTO 后中拉关系呈现加速发展趋势

自加入 WTO 后，中国在全球政治、经济与文化中的地位逐步提高，在国际事务治理中的作用日益突出，中、美、拉三边关系的互动呈现加速发展的特征。从政治领域来看，33 个拉美国家中的 24 个与中国建立了外交关系，中国共产党与近 30 个拉美国家的 90 多个政党保持着密切往来。① 自 20 世纪 90 年代中期以来，中国先后与巴西、墨西哥、阿根廷、委内瑞拉、智利与秘鲁六国建立了全面战略伙伴关系或战略伙伴关系，② 并将中拉政治磋商进一步制度化。不仅成立了中拉合作论坛、双边经贸混委会机制等双边对话平台，还积极在构建多边合作机制领域找准位置，先后建立起"与里约集团、南共体、安第斯集团的多边对话机制及与主要国家外长级的磋商机制"。③ 这种以拉美大国为战略突破点，以双边和多边合作机制为战略支撑点的外交策略，折射出中国对拉美外交政策的基本逻辑。从经贸领域来看，加入 WTO 后，中国对世界经济增长的贡献率由改革开放初的 2% 上升到了 2017 年的 1/3（按 2010 年美元不变价计算）。④ 2018 年中国与拉美国家和地区的贸易规模达到 3074 亿美元，是 2000 年的 126 亿美元的 23.4 倍，超过欧盟成为拉美第二大贸易伙伴国，是向拉美提供美元贷款最多的国家。然而，相比于美国与拉美的贸易总额，中拉之间的贸易规模对美国在拉美的外

---

① 周力：《中国与拉美合作的现状与前景》，《光明日报》2014 年 12 月 3 日，第 8 版。
② 乔丽荣、陈红娟：《中拉经贸关系发展的四大趋势》，《经济纵横》2015 年第 2 期。
③ 周志伟、岳云霞：《中拉整体合作：机遇、挑战与政策思路》，《世界经济与政治论坛》2016 年第 5 期。
④ 《2017 年中国对全球经济增长的贡献率约为三分之一》，http://news.cngold.com.cn/20171212d1702n194571384.html。

贸地位冲击较小，但已引起美国高度警觉。此外，中拉在民间外交和文化交流领域也处于频繁互动的阶段。双方人员往来、孔子学院建设、文化交流活动，在数量和质量上都取得稳步进步。由此，中拉关系的发展促使美国考虑中美关系中的拉美因素，中美关系也成为中国在处理中拉关系中首要考虑的因素。事实上，中拉贸易关系的发展并未对美国在拉的政治、经济利益构成实质性威胁。[1]

  以上三个阶段的划分只是为了进行类型化分析而作出的判断。在中、美、拉三边关系中，中美关系是新型大国关系，美拉关系是传统联系，中拉关系是命运共同体关系。其中，中美关系仍处于三边关系的主导地位，是三边关系互动的核心要素。从美拉关系来看，拉美国家正在摆脱对美国的"完全依附"，地缘政治格局的相对封闭意识正在打破，"'太平洋意识'正从战略上消蚀着拉美国家的对美依附特征"。[2] 带有霸权逻辑的美国"后院"思维在削减拉美国家的美国认同，而美国对中国与拉美大国建立的全面伙伴关系也充满了疑虑。李洋在解读美国学者伊万·艾里斯（Evan Ellis）的著作《中国在拉丁美洲：其然及其所以然》里透视了美国的忧虑，"以'北京共识'取代'华盛顿共识'已成为许多拉美国家的新认知……中国不仅通过加强与拉丁美洲的军事合作挑战美国在该地区的绝对军事主导权，还接连取得外交突破"。[3] 可见，中、美、拉三边关系互动已经进入了实质阶段，突出表现为中美关系、中拉关系、拉美关系三者之间动态的竞合关系。然而，拉美国家拥有更大的自主权选择美、中、俄以及欧盟任何一方或者多方进行密切合作。在拉美很难形成绝对对垒的阵营，非此即彼的两难选择不会左右拉美国家独立自主的发展权。

---

[1] 高奇琦：《中美拉三边关系的影响因素及其战略应对》，《国际观察》2015年第5期。
[2] 晓岸：《谁的"后院"？美国对拉美控制力难符其实》，http://news.china.com.cn/world/2014-07/14/content_32938871.htm，2014年7月14日。
[3] 李洋：《中国-拉丁美洲-美国战略博弈——读〈中国在拉丁美洲：其然及其所以然〉》，载吴心伯主编《美国问题研究》（第16辑），上海人民出版社，2013。

三 新时代中美和中拉关系的发展趋势

党的十八大以来,在中拉关系纵深发展进程中,习近平主席提出了"一带一路"倡议,得到包括拉美在内的国际社会高度关注和支持,拉美国家也在"一带一路"倡议下加强与中国的国际合作。可以说,在过去的20年间,中拉关系实现了前所未有的跨越式发展,取得了一系列丰硕成果:①中拉双方政治互信不断加强,政府高层互访频繁,为中拉全方位、多领域的深度合作奠定了坚实基础;②中拉经贸合作规模稳中有增,合作领域持续扩大,利益关切更为密切;③中拉人文交流形式多样,双方民心基础不断夯实,文化合作内涵不断扩展,中国"拉美热"和拉美"中国热"持续升温,中拉整体合作取得突破。进入新时代,中国、美国与拉共体的关系面临新的形势和挑战,有必要对中美、中拉关系进行研判,进而分析美国因素对中拉关系的影响。

(一)对中美关系的研判

首先,中国特色社会主义进入新时代。中美元首定期会晤就两国关系及共同关心的重大国际和地区问题进行战略对表,这对推动新时代中美关系健康稳定发展,促进亚太地区和世界的和平、稳定、繁荣均有着重大意义。但是在中美关系中如何避免两国关系在"高开"之后形成"低走",要求中国领导人具备高超的战略把控能力,也需要美国正确处理中美关系中,尤其是经贸关系领域的摩擦和争端。

其次,中美两国力量对比对中美关系常规发展有着"压舱石"的作用。美强中弱是中美关系最基本的常规变量,但是中国整体实力和国际竞争力的稳步提升,特别是中国经济的快速增长,增加了美国的对华疑虑,经贸关系"压舱石"作用逐渐减弱。美国整体遏制中国发展的意图日益显现。比如特朗普决定对华输美产品设限、打压中国高科技企业,发动超大规模中美贸易摩擦,这不仅严重损害中美经贸关系的稳定发展,也对全球贸易秩序和经济增长造成重大负面影响。而中国始终维护贸易自由化，积极倡导国际贸易要尊重规则，表明中国政府致力于维护世界经济复苏和增长的态度，展示了负责任的大国担当。在中美关系中，能让美国有所收敛的是中国整体实力的提升，中国整体实力的提升逐渐替代经贸关系成为中美关系进一步发展的"压舱石"。

最后，美国对华交往范式无论发生何种转变，国际交往的实质核心都是国家利益。中美关系"斗而不破"仍是两国关系发展的主基调。中美"脱钩"论或冲突论在两国都没有市场。美国的发展离不开全球经济良性发展的大环境，而中美关系对全球经济增长具有重要的推动作用，同时中美在全球性事务治理中也存在诸多共同合作的领域，比如反恐、应对气候变化和世界经济复苏重任等。从这个角度而言，中美在国际交往中的国家利益具有一致性。

（二）对中拉关系的研判

继2014年习近平主席出访拉美之后，2015年李克强总理首访拉美，推动了中拉关系"五位一体"新格局①和"1+3+6"务实合作新框架②向纵深方向拓展，并在此基础上提出中拉产能合作"3×3"新模式，为实现中拉以经贸合作为核心的命运共同体关系奠定了坚实基础。中拉整体合作机制的条件逐渐成熟。

笔者认为中拉应当紧扣"和平与发展"的时代主题，构建坚不可摧的命运共同体关系，塑造合作共赢的发展共同体关系，进而走向牢不可破的文

---

① 本概念由习近平主席在2014年7月访拉期间同拉美和加勒比国家领导人举行集体会晤时达成的合作共识，即中拉双方共同致力于构建政治上真诚互信、经贸上合作共赢、人文上互学互鉴、国际事务中密切协作、整体合作和双边关系相互促进的中拉关系"五位一体"新格局。
② "1+3+6"务实合作新框架："1"是"一个规划"，即以实现包容性增长和可持续发展为目标，制定《中国与拉美和加勒比国家合作规划（2015—2019）》；"3"是"三大引擎"，即以贸易、投资、金融合作为动力，推动中拉务实合作全面发展，力争实现10年内中拉贸易规模达到5000亿美元，力争实现10年内对拉美投资存量达到2500亿美元，推动扩大双边贸易本币结算和本币互换；"6"是"六大领域"，即以能源资源、基础设施建设、农业、制造业、科技创新、信息技术为合作重点，推进中拉产业对接。

化共同体关系。其中，命运共同体关系是中拉双方在全球化浪潮中增进政治互信和精诚合作的实质性支撑，具体表现为在双边和多边框架下多层次多领域的贸易、投资与金融合作；发展共同体关系以命运共同体关系为纽带，意指中拉双方应秉承和而不同的发展理念，共享平等互利的发展地位，进而实现共同富裕的发展目标；而文化共同体关系以价值认同为前提，通过厘清民族国家之间自由的、确定性的边界，打破共同体成员之间的隔阂与疑虑，是巩固命运共同体和发展共同体关系的根本保障，也是中拉命运攸关意识的更高追求和塑造发展共同体关系的目标指向。换句话说，中拉发展共同体与文化共同体的打造是构建巩固中拉命运共同体的两根坚强支柱，是中拉命运共同体行稳致远的可靠保证。

（三）特朗普拉美外交对三边关系的影响

受美国全球战略调整、世界经济持续低迷与缓慢复苏、部分拉美国家政局混乱等多重因素的影响，拉美地区一度成为美国"善意的忽略"[①] 的地区。但是这并不意味着美国对中国在拉美影响力提升毫无顾忌。相反，美国总统特朗普上台后，其出台的对拉政策与前任奥巴马有着明显的变化，主要表现为由"善意的忽略"转向"刻意的强化"，国内有学者将之称为"特朗普重塑拉美政策"。[②] 这种"刻意的强化"旨在重新向拉美国家表明美国的态度。虽然特朗普上台后，无论是趋紧的移民、贸易政策，还是退出《跨太平洋伙伴关系协定》（TPP）、重谈北美自贸协定等，看似在疏远拉美，其实质是强化美国在拉美地区的存在感。比如受"特朗普新政"冲击最明显的地区是与美国有着特殊地缘关系的墨西哥、古巴等国以及对美国经济高度依赖的"中美洲五国"[③] 以及多米尼加共和国、秘鲁、哥伦比亚等国。可见，在"美国

[①] 《李和：从美国视角看待中国在拉美的崛起》，http://mt.sohu.com/20160108/n433930904.shtml，2016年1月18日。
[②] 《收紧对古巴限制 特朗普重塑拉美政策》，http://world.huanqiu.com/hot/2017-06/10858177.html，2017年6月17日。
[③] "中美洲五国"是指哥斯达黎加、萨尔瓦多、尼加拉瓜、洪都拉斯、巴拿马。其中，萨尔瓦多、尼加拉瓜、洪都拉斯未与中国建立外交关系。

优先"的政策导向下，美国并不满足与拉美国家之间的现状，迫切通过实施一系列新政等进一步加强与拉美国家的关系。在第八届美洲国家首脑会议（以下简称"美洲峰会"）上，美国副总统彭斯对古巴和委内瑞拉的指责、美国商务部部长罗斯有关"拉美经济体与美国进行贸易往来的好处要高过与中国的贸易关系……美国不会将其在拉美的领导地位让给中国"① 等言论在中美陷入贸易争端之际，也带有明显的"拉拢拉美，排挤中国"的倾向。为应对特朗普政府对拉政策对中拉合作的不利影响，中国尤其是在经贸领域要适时作出政策调整，可借助"中拉合作基金、中拉产能合作基金以及中巴双边产能合作共同基金"等，强化中拉在基础设施建设、能源资源产业深度融合以及国际金融资本运作等方面的合作共赢。另外，拉美国家对美国的态度还处在观望阶段，中国要保持与美国的高层对话，避免不必要的矛盾发生。

基于以上分析，对中美拉三边关系的分析，需要重点把握美国对拉美外交政策的调整及其可能产生的影响，同时还要客观认识美国政策调整对中拉以及拉美与国际主要行为体（包括欧盟等区域组织）之间的关系走向。② 中美外交和中拉外交均为中国总体外交战略的重要组成部分，美国是影响中拉关系的重要变量（见图1）。妥善处理与美国和拉美的外交关系是中国环太平洋外交不可回避的领域。相对而言，中美关系是三边关系的平衡器，也是最为敏感的关系神经，是决定和影响中美拉三边关系走向的主导因素。这也充分表明，中美在拉美有着不同的政治和经济考量，同时中美在拉美也有着不同的地位和作用。因此，开放性、互动性以及不稳定性等特征决定了中美拉三边关系的动态性与不平衡性。尽管拉美国家的自主性不断增强，但美国仍然是影响拉美地区对外关系不可忽视的外在力量。随着中国和拉美国力的增长以及全球经济一体化进程加快，未来中美拉三边互动的强度和深度都将不断拓展，必将对世界局势和国际事务治理产生更大的影响力。

---

① 《美国威胁拉美国家：认清楚中美谁才是你们的"大哥"》，http://world.huanqiu.com/exclusive/2018-04/11849708.html，2018年4月14日。
② 周志伟：《"特朗普冲击波"下的拉美政策应对》，《当代世界》2017年第4期。

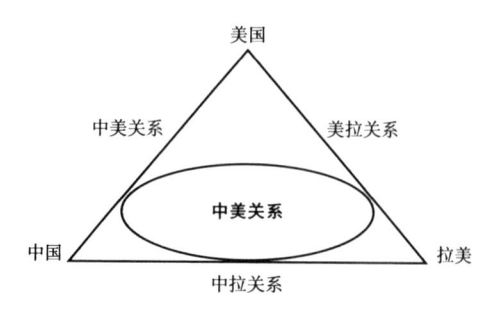

图 1　中美拉三边动态平衡关系

资料来源：笔者自制。

四　中国与美国在拉的利益博弈与平衡

拉美是中国构建全球多边外交和参与南南合作的战略要地。中国致力于与拉美国家通过经贸合作和人文交流夯实双方的政治互信。而美国和拉美一直是传统的双边外交关系。美国政府深刻认识到拉美对于美国国家本土安全的重要意义，地理位置的一衣带水、经贸合作的广阔前景、人文交流的密切往来以及大量移民的血缘关联，都表明拉美是美国外交战略中不可忽视的重要一环。回防拉美大后方，强化美国本土安全是美国推进全球战略的重要保障。特别是中、俄在拉美地区影响力的逐步提升，使拉美成为中国与美国外交关系中必须慎重考虑的外在因素。

（一）中国的全球外交战略与美国的本土安全意识

构建独立自主的全球外交关系是中国在全球化迅速发展的时代背景下作出的战略选择。中国自古重视与周边国家建立和平的外交关系，致力于通过协商的方式解决国家之间存在的争端和摩擦。随着中国国际地位的日益提升，中国的全球外交战略孕育而生。从地缘政治格局来看，国土之周边安全是实施全球外交战略之基石。中国在全球构建全方位、多层次外交格局的首要考虑是稳定和经营周边外交。这与美国不断强化在拉美的存在是相通的。美国是中国对外关系中最重要的国家。改革开放以来，中国历代领导人都重视同美国建立良好的政治互信。中美在亚太和拉美有着各自的利益考量，但是从和平和发展的时代主题来看，双方具有更多的共同利益，而非传统的大国分歧。正如习近平主席多次强调的那样，"宽广的太平洋有足够的空间容纳中美两个大国"。这是中国"共同、综合、合作、可持续"的新"亚洲安全观"最直接的表述。①

拉美作为美国本土安全的重要着力点，美国政府从没松懈对中国在拉外交战略的警惕，特别是对中国军事力量的增强存在高度的防备。王晓梅总结了美国不同利益主体对中拉关系的认知趋向：② 美国国会担心"门罗主义"受到冲击；美国军方夸大中拉合作的挑战；美国保守人士在媒体上渲染中拉合作的威胁，美国学界则是理性看待中拉合作的影响。而美国部分保守主义分子甚至歪解中国在拉美"深耕细耘"的意图，认为中国视拉美为"原材料来源地、制成品市场、力量投送平台"。③ 美国的本土安全意识与其全球强权战略是相辅相成、互为两面的。纵然美国各方对中国在拉外交战略表现出不同的看法，但是美国对中国在拉美影响力的上升始终保持着高度警惕，既与中国在全球化和国家事务治理中共同合作，又利用各种方式牵制中国在拉的力量崛起。

（二）中美关系的"拉美因素"与"台湾因素"

新中国一贯奉行不干涉他国内政的和平共处五项原则。中国对拉外交战略的实施有着政治、经济两方面的考量。通过与拉美国家的经济合作和人文交流，强化政治互信，挤压台湾当局的拉美关系空间是新中国出于维护国家核心利益而作出的慎重选择。事实上，中国在与拉美国家和地区的合作中始终尊重拉美国家的选择，从不附加任何政治条件，在平等协商和互利共赢的

---

① 《王缉思：中美最大的战略互疑是"两个秩序"》，http://finance.ifeng.com/news/special/SinoUSrelations5/，2015年3月3日。
② 王晓梅：《美国对中国加强与拉美合作的认识与政策》，《教学与研究》2007年第2期。
③ Stephen Johnson, *Balancing China's Growing Influence in Latin America*. Heritage Foundation, October 24, 2005.

基础上开展经贸合作和文化交流。中国在困难时期选择与拉美国家共患难，在改革开放的发展时期仍不忘与拉美、非洲等广大发展中国家之间的友好合作与共同进步，这是中国获得国际社会认可与支持的重要法宝。祖国大陆在拉美的深耕细耘让部分拉美国家选择与台湾当局"断交"，并不是大陆刻意的"诱导"和"奖励"。[①] 而借助"台独势力"增加自己在中、美、拉三角关系博弈中胜算的把握，是美国实施重返亚太战略的惯用伎俩。美国表面上对中国在拉美实力的增强表现出不屑，实质则是出于政治性的考虑，支持拉美国家对华采取抵御措施，遏制中国在拉力量，维护其本土安全。中国与美国建立的新型大国关系本身就包含平等、互利、合作、共赢的基本要素。台湾问题涉及中国的核心利益，作为全球国际关系中重要的双边关系，如果美国在台湾问题上仍模棱两可，突破中国坚持的政治底线，必然会对中美"斗而不破"、相对稳定的政治关系基础产生强烈冲击。[②] 总体而言，中美关系的"拉美因素"与中美关系的"台湾因素"是制约中国、美国与拉美三边关系有序互动和良性发展的关键因素。因此，将三边关系稳定在合理的框架内，以至于不威胁三方国家的核心利益，并保持相对的弹性状态，是确保三边关系动态稳定的必然选择。

（三）中拉经贸合作的坎坷与美国对拉的政策转变

虽然中美两国在拉美的外交耕耘都以维护国家核心利益为根本目标，但是二者的拉美外交战略目标各有侧重点。美国与拉美地理位置相邻，双方地缘政治格局的重要性异常凸显。中国与拉美"不存在领土纠纷、历史纠葛和地缘政治冲突"，[③] 建立政治互信更多的是出于全球化经济合作的大势所趋以及中拉之前经济结构的互补优势。中国在拉美的经济地位远不及美国对于拉美地区的重要性。中国海关统计数据显示，2018年中拉贸易额近3074

---

① 埃杜阿多·丹尼尔·奥维多：《中国与拉美国家关系的现实与发展》，蓝博译，《江苏师范大学学报》（哲学社会科学版）2016年第3期。
② 王栋、贾子方：《浅析美国对台政策演变及其基本特点》，《国际政治研究》2012年第2期。
③ 王友明：《构建中拉整体合作机制：机遇、挑战及思路》，《国际问题研究》2014年第3期。

亿美元，而 2014 年拉美与美国贸易额就高达 8441 亿美元。同时，中国与美国在拉美的经贸合作也呈现区域差异化特征。正如西班牙《起义报》2014 年 12 月 1 日发表的题为《新的亚太自贸区和中国的银行》的文章指出的那样，"在拉美贸易版图中，一边是以美国为中心的加勒比地区，另一边是与中国联系更密切的南美洲"。① 美国与拉美双边贸易的增长区域在以墨西哥为代表的加勒比地区，2014 年墨西哥是美国最大的拉美贸易伙伴，美墨双方的贸易额占美拉贸易总额的 63.3%。因此，尽管中国在拉美地区的经贸合作与资本输出不断增加，但仍不足以动摇美国在拉美地区经济发展中的特殊作用。当前，中美两国在拉美的直接经济竞争并不突出，但是仍存在难以规避的贸易摩擦。中国重视与拉美国家的大宗商品，尤其在石油、新能源和农产品等方面的贸易。同时，在拉美的资本输出也主要集中在基础设施建设、矿产开采业以及新兴能源等投资领域。而对外来能源的依赖和对拉采矿业以及基础设施建设已不再是美国海外投资的重点。当然，美国在拉美的"衰退"和中国在拉美的"崛起"，也导致了美国的忧虑以及拉美国家对中国的不满，甚至是恐惧等负面评价。无论是出于国家安全和政治稳定的考量，还是防范中国在拉经济渗透，美国总统特朗普都会不断调整对拉政策，加强对中拉经贸合作的关注和警惕。

五 构建动态平衡的中美拉三边关系

改革开放 40 多年来，虽然中国大国实力和国际影响力显著提升，但中国与拉美的政治互动、经贸合作与人文交流等是中国出于全球外交战略而作出的理性选择，尚不具备冲击美国全球战略的力量要素。于美国而言，拉美是美国本土安全保障的战略要地；于中国而言，拉美是中国开展南南合作的重要地区和对外关系布局的新兴增长极。因此，中美拉存在实质利益的三边

---

① 《中国成拉美第二大贸易伙伴 西媒：影响力不断上升》，http://caijing.chinadaily.com.cn/2014-12/04/content_19021411.htm，2014 年 12 月 4 日。

竞合关系。中国、拉美与美国的力量悬殊，中美拉之间很难形成与美欧俄类似的全球性三边关系。从当今世界政治格局来看，拉共体是中美关系动态博弈的重要平台，拉美尚未成为中美零和博弈的主阵地，中美外交关系的首要博弈地区仍在亚太地区，中国、美国和拉美任何一方都不会轻易打破这种动态平衡关系。

（一）深化与拉共体间的政治合作，关照彼此国家核心利益

在中美拉三边关系中毋庸置疑的是美国的主导作用，但美国利用拉美制衡中国的必要性和可能性是有限度的。从特朗普上台之后的对外政策言论来看，拉美在特朗普的全球战略版图中的地位很难得到大幅度提升，尤其是美国与墨西哥的关系停滞不前，美国与古巴的关系也不会继续向好。但拉美依然是美国的"后院"，美国不可能彻底不顾中国、俄罗斯等国家在拉美力量的增长。美国在中美拉三边博弈中的制胜点在于，调动东南亚、南亚地缘因素来制衡中国。拉美国家在中国和美国的两面选择中要做到"左右逢源"，才能尽可能争取有利的发展环境。从长远关系来看，在中美拉三边关系中中国应当主动作为，并且中国完全有条件在三边互动关系中取得主动权。中国把握三边关系走向的制胜之处有三点。①在拉美不触碰美国实质利益要害，加强中美在全球事务，特别是东北亚安全防务中的合作。②与拉美增信释疑，落实政治共识和合作事宜，树立南南合作的典型示范，提升南南合作的命运共同体意识。在国家安全内涵不断拓展的全球化合作与竞争的时代背景下，习近平主席针对世界范围内日趋复杂的国际安全形势，提出了中国特色的国家外交安全观。政治互信是中美拉三边动态平衡关系的前提，是三边参与国际事务治理和经贸合作的基石，也是加强三边人文交流和民间交往的动力所在。这既是历史之鉴，也是现实之趋。在国际政治秩序相对稳定、国际政治体系深度调整的当今世界，和平与发展是世界发展的两大主题。无论是单边关系，还是双边、多边关系都应建立在政治互信的基础上，关照彼此国家的核心利益。中美在拉丁美洲和加勒比地区应当避免触碰美国的国家安全底线，加强中美在拉美地区公共事务治理领域的合作，而不是开启政治竞

争。因此，在中、美、拉三边关系中尤其要慎重处理好中美两国在亚太地区存在的重大地缘政治利益分歧和战略矛盾。① ③由于拉美国家众多，且国家间差异性较大，必须建立起与拉美国家合作的整体性机制，妥善处理好与拉美大小国之间的关系。② 这既是中国，也是美国采取的外交战略。中美拉三边关系应当以拉美大国为突破口，以中美拉三边大国关系带动拉美国家间的整体性合作。

（二）继续发挥好拉共体桥梁作用，构建三边互动制度性平台

努力构建中美拉三边互信机制的制度化建设是确保现代政治信任的基础，即"公共权力运行的确定性与可信性主要依靠制度的规范和约束"。③制度本身具有规范性、约束性和可预期性的特点。④ 通过中美拉三边搭建的制度化框架，将三边的合作行为纳入相对稳定的约束范围内，既是增进三边政治信任的重要手段，也是避免单方战略意图误判的有效方式。从现有的合作机制来看，并不存在包括中美拉三方都在内的合作机制。在双边互动机制下难以有效在关系三方利益的重大问题上达成共识。因而，尝试构建三边沟通与合作机制就成为可考虑的路径。目前中美就拉美事务召开了七次磋商会议，但中美的战略与经济对话仍是磋商的重点，很难有效吸纳拉美国家的主体性参与。冷战时期形塑的区域地缘政治格局已发生根本转变，在全球经济一体化的时代背景下中、美、拉三边的政治互动应当置于环太平洋，乃至全球多边国际安全的视野内。在长期的外交实践中，中国政府高度重视利用与联合国、世界贸易组织等全球性国际组织以及与欧盟、非盟、阿盟、东盟等区域性国际组织之间的多边外交机制，参与全球和区域性国际事务治理，

---

① 王鸿刚：《美国的亚太战略与中美关系的未来》，《现代国际关系》2011年第1期。
② 范和生、唐惠敏：《中国对拉美大国的外交战略逻辑》，《人民论坛·学术前沿》2016年第8期。
③ 上官酒瑞：《现代政治信任建构的根本原理——兼论制度化不信任的功能与限度》，《山西大学学报》（哲学社会科学版）2011年第2期。
④ 莫盛凯、陈兆源：《国际关系中的国际法：一种基于国际制度理论的法理构建》，《外交评论》（外交学院学报）2017年第1期。

"运用多边国际机制处理相关问题的能力建设得到加强"。① 从美洲地区现有的多边合作机制来看，相对成熟和稳定的美洲地区多边合作平台主要是美洲国家组织。中国完全可以在征求美国和拉美国家的意见基础上参与其中，在选定的少数议题领域加强合作，比如，在经贸领域建立起三方的官方工作级别对话机制。特别是《跨太平洋伙伴关系协定》（TPP）和北美自由贸易区遭遇美国冷落后，智利、墨西哥、秘鲁等拉美大国迫切寻求与亚太区域内国家经贸合作的平台机制，中国或许成为拉美国家参与亚太区域经济一体化发展的突破口。另外，也可以借助中拉之前现有的、比较成熟的对话机制，比如可考虑在现有的中拉论坛中邀请美国作为第三对话国参与，就中美拉三边共同关心的核心议题进行广泛的交流和讨论。需要指出的是，中、美、拉三边对话具有战略性和针对性，也即三边对话共同关心的是涉及国家核心利益的问题，而非处理三边合作中的具体性事务。其根本目标是通过增进大国间的战略信任，妥善处理分歧，关照彼此国家和人民利益。

（三）妥善处理三方经贸合作问题，强化全球贸易合作关系

对拉经贸合作是中拉外交关系的重要推动器。中国密切关注拉美国家的政治环境，并努力加以适应，取得了较为稳定的发展成就。在量的方面，商务部的数据显示，"2008~2016年，中国对拉美国家和地区出口由971.97亿美元提升至1818.15亿美元；进口从450.59亿美元提升至1068.81亿美元"。② 目前，拉美已是中国的第七大贸易伙伴，中国则是拉美地区的第二大贸易伙伴，双边关系已进入贸易增长、产业合作、金融投资、工程承包等全方位、更高层次的升级换挡阶段。特别是在双边贸易机制领域的探索，推动了中国与除智利、秘鲁、哥斯达黎加以外的拉美国家签定自贸协定的进程。然而，正如前文所述，在拉美地区美国始终在国际贸易领域占据主导地位，拉美地区将近一半的国际贸易是发生在美拉之间。美国和中

---

① 朱威烈：《试论中国与中东伊斯兰国家的战略性关系》，《世界经济与政治》2010年第9期。
② 《从100亿到2000亿，中拉贸易16年增长16倍》，http://www.nbd.com.cn/articles/2017-11-12/1160768.html。

国与拉美国家经贸合作虽有重叠,甚至具有竞争性,但是双方完全可以依靠现有的政治对话机制在对拉经贸合作领域发挥各自的优势,开展务实合作。美国完全有可能在中拉的合作中拓展新兴市场,而中国也能在与美国企业的共同合作开发与投资过程中受益。与此同时,特朗普的对外贸易新政和中国"一带一路"建设,很大程度上将为中美在拉美经贸合作,特别是在重大基础设施建设和开拓拉美能源新市场领域的合作提供强有力的推动作用。[①] 因此,在世界经济持续走低和全球经济一体化进程不断发展的时代背景下,中国与美国完全可以摒弃政治偏见,在无损国家利益和不附带政治条件的双重前提下实现在拉经贸的精诚合作,这对中美拉三方来说必将有百利而无一害。

(四)创新国家公共外交方式方法,促进三方文化互鉴互融

当今世界经济全球化并非简单的资本输出和经济扩张的经济过程。在政治和文化领域,经济全球化在推动世界各国、各民族之间文化交流与认知的同时,也助长了极少数西方强国的"文化霸权主义",造成严重的文化不平等问题,使得民族国家之间的文化互动过程夹杂着各自的政治霸权逻辑。中国与美国、拉美虽然被太平洋阻隔,文化差异性较为明显,但是在长期的文化交流中相互影响,彼此吸引,互鉴共存。文化无高低贵贱之分,中国始终在文化外交中秉持"多样共存、互鉴共进、合作共享的人类文明观"。因此,在中美拉三边文化交流中,要求建立起平等对话和深化交流的合作机制,要求三边国家尊重人类文化发展规律,以开放包容的态度推进人类文明的碰撞、交流与合作,从而在求同存异中消除彼此的政治疑虑和民心隔阂。构建中美拉三边动态平衡关系,离不开人文交流而塑造的民心指向。中美、中拉外交关系中因双边文化差异导致的合作障碍,告诫我们在承认文化多样性的同时要创新国家公共外交的方式方法,通过媒体传播、现场体验与人际

---

① 李仁方:《特朗普冲击:中国-拉美经济合作的良机?》,http://www.ftchinese.com/story/001070205? page=3。

沟通等传递方式，运用美国和拉美国家民众易于接受的形式，传达中国形象与中国声音，消除美国特别是拉美国家对中国的误解。以文化交流为主要内容的官方正式外交和民间外交均是中国外交战略的重要组成部分，那些认为文化交流难以有实效、文化交流形式主义过重或者带有文化功利主义色彩的文化外交想法都不利于中美拉三边关系的长久稳定。此外，在中国形象对外传播过程中要创新方式方法，特别是杜绝大而不当的形式主义作风，要做到立足中国实践，讲好中国故事，进而增强中国文化的体验感，促进不同文化间的互鉴互融。

六 研究结论

随着中国和拉美国力的增长以及全球经济一体化进程加快，未来中美拉三边互动的强度和深度都将不断拓展，必将对世界局势和国际事务治理产生更大的影响力。无疑，中美外交和中拉外交均为中国总体外交战略的重要组成部分。妥善处理与美国和拉美的外交关系是中国环太平洋外交不可回避的领域。

第一，拉共体是中国与拉美建立良性互动关系的重要平台。拉美国家内部差距较为明显，要与拉美 33 个国家与地区保持相当密切的经贸和文化交流关系，太耗心力，超出承受能力。因此，作为拉美国家区域一体化的战略平台，中国选择与拉共体建立牢不可破的互动关系，有利于控制与拉美国家打交道的政治风险，提升中国在拉美的影响力。

第二，比较而言，中美关系是三边关系的平衡器，也是最为敏感的关系神经，是决定和影响中美拉三边关系走向的主导因素。尽管拉美国家的自主性不断增强，但美国仍然是影响拉美地区对外关系不可忽视的外在力量。因此，开放性、互动性以及不稳定性等特征决定了中美拉三边关系的动态性与不平衡性。这种关系具有相对的稳定性，但在全球复杂的政治格局中也充满了不稳定性。这在一定程度上有利于防止任何两方结成针对第三方的战略联盟，对维系环太平洋地缘政治安全具有重要意义。中美拉三方应本着互利共赢的原则，在互不威胁各方国家安全的基础上，搁置争议，包容差异，着力巩固和发展全球化治理时代三边关系的动态平衡关系。

第三，基于对拉共体成员国差异性的认知，中拉整体合作应采取"多边"和"双边"驱动策略，着重加强与巴西、阿根廷、墨西哥等拉美大国在国际事务、经贸往来、人文互鉴等重点领域的双边合作，通过巴西加强与拉美南部国家的联系，通过阿根廷夯实与南方共同体市场的合作，通过墨西哥密切与中美洲国家及加勒比地区之间的关系。同时又在中拉论坛及中拉"五位一体"合作框架内，加强与拉美国家的多边协作，就共同商定的重点领域与项目，开展多国间的密切配合与通力合作。立足长远，兼顾局部利益和全体利益，确保中拉整体合作的溢出效应获得拉共同体成员国的一致认同与广泛接受。

第四，努力构建中美拉三边互信机制的制度化平台。通过中美拉三边搭建的制度化框架，将三边的合作行为纳入相对稳定的约束范围内，既是增进三边政治信任的重要手段，也是避免单方战略意图误判的有效方式。如通过美洲国家组织和中拉论坛搭建中美拉三方交流平台。

第五，中国在中美拉三边关系中应当以中美关系为核心，以美拉关系为参照，以拉美大国为突破口，以推动中美拉三边竞合关系和中拉命运共同体构建为抓手，推动中美拉三边动态平衡关系的实现和维护。

亟待"国际转向"的新时代社会学*

——兼论全球社会中社会学研究的关键议题

范和生　武政宇

摘　要：在人类社会现代化、全球化和一体化发展日益深入的今天，社会学作为一门以"现代性"为研究的逻辑起点、以"现代社会"为研究对象的理论学科，其研究视角却越来越局限于注重本土化和地方性的"民族国家框架"内，"国际场域"中的社会学议题成为社会学研究的未竟之业。把"国际"带回社会学的视野，探索新时代社会学的"国际转向"，不仅是探索社会学创新理论方法、拓展学科界限以及与其他学科交叉融合的可能，也是对全球化及国际社会转型发展的现实回应。从社会学和国际关系等既有学科研究的困局出发，阐述社会学理论学科拓展国际视野的必要性，并以认识论、结构论和功能论等为分析框架，进一步分析全球社会中社会学亟须拓展的几个关键议题，有助于为处于"本土化—全球化"张力中的社会学探索出一种新的"全球本土化"研究范式。

关键词：社会学　现代性　全球化　全球社会　全球本土化

＊ 本文原发表于《学术研究》2022年第10期，收录时有修改。

引 论

当今世界正经历百年未有之大变局，人类社会在全球化和后工业化进程的推动下进入一个新的历史阶段——"全球社会"阶段。[①] 新的时代背景和社会场景对社会科学提出新的现实问题和重大理论课题，社会科学由此进入大发展大变革时代。身处这样一个急遽变迁的时代，加快构建中国特色哲学社会科学成为学术界的共同企盼，这要求我们不能仅仅聚焦中国特色社会主义伟大事业，也要聚焦世界百年未有之大变局及国际社会的发展变迁。[②] 正如阿里·卡赞西吉尔（Ali Kazancigil）和大卫·马金森（David Makinson）在《世界社会科学报告（1999）》中提到的那样，"全球化理论是社会科学领域的一次主要的范式转换，社会科学绝不可能再与从前一模一样了"。[③] 如果社会科学不能对变动发展的世界做出及时的回应，必将难以适应时代和社会的发展，也无法实现社会科学帮助人们解决实际问题和深入认识世界的社会实用性和工具理性。

社会学是一门"关于社会良性运行和协调发展的条件和机制的综合性具体社会科学"，[④] 它以"现代性"为研究的逻辑起点，以"现代社会"为研究对象。长期以来，社会学研究的视角主要集中于国内社会的发展变迁，对国际社会现象缺少应有的关注和研究。而在当前人类社会现代化、全球化和一体化进程不断加快的背景下，"社会"的范围前所未有地扩大到整个世界，国际社会也进一步发展成全球社会或世界社会。这种变动社会与学科理论之间的分歧和"断裂"凸显社会学拓展国际视野的迫切性和必要性。在新时代背景下，探索社会学研究视野的"国际转向"，可以进一步理解和把

[①] 张康之：《论全球社会中的道德、文化与合作治理》，《社会科学研究》2019 年第 4 期。
[②] 谢伏瞻：《加快构建中国特色哲学社会科学学科体系、学术体系、话语体系》，《中国社会科学》2019 年第 5 期。
[③] 〔法〕阿里·卡赞西吉尔、大卫·马金森主编《世界社会科学报告（1999）》，黄长著等译，社会科学文献出版社，2001。
[④] 郑杭生主编《社会学概论新修》（第五版），中国人民大学出版社，2019。

握人类社会的新发展和新变化，谋求社会学对包括国内和全球在内的全部"社会"进行总体解释的可能性，亦有利于社会学学科理论更好地适应自身发展逻辑，实现社会学的长远发展。

一 相关研究述评

从当前社会科学发展的现实情况来看，作为研究国际社会和国际问题主流学科的国际关系学始终无法摆脱其政治学子学科的从属身份，亦即"政治学囚笼"；而以现代社会为研究对象的社会学依然固守民族国家中心论的分析范式，"民族国家框架"成为限制社会学研究视野拓展的桎梏。显而易见的是，"国际"和"全球"是社会学研究不容忽视的重要场域，尤其是在全球化、一体化程度空前提高的现代"全球社会"中，社会学对于国际问题及世界的认识更具整体性，必须担负起认识世界、服务社会的重要职责与功能。[①]

（一）既有研究的困局

从当前社会科学的发展现实来看，无论是国际关系还是社会学，对"国际"这一研究场域的分析研究均存在固有的局限，使社会科学在分析和解释全球社会及相关议题时面临研究范式的困局。

1. 国际关系研究的"政治学囚笼"

20世纪以来，随着世界格局的剧烈变动以及国际社会相互依存程度的不断加深，国际关系研究的理论体系和相关机构急剧扩展，这使得国际关系作为一门独立的学科出现，成为研究国际社会各种关系现象的科学分析框架和理论体系。然而从更深层次来看，"国际关系学从未成为一个独立的专业领域，它是作为政治学或政治科学的延伸而出现的"，其长期受困于一个借

---

① 赵子祥：《中国哲学社会科学界的职责与社会学研究的功能》，《社会科学辑刊》2002年第6期。

入的本体论——"政治学的囚笼"。① 作为国际关系研究的创始文本之一,英国学者爱德华·H. 卡尔(Edward H. Carr)的著作《20 年危机(1919-1939)》成为国际关系研究受困于"政治学囚笼"的有力佐证。尽管卡尔宣称此书的创作意在奠定国际关系的学科基础,但他并未明确国际政治可能包含的独特前提,只是简单地将政治学的研究领域延伸到国际政治领域,从根本上来说它依旧停留在政治权力的本体论层面,尚未真正确立国际关系自身的本体论。② 而近年来国际关系理论研究面临的一系列发展困境也引发了国际学界关于国际关系理论学科地位和发展方向的争论,甚至有学者对国际关系学科的存在价值进行反思。③ 如美国学者克里斯汀·西尔维斯特(Christine Sylvester)认为随着世界的全球化,国际关系也在全球化,而这种新变化究竟意味着国际关系的终结还是新生值得进一步思考,但从某种意义上来说,国际关系理论本身确实存在已经"走向尽头"的可能。④ 国际关系研究的"政治学囚笼"不仅限制国际关系理论学科自身的发展创新,而且使其难以有效适应变动发展的全球社会,急需社会学等其他学科理论的引入和重塑。

2. 社会学研究的"民族国家框架"

社会学是"对人类的社会生活、群体和社会的科学研究",⑤ 它的诞生很大程度上是为了迎合民族国家出现、现代性滋生以及社会结构重大转型的现实需要,其存在的基础和前提是与现代性、现代化及现代社会紧密联系在一起的。诚然,以民族国家为框架的"现代化研究范式"确曾为促进现代性和现代化的发展以及社会学学科自身知识体系的繁荣做出巨大贡献,但

---

① 〔英〕贾斯廷·罗森博格:《政治学囚笼中的国际关系学》,宋鸥译,《史学集刊》2017 年第 1 期。
② 〔英〕爱德华·卡尔:《20 年危机(1919-1939):国际关系研究导论》,秦亚青译,世界知识出版社,2005。
③ 刘丰:《国际关系理论研究的困境、进展与前景》,《外交评论》(外交学院学报)2017 年第 1 期。
④ Christine Sylvester, "Experiencing the End and Afterlives of International Relations/Theory", *European Journal of International Relations*, Vol. 19, No. 3, 2013.
⑤ 〔英〕安东尼·吉登斯:《社会学》(第五版),李康译,北京大学出版社,2009。

20世纪末兴起的全球化浪潮极大地扩展了"现代社会"的边界,使得传统上将"社会"与"民族国家"概念相混淆的惯常做法变得不切实际、不合时宜。因为世界的全球化、一体化趋势不仅推动人类社会的结构日益走向跨国化和全球化,也使得社会科学研究的领域和范围空前拓展,尤其是许多跨国性、全球性议题"难以在单个国家、民族社会的层次上进行充分研究"。① 在此情况下,社会学研究如果继续局限于"民族国家框架",既会束缚社会学研究视野的拓展和创新,也会导致社会学理论无力解释和应对变动发展的现代社会中出现的新的难题和困境,这种不断凸显的"本土化—全球化"张力最终可能带来社会学研究自身的困境甚至危机。面对全球化时代社会生活的急剧转型和变化,不仅需要将"社会"从"民族国家框架"中解放出来,同时也涉及社会学思维方式、理论框架的转变和创新,② 因为从根本上来说,"社会学是一门暂时性的、反思性的学科,它必须不断与社会现实保持适应性和灵活性,才能更好地发挥重要作用"。③

(二)把"国际"带回社会学视野

既然社会学是研究现代性和现代社会的科学,就不得不直面现代社会的各种转型、变化及其衍生而出的新问题。在世界面临百年未有之大变局的背景下,人类社会愈发演变为全球化、一体化的"命运共同体",极大改变了现代社会存在发展的现实基础,也使得社会学的研究对象和研究范围发生历史性变革。实际上,社会学对全球化和国际社会的关注在古典社会学阶段便初见端倪,但这种古典传统却未能在现代社会学阶段得到良好的继承和发扬。④ 在当今这个全球化时代,现代社会的存在形式以及人类的生活方式急剧转型,而"当社会生活方式的变化能够为社会学研究广泛的对象带来创

---

① 文军:《范式整合:全球化时代社会学研究的变革》,《学术论坛》2001年第3期。
② 成伯清:《全球化与社会学想象力的拓展》,《江苏社会科学》2004年第5期。
③ 文军:《社会学理论的当代演化及其趋势》,载杨国荣主编《思想与文化》(第四辑),华东师范大学出版社,2004。
④ 文军:《全球化议题与社会学研究》,《社会科学辑刊》2002年第5期。

新或变革性的意义时，社会学研究必须对此做出反应"。① 因此，一贯以研究现代性和现代社会为己任的社会学，有必要将"国际"重新带回其研究视野，使社会学研究与更大范围的"社会"——"国际社会"或"全球社会"的发展变化联系起来，进一步发挥社会学在国际场域中的想象力。

学术界对于拓展社会学研究的国际视野已做出过诸多有益探索，其中具有较强影响力和代表性的主要有国际社会学研究、全球社会学研究和国际政治社会学研究。国际社会学（international sociology）肇始于20世纪80年代至90年代，以日本学者梶田孝道主编的《国际社会学》为其形成标志。国际社会学是社会学和国际关系的交叉研究学科，它以国际社会为研究对象，主要关注的是国际社会的多样性、差异性和不平衡发展，并以民族性、民族主义和移民社会等社会理论为其学科理论的建构基础，聚焦研究国际关系社会学、国际社会研究以及地域研究三个相互交叉的研究领域。② 全球社会学（global sociology）是社会学对20世纪末世界范围内兴起的全球化浪潮的直接回应，英国学者罗宾·科恩（Robin Cohen）和保罗·肯尼迪（Paul Kennedy）所撰写的《全球社会学》可谓是全球社会学相关理论研究里程碑式的著作，它通过回顾社会学的创立和发展，探讨全球社会学的源起，并全景考察全球社会中的劳工界、民族国家、跨国公司和不平等等全球性现象，生动描绘出全球社会的总体图景。③ 中国学者文军认为全球化浪潮的兴起直接推动了全球社会学的诞生，并提出一种新的多重范式整合的社会学理论范式——"全球化研究范式"。④ 国际政治社会学（international political sociology）作为学科倡议大致产生于21世纪初的中国，在此之前经过西方

---

① 〔美〕罗伯特·K. 默顿：《社会研究与社会政策》，林聚任等译，生活·读书·新知三联书店，2001。
② 蔡骐：《一个区别于全球社会学的国际社会研究范式——国际社会学及其理论述评》，《国外社会科学》2006年第5期。
③ 〔英〕罗宾·科恩、保罗·肯尼迪：《全球社会学》，文军等译，社会科学文献出版社，2001。
④ 文军：《承传与创新：现代性、全球化与社会学理论的变革》，华东师范大学出版社，2004。

学界的历史社会学、英国学派等沉淀，最后由社会建构主义将其推到国际关系理论研究的前沿。① 作为国际关系研究的新兴学科领域，国际政治社会学借用社会学的理论方法，以社会本体论为基础，主要研究国际社会的结构、演变以及国际国内的社会、政治之间的各种互动，坚持强调国际政治的社会内涵。②

综上所述，全球社会是国际社会发展的新趋势，这种从民族国家向全球社会的"脱域化"过程不仅对当前社会科学研究形成严峻冲击和挑战，也为社会科学相关学科的视野拓展和理论创新带来巨大机遇。社会学作为一门研究"社会"的科学，对全球社会各项议题的研究更具整体性和综合性，可以在分析研究世界局势和国际问题时发挥关键作用。因此，有必要将社会学的研究视野拓展到国际场域（全球场域），用社会学的理论和方法来解析国际关系和国际问题，推动社会学、国际关系乃至整个哲学社会科学理论研究的范式创新。

二 分析框架——社会学视野下的全球社会

探索新时代社会学的"国际转向"，不仅需要将传统的"现代化研究范式"转变为"全球化研究范式"，并进一步将二者统一起来，探索新的"全球本土化"（glocalization）研究范式，实现社会学理论研究的多重范式整合，也需要重新架构社会学理论研究的分析框架，从认识论、结构论和功能论等角度出发形成对社会学视野下全球社会的理性审思。

（一）认识论框架：什么是全球社会

人类的认识活动不仅从属于认识、理解世界的需要，而且从属于人类改造世界的实践需要，而人类"几乎所有的科学研究活动都是在认识论的框

---

① 郭树勇：《国际政治社会学简论：马克思主义的视角》，时事出版社，2014。
② 花勇：《国际政治社会学的发展历程》，《湖北社会科学》2013年第9期。

架下进行的"。① 因此，拓展社会学研究的全球视野应当从认识论的角度进行重新审视。首先，要回答"如何认识全球社会"的问题。毫无疑问，全球社会同国内社会一样，并不只是一个单纯的名称，也不是一个简单的实体存在，而是一个由诸要素共同组成的有机整体，涵盖政治、经济、文化、历史等多个方面。并且除了要从横向层面认识当下全球社会的诸要素构成外，还要从纵向层面关注全球社会的历史与未来，分析全球社会的发展与变迁，从而获得关于全球社会的更加立体、全面的认知。其次，应深刻把握国际关系的社会本质，坚持社会本体论，强调全球社会的"社会性"（sociality），这并非否定物质力量在全球社会中的基础性地位，而是注重从社会结构、社会变迁等背景视角去理解和分析物质世界的发展演变，将全球社会看成一个整体性的社会联系。马克思主义对于国际关系的社会本质有着深入的分析，它把国际关系的世界看成一个物质性的社会世界，而国际体系、国际行为体和跨国权力关系等相关要素都深深嵌入在包含着生产的社会组织形式的关系体系中。② 此外，全球社会的"主体间性"（intersubjective）和交往实践是社会学探索"国际转向"的重要关注点。随着人类社会的发展，人的主体意识不断增强，尤其是近代以来，"主体性"（subjectivity）逐渐被人类社会奉为圭臬，而其所遵循的"主体—客体"二元结构成为长期主宰社会科学研究的思维模式。在这种主客体二元对立思维的影响下，国际社会各主体之间难以在全球公共事务和问题上达成共识，极易陷入全球集体行动的困境。社会学所关注的主体间性则强调主体与主体之间的理解和沟通，从而实现相互认同、达成共识。③ 在当前人类社会全球化、一体化程度不断加深的宏观背景下，无论是国际关系还是社会学，在研究国际社会和国际关系的过程中都必须从方法和内容上将"主体—客体"的二元对立思维转变为"主体—

---

① 张康之：《对社会科学研究方法的认识》，《北京行政学院学报》2018年第2期。
② Martin Griffiths, *International Relations Theory for the Twenty-First Century*, London and New York: Routledge, 2007, p. 36.
③ 夏文华、杨艳燕：《从主体性到主体间性：图书馆活动中对话关系的转变》，《图书馆杂志》2007年第11期。

主体"的互动模式，并进一步扬弃主体性和主体间性的缺陷，建构起集二者合理性于一身的"主—客—主"交往实践模式。①

（二）结构论框架：全球社会中的"施动者—结构"问题

"结构"（structure）历来是社会学理论研究的核心议题，社会结构理论是"社会学作为一项科学事业的支柱"。② 在当代著名社会学家安东尼·吉登斯（Anthony Giddens）看来，社会本身并不具有实体"结构"，它只是社会在实践中呈现转换性关系的某种"虚拟秩序"（virtual order），是"社会系统中的时空'束集'（binding）在一起的那些结构化特性"。③ "结构"在国际关系研究中同样是个重要概念，无论是肯尼思·N. 华尔兹（Kenneth N. Waltz）的结构现实主义、罗伯特·O. 基欧汉（Robert O. Keohane）的新自由制度主义，还是亚历山大·温特（Alexander Wendt）的建构主义，都无一例外地从体系结构层面开展国际关系研究。④ 但是从根本上说，当前国际关系主流学派在分析国际社会或国际关系中的"结构"时，"只告诉我们结构是由什么构成的和结构怎样产生某种作用，但不能告诉我们在时间中结构运行的过程"，⑤ 即更多地趋向于一种"非历史性"的静态研究，却并未动态地关注国际社会结构的生成、发展和演变过程。而全球社会并不仅仅只是一个静态的结构，而是包含着一个动态的实践行动和一个构成实践组成部分的体系结构，这种结构随着全球社会的演变以及各行为体的实践行动处于一种动态的发展变化过程中。因此，正如吉登斯将其理论称作"结构化理论"（the theory of structuration）那样，全球社会的"结构"也"必须被视

---

① 柴秀波：《在扬弃"主体性"和"主体间性"中坚持马克思主义的交往实践观》，《晋阳学刊》2011年第5期。
② Neil J. Smelser, "Social Structure", *Handbook of Sociology*, London: SEGE Publications, 1988, p. 103.
③ 〔英〕安东尼·吉登斯：《社会的构成：结构化理论大纲》，李康、李猛译，生活·读书·新知三联书店，1998。
④ 朱立群、聂文娟：《社会结构的实践演变模式——理解中国与国际体系互动的另一种思路》，《世界经济与政治》2012年第1期。
⑤ 〔美〕亚历山大·温特：《国际政治的社会理论》，秦亚青译，上海人民出版社，2014。

为一种过程,而不是一个固定的状态"。① 受吉登斯结构化理论影响,温特努力避免对国际社会结构进行狭隘的静态分析,在《国际关系理论中的施动者——结构问题》一文中,温特重新思考了社会学和国际关系共同面临的根本性问题——"施动者—结构"问题(the agent-structure problem),用结构的"二重性"取代结构的"二元性",试图构建社会学意义上的国际关系互构(co-construction)理论。② 但其忽略了吉登斯结构化理论在分析施动者与结构的互动时对实践活动等过程要素的强调和重视,最终导致温特的国际关系"结构化"努力依旧落入结构主义的窠臼。③

因此,透过社会学视野研究全球社会,需要动静结合地分析国际关系中的施动者—结构问题,既要看到国际行为体和国际体系结构之间的双向互构,也要重视作为施动者与结构互动的过程和中介的实践活动,从而对全球社会以及国际关系做出更有意义和价值的社会学解释。

(三)功能论框架:全球社会的功能何在

功能主义(functionalism)是社会学发展史上最重要的理论方法之一,它滥觞于社会学创始人奥古斯特·孔德(Auguste Comte)的有机体类比,后经赫伯特·斯宾塞(Herbert Spencer)的分析功能主义、埃米尔·迪尔凯姆(Émile Durkheim)的功能主义以及马林诺斯基(Bronislaw Malinowski)、拉德克利夫-布朗(Alfred Reginald Radcliffe-Brown)等人类学家的发展,最后由塔尔科特·帕森斯(Talcott Parsons)的分析功能主义和罗伯特·金·默顿(Robert K. Merton)的"中层"功能理论将其发展到极致,使得功能

---

① William H. Sewell, Jr., "A Theory of Structure: Duality, Agency, and Transformation", *American Journal of Sociology*, Vol. 98, No. 1, 1992.
② Alexander E. Wendt, "The Agent-Structure Problem in International Relations Theory", *International Organization*, Vol. 41, No. 3, 1987.
③ 朱立群、聂文娟:《社会结构的实践演变模式——理解中国与国际体系互动的另一种思路》,《世界经济与政治》2012年第1期。

主义在20世纪50年代至70年代长期占据社会学理论的前沿阵地。① 尽管现在看来，功能主义理论不可避免地存在缺陷和不足，但其关于保持社会系统稳定的 AGIL 功能模式——适应（adaption）、目标达成（goal attainment）、整合（integration）、潜在模式维系（latency pattern maintenance），为我们认识全球社会、分析国际问题提供了新的思路和方法。

在国际关系领域，戴维·米特兰尼（David Mitrany）是功能主义研究最具影响力的代表之一，他的功能主义思想也正是源于其最初所热衷的社会学。米特兰尼曾提出用"功能化选择"（the functional alternative）代替传统权力政治视域下的联邦主义（federalism），通过"国际范围内物质活动和区域基础上文化权力转移的功能性整合"来超越政治界限、弥合世界分裂，从而构建一个有效运行的和平体系。② 在他看来，功能主义与强调不同利益间权力关系的联邦主义存在明显区别，它更重视全人类的共同利益，而世界各国的功利主义将成为构建"利益共同体"的基础，必须消除政治分歧以服务于人类共同的利益需要，因为国际社会真正需要的并非庄严的规章条约，而是在共同关心的国际公共事务中携手合作。③

可以看出，功能主义框架下的社会学理论在理解和分析当今全球社会和国际问题等方面更具解释力和说服力。强调全球社会的功能在于服务全人类共同利益和价值，更加突出世界的"社会性"，因为"功能主义理论是一种社会建构的概念"。④ 从全球和全人类共同利益的角度探讨和处理国际关系和国际事务，有助于推动国际社会进一步发展成为和平稳定、共生发展的全球社会或"世界社会"（world society）。

---

① 〔美〕乔纳森·特纳：《社会学理论的结构（上）》（第6版），邱泽奇等译，华夏出版社，2001。
② 郭海峰、崔文奎：《以功能主义超越权力政治——兼论比较政治视域下的米特兰尼永久和平思想》，《比较政治学研究》2019年第2辑。
③ 贺平：《共同体视角下的功能主义再研究：学理脉络与思想启示》，《复旦国际关系评论》2019年第2辑。
④ 宋新宁：《欧洲一体化理论：在实践中丰富与发展》，《中国人民大学学报》2014年第6期。

三 全球本土化——全球社会中社会学研究的关键议题

随着世界全球化、一体化步伐的加快,现代社会正在发生巨变,世界已然进入一种"全球时代",它在催生全新社会形态、重塑社会生活方式的同时,也给社会科学的研究方法尤其是国际关系和社会学的理论前提带来前所未有的冲击和挑战。英国学者马丁·阿尔布劳(Martin Albrow)指出,"全球性"(global)一词在公共话语体系中的突出地位迫使人们必须承认社会性的现实结构中发生的巨大变革。① 而以现代性和现代社会为研究对象的社会学不能再将"社会"仅仅限定在单一的抽象框架中,必须用一种整体、多维、综合的全球视野来研究全球社会,探索新的"全球本土化"研究范式。笔者归纳出当前全球化时代背景下社会学理论研究亟须拓展的几个关键议题,以期推动更多研究和思考。

(一)全球化与全球社会

现代社会已然进入全球化时代,如何全面正确地认识全球化的内涵和本质成为学术界竞相讨论的焦点议题,"全球化"也因此成为当代社会科学的一个核心但又充满争议的概念。② 区别于政治学、经济学、国际关系等学科单一、片面的研究视角,社会学凭借其理论方法的综合性和整体性,可以从政治、经济、文化、历史等多个方面全面整合全球化的概念,进而建构一种多元综合的解释模式,为全球化研究做出独特的学科贡献。

从历史演变的角度来看,全球化可以说是人类社会的变迁和转型过程,是一个由多中心的民族国家社会向"去中心化"的全球社会转变的历史变迁过程,即以一种动态的视角考察人类社会的发展演化。如阿尔布劳指出全

---

① 〔英〕马丁·阿尔布劳:《全球时代:超越现代性之外的国家和社会》,高湘泽、冯玲译,商务印书馆,2001。
② 〔英〕提姆·梅伊、詹森·L.鲍威尔:《社会理论的定位》(第2版),姚伟等译,中国人民大学出版社,2013。

球化是"世界上所有民族融合成一个单一社会、全球社会的变迁过程"。①从时空维度出发，全球化是一种时间、空间跨域延展的过程，重点关注"共同在场"与跨域互动之间的关联，此地和异地的社会形式和事件之间的关系不断"延伸开来"，"不同的社会情境或不同的地域之间的连接方式，成了跨越作为整体的地表的全球性网络"。②此外，就全球化与现代化的关系而言，在人类社会发展的历史进程中，全球化与现代化之间存在相当程度的关联性，从本质上来说，全球化是现代性的一个后果。但是全球化与现代化并非完全同步，因为现代化在民族国家中的发展进程不一致，表现为一种"历史性"；而全球化更多表现为一个漫长的发展历程，更强调发展的"共时性"。③

全球社会则是人类社会在全球化推动下动态变迁发展形成的新的社会形态，它是现代社会关系的再塑和重构。在国际社会向全球社会或世界社会的发展变迁过程中，人类社会中社会性关系的外延和内涵发生显著变化，而原本界定国际关系的国际社会形态无法涵盖新的关系内容，全球社会成为各种权力关系、利益关系和共生关系的"叠加态"，从而使得复杂性和不确定性成为全球社会的内禀属性。这就要求必须采取积极有效的干预手段，协调全球社会内部的关系失衡及不同社会形态之间的关系张力，推动全球化和全球社会良性健康发展。④

总体来说，社会学对全球化与全球社会研究做出的最具特色的贡献在于提出并阐释了全球性、全球化以及全球主义的含义与区别，深化对于全球化现象的认识和理解，⑤并通过综合不同学科、多元视角，建构一种多元综合的解释模式，进而更加全面正确地解析全球化和全球社会的本质内涵。

---

① Martin Albrow and Elizabeth King, *Globalization, Knowledge and Society*, London: SEGE Publications, 1990, p.9.
② 〔英〕安东尼·吉登斯：《现代性的后果》，田禾译，译林出版社，2000。
③ 文军：《社会学视野中的全球化》，《社会》2000年第2期。
④ 秦亚青：《关系视角下的全球社会变迁》，《中国社会科学报》2021年10月19日，第5版。
⑤ 王黎芳：《社会学视野中的全球化》，《学习与实践》2006年第4期。

(二)全球社会的"社会"本质

社会学视野下的"社会"是一个由相互联系的各部分构成的有机整体,孔德是把有机体类比引入社会学的关键人物,而斯宾塞通过系统地比较社会和有机体,认为社会是一个功能联系、相互依存的具有整体性的有机体,进而使有机体类比得到充分发展。马克思则将社会看作由诸多要素构成的复杂的有机体,并突出整体性、动态性等特征。① 与国内社会相类似,全球社会也是一个由诸多要素共同组成的有机整体,它不仅有明确的成员——主权国家,而且成员之间存在共同利益、共享价值及经常性的互动,并受到各种制度规范的制约,而这些都是我们通常理解范围内的"社会"所必备的要素。②

同时,全球社会的社会性本质还体现在构成全球社会的各要素——主权国家、国际关系和国际体系的社会性。其一,主权国家具有社会性。"国家也是人",③ 作为全球社会最重要的成员和行为主体,主权国家同个人一样存在一定社会归属需求,或者说是一种"趋社会"情感,正是这种趋社会情感使主权国家在全球社会中并不会一味地追求自身利益的最大化,而是通过一种"强互惠"行为来强化国际合作,最终促成了全球社会与世界秩序。④ 其二,国际关系具有社会性。"关系"是社会学分析中一个重要课题,社会中的经济、政治、文化等行动都是嵌入社会关系之中的,⑤ 可以说社会就是各种关系相互交织的复合体。全球社会也是一个由各种关系构成的复杂关系体,这使得国际关系从一开始便具有一种"社会性",国际关系本质上是一种社会性存在。⑥ 赫德利·布尔(Hedley Bull)便指出,社会因素是国

---

① 苑芳江:《马克思社会有机体理论刍议》,《科学社会主义》2011年第6期。
② 马国林:《国际社会的社会性与非社会性》,《国际政治研究》2014年第6期。
③ 〔美〕亚历山大·温特:《国际政治的社会理论》,秦亚青译,上海人民出版社,2014。
④ 黄真:《从"互惠利他"到"强互惠":国际合作理论的发展与反思》,《国际关系学院学报》2009年第4期。
⑤ 孙立平:《"关系"、社会关系与社会结构》,《社会学研究》1996年第5期。
⑥ 高尚涛:《国际关系本体论分析》,《世界经济与政治》2007年第6期。

际关系中的基本因素之一。① 其三，国际体系具有社会性，皮埃尔·布迪厄（Pierre Bourdieu）的场域（field）和惯习（habitus）概念为分析国际体系的社会性建构了理论框架。国际体系是全球社会各行为体互动交往的"社会空间"，即布迪厄所说的社会场域，在这里进一步延展为"全球场域"，而国家行动者所具有的由其个体历史和集体历史长期积淀形成的国际惯习使各国拥有不同种类和综合资本，并在全球场域中占据相应的位置。② 以上诸要素无一不彰显全球社会的本质属性——社会性。

（三）全球社会互动与国家"角色扮演"

交往和互动是人类社会固有的存在方式，没有社会的互动，便没有人类的生存和发展，也没有社会的发展和进步。乔治·H. 米德（George H. Mead）认为，人与人之间的交往和互动是以一种有意图、有意义的"符号"为媒介进行的间接沟通方式，亦即著名的"符号互动论"（symbolic interactionism）。③ 作为一种研究人与人、人与社会互动的理论，符号互动论同样可应用于全球场域中国家之间的交往和互动，而这种思考早在温特的建构主义理论中便有所展露。将社会学的符号互动论应用于全球场域所面临的一个关键问题在于如何解决好国家与人的关系问题，也就是要思考把符号互动论的研究主体由人转换为国家是否存在逻辑谬误。温特认为，国家是一个"社会人"，是"具有意图性、理性和利益考虑等人的特征的行为体"。④ 国家行为体通过一系列符号互动，强化彼此之间的观念共识，从而构建新的国家间关系。将社会学的符号互动论应用于全球场域，可以更好地理解国家之间互动以及由此产生的合作与冲突。在全球社会中，国家的"社会人"定位使其总是以其他国家或行为体的态度为参照物来认识自身，也只有在全球社

---

① Hedley Bull, *The Anarchical Society: A Study of Order in World Politics*, New York: Columbia University Press, 2012, p. 41.
② 冯继承：《大国崛起与国际体系转型》，外交学院博士学位论文，2016。
③ 〔美〕乔治·H. 米德：《心灵、自我与社会》，赵月瑟译，上海译文出版社，2008。
④ 〔美〕亚历山大·温特：《国际政治的社会理论》，秦亚青译，上海人民出版社，2014。

会的互动实践中国家才能获得完整的"自我"认知——既包括一个实施行动的"主我",也包括一个"泛化的他人"视角的"客我",而国家正是在这种"主我"与"客我"之间的"姿态对话"中实现对自身行为的合理控制。米德在讨论人与人之间的互动交往时提出了"角色扮演"(role-taking)这一重要的社会学概念,而这也是国家参与全球社会互动的一个不可忽视的过程,国家之间可以通过这种"角色扮演"减少冲突、产生合作。①

区别于传统国际关系理论对全球社会中竞争和冲突因素的过度强调,社会学更多地关注全球社会的互动和交往,它是主权国家置身全球社会、不断实现国际关系社会化的根本途径,而国家的"趋社会"情感则使其在全球社会互动中更倾向于选择合作、避免冲突。

(四)全球社会认同与集体身份建构

认同(identity)理论最早是由社会心理学家亨利·泰弗尔(Henri Tajfel)等人于20世纪70年代提出的,他认为社会认同是"个体认识到他(或她)属于特定的社会群体,同时也认识到作为群体成员带给他的情感和价值意义"。②"认同"也是社会学中的一个重要概念,"它是一个社会的成员共同拥有的信仰、价值和行动取向的集中体现"。③ 不难看出,人类的认同行为最初起源于社会群体认同,而随着人类社会的不断发展,这种"社群"认同进一步延展为国家、区域乃至全球层面的认同,认同理论也因此被应用到国际关系研究领域。

相比于政治、经济和军事等物质因素,认同在国际关系研究中是一个较为隐秘却极具弹性的概念和范畴,④ 它对于国际社会的安全稳定与团结合作发挥着至关重要的作用。如果说国家认同是主权国家获得合法性的前提,那

---

① 邹贵福:《符号互动论视角下的国家间互动》,南京大学硕士学位论文,2011。
② Henri Tajfel, *Differentiation between Social Groups: Studies in the Social Psychology of Intergroup Relations*, London: Academic Press, 1978, pp.77-98.
③ 李友梅:《重塑转型期的社会认同》,《社会学研究》2007年第2期。
④ 孙溯源:《集体认同与国际政治——一种文化视角》,《现代国际关系》2003年第1期。

么全球社会认同则是建构一个全球社会或世界社会不可或缺的必要条件。在国际关系主流学派中，建构主义表现出对认同的极大兴趣，温特提出整体认同和社会认同两种认同类型，并更强调行为体之间的集体认同，即在自我和他者之间建立积极的认同关系，在认知上将他者视为自我的延伸，而行为体之间的移情联系则是构成集体认同的基础。[①]

社会学视野下的全球社会认同是一个从自我认同向集体认同发展过渡的持续过程，是主权国家的自我角色（role）定位与他者认知互动的客观映射和主观建构。全球社会中国家的角色定位并非基于先天的内在属性，而是存在于与其他国家的互动关系中，只有在全球社会的互动交往过程中国家才能建构起自我角色身份的真正意义，而角色认同则是国家在全球互动中的"角色扮演"与他者认知的协调统一过程。[②] 全球社会中的集体认同是国家自我身份的国际社会化过程，是全球社会认同发展的一种高阶形态，各个国家在全球互动交往中不断跨越自我与他者之间的界限和鸿沟，最终建立一个覆盖全球的身份共同体。从根本上说，全球社会认同的建构是一个协调国家个体与区域、全球集体利益关系的动态演进过程，经过这一过程，主权国家得以跨越单一价值追求和多元价值冲突的国际互动困局，从而不断塑造全球共同的利益和价值观念。

（五）全球治理与全球发展

"治理"（governance）理论是回应当今世界全球化和不确定性日增的大变革时代的强势理论话语。政治学关注国家治理，将治理视为当代民主新的实现形式，[③] 而社会学更关注社会治理，郑杭生认为社会学在探察社会治理从"理想类型"到本土特质的逻辑和实践方面具有独特的学科优势。[④] 全球治理则是国际关系学者关注的焦点，它致力于推动全球社会的良性发展，该

[①] 倪世雄等：《当代西方国际关系理论》，复旦大学出版社，2001。
[②] 肖晞、宋国新：《共同利益、身份认同与国际合作：一个理论分析框架》，《社会科学研究》2020年第4期。
[③] 俞可平：《治理和善治：一种新的政治分析框架》，《南京社会科学》2001年第9期。
[④] 郑杭生：《"理想类型"与本土特质——对社会治理的一种社会学分析》，《社会学评论》2014年第3期。

理论的创始人詹姆斯·N. 罗西瑙（James N. Rosenau）对全球治理做出如下定义："通行于规制空隙之间的那些制度安排，或许更重要的是当两个或更多规制出现重叠、冲突时，或者在相互竞争的利益之间需要调解时才发挥作用的原则、规范、规则和决策程序"。①

在当前全球性挑战和现代性危机渐次凸显的现实背景下，全球治理的理论、制度、战略和实践等各方面均陷入一时难以自拔的境地，② 全球发展也因此面临风险和挑战，急需一种新的研究方法来弥合宏观抽象与微观经验之间的理论裂隙，这与社会学研究方法中的"中层理论"（theories of the middle range）不谋而合。在全球治理的理论和实践场景中，不同国际行为体奉行不同的行动逻辑，如果仅仅考察某一个国际行为体，可能导致微观经验方法的碎片化困境；如果从权力、利益、无政府状态等全球治理总体性概念阐释出发，便会形成宏观抽象的理论框架，难以应对全球治理面临的实际问题。全球治理的中层理论则兼顾国际行为体的具体经验逻辑和全球政治的内在规律，一定意义上成为"宏大理论和微观经验理论研究的综合和延伸"，③ 这有助于改善由全球化和全球治理引发的全球社会与地方社会之间不断加剧的"断裂"乃至"分裂"格局，为解决当今世界难题和匡正全球发展新征程提供新的理论支撑。

世界百年未有之大变局下的全球治理早已超越传统强调主权国家、权力利益等物质层面的国际关系范畴，需要更加关注和重视文化、观念、规范等社会非物质因素。在这样一个全球化时代，形塑更加有效的全球治理，是"人类社会面临的最大需要和最大挑战"，④ 同时也是实现全球共生发展的必由之路，理所应当将全球治理置于社会学的想象力范围之内，用社会学的理论方法完善全球治理与全球发展的理论和实践。

---

① 〔美〕詹姆斯·N. 罗西瑙主编《没有政府的治理》，张胜军、刘小林等译，江西人民出版社，2001。
② 杨洁勉：《全球治理困境和中国方案思考》，《探索与争鸣》2017年第3期。
③ 赵可金：《全球治理知识体系的危机与重建》，《社会科学战线》2021年第12期。
④ 〔英〕安东尼·吉登斯：《社会学》（第5版），李康译，北京大学出版社，2009。

（六）人类命运共同体与全球共同价值

"人类命运共同体"（a community with a shared future for mankind）是中国立足世界变局、顺应时代潮流、维护人类共同利益而提出的科学构想和理想蓝图，自2012年首次提出以来，这一思想便受到国际社会的高度关注和广泛认同，同时也掀起了国内外学术界的研究热潮，不同学科分别从不同视角对人类命运共同体的理论渊源、基本内涵和建构路径等开展详尽分析。而要深入探讨人类命运共同体的内在本质，离不开一个最基本的社会学概念——共同体（community）。

共同体作为一种重要的理论概念主要来源于德国社会学家斐迪南·滕尼斯（Ferdinand Tonnies）的著作《共同体与社会》。他在书中将"共同体"和"社会"看作一对迥然不同的概念，认为"共同体是持久的和真正的共同生活，社会只不过是一种暂时的和表面的共同生活"，所以"共同体本身应该被理解为一种生机勃勃的有机体，而社会应该被理解为一种机械的聚合和人工制品"。[①] 在滕尼斯那里，"社区"是共同体的代名词，个人或群体之间的联系和交往受到血缘、地缘等因素的限制。而随着人类社会现代化、全球化、一体化的快速推进，人与人、群体与群体之间的血缘、地缘、业缘限制被逐渐打破，共同体的内涵和外延也不断获得新的拓展，从宗族共同体到社区共同体、民族国家共同体，最终发展到全球化时代的人类命运共同体，共同体在这种现代性的扩张和全球流动社会的影响下被进一步理解和重构，[②] 人类社会的价值向度也由部分的、少数的群体价值过渡到整体的、最大多数的全球和全人类共同价值。

人类命运共同体无疑是对共同体思想的升华和发展，它是以全人类共同价值为基础建构起来的全球共同体，立足于"人"这个全人类共同的身份

[①] 〔德〕斐迪南·滕尼斯：《共同体与社会——纯粹社会学的基本概念》，林荣远译，商务印书馆，1999。

[②] 吴晓凯：《共同体的社会学考评及其中国语境下的本土实践》，《内蒙古社会科学》2021年第5期。

归属，以全球社会共生关系为其存在形式，并且将全人类共同利益和价值作为目标追寻和最终归宿。人类命运共同体并非"机械的聚合"或"想象的共同体"，而是全球社会各行为体之间的一种社会建构，是一个"生机勃勃"的、属于全体人类的真正的共同体。尽管有学者提出人类面临"越是追求共同体，越是求之不得"的困境，① 但人类命运共同体作为人类社会发展的一个"理想类型"，我们应当秉持锲而不舍的追求精神，凝聚全球价值共识，共迎全球风险挑战，最终实现人类社会的和合共生和世界大同。

结 论

当今世界的现代化、全球化和一体化将现代社会的边界前所未有地扩展到全球范围，而这也带来社会学研究边界的扩展，传统以民族国家为界限的"现代化研究范式"无法有效适应急遽变迁的社会现实，必须积极拓展社会学学科的理论视野和研究范畴。在这种背景下，社会科学尤其是以现代社会为研究对象的社会学，其研究理论和方法亟须从"方法论民族主义"转向"方法论世界主义"。② 把"国际"带回社会学视野，探索新时代社会学的"国际转向"，既是社会学突破自身研究的"民族国家框架"、创新理论方法和拓展学科界限的现实需要，也有助于推动国际关系研究挣脱"政治学囚笼"，从而探索社会学与国际关系等其他学科交叉融合的可能性，使社会学能够以一种新的"全球本土化"研究范式来回应变动发展的现代社会。总而言之，面对世界百年未有之大变局，社会学不仅不能选择回避全球化这一当今人类社会最大的社会现实，而且应当进一步变革创新社会学的研究视角和理论框架，谋求对包括国内社会和全球社会在内的全部社会的总体解释，从而使社会学真正成为一门研究"社会"的理论和学科。

---

① 李荣山：《共同体的命运——从赫尔德到当代的变局》，《社会学研究》2015 年第 1 期。
② 张小溪、王安丽：《社会学的"世界主义时刻"》，李国伟译，《中国社会科学报》2011 年 8 月 11 日，第 6 版。

全球公共卫生治理中国际组织的互动机制研究[*]

范和生　朱颖

摘　要：全球化深度发展背景下，人类社会在公共卫生治理领域面临诸多风险和挑战。在国家利益优先理念影响下以国家为治理主角的传统全球公共卫生治理模式作用有限，迫切需要构建新的全球卫生治理新格局，发挥国际组织的角色作用，凸显国际组织间的合作治理优势。在全球公共卫生治理中，国际组织开展了观念互动和规范互动，协作治理趋势显著。本文以联合国系统内的世界卫生组织与世界银行为例，分析国际组织在以新冠疫情为案例的全球公共卫生治理中的角色扮演，探讨国际组织间如何开展互动。未来构建良好的国际组织之间的角色互动机制，推动国际组织的角色行动，需要坚持平等协商理念，制定监督评价、利益分配和激励机制，更好实现组织之间的分工合作，最终推动人类卫生健康共同体的形成。

关键词：国际组织　机制互动　全球公共卫生治理

引　言

全球化背景下，公共卫生治理问题越来越复杂，仅凭单一国家的力量难

---

[*] 本文原发表于《区域与全球发展》2022年第4期，收录时有修改。

以解决。在新冠疫情发生后，各个国家的态度各异，相互间矛盾不可调和，各自为战的碎片化抗疫无法解决疫情危机。因此，需要加强全球抗疫合作，发挥多元主体的角色作用。周逸江认为国际组织在拥有自主性的前提下，可以充分利用资源优势和自身权威来塑造治理主体的认知，因此，关注国际组织在促进协同治理中的角色扮演有利于推动后疫情时期的全球治理进程。[1] 基于此，笔者认为，从社会学的角色理论视角，将会更有利于真实、全面、深刻地开展对国际组织在全球公共卫生治理领域的角色作用的研究。

在全球卫生治理框架下，各主权国家、国际组织都发挥了一定的作用，而国际组织由于自身的独立性，在公共卫生治理过程中彼此存在角色冲突与合作。罗圣荣、杨飞指出在不断深化的全球化背景下，国际机制构建作为全球治理重要方式的同时，多元机制主体带来的机制重叠现象也限制了机制有效性的发挥。[2] 王明国也指出全球公共卫生治理体系中存在重叠现象，需要通过协同治理的手段，发挥多元主体的作用。[3] 国际组织之间的角色冲突推动着有效的国际机制的建立。有效的国际机制的构建建立在制度互动的基础上，基于制度间的动态关系，奥拉夫·S.斯托克（Olav S. Stokke）主张通过观察国际机制的有效性来判断两个国际机制互动的影响，所以他将国际制度互动分为效用互动、观念互动和规范互动，通过不同的互动类型来关注互动的发生。[4] 而王明国则关注到国内关于制度互动对全球治理产生的影响方面的研究相对匮乏，所以，他重点分析了国际制度互动与国际制度有效性之间的关联性，并指出制度互动应该朝着建立一个成熟的互动模型方向迈进。[5] 晋继勇、郑鑫指出机制互动在全球治理中不可避免，机制间存在广泛的合作

---

[1] 周逸江：《国际组织在协同治理中的角色——聚焦疫情后经济复苏与气候治理》，《国际展望》2021年第6期，第124~144页。
[2] 罗圣荣、杨飞：《国际机制的重叠现象及其影响与启示——以湄公河地区的国际合作机制为例》，《太平洋学报》2018年第10期，第21~31页。
[3] 王明国：《全球公共卫生治理的制度重叠及其应对之策》，《东北亚论坛》2021年第1期，第78~89页。
[4] Olav S. Stokke, "Managing Straddling Stocks: the Interplay of Global and Regional Regimes", *Ocean and Coastal Management*, Vol. 43, No. 2-3, 2000, pp. 205-234.
[5] 王明国：《国际制度互动与制度有效性关系研究》，《国际论坛》2014年第1期，第52~56页。

与竞争，这在提升双方的能力的同时也会造成全球卫生治理体系的不稳定，所以要建立一个常态化的协作型互动模式。① 刘文革、杨志文指出，在新冠疫情背景下世界卫生组织的作用难以充分发挥，缺乏一定的协调合作机制，全球公共卫生治理困境重重。② 孙吉胜和张汉超、冯启伦则以新冠疫情为背景，提出了具体的行动措施。孙吉胜指出要推动全球治理体系变革，在全球层面结成理念、制度、政策、行动和责任五大共同体。③ 张汉超、冯启伦强调以"人类命运共同体"为价值指引，推进组织改革，突出国际法的权威性和执行力，在维护发展中国家的基本权益基础上建立起公共卫生治理的全球统一框架，进一步化解合作危机。④ 基于此，本文建议要建立利益分配、沟通协商、监督评价、激励动力四大机制，加强合作，减少冲突，结合组织间优势，构建良好的互动机制，更好地服务于全球公共卫生治理问题。

一 全球公共卫生治理中国际组织的角色定位

主流的国际关系理论研究对国际组织角色作用的发挥没有给予应有的重视，提供的治理方案较少。理想主义者抱有乌托邦式的幻想，渴望建立国际联盟，通过无政府组织来实现国际社会的和谐。新自由主义者强调国际组织在国际领域的治理能力，却缺少对国际组织自主性的把握。现实主义者认为国际组织是在霸权国家的控制下产生的，研究范围也基本停留于国际组织的幕后操纵者——霸权国家。建构主义者开始考察国际组织的行为，关注国际组织的功能和效应。在面对全球公共卫生问题时，各个国家拥有超越本国利益的共同利益，可能面临一荣俱荣、一损俱损的局面。利益与共的召唤要求

---

① 晋继勇、郑鑫：《全球卫生治理中的国际机制间互动——以世界卫生组织和世界银行为例》，《湖北社会科学》2020年第5期，第68~75页。
② 刘文革、杨志文：《新冠疫情下的全球公共卫生治理困境与应对策略》，《区域与全球发展》2020年第5期，第68~80页。
③ 孙吉胜：《新冠肺炎疫情与全球治理变革》，《世界经济与政治》2020年第5期，第71~95页。
④ 张超汉、冯启伦：《全球卫生合作治理——以重大突发公共卫生事件防控为视角》，《河北法学》2020年第8期，第2~20页。

我们加强国际合作,在国家合作的基础上,充分发挥国际组织的角色作用来解决全球公共卫生问题。

(一)全球公共卫生危机治理对国际组织的需求

2005年,新修订的《国际卫生条例(2005)》提出"国际关注的突发公共卫生事件"(public health emergency of international concern)这个概念,并把它定义为"通过疾病的国际传播造成对不止一国的公共卫生风险,各国可能需要采取协调一致的应对措施的不寻常事件"。[1] 进入新世纪以来,恶性病毒带来的全球突发性公共卫生危机事件不断。恶性病毒多数源自动物本身,通过动物传播到人体,具有极强的传染性,还可以通过人与人之间的交往相互传播,传染范围广泛,与各个领域相互关联,对整个世界人民的生命安全和社会的安定都造成严重威胁。[2] 截至2022年4月20日,全球已向世界卫生组织报告了504079039例新冠确诊病例,其中包括6204155例死亡。[3] 全球公共卫生已经陷入危机。

早期,大部分学者坚持卫生问题是各个国家主权范围内的事务,由本国负责,任何国家和组织都无权干涉。传统的公共卫生治理还局限于德国哲学家乌瑞奇·贝克(Ulrich Beck)提出的"方法论上的民族国家主义"(methodological nationalism)。[4] 随后,全球化带来国家间的联系愈加紧密,各国的公共卫生问题慢慢上升至全球范围。传统的治理角色主体——国家,对全球公共卫生治理问题发挥的作用越来越有限。首先,各个国家都以自身利益为重,根据本国利益开展工作。进入21世纪,国际格局深刻变化。尤其是以中国为代

---

[1] World Health Organization, *International Health Regulations (2005)*, Geneva: World Health Organization, 2008, pp. 1-5.
[2] 李燕凌、吴楠君:《突发性动物疫情公共卫生事件应急管理链节点研究》,《中国行政管理》2015年第7期,第132页。
[3] World Health Organization, "WHO Coronavirus (COVID-19) Dashboard", https://COVID19.who.int, April 20, 2022.
[4] Dallmayr Fred R., "Globalization and Inequality: A Plea for Global Justice", *International Studies Review*, Vol. 4, No. 2, 2002, p. 154.

表的发展中国家的国际地位日渐提升,对传统的西方国家造成冲击。西方国家的绝对实力和相对实力都有所下滑,这种局面带来了利益间的冲突。随着意愿的减弱,大国在全球公共卫生治理中发挥的作用也在不断减少。尤其是特朗普执政期间,美国的"退出主义"大行其道,美国退出世界卫生组织等国际性组织多是因其绝对地位受到新兴国家的挑战,为了逃避大国的责任而选择退出。① 其次,国家彼此间实力悬殊,容易造成全球公共卫生治理问题的反复。疫情暴发后,发达国家凭借自身的资金技术优势可以较好地应对危机,但相对落后贫困的国家,例如非洲等地区,资金匮乏,技术落后,对危机难以有效抵抗,结果带来疫情泛滥,同样会造成整个国际社会的危机。第三,国家间的思想观念和价值观念存在偏差,造成危机难以快速消除。西方国家更加推崇个人主义,强调个人利益至上,个人权利神圣而不可侵犯,而我国更加注重整体利益,强调集体的团结与合作。疫情期间,各国纷纷采取不同的防疫政策,然而全球性的公共卫生事件超越了单个国家的治理承载能力,仅凭国家分散独立的手段和医学技术的发展难以解决,更加需要国际组织参与其中,发挥单一国家所发挥不了的重要作用。

(二)国际组织是全球公共卫生治理的重要参与者

国家是全球公共卫生治理体系中的主体,但仅凭国家力量难以解决全球性的公共卫生危机。当主流的国际政治理论忽视国际组织本体作用时,迈克尔·巴奈特(Michael Barnett)、马萨·费丽莫(Martha Finnemore)从社会制度主义角度出发,指出国际组织拥有强大的自主性,凭借着自身头衔,国际组织拥有独立于其他主体的权威。② 国际组织虽然由各成员国组成,但不会机械盲目地完成成员国交给它的任务,而是有选择性地根据自身利益偏好来执行一些符合自身组织文化的行为政策。国际组织虽然会受到大国的影响,

---

① 罗会钧、张维超:《美国"退出主义"导致的全球治理话语权变化以及中国的机遇》,《湘潭大学学报》(哲学社会科学版)2021年第1期,第151~155页。
② Michael Barnett, Martha Finnemore, "The Politics, Power, and Pathologies of International Organizations", *International Organization*, Vol. 53, No. 4, 1999, pp. 699–732.

在政治博弈下陷入困境，但这并不意味着国际组织就完全被部分主权国家所掌控，而不能发挥其应有作用。类似于欧盟等区域性的国际组织在面临全球公共卫生问题时都发挥了不可小觑的作用。① 事实上，在当代全球治理过程中，世界卫生组织和世界银行等全球性国际组织作为融合各国家参与国际政治的重要组织机构，在解决全球性问题中更是发挥着重要作用。

由于国际关系的复杂性，全球公共卫生问题的解决需要国际组织从中进行沟通协调，从而促进国家间的合作，因此，国际组织在全球公共卫生治理中扮演着重要角色。国际组织通过领导指挥，使每个国家明确各自的主体职责，协调各个国家合作参与治理，结合各方资源优势来推动共同目标的实现。世界卫生组织作为全球卫生治理领域的权威机构，旨在为全世界人民谋得更高水平的健康。其影响力体现在全球卫生治理中，受到大部分不发达国家和发展中国家的信任，而这些国家正是全球卫生治理中的薄弱环节，世界卫生组织的介入可以避免大国的强势干预所造成的中小国的不满与排斥现象，维护国际秩序的稳定。② 世界卫生组织作为国际机制的坚定拥护者和卫生产品的供应者，在整个世界体系中发挥重要作用。世界银行的职能主要体现在促进可持续发展和稳定世界经济秩序两个方面，它通过融资、咨询、知识银行等服务在全球公共卫生治理中发挥作用，利用资金优势推动全球卫生防疫体系的构建和完善，降低金融风险，构建公平社会。

二 全球疫情防控下国际组织的角色扮演
——以世界卫生组织与世界银行为例

世界卫生组织和世界银行作为全球性的国际组织，在国际社会中扮演重要角色，且二者联系紧密，相互间开展资源互换、交流互动等。沃尔夫·

---

① 王珏：《区域性国际组织在抗击新冠肺炎疫情中的作用及局限——以欧盟为例》，《区域与全球发展》2021年第1期，第139~152页。
② 刘铁娃：《世界卫生组织在全球卫生治理中的中心地位及其面临的挑战分析》，《太平洋学报》2021年第2期，第17页。

迪特·埃贝魏因（W. D. Eberwein）与易福思·谢梅尔（Y. Schemeil）指出，角色合作与竞争是国际组织间关系的两种最基本状态，但在这两个端点之间还存在其他类型，例如协作、联合和协调。竞争主要表现为国际组织或以捍卫自己的权限，或以损害其他组织的方式来扩展自己的职权；协作是指组织间被迫做出的相互调整；联合是指组织相互形成更加牢固的关系来共同完成项目；协调强调同属某一国际机制下的组织间开展联合活动；合作是指国际组织基于彼此相互依赖的认知，为解决长远问题而进行的组织资源与能力的汇聚。[①] 世界卫生组织与世界银行在竞争与合作中实现全球抗疫的共赢。

（一）角色竞争

世界卫生组织是全球唯一的政府间国际性卫生组织，其职能广泛，在公共卫生领域发挥着主导协调的作用。在长期的抗疫过程中世界卫生组织形成了疫情防控的常态化认识，并拥有较先进的思维模式，但世界卫生组织缺乏专门的资金渠道，因此也就缺少可以用于国际卫生条例规定的卫生能力建设方面的资金。截至2021年底，世界卫生组织突发事件应急基金对疫情的资金投入仍相对有限。2020~2021年的双年度预算报告指出，脊髓灰质炎、规范性工作、提升国家能力这三大领域作为重大的预算增项，分别增加了2.27亿美元、1.08亿美元及1.32亿美元。[②] 世界卫生组织的预算重点仍然集中在传统的卫生工作领域，在应对突发情况时，世界卫生组织迅速做出战略调整的空间限度很小，对突发领域的投入力度不够。而新冠疫情暴发至今，世界银行已部署上千亿美元资金用于减缓疫情冲击，并计划在2022年底前为全球50多个中低收入国家提供200亿美元资金来帮助它们应对疫情

[①] W. D. Eberwein, Y. Schemeil, "Coalesce or Collapse: Mandate Enlargement and the Expansion of International Organizations", *World International Studies Conference*, Istanbul, August 24-27, 2005.

[②] World Health Organization, "WHO Programme Budget 2020-2021", https//www.who.int/about/finances accountability/budge/ WHOPB-PRP-19.pdf？ua=1, May 30, 2019.

危机，协助相关国家采购和发放疫苗。① 世界银行一直在向众多发展中国家提供资金援助，积极采取措施来帮助发展中国家应对公共卫生危机带来的社会、经济等各个方面的消极影响，包括提供专项资金、为发展中国家提供检测和治疗服务，加快免疫接种系统的建立，改善贫困国家的医疗卫生系统，等等。② 新冠疫情期间，世界银行对世界卫生组织在全球公共卫生治理领域的主导地位挑战加剧。

（二）角色合作

世界卫生组织与世界银行在新冠疫情防控的诸多领域也开展了充分合作。首先，世界卫生组织、世界银行以及各国际组织及时进行疫情信息的分享，开展协调合作，推动联防联控统一战线的达成，分享有效的抗疫经验与措施，等等。疫情暴发初期，世界银行就立刻协同各国团队、世界卫生组织以及其他国际合作伙伴，编制了全球新冠疫情紧急卫生响应方案，并积极开展疫情防控交流会议，分享抗疫经验。其次，世界卫生组织与世界银行不断加强在药物、疫苗、试剂检测等方面的合作，推进疫苗的公平分配。世界卫生组织全程跟踪疫情发展实时动态，提供准确的疫情信息，为疫苗生产提供有力的技术支持并相继通过了中国国药、北京科兴等疫苗，推动新冠疫苗的全球获取。早在2020年3月，世界银行集团就已成为开始思考新冠疫苗快速研发和推广使用的首批组织之一，它还召集主要合作伙伴就疫苗面世后对发展中国家的公平获取议题开展讨论。最后，世界卫生组织与世界银行发扬人道主义精神，向有需要的国家和地区提供及时帮助和基本服务。世界卫生组织参与了联合国启动的"全球新冠肺炎疫情

---

① The World Bank, "COVAX and World Bank to Accelerate Vaccine Access for Developing Countries", https://www.worldbank.org/en/news/press-release/2021/07/26/covax-and-world-bank-to-accelerate-vaccine-access-for-developing-countries, July 26, 2021.

② 黄梅波、段秋韵：《开发性金融在公共卫生防疫中的作用——以世界银行和国家开发银行为例》，《东南大学学报》2021年第1期，第71页。

人道主义应对计划",为南美、非洲等地提供实验设备和医疗物资。① 在一个总额超百亿美元的快速援助方案中,世界银行提出把其中60亿美元用于支持非洲政府,帮助贫困国家更好地应对新冠疫情并促进经济复苏。世界卫生组织与世界银行共同帮助发展中国家有效应对疫情,提高国家对疾病的防控能力和对突发性公共卫生事件的应对能力。

(三)竞合治理角色趋势凸显

为解决全球公共卫生问题,国际组织之间进行协作联合,形成更加牢固的合作关系。世界卫生组织与世界银行在全球公共卫生治理中通过有序竞争和有效合作实现了二者的协同治理,为共同抗击疫情做出重要贡献。为了有效应对疫情,世界银行与国际货币基金组织、世界贸易组织和世界卫生组织联合建立一个特别工作组,助力推进疫苗供应、加快部署和交付疫苗。四大组织负责人呼吁各国政府领导人及时采取行动,发挥各自优势,提供资金和技术、知识信息等各个方面的支持,团结互助共同终结疫情大流行,避免病毒再度变异变强从而破坏全球经济复苏、威胁社会稳定。

世界卫生组织与世界银行之间的竞争与合作需要建立更完善的互动机制,通过制度的建立更好地为二者之间的互动谈判提供信息交流的机会,实现信息共享。世界卫生组织与世界银行在同一信息资源的基础上进行有效沟通,从而达到谈判的效果。同时通过制度约束,进一步强化政府监控,使国家履行承诺,约束国家行为,规范国家义务,通过制定可靠的国际协议对国际事务进行合理预期,在预期范围内尽量避免争端的发生,为矛盾的解决提供示范操作,开展有序合作,为国际社会营造和平稳定的氛围。

---

① 张贵洪、余姣:《新冠肺炎疫情、人道主义与全球卫生治理》,《理论月刊》2020年第12期,第30~41页。

三 全球公共卫生治理中国际组织间的角色互动机制
——以世界卫生组织与世界银行为例

全球公共卫生治理中的制度重叠现象日趋突出。在同一问题领域的全球公共卫生治理过程中,各组织目标基本一致,议程模式相异,机制之间的重叠很大程度上限制了世界卫生组织有效性的发挥。世界银行、国际货币基金组织等国际组织的影响力不断提高,对其他领域的关注度也日渐提升,世界卫生组织受到来自其他组织的挑战加剧。卫生治理领域行为体的不断增多要求我们要推动构建合理的国际机制体系,加强互动合作,减少无效竞争,实现机制间的协作、联合和协调,推动建立全球公共卫生治理新体系。

(一)国际组织互动的机制构建

当一个机制的发展、运行、效力和结构被另一个机制的规则和项目广泛影响时,机制互动就产生了。[1] 奥兰·R. 扬(Oran R. Young)把机制间互动分为"垂直型互动"(vertical interplay)和"水平型互动"(horizontal interplay)两种。垂直型互动过程中,机制间存在严格的等级划分,它们共同围绕最高目标开展互动,以合作为主,彼此之间不存在竞争关系。水平型互动中,机制之间地位平等,彼此需要依据目标是否兼容来自主决定是合作还是竞争。[2] 国际机制形成了复杂而非中心化的水平型互动,它的特色在于相互独立,能够在国际秩序的其他部分遭受重创的情况下生存下来,但是也有可能会出现机制交叠甚至是机制松散的问题。同时,奥兰·R. 扬还对机制间的关系进行了分类,将其分为嵌入式机制(embedded regimes)、嵌套式机制

---

[1] Olav Schram Stokke, "Trade Measures and Climate Compliance: Institutional Interplay between WTO and the Marrakesh Accords", *International Environmental Agreements: Politics, Law and Economics*, Vol. 4, No. 4, 2004, p. 342.

[2] Oran R. Young, *The Institutional Dimensions of Environmental Change: Fit, Interplay, and Scale*, Cambridge, The MIT Press, 2002, pp. 83-138.

(nested regimes)、集束式机制（clustered regimes）和交叠式机制（overlapping regimes）四类。嵌入式机制强调局部服从整体，机制嵌入整体的制度安排，而整体的制度安排大体以社会深层次结构的原则和惯例为主，比如国际机制首先要遵守联合国维护世界和平的规章制度。嵌套式机制是指把一些具体的内容套入更加宽泛的制度框架之中，比如把一些议定书嵌套进公约框架的制度安排。集束式体制是指体制的结合并最终形成一揽子制度，例如把航行、渔业、深海开采等功能不同的条款结合在一起最终形成1982年《联合国海洋法公约》。交叠式机制是体制联系中的一个独立范畴，它强调虽然各机制最初成立的目的不同，且在很大程度上彼此无关，但是事实运作过程中仍有交叉，最典型的就是贸易和环境领域的机制之间相互交叉。① 本文提到的世界卫生组织和世界银行就是交叠式的国际机制，二者在一定范围内彼此无关，但是在全球公共卫生治理过程中又交互影响，彼此之间的合作交往，带来了不同的互动实践。

（二）国际组织互动的机制表征

奥波斯赫（Obertur）和格林（Gehring）认为一个制度如果影响另一个制度的发展和表现就是制度互动。我们主张通过这种因果关系来探究其中的影响因素及其影响。在规范的抽象性分析基础上，制度可以分为自变量和因变量，再对二者进行细分，又可以分为源制度（source institution）、目标制度（target institution）以及联系两个制度之间的单向因果路径（unidirectional causal pathway）。② 这也就表明，发生互动的两个国际制度必然会满足以下两个特征：一个是某一国际机制的确对另一个国际机制施加了可以观测的影响；另一个是这种影响力的作用路径是可识别的。这意味着国际制度的研究不再停留在描述现象层面，更多地体现在动态的影响过程中。没有互动带来

---

① 〔美〕奥兰·扬：《世界事务中的治理》，陈玉刚、薄燕译，上海人民出版社，2007，第156~158页。
② 孔凡伟：《制度互动研究：国际制度研究的新领域》，《国际观察》2009年第3期，第44~50页。

的因果关系就无法识别互动的产生。① 由此，奥拉夫·斯托克主张通过观察国际机制有效性来判断两个国际机制互动的影响。他将国际制度间的互动分为三种：首先是效用互动，即某个国际制度所制定的规则或承担的项目会改变另外一个国际制度中的行为者的行为成本或者收益；其次是规范互动，即一个制度可能会加强或者挑战另外一个制度规范的强制力；最后是观念互动，观念互动是学习的过程，国际制度可以通过吸引国内外对某个问题的政治注意力、提供解决问题方案的方式来提升另一个国际制度解决问题的能力。② 效用互动强调对参与国际组织的行为者——国家的影响，观念互动和规范互动强调国际机制间的互动关系。

（三）国际组织互动的机制实践

世界卫生组织与世界银行在观念互动过程中实现了二者的有效合作，在卫生长效机制建设中推动了各成员国的基础能力建设，在实现全民健康覆盖的项目中把世界卫生组织的治理框架和世界银行的经济优势结合起来，推动了全球卫生事业的发展，但世界银行在提供资金支持的同时还为发展中国家提供了技术援助，其服务范围也慢慢推广至卫生、健康等多重领域，这对世界卫生组织的地位构成了一定的威胁，因此需要协调二者之间的合作与竞争关系，共同致力于解决全球公共卫生危机，推动全球卫生健康共同体的构建。

1. 观念互动

观念互动是一个不断学习的过程，表现为在解决同一问题的过程中，国际制度通过学习另一制度来提高自身解决问题的能力。斯托克指出如果两个机制所要解决的议题存在重叠，那么两个机制之间就会出现观念性的制度互动现象。在共同目标带来的共同观念基础上，世界卫生组织在卫生体系、疾

---

① Thomas Gehring, Sebastian Oberthür, "The Causal Mechanisms of Interaction between International Institutions", *European Journal of International Relations*, Vol. 15, No. 1, 2009, pp. 125-156.
② Olav S. Stokke, "Managing Straddling Stocks: The Interplay of Global and Regional Regimes", *Ocean and Coastal Management*, Vol. 43, No. 2-3, 2000, pp. 205-234.

病预防、监测和应对方面发挥积极作用；世界银行也以促进发展，推动全球公共卫生治理，解决贫困问题为首要目标。随着全球化的发展和治理实践的深入，世界银行的行动理念逐渐发生变化，活动范围由经济慢慢扩展至卫生、健康等多重领域。1968年，罗伯特·S.麦克纳马拉（Robert S. McNamara）在就任新一届世界银行行长时指出："世界银行不能仅作为一个金融机制而存在，更要成为一个真正的发展机构。"① 要促进发展就要加大对公共卫生领域的投入力度。2014年，埃博拉疫情暴发，世界银行将疫情应对和经济发展问题相结合并设法拟定应急方案，预先准备好资金协议，一旦危机爆发，立即启动协议，以此来对埃博拉疫情议程施加影响。② 2018年5月全球防范工作监测委员会会议正式启动并发挥作用，这个会议由世界卫生组织和世界银行集团共同召集，负责防范监测全球突发卫生事件。2019年9月，世界卫生组织和世界银行又联合创建了全球应急准备监测委员会，委员会的首份年度报告就指出各级领导者要保持警惕，肩负责任，各个国家应该共同携手行动来避免危机的爆发。③ 世界卫生组织与世界银行在观念互动的基础上开展的学习合作为战胜世界疫情做出了重要贡献。为有效应对新冠疫情危机，世界卫生组织制定了详细的应对指南，并不断帮助各国实施具体的行动计划。行动计划所需的资金，不仅仅来自世界卫生组织，世界银行也承诺向各国提供一定的资金来解决卫生危机。④ 为支持世界卫生组织，提

---

① Jennifer Prah Ruger, "The Changing Role of the World Bank in Global Health", *American Journal of Public Health*, Vol. 95, No. 1, 2005, p. 5.
② World Health Organization, "Ebola: New World Bank Group Study Forecasts Billions in Economic Loss If Epidemic Lasts Longer, Spreads in West Africa", https://www.worldbank.org/en/news/press-release/2014/10/08/ebola-new-world-bank-group-study-forecasts-billions-in-economic-loss-if-epidemic-lasts-longer-spreads-in-west-africa, October 8, 2014.
③ 截至2018年底，全球被迫背井离乡人数达7080万，其中难民2590万；67%的难民来自叙利亚、阿富汗、南苏丹、缅甸和索马里，安置难民数量最多的是土耳其、巴基斯坦和乌干达三国。"Global Trends 2018", United Nations High Commissioner for Refugees, Geneva: UNHCR, June 2019.
④ World Health Organization, "WHO Director-General's Opening Remarks at the Media Briefing on COVID-19-5 March 2020," https://www.who.int/zh/director-general/speeches/detail/who-director-general-s-opening-remarks-at-the-media-briefing-on-COVID-19—5-march-2020, March 5, 2020.

高对疫情危机的应对能力，世界银行对世界卫生组织实施的活动进行直接资助，在世界卫生组织开展的"新型冠状病毒战略防范与应对方案"活动上，世界银行直接捐款3200万美元。①

在病毒应对、卫生长效机制建设等"共同目标"的指引下，世界卫生组织以其在卫生领域建立起来的治理机制和框架为优势，世界银行以其专业的金融地位为优势，双方开展合作，共同解决全球公共卫生问题。②

2. 规范互动

规范互动强调一个制度对另一个制度的挑战作用。进入新世纪，世界银行对世界卫生组织的挑战加剧。世界卫生组织在1978年的阿拉木图会议上提出了初级卫生保健的目标。标准设定很高，但是缺乏具体的计划实施方案和衡量标准，导致世界卫生组织在实际操作过程中缺少实证执行力和缺乏战略高度的支撑，最终造成行动迟缓、投入乏力，随即遭到了各国资助者的控诉。而此时的世界银行开始在卫生领域崭露头角，发展势头强劲。如联合国儿童基金组织就在有关疫苗接种的项目上终止了与世界卫生组织的合作，转而向世界银行抛出橄榄枝，而后同样又在新自由主义的医疗服务问题上与世界银行达成协议。③ 20世纪90年代，苏拉特疫情暴发，世界卫生组织又面临来自联合国儿童基金会和世界银行等组织巨大的角色挑战，只能不断调整自身定位，积极倡导新的议程。

世界卫生组织由于其自身机制设置的局限性，在全球公共卫生治理过程中，难免受到来自发达国家的压力影响而无法进行更多的融资。与世界卫生组织相比，世界银行的融资渠道更广泛，通过自身灵活的运作方式，世界银行能够从资本市场获得大量资金。20世纪80年代，世界银行第一次向卫生领域提供贷款，应对艾滋病传播风险是其发挥自身优势参与的第一个全球性

---

① World Health Organization, "COVID-19 Response Fund", https://www.who.int/emergencies/diseases/novel-coronavirus-2019/donors-and-partners, November 6, 2021.
② 晋继勇、郑鑫:《全球卫生治理中的国际机制间互动——以世界卫生组织和世界银行为例》,《湖北社会科学》2020年第5期,第70页.
③ Meredeth Turshen, "The Global Health Landscape", Development and Change, Vol. 40, No. 6, 2009, p. 1310.

的卫生问题。① 20世纪90年代初，凭借自身的融资能力，世界银行运行的健康贷款超过世界卫生组织的总预算，一跃成为国际卫生领域的主导力量。世界银行在涉及资金领域开展的活动中拥有绝对的话语权。即使国家内部面临问题威胁，世界银行依旧可以通过其资金优势对国家施加影响，以国内政治民主化和经济自由化变革为条件，提出为国家提供结构调整贷款，即使受到质疑，它也仍然能够通过贷款项目中的各类进度考核与评价指标来影响国家事务。②

机制竞争的本质体现在一种机制的变化会引起另一种机制的改变。世界卫生组织在受到其他国际组织的挑战时，也尝试着对突发性公共卫生事件开展了有力的制度建设。2020年3月，世界卫生组织的总干事谭德塞宣布启动COVID-19团结应对基金。基金主要通过面向个人、企业和慈善机构公开筹款来支持世界卫生组织及其合作伙伴开展的疫情防控相关工作。该基金会的成立意味着世界卫生组织开始谋求新的资金渠道，学会通过募捐方式来获取更多的灵活资金，以有效克服资金不足的现状，尽力摆脱对某些捐助方的过分依赖，提高自身权威，积极应对世界银行等金融机构带来的挑战。③

3. 协作、联合与协调

全球治理中的合作建立在协商的基础上。俞可平指出全球治理的理念是"各国政府、国际组织、各国公民通过民主协商与合作的方式来最大限度地增加共同利益"。④ 协作、联合、协调体现在国际社会中各行为体之间相互平等，通过谈判对话的方式进行有序竞争和有效合作。建立在协作、联合、协调基础上的国际组织能够坚持共赢理念，推动国际公共卫生问题的解决，

---

① Lars Kohlmorgen, "International Governmental Organizations and Global Health Governance: The Role of the World Health Organization, World Bank and UNAIDS", in Wolfgang Hein, ed., *Global Health Governance and the Fight Against HIV / AIDS*, New York: Palgrave Macmillan, 2007, pp. 135-136.

② 杨娜、程弘毅：《国际组织的非核心职能拓展——以世界银行参与全球治理为例》，《世界经济与政治》2021年第10期，第4~28页。

③ 张传红、李小云：《国际权力结构变迁与世界卫生组织的发展策略》，《文化纵横》2020年第6期，第68页。

④ 俞可平：《全球治理引论》，《马克思主义与现实》2002年第1期，第20~32页。

推进全球治理新进程。全世界11个主要的卫生和发展组织的领导人在2018年10月16日召开的国际会议上就指出将要寻找新的合作方式,来推动实现联合国可持续发展目标。由此,比尔和梅琳达·盖茨基金会与世界银行集团、世界卫生组织等国际组织在加强初级卫生保健、实现可持续发展目标的过程中也不断深入地开展协作。

2021年,国际货币基金组织、世界银行、世界卫生组织、世界贸易组织的负责人集体呼吁,提出要投资500亿美元,用以在2025年前创造9万亿美元的全球经济回报。在创造的财富中,六成经济回报将惠及新兴市场和发展中国家,剩下的将带给发达国家,实现共赢的行为目标。四个机构的领导人还在声明中表示只有尽快获取疫苗才能结束危机,实现经济复苏。COVID-19疫苗全球获取机制(COVAX)是加速获取疫苗的支柱,它以公平获得为基本原则,以维护全球各地人民的健康为目标。疫苗全球获取机制开始由世界卫生组织、流行病防范创新联盟和全球疫苗免疫联盟三大组织共同召集,最终联合国儿童基金会、世界银行、发达国家和发展中国家疫苗厂商都参与其中。① 各国际组织为解决公共卫生问题进行协作联合,形成更加牢固的合作关系,共同致力于全球卫生治理机制的构建。

四 国际组织角色互动机制有效实践的路径选择

全球化背景下,国际机制的作用愈发凸显,但机制重叠现象也层出不穷。国际机制间的重叠意味着它们有共同的行为目标。其积极的一面在于推动机制合作,机制利用各自的独特优势为问题解决提供思路并相互借鉴经验,彼此之间的有序竞争还会带来成本的下降和收益的提升。世界卫生组织与世界银行在疫情期间各自发挥积极作用,对突发性公共卫生事件的解决发挥了示范作用,也提高了整个国际社会对紧急事件的应对能力,推动了全球

---

① World Health Organization, "Joint COVAX Statement on the Equal Recognition of Vaccines", https://www.who.int/zh/news/item/01-07-2021-joint-covax-statement-on-the-equal-recognition-of-vaccines, July 1, 2021.

公共卫生事业的建设与发展。其消极的一面在于，机制之间的恶性竞争带来了资源浪费、机制拥堵的问题，机制过多可能会过犹不及。同样的机制重叠后可能在实际操作过程中带来两套制度、两种路径，二者形成一定的冲突，还有可能导致将基于规则的卫生治理体系变成基于权力的治理框架，国际机制在实际运行中开始向发达国家倾斜。世界卫生组织在世界银行等国际组织的冲击下，为了增加竞争优势不得不更多地依赖捐助资金，因此也就对资金背后的势力妥协，造成不公平现象。同时，世界卫生组织发挥的作用越有限，就越容易造成资源浪费，还会削弱对一定领域的关注。世界银行在服务公共卫生事件过程中过度竞争带来的过度市场化问题，给公共卫生治理造成严重的负面影响。因此，要推动建立有效的国际组织角色互动机制，协调好国际组织间的互动与合作。

（一）确立利益分配机制，有效保障秩序公正

机制互动会带来市场化的竞争，造成利益分配不均。若各成员国以自身的绝对利益为首要标准参与全球公共卫生治理，那么，发达国家会不断扩大自身利益，挤压发展中国家的利益，最终不可避免地造成国家间的不平等现象，国家之间的不平等又会带来国际机制的不平等。因此，推动建立国际互动机制需要对国际组织背后的国家权力进行束缚，强化国家的责任意识，确立好国家的利益分配，提高国际机制的规范性，有效保障秩序公正，将卫生治理体系回归规则领域，保持国际机制的独立性和权威性。在合理的利益分配基础上开展国际组织间的有效互动，通过建立相关的行政机制，构建一个专业的机构专门负责具体的对接事务，实现两个国际组织的对接，解决最基本的互联互通问题，由国家政府、国际组织的秘书处等单位进行信息交流，在行政机制的许可下，对各个国家和国际组织在同一领域开展的合作进行一般性授权，[1] 指定组织的某一单位开展合作，定期进行正规的审查，保障合作制度的实施。国际组织应该将公共卫生相关信息公开透明地向国际社会展

---

[1] 王俊美：《完善国际组织间的合作机制》，《中国社会科学报》2021年7月21日，第2版。

示,把国家与国际组织联合起来,实现利益与共。以世界卫生组织为例,作为联合国下属专门机构的世界卫生组织,其权威性体现在技术规范领域。要保证世界卫生组织的专业性和独立性,就要依据《联合国宪章》采取行动,不受成员国的权力束缚,在发展过程中进行相应的制度调整与改革,以更好地适应环境变化,强化国际组织的号召力和影响力,号召成员国积极参与行动,共同维护全球公共卫生安全。

(二)建立监督评价机制,明确责任与分工

建立监督评价机制是规范多元国际组织行为、提高国际机制互动运行效率、推广成果运用的重要保障。通过对互动的运行过程及最终成果进行监督和评价、进一步进行反馈,发现主体在互动中存在的突出问题,找到影响互动机制发挥作用的重要因素,进而提出改进策略,为后期的战略布局规划调整和项目合作奠定基础。明确好多元主体各自的工作领域,分工是为了更好地合作。分工能够使各个区域或者组织发挥资源、要素等各方面的优势,把各自在各个领域的优势结合起来实现效率的最大化,更便于责任的落实,推动有效治理。国际组织在实际运作过程中联系密切,同一问题领域有多个机制参与,往往缺乏明确的规则界定。为避免恶性竞争带来的争端现象,在建立全球化的统一框架时,要合理划分组织间的权责界限,明确各自的职责与义务。例如《关于消耗臭氧层物质的蒙特利尔议定书》中就指出,世界银行主要负责有关资金支持和技术援助相关的工作,世界贸易组织主要负责有关仲裁和强制执行相关的工作,二者分工明确,共同解决相关卫生问题。在全球公共卫生问题的治理中,国家与国际组织各自发挥重要作用。世界卫生组织的资金来源首先是会员缴纳的会费,其次是成员国或其他国际组织、基金会、企业或个人的捐款等。所以,各成员国应主动缴纳会费,积极响应号召,国际组织应积极开展公共卫生治理问题研究,尽力提供资金、管理技术等各方面的资源,世界银行以经济支持为主,世界卫生组织以技术、专业领域的服务为主,各自履行职责义务。

（三）制定沟通协商机制，妥善处理合作矛盾

国际组织在全球公共卫生治理的过程中，要在探讨问题、建立相互间信赖关系的基础上达成合作共识，从而推动互动机制的构建。双方基于开放包容的心态开展沟通与对话，就互动合作过程中存在的意见和分歧进行商讨最终达成一致，形成常规或非常规的机制，这就是沟通协商机制。在国际层面，通过直接对话的形式能够有效减少交流障碍，相互间凝聚共识。在争端解决、信息共享、战略对接等问题上采取对话会晤、合作论坛等沟通协商形式，最终形成合作备忘录、合作纲要等具体合作文件。[①] 开展对话协商，推进国际组织间的增信释疑工作。国际组织任何一方的疑虑都有可能对双方的合作产生不利影响，所以国际组织之间的信任建设至关重要。在二者之间的合作项目上要保持透明度，化解国际组织之间的顾虑，建立形式多样的协商机制，加强政策沟通，强化合作认知。国际合作涉及多主体、多领域和多层次，它们虽各具优势，但不可避免会有重合，而国际社会又处于无政府状态，没有统一的立法。因此，国际组织在解决问题的过程中虽然不能像国家一样，拥有政府与法律对其行为进行约束，但可以采取组织间协商的方式，通过协商谈判解决问题，减少争端带来的恶意竞争事件导致的合作成本提高、各领域国际法律规制之间的冲突等问题。在全球框架内设立一个统一的协调机制，通过沟通协商减少国际组织之间的摩擦，形成整体和全局意识，共同推动构建人类卫生健康共同体。

（四）形成激励动力机制，推动常态化合作

从机制互动的具体内容来说，要从低敏感领域入手，由易到难。相对小领域的项目更容易收获早期成果，以点带面，以小及大，通过合作带来的现实利益激励国际组织实现在更多项目上的互动合作。尤其值得警惕的是，近

---

① 余晓钟、罗霞：《"一带一路"国际能源合作模式创新的多元主体互动机制研究》，《青海社会科学》2019 年第 5 期，第 43~50 页。

年来公共卫生事件的频频发生显示出国际组织在公共卫生治理中还存在许多不足,未来要着重加强国际组织之间的医疗卫生合作,建立疫情联防联控体系,建立健全突发公共卫生事件的应对处置体系。以民生项目和制度文化交流为重点,加强组织之间的人员往来,可以通过组织之间的人员互换、定期开展交流活动,提高国际组织相互之间文化和制度的认识,从而实现更好的合作。机制互动屡见不鲜,但我们要充分利用机制之间的互动来解决机制原有的问题,避免机制之间的相互抵消,从而建立机制间常态化的互动合作模式。复合相互依赖性是国际社会的普遍特征,加强国际组织间的相互合作是必然。然而,过去公共卫生领域发生的情况大部分都是危机推动型,就是只有危机来临时国际组织才开展相应合作,很少进行有效预防。所以,未来在全球公共卫生治理中要形成常态化的合作意识。培育合作意识的关键在于合作需求的满足,以推动实现人类卫生健康共同体为共同目标,致力于构建卫生领域的长效合作机制,摒弃绝对的主权观念,通过相应的政策支持,进行合理的信息沟通,行动上相互配合,进行务实合作,尽可能将国家利益与全球利益统一起来,有效预防全球性公共卫生事件,为追寻人类健康的共同目标不懈奋斗。

国际组织之间的机制互动为国际问题的解决提供了新思路和新路径,但是也给国际组织带来了挑战。要解决弊端就要加强国际组织之间、国家与国际组织之间以及国家与国家之间的合作,发挥各自的角色功能,各主体联合起来,在各自的优势领域发挥更大价值,进行利益互补,同时也要避免恶性竞争,合理布局,减少机制重叠现象。在同一问题领域进行协商处理,加强合作,创新合作路径,维持机制的权威性和独立性,降低国际格局变化带来的风险。

总　结

疫情防控涉及方方面面,各个国家不可能面面俱到,公共卫生治理需要国际组织和各成员国的合作努力,更多地发挥国际组织的角色作用。全球治理更是如此，虽然国家仍然是全球治理中最为重要的行为体，有效的国家治理和积极的国家行为可以推进全球治理，但是全球治理更离不开许多政府和非政府组织，包括世界卫生组织、世界银行、跨国公司等国际组织发挥的重要角色作用。所以，推动全球治理要在争取国际组织各个成员国的支持，提高各成员国的合作共识的基础上，进一步扩大各国际组织自身的职能，加强国际组织与国家之间的合作。发挥多主体参与的能力，通过签订合作协定或者通过与其他国际组织建立联合机构或联合项目的方式来开展国际合作，形成更加公平合理、高效法治的国际制度，为全球治理贡献新智慧，共同推动人类命运共同体的构建。

危与机：后疫情时代中拉合作的路径突破*

范和生　张思宇　唐惠敏

摘　要：新冠疫情的暴发与大肆传播使全球陷入重大卫生危机中。疫情冲击了世界经济发展，改变了人们的生活方式，对国际形势和国际政治格局也产生了巨大的影响。贸易结构互补性不强、合作不确定性加剧、拉美"选边站"难题等阻碍中拉合作的进一步开展。但也给中拉在外交、数字经济、公共卫生、国家形象等领域的合作带来历史性发展机遇。后疫情时代，中拉应以构建卫生健康共同体为着力点，拓展多层次多领域的外交模式，通过深化数字经济合作促进中拉经贸结构优化升级。囿于拉美政治生态变局与国际竞争格局的双重影响，中国应高度关注政局变化，采取灵活务实的应对策略，在公共危机中探寻发展新机遇。

关键词：新冠疫情　中拉合作　后疫情时代

2020年新冠疫情肆虐全球，国际社会深陷公共卫生危机。此次危机对世界产生了巨大冲击和深远影响，其最直观体现为全球经济的迅速衰退。国际货币基金组织发布的《世界经济展望报告》显示，2020年世界经济同比

---

* 本文系教育部国别和区域研究规划课题"全球公共卫生治理中的中拉命运共同体建设研究"（项目编号：2020-G59）、安徽大学"双一流"建设项目"中拉命运共同体构建研究"（项目编号：S030164001/005）的成果之一。

下降3.1%。其中新兴市场和发展中经济体、发达经济体分别下滑2.1%和4.5%。[①] 全球经济下行压力剧增，债务高企、价值链断裂、通胀加剧等一系列问题凸显且日益严重。在全球危难之际，国际社会只有同舟共济、守望相助、携手合作才能共克时艰。

在此次全球危机的应对过程中，加强中拉合作的必要性和紧迫性更加凸显。事实上，中拉曾携手应对多次危机。2008年国际金融危机爆发后，时任国家主席的胡锦涛与副主席习近平先后访拉，与拉美国家共商应对之策；在全球气候危机问题上，中拉紧密加强沟通与合作，并形成相关机制。可以说，中拉合作在危机中一步步深化。在疫情加速蔓延的背景下，中拉合作再次面临新危机，但危和机同生并存，如何转危为机，实现中拉合作的提质升级，是学者需要重点关注的议题。

一 新冠疫情对中国与拉美的影响

2020年初，突如其来的新冠疫情对中国与拉美国家造成巨大冲击，深刻影响社会、经济、生活等领域，具体表现在公共卫生、经济发展、生活方式三大方面。

（一）疫情导致中拉深陷公共卫生危机

新冠疫情的全球肆虐严重威胁中拉人民的身体健康与生命安全，医疗卫生系统面临巨大压力，甚至具有崩溃的风险，中拉深陷公共卫生危机。中国虽具有较为完善的传染病防控体系，但病毒传播范围之广、速度之快、防控难度之大超出了人们的预期。截至2021年底，中国确诊病例已有15万例，死亡病例超4500例；医疗卫生体系面临巨大压力，医护人员感染、医疗物资告急等问题频发。拉美国家形势更加严峻。截至2021年12月20日，拉

[①] 王晋斌：《新冠肺炎疫情如何影响世界经济》，http://www.news.cn/globe/2021-12/27/c_1310396553.htm，2021年12月27日。

美和加勒比地区每 10 万人中有 7253 人确诊，239 人死亡[①]，医疗设施和医护人员缺口严重。拉美和加勒比地区平均每千人拥有 2.2 张病床，每万人拥有 20 名医生，低于世界卫生组织标准。随着疫情的快速蔓延，患者人数激增，医疗资源严重短缺，国家医疗体系崩溃，患者被迫居家治疗，死亡人数剧增。

（二）疫情阻碍中拉经济高质量发展

世纪疫情的暴发给中国和拉美国家的经济发展带来巨大冲击。我国 2020 年国民生产总值增长 2.3%，2021 年增长 8.1%，两年平均增长 5.1%，低于 2018 年和 2019 年 6.6% 的平均增长率[②]，经济下行压力增大。自 2021 年，我国经济持续复苏。但受疫情反复的影响，2022 年 4 月主要经济指标出现下滑，其中规模以上工业增加值增速同比下降 2.9 个百分点，服务业生产指数下降 6.1%，社会消费品零售总额下降 11.1%；国内消费受挫，2020 年全国居民人均消费支出名义下降 1.6%，2021 年名义增长 13.6%，两年平均增长 5.7%，与 2018 年和 2019 年的年增长率相比下降 0.26 个百分点。拉美国家经济形势同样严峻，经济复苏困难。疫情前，拉美经济已经处在下行周期，联合国拉美经委会年度报告显示，拉美国家 2014~2019 年的年均增长率仅为 0.3%，到 2020 年，经济出现逆增长，年均增长率为 -7.7%，受全球经济复苏和大宗商品价格上涨等利好因素的影响，2021 年拉美地区实现 6.2% 的恢复性增长，但 2022 年经济预计增长 1.8%，低于 3.3% 的全球经济增长率。通货膨胀持续上升，短期内难以缓解。受疫情和国际形势影响，截至 2022 年 3 月，拉美地区通货膨胀率为 7.5%，或将经历近几十年最严重的

---

① United Nation, World Economic Situation and Praspects 2022.
② 数据来源于国家统计局发布的《中华人民共和国 2017 年国民经济和社会发展统计公报》、《中华人民共和国 2018 年国民经济和社会发展统计公报》、《中华人民共和国 2019 年国民经济和社会发展统计公报》、《中华人民共和国 2020 年国民经济和社会发展统计公报》和《中华人民共和国 2021 年国民经济和社会发展统计公报》，其中 2018~2019 年的平均增速是以 2017 年同期数为基数，采用几何平均的方法计算得出。

一次通货膨胀;经常账户收支恶化,2021年拉美地区经常账户收支占GDP的比重为0.6%,远低于疫情前的赤字水平。①

(三)疫情促进中拉人民生活方式转变

新冠疫情改变了人们正常的生活方式,促进了数字生活的普及。网络购物成为人们生活中的常态。为有效控制疫情,中拉均采取了不同程度的隔离和管控措施以避免人员接触和聚集,与此同时传统零售业遭受致命打击,大型商场、百货超市等营业额急剧下降,网络购物成为新选择。自电商行业兴起后,网络购物已成为消费者消费的重要渠道。截至2021年12月,我国有8.42亿人次进行线上购物,较上年增长5968万人次,占网民整体的81.6%②。同样,疫情期间,网络购物在拉美国家快速发展。拉美有6.65亿人口,约占全球总人口的10%,其中网络购物人数占总人口的1/3。2021年,拉美地区电商销售额达1150亿美元,较2020年增长37%。为应对疫情,中国和拉美国家纷纷将教学场景从线下转换为线上。2021年我国在线教育人数为3.25亿,占网民整体的32.1%。③巴西、智利、墨西哥、阿根廷和哥伦比亚等国的远程教育人数增长了60%以上。④

作为影响广泛、危害巨大的全球性大流行病,新冠疫情的发生对中拉合作产生了重大挑战。当前,疫情防控工作已由应急时期转为常态化时期,中拉合作虽面临大国竞争加剧、拉美政局不稳等挑战,但危和机同生并存,中拉合作的前景定会更加光明。

---

① 郭凌威:《2022年拉丁美洲经济环境展望》,《进出口经理人》2022年第2期。
② CNNIC:《第49次中国互联网络发展状况统计报告》,http://www.cnnic.cn/gywm/xwzx/rdxw/20172017_7086/202202/t20220225_71724.htm,2022年2月25日。
③ CNNIC:《第48次中国互联网络发展状况统计报告》,http://www.cnnic.net.cn/hlwfzyj/hlwxzbg/hlwtjbg/202109/t20210915_71543.htm,2021年9月15日。
④ LABS, "Teleworking and E-learning Tools Surged 324% and 60% in Latin America", https://labsnews.com/en/articles/technology/teleworking-and-e-learning-tools-surged-324-and-60-in-latin-america/, September 11, 2020.

二 后疫情时代中拉合作面临的挑战

2020年6月16日,中国主席习近平与塔吉克斯坦拉赫蒙总统通电话时,提及"后疫情时代"一词。后疫情时代,贸易结构互补性不强、域内风险交织、拉美"选边站"难题等内外挑战阻碍双边合作的提质升级。

(一)贸易结构互补性不强,合作领域受限

进入21世纪,中拉经贸合作步入发展快车道,展现出蓬勃的生命力。1979年,中国与拉丁美洲和加勒比地区的贸易额仅为12.6亿美元,2000年超100亿美元,2019年高达3300亿美元。尽管后疫情时代全球经济复苏缓慢,但中拉经贸合作逆势增长,展现出强劲韧性与生机活力。中国海关总署的数据显示,2021年中拉进出口总额约为4515.91亿美元,同比增长41.1%。目前,中国已是拉美第二大对外贸易伙伴,是秘鲁、智利、巴西等国最大的对外贸易伙伴国。但双边经贸合作在高速增长的同时,也暴露出贸易结构互补性不强的问题。一是贸易地域结构集中。2021年,中国与拉美地区的贸易交往主要集中在巴西、墨西哥、智利、秘鲁、哥伦比亚、阿根廷六国,其贸易额占中拉总贸易额的86.7%,呈现明显的地域结构失衡。二是贸易商品结构失衡。中国和拉美国家的贸易规模虽然不断扩大,但双边贸易商品结构比较单一。中国对拉美国家进口的商品主要是大豆、冷冻牛肉、铁矿、钛矿等初级产品,出口的商品以工业制成品和抗疫物资为主。这种以工业制成品换取初级产品的贸易结构,虽然一定程度上促进增强中拉在贸易领域的互补性,但也限制了中拉经贸合作的发展,不利于双边贸易领域的增扩。

(二)拉美域内风险交织,合作不确定性增强

受新冠疫情影响,拉美多国面临政局动荡、经济衰退和民族主义抬头等风险,中拉合作之路艰难崎岖。一是政治风险。拉美多国政局动荡。受疫情

影响，拉美国家左右竞争和对立态势加剧。墨西哥、阿根廷和玻利维亚等国反对派在大选中获胜执政。秘鲁政权更迭频繁，甚至出现9日3位总统上台的荒谬事情；政府公信力下降，民众不满加剧。新冠疫情的大流行充分暴露出拉美国家执政党在面对全球性危机时缺乏足够的应对能力，加剧了民众对现任政府的不满。19%的巴西民众对现任政府的表现持"良好评价"，60%的民众持"负面评价"。群众对阿根廷、哥伦比亚、智利三国的总统的不信任率均超过了70%;① 拉美多国反华言论频发，中拉合作顾虑增多。在疫情责任问题上，拉美各界紧跟美国论调，宣称中国要为全球疫情损失买单。此外，部分国家对中拉合作顾虑增多。如巴西害怕中拉合作是中国"价值观输出"的手段，担忧中拉合作会对其地区大国地位造成冲击。二是经济风险。新冠疫情的暴发对本处于经济下行周期的拉美国家来说无疑是雪上加霜。联合国拉美经委会年度报告显示，2020年拉美经济衰退7.7%，人均GDP下降8.5%，经济水平倒退10年。受国际经济复苏和大宗商品价格上涨等利好因素的影响，2021年拉美地区经济增长6.2%，但仍未恢复到疫情前的水平。外债比重不断攀升。国际货币基金组织数据显示，2021年拉美地区政府债务余额占GDP的比重为49.2%，预计2022年比重达50.4%，逼近国际60%的警戒线，中国对拉美国家的诸多贷款面临违约风险。与此同时，拉美国家贸易保护主义抬头，中国对拉出口的产品面临反倾销调查风险。

（三）中美战略竞争加剧，拉美国家面临"选边站"困境

特朗普执政时期美国将中国视为"头号竞争对手"，并加大在政治、经济、军事、科技等领域的竞争力度。2021年，新总统拜登就职，中美进入全面竞争时代。新冠疫情暴发后，美国多次诋毁中国，悍然抛出"中国误导论""中国隐瞒论""中国赔偿论""中国责任论""口罩外交论""劣品

---

① 周志伟:《拉美：当变局遭遇困局》，《世界知识》2021年第24期。

出口论"六大错误论调;① 多次以"国家安全"为由打压中国企业;公然干涉中国台湾、香港问题。在中美博弈不断升级的背景下,拉美国家难免陷入"选边站"的两难困境。一方面,美国不断增强与拉美国家的关系,重塑在拉美地区的影响力。一是与拉美主要政要密集互动。拜登胜选后,先后与阿根廷、智利、墨西哥等国的总统通话。美国国务卿布林肯与巴西、哥伦比亚、墨西哥等国的外长通话。二是积极推销"美洲增长"倡议,加大对拉美事务的干预力度,支持并拉拢阿根廷、秘鲁等右翼国家,打击古巴、委内瑞拉等左翼政权。另一方面,中国是拉美国家至关重要的合作伙伴。目前中国是拉美第二大贸易伙伴国,同时也是拉美国家疫苗的最大来源国。截至2021年底,中国已向18个拉美国家提供3亿多支疫苗。② 如果拉美跟随美国的脚步选择遏制中国,将面临巨大损失。尽管迄今为止拉美一直保持模棱两可的态度,避免作出具有倾向性的选择,但很难保证美国不会继续向拉美施压,迫使其加入打压中国的行列,破坏中拉之间的友好关系。

三 后疫情时代中拉合作的新机遇

严峻挑战与光明前景并存。新冠疫情给中拉合作带来了诸多挑战和不确定性,但同时也提升了双边政治互信水平,催生了新的经济形式和合作模式。后疫情时代,中拉合作具有光明的前景。

(一)新型外交形式助力中拉政治互信

在世纪疫情、百年变局和大国博弈交织的背景下,中国和拉美国家直面时代之变、世界之变,主动打破传统外交形式,构建新型外交形式推动中拉政治互信的增强、中拉合作在更高水平更高层次上的创新发展与提质升级。

---

① 《美国悍然发动6大舆论战,直指中国!》,《中国经济周刊》2020年4月21日,https://baijiahao.baidu.com/s?id=1664566436815964075&wfr=spider&for=pc。
② 宋均营、付丽媛:《构建"均衡、稳定、协调、合作"的中美拉三边关系》,《国际问题研究》2021年第6期。

一是云外交。面对新冠疫情突袭而至的危急情况，中国和拉美国家密集开展"云外交"。疫情前，中国与拉美领导人互访频繁。疫情中，以书信、电话、视频为主的"云外交"成为中拉沟通合作的主要外交形式。在拉美地区疫情暴发后，中国主席习近平通过通电话、致函电、发视频等方式同包括阿根廷、巴西、古巴、智利、墨西哥、委内瑞拉等国在内的拉美多国的领导人进行密切沟通，共商合作大计；中拉论坛第三届部长会议、中国—巴拿马外交部第二次政治磋商会议、中国—拉美（墨西哥）国际贸易数字展览会等一系列多层面、多领域的"云会议"召开，进一步加大了双方在医疗健康、消除贫困、经济复苏等方面的合作力度。二是抗疫外交。拉美国家在中国疫情严重之际向中国表示慰问和支持，包括多巴哥、特立尼达、苏里南、哥斯达黎加、乌拉圭等在内的拉美国家甚至举全国之力向中国提供抗疫物资，其中包括累计60万个口罩、近百万副灭菌手套和6万多套手术服等医疗物资。[1] 中国疫情缓和后，主动组织多场双边或多边的抗疫视频分享会并向拉美派出了专业医疗队。政府、非政府组织和企业积极捐赠应急物资。从医疗物资到诊疗技术，从疫苗供应到疫苗技术，从绿色通道到快捷通道，中拉政治互信水平在此过程中不断提升。此次疫情，中拉通过云外交、抗疫外交等方式证明了双方关系经得起风浪的考验，充分彰显了双方在国家战略中的重要地位，生动诠释了"天涯若比邻""患难见真情"，加深了双方政治互信程度，为后疫情时代中国与拉美国家的合作奠定了坚实的政治基础。

（二）数字经济助力中拉合作提质升级

在新冠疫情的冲击下，中拉传统经贸模式面临巨大挑战。如农产品贸易方面，中国对拉丁美洲出口额保持一定的增长，但进口额增幅大大低于往年同期水平。与此同时，以数字经济为代表的新业态迅速补位，网络购物、远程办公、数字物流、在线诊疗等"云经济"蓬勃发展、逆势上扬。数字经

---

[1] 《不忘初心，合作抗疫，携手打造新时代中拉关系——专访外交部拉美司司长赵本堂》，人民网，http://world.people.com.cn/n1/2020/0624/c1002-31758093.html，2020年6月24日。

济快速发展不仅在很大程度上缓解了停工停产造成的经济损失,更改变了人们的日常生活,创造了巨大的经济需求。2020年中国数字经济快速发展,增速达9.7%,远高于同期GDP名义增速约6.7个百分点,数字经济规模达到了39.2万亿元,占GDP的比重达38.6%,2021年有望超40%。① 2021年,拉美地区上网和在线支付消费者人数同比增长1300万人次,总计超过1.5亿人次。线上消费已占该地区消费活动的60%以上。数字金融技术市场帮助拉丁美洲国家吸引了40%的风险资本投资。② 在后疫情时代,中拉应紧抓机遇,以数字经济合作助推双方合作提质升级。中拉可在"数字丝绸之路"的基础上继续深化合作,鼓励、引导中国电子商务、互联网、5G等企业走进拉美,加大在人工智能、5G技术、大数据等领域的合作力度,将数字技术与实体经济相融合,为中拉经贸合作注入新动力。

(三)共同抗疫撬动多领域务实合作

冷战结束以来,各类非传统安全问题日益突出,成为威胁人类安全与福祉的首要因素。非传统安全问题具有突然性、复杂性、跨国性和全球性等特点。新冠疫情暴发之突然、传播范围之广、感染力度之强、持续时间之久,都提示人们此次疫情已成为威胁人类生存与发展的重大公共卫生事件,必须将其提升到"非传统安全"的高度。2020年2月14日,在中央全面深化改革委员会会议上,中共中央总书记、国家主席习近平提出要把包含公共卫生安全在内的生物安全纳入国家安全体系。③ 拉美国家也多次表示将进一步深化与世界卫生组织和国际社会在公共卫生领域的合作。在后疫情时代,非传统安全领域在国家战略中的地位将进一步提高,公共卫生安全合作、生物安

---

① 尹振涛:《2021年数字经济规模占GDP或将超过40% 中西部地区迎机遇》,https://caijing.chinadaily.com.cn/a/202202/28/WS621c0a69a3107be497a0808b.html,2022年2月28日。

② 楼项飞:《新冠疫情背景下中拉数字经济合作:机遇、挑战和前景》,《拉丁美洲研究》2021年第5期。

③ 《习近平:健全国家公共卫生应急管理体系》,https://baijiahao.baidu.com/s?id=1659872634553020123&wfr=spider&for=pc,2020年2月29日。

全合作有望成为中拉非传统安全合作新增长点。与信息安全、能源安全、恐怖主义、民族宗教冲突等非传统安全相比，公共卫生安全具有低政治性的特点，更易于中拉开展合作。同时，公共卫生合作能够通过"议题关联"带动各国在其他领域的合作。① 中拉可以公共卫生安全合作和生物安全合作为基石，拓展、推进、深化多领域的务实合作，并有望取得显著成果。

（四）中国负责任大国形象促进中拉合作

新冠疫情传播速度之快、范围之广、防控之难超过了新中国成立以来任何一场流行病。为有效控制疫情的传播，打赢疫情防控的人民战争、总体战、阻击战，中国不计经济代价，果断实行严格的封闭政策，以非常之举应对非常之事。在国内疫情得到有效控制后，中国秉持人类共同体理念，积极开展卫生援助，向各国分享中国经验和中国方案。向日本、意大利、蒙古、委内瑞拉、墨西哥、巴西等国捐赠物资、派遣医疗专家队，通过视频会议的方式向各国分享中国抗击新冠疫情的成功经验与悲惨教训，同时及时向世界卫生组织共享最新的信息。聚焦拉美，中国已是拉美国家最大的疫苗提供国。截至2021年底，中国已提供3亿多支疫苗；中国政府、企业与民间组织携手向拉美和加勒比地区30个国家捐赠口罩、防护服、检测试剂等紧急医疗物资2700多万件，呼吸机1100余台。② 中国对外援助充分体现"一方有难八方支援"的传统精神，成功在拉美国家、世界人民的心中树立了一个负责任的大国形象。国家的可靠性是衡量一国实力的重要指标。在疫情防控中，中国负责任、可靠的大国形象极大提升了国家的软实力，赢得了包括拉美国家人民在内的世界人民的高度赞扬，为未来中拉合作创造了良好的国际环境与舆论环境。

---

① 晋继勇：《全球公共卫生治理中的国际机制分析》，上海人民出版社，2019，第231页。
② 中华人民共和国驻巴西联邦共和国大使馆：《驻巴西大使杨万明接受彭博社专访》，http://br.china-embassy.gov.cn/chn/dsxx/dshd/202010/t20201007_5041115.htm，2020年10月7日。

四　后疫情时代中拉合作发展的路径拓展

可预见的是，在后疫情时代，中拉合作将迎来大发展阶段，但也应该看到，合作之路不可能一蹴而就、一帆风顺，如何应对新的挑战将成为双方必须面对的问题。

（一）构建中拉卫生健康共同体，开创合作新领域

生命健康是人类的永恒追求，卫生健康事业是造福全人类的崇高事业。2020年，新冠病毒在全球的传播不仅对人类的生命和健康构成了严重威胁，也充分暴露出世界各国在公共卫生领域的诸多短板。在后疫情时代，推进构建人类卫生健康共同体具有重大意义。疫情发生前，中拉命运共同体合作的领域更多建立在"1+3+6"基础上，[①] 此次共同抗疫，中拉在公共卫生领域的合作实现了从无到有的跨越。公共卫生安全关系国民和国运，中拉必须紧紧抓住机会，构建卫生健康共同体。首先，高度的共识是建立卫生健康共同体的基础，双方必须提高公共卫生合作在外交议题中的重要地位，同时保证对内政策与对外政策的高度一致。其次，构建适合双边国情与发展需求的公共卫生合作模式是卫生健康共同体长足发展的关键。中国政府和拉美各国政府可以从国家战略的高度提供双边或多边公共卫生合作通道，并制定相应的声明、宣告或协议，提高双边公共卫生合作的制度化水平；成立专门的卫生安全基金会，充分拓宽融资渠道，为合作提供必要的物质保障；组织学术交流、访学等活动加强交流与学习，推动双边全方面、宽领域的公共卫生合作。

（二）深化数字经济合作，打造合作新引擎

新冠疫情暴发后，各国政府普遍意识到数字经济在推动经济复苏与发展

[①]《中拉携手抗疫谱写合作新篇》，人民网，https://baijiahao.baidu.com/s?id=1673500108332409922&wfr=spider&for=pc，2020年7月29日。

中的重要作用，数字经济合作意愿增强。中拉应抓住此次历史性机遇，将数字经济作为经贸合作的新引擎，以数字经济合作带动新基建和互联网、信息技术等新型经济业态领域的合作，为后疫情时代经济发展创造新亮点。具体来讲，中拉数字经济合作可划分为短期和中期两部分。短期策略上，中拉数字经济合作应以帮助拉美国家经济复苏，促进民心相通，拓宽数字丝绸之路的"足迹"为重点。受疫情影响，拉美国家正经历120年来最严重的经济衰退，绝大多数经济体陷入负增长，失业率攀升，公共债务高企。与此同时，受西方舆论引导和个别媒体虚假宣传影响，部分拉美国家疑华、反华、仇华声音强烈。在此情况下，中拉应大力推动数字经济合作，通过信息技术合作、加大资金投入等方式帮助拉美国家尽快走出经济困境，重塑中国大国形象。长期策略上，中拉数字经济合作应回归其经济属性，双方需加强在人工智能、5G、大数据、纳米技术等前沿领域的合作，促进数字技术与实体经济的深度融合，实现中拉经济的飞速发展与互利共赢。

（三）高度重视拉美政治动向，抵御合作新风险

现阶段，拉美正处于政治生态调整期。一方面，长期的经济低迷、严重的腐败问题和政府对疫情的糟糕处理导致民众对现状深感不满，拉美各国普遍面临社会矛盾增大、抗议频发、政治波动加剧等不利形势；另一方面，拉美各国的传统政治格局日益解体，[1] 反建制情绪抬头，新兴政党崛起并在智利、墨西哥、哥伦比亚等国赢得大选，传统政党力量式微，化解困境所需要的政治改革难以启动。在此变局下，中拉合作恰处于"换挡加速"和"升级换代"阶段。[2] 因此必须关注拉美政治生态现状，探索出符合拉美政治变局特点的合作路径，这事关中拉合作的稳定性和预期性。首先，加强国内学者对拉美国家的研究。中国拉美研究者应该加强对拉美政治动向的研究并形成政策建议，为相关部门制定政策提供决策参考。其次，强调中拉合作的经

---

[1] 王鹏：《何为破解拉美政治生态困境的出路》，《世界知识》2021年第18期，第14~16页。
[2] 周志伟：《拉美地区变局下的中拉"一带一路"合作》，《当代世界》2020年第10期，第24~29页。

济属性。拉美左翼政党与中国具有相似的意识形态，右翼政党在意识形态上则更倾向于美国。在拉美左右翼长期对峙的背景下，中拉合作应更多强调其经济属性，减少双方在意识形态上的冲突，淡化拉美国家对中拉合作的战略顾虑，推动合作的长期有序开展。

（四）构建外交工作新模式，编织合作新经线

新冠疫情的广泛传播与反复不定，猛烈冲击了传统外交模式，催生出新的外交格局。中拉要顺应时代变化与国际格局，构建多层次、多领域的外交工作新模式。首先，积极开展"云外交"。受疫情影响，各国交往被迫按下了"暂停键"，但中国通过一封封函电、一通通电话、一次次视频连线等"云外交"形式，拉近了与拉美国家的合作纽带，深化了中拉之间的友谊。后疫情时代，应积极开展"云外交"，推动中拉关系继续向好。其次，大力发展公共卫生外交。疫情让各国充分认识到了公共卫生问题不是一个国家内部的事情，世界只有携手合作，才能攻而克之。中拉应牢记此次经验教训，加强在公共卫生领域的交流与合作。最后，开展多领域的经济外交。中拉一直具有良好的经济合作基础和意愿。此次疫情暴露出了双方经济合作仍面临一些亟待解决的难题与短板。中拉应抓住此次机遇，加强经济方面的沟通交流，扩展合作领域，建立更多双边或多边合作机构，推进经济外交进程。

（五）妥善处理相关因素，适应合作新格局

新冠疫情严重冲击各国经济，加速国际格局演变进程。后疫情时代，国际格局呈现前所未有的复杂性，中拉合作面临诸多不确定因素。中拉双方必须适应国际竞争新局势，妥善处理域外相关因素，推动合作走深走实。首先，加强同域外国家的沟通协调。随着中国在拉美国家利益的扩大，越来越多的国家对此深感不满，认为中拉合作将损害本国在拉美地区的利益。对此，中国必须加强同域外国家的沟通，如建立中美拉美事务磋商机制、中欧拉三方会谈机制等，增信释疑，降低相关国家、国际组织对中拉合作的敏感性，减少因战略疑虑而引起的外部战略牵制。其次，积极同域外国家开展三

方或多方合作。中国可以本着开放、合作、和谐、包容的原则,在征得拉美国家同意的基础上,积极同域外国家开展合作。例如,在不损害现有合作的前提下,加强中拉欧盟在能源领域的合作、探索中拉美经贸合作的新模式等。

结　语

危与机同生并存,中拉合作之路必然不会是一帆风顺,唯有团结合作,才能攻而克之。在后疫情时代,中拉合作面临新机遇,如多形式外交的开展、数字经济的发展、中国负责任大国形象的彰显、合作领域的不断拓展与升级,但中拉合作也面临贸易结构互补性不强、拉美域内因素、中美竞争加剧等挑战。中拉可以从构建卫生健康共同体、深化数字经济合作、关注拉美政治动向、建立外交工作新模式和妥善处理域外因素五大方面入手,推动中拉合作迈向新阶段。

国家能力视域下拉美国家公共卫生危机治理*

——以巴西为例

范和生 武政宇

摘 要：人类社会是一个风险社会，公共卫生危机是全人类共同面临的安全风险。进入21世纪以来，以烈性传染病为典型的公共卫生危机屡见不鲜，深刻挑战各国的国家治理体系和治理能力。2020年初新冠疫情席卷全球，成为全球性公共卫生危机，而各个国家危机治理的成效则是检验国家能力状况的试金石。放眼全球，拉美国家在此次公共卫生危机治理中的表现不容乐观，凸显其国家能力之危。以巴西为研究案例，透过国家能力的视角，发现其公共卫生危机治理呈现资源汲取能力、组织协调能力、社会调控能力、国际合作能力等多重能力的危机。基于PEST分析方法，进一步研究国家能力危机生成的政治、经济、社会和技术逻辑，并由此省思公共卫生危机治理中的国家能力构建。

关键词：风险社会 公共卫生危机 新冠疫情 国家治理 国家能力

---

* 本文系教育部国别和区域研究专项资金资助2020年度规划课题"全球公共卫生治理中的中拉命运共同体建设研究"（2020-G59），以及安徽大学拉丁美洲研究所2021年度研究课题"国家能力视域下拉美公共卫生危机治理研究"的阶段性成果。

风险社会理论认为，现代社会是一个风险社会，而这种风险呈现一种全球化趋势，[1] 因而我们可以认为现代国际社会便是一个全球风险社会。社会风险往往孕育着公共危机，二者之间是一个"连续统",[2] 在全球风险社会中，国家能力是全球公共危机的主要应对属性，成为各国立足全球风险社会的重要支撑。2020年初暴发的新冠疫情蕴含全球性风险，如今俨然已发展成为全球性公共卫生危机，给世界各国人民都带来了巨大灾难，同时也成为检验各国国家能力状况的试金石，"是对国家治理体系和治理能力的一次大考"。[3] 全球范围内，不同国家和地区在疫情防控中的表现参差不齐，彰显了各国国家能力的现实差距。这其中，拉美国家的表现值得注意，据报道，截至2021年10月中旬，拉美地区累计新冠确诊病例约4538万例，累计死亡病例约150万例，成为全球疫情的重灾区。其中，巴西作为拉美地区面积最大的国家，尽管疫情已大幅好转，但仍是拉美地区疫情最严重的国家，其累计确诊病例近2160万例，累计死亡病例超60万例，[4] 分别位居全球第三和第二。这表明巴西乃至整个拉美地区的公共卫生危机治理处境艰难，也凸显拉美地区整体国家能力的危机，因而，探索重建公共卫生危机治理中的国家能力对拉美乃至全球而言刻不容缓。有鉴于此，本文以曾经创造过巴西奇迹的金砖大国巴西为研究案例，以国家能力为切入视角，通过阐释巴西公共卫生危机治理中的国家能力展现及其生成逻辑，省思公共卫生危机治理中的国家能力构建，以期探寻巴西和拉美地区公共卫生危机治理中的国家能力建设路径，也为包括我国在内的世界其他国家和地区的公共卫生危机治理提供借鉴和参考。

---

[1] 〔德〕乌尔里希·贝克：《风险社会》，何博闻译，译林出版社，2004，第2~7页。
[2] 童星：《社会学风险预警研究与行政学危机管理研究的整合》，《湖南师范大学社会科学学报》2008年第2期，第66~70页。
[3] 本报评论员：《提高应对突发重大公共卫生事件的能力和水平》，《人民日报》2020年3月1日。
[4] 《综述：拉美地区新冠疫情趋缓 反弹风险仍存》，新华网，http://www.news.cn/2021-10/14/c_1127957568.htm，2021年10月15日。

一 研究述评——公共卫生危机与国家能力

（一）公共卫生危机

公共卫生危机是人类社会共同面临的安全威胁。在全球风险社会中，任何国家都难以避免公共卫生危机的冲击。这种情况下，全面认识公共卫生危机、强化公共卫生危机国家治理能力成为国内外社会各界的共识。学术界对此课题也做了颇多研究，主要分为两种研究取向。

一是如何认识公共卫生危机。美国历史学家威廉·H. 麦克尼尔（William H. McNeill）将传染病与人类社会发展历史结合起来，重新解释人类行为，指出"技能、知识和组织都会改变，但人类面对疾病的脆弱，则是不可改变的"，传染病将始终与人类同在，并"仍将是影响人类历史的基本参数和决定因素之一"。① 大卫·M. 贝尔（David M. Bell）等人认为发展中国家和工业化国家拥挤的城市地区特别容易受到公共卫生危机的影响，尤其是在监测、应对和公共传播方面面临严峻挑战，世界各地的城市将日益面临一些新的挑战和需要创造性的应对策略。② 我国学者欣正人以瘟疫与人类文明互动为基本线索，认为人类文明史从某种意义上说就是瘟疫与人类互动的关系史，而瘟疫的流行非但没有毁灭人类，反而使人类变得更加坚强、科学和理性。③ 陈坤指出当前全球范围内面临的公共卫生问题并不仅仅是重大疾病问题，凡是涉及人群健康的问题都可以成为公共卫生问题，并探讨了公共卫生问题的本质和特点，包括涉及领域广泛、全球化趋势明显、复杂性增加和破坏力弱化等。④ 龚向前认为全球化加剧了传染病的全球传播，传染病

---

① 〔美〕威廉·H. 麦克尼尔：《瘟疫与人》，余新忠、毕会成译，中国环境科学出版社，2010，第174~175页。
② Bell, David M., et al., "Pandemic Influenza as 21st Century Urban Public Health Crisis", *Emerging Infectious Diseases*, Vol. 15, No. 12, 2009, pp. 1963-1969.
③ 欣正人编著《瘟疫与文明》，山西人民出版社，2004。
④ 陈坤：《公共卫生安全》，浙江大学出版社，2007，第13~21页。

全球化作为一种非传统安全因素，对人类安全构成新的危机，也迫使世界各国开展国际卫生合作。①

二是如何治理公共卫生危机。英国学者贾维德·西迪奇（Javed Siddiqi）研究了世卫组织在全球公共卫生危机治理中的作用，认为世界卫生组织在制定和实现其结构性目标方面相对有效，但其具体方案的有效性较低，并对改革后的联合国包括世卫组织充满希望。② 加拿大学者马克·扎克（Mark Zacher）和塔尼亚·科菲（Tania Keefe）以国际关系为研究视角，结合传染病的发展趋势，探讨过去和当前全球卫生治理的教训，并提出在这个相互依赖的时代塑造全球卫生架构需要加强集体行动。③ 美国哥伦比亚大学教授梅利·卡巴勒罗-安东尼（Mely Caballero-Anthony）对东亚地区的传染病防控进行研究，认为在这个全球化和区域化的时代，传染病危机有可能会对社会所有成员的安全和福祉以及经济的各个方面造成不利影响，但目前国际社会的灾害规划和危机治理仍存在缺陷，必须审查从地方到区域各级应对国家和人类安全挑战的政策办法，加强国家和社会减轻所涉风险和挑战的能力。④ 国内学者对于公共卫生危机治理的相关研究肇始于2003年的SARS疫情。赵海燕等人从非传统安全的视角审视公共卫生危机，认为公共卫生危机的处置对策在于合理配置和使用资源、加强法律和制度建设、建立较为完善的平战结合系统等。⑤ 张毅强立足我国2003年以来"非典"、甲型H1N1流感等公共卫生事件引发的原有公共卫生政策范式急剧调整和变化这一政策变迁的宏观叙事背景，提出健康和疾病不仅仅是医学问题，更是社会问题、政治问

---

① 龚向前：《传染病全球化与全球卫生治理》，《国际观察》2006年第3期，第24~29页。
② Siddiqi, Javed, *World Health and World Politics: The World Health Organization and the UN System*, Columbia: University of South Carolina Press, 1995.
③ 〔加〕马克·扎克、塔尼亚·科菲：《因病相连：卫生治理与全球政治》，晋继勇译，浙江大学出版社，2011。
④ Caballero-Anthony M., "Combating Infectious Diseases in East Asia: Securitization and Global Public Goods for Health and Human Security", *Journal of International Affairs*, Vol. 59, No. 2, 2006, pp. 105-127.
⑤ 赵海燕、姚晖、胡晓抒：《以非传统安全观审视公共卫生危机》，《中国公共卫生》2006年第12期，第1535~1536页。

题与公共政策问题，对突发性公共卫生事件的治理需要多学科视野下的交叉与合作，需要从风险感知处置、公共政策制定和评估、政策范式转换和制度变迁等多角度重新认识和构建我国的公共卫生政策体系。① 晋继勇认为全球公共卫生危机的解决之道在于怎样实现有效的全球公共卫生治理，而治理路径就在于如何在全球公共卫生领域提供更多的全球公共卫生产品。②

（二）国家能力

公共危机的治理能力是国家能力的重要组成部分，一国对公共卫生危机的治理成效实际上反映的是这个国家的国家能力状况。全球性公共卫生危机深刻冲击各国的治理体系和治理能力，再次引起各界对国家能力的关注和思考。学术界对国家能力的研究由来已久，主要包括国内视野和国际视野两种取向。

一是国内视野下的国家能力。马克斯·韦伯（Max Weber）从政治统治的角度来分析国家和国家能力，指出国家是"一个强制机构的统治团体，它在一个区域里曾经卓有成效地争取垄断合法的、有形的暴力作为统治的手段，为此目的把实物的运作手段都聚拢在它的领导人的手中"，"政治发展为一种要求在为政权而斗争及其方法上加以训练的'企业经营'"，国家官员首要的是"维持国内'秩序'的任务，即保持现存的统治关系"。③ 西达·斯考切波（Theda Skocpol）在分析国家和国家能力时强调国家的潜在自主性，认为"任何国家都要首先并主要是从社会中抽取资源，并利用这些资源来创设和支持强制组织和行政组织"，而行政组织和强制组织是国家权力的基础，"只要这些基本的国家组织存在，它们在任何地方都具有摆脱支配阶级直接控制的潜在自主性"。④ 乔尔·S. 米格代尔（Joel S. Migdal）认

---

① 张毅强：《风险感知、社会学习与范式转移：突发性公共卫生事件引发的政策变迁》，复旦大学出版社，2011，第1~2页。
② 晋继勇：《全球公共卫生治理中的国际机制分析》，上海人民出版社，2018，第2~3页。
③ 〔德〕马克斯·韦伯：《经济与社会》（下），林荣远译，商务印书馆，1997，第735~750页。
④ 〔美〕西达·斯考切波：《国家与社会革命——对法国、俄国和中国的比较分析》，何俊志、王学东译，上海人民出版社，2007，第30页。

为国家能力是国家"通过国家的计划、政策和行动来实现其改造社会的目标的能力",主要包括渗入社会、调节社会关系、提取资源和以特定方式配置或运用资源四大能力,"强国家是能够完成这些任务的国家,而弱国家则处在能力光谱的低端"。① 我国首开国家能力研究先河的当属王绍光和胡鞍钢所著《中国国家能力报告》,作者认为国家能力指的是"国家(中央政府)将自己的意志、目标转化为现实的能力",包括"汲取财政能力、宏观调控能力、合法化能力以及强制能力",其中最重要的国家能力是汲取财政能力。② 刘京希对转型时期的国家能力和社会能力的关系进行研究,认为由于社会转型时期国家能力的强化以社会发展为目标,因此这种关系不是此长彼消,而是相谐共进,指出在和平建设时期国家能力指的是国家指导和推动社会进步与发展的能动力。③ 时和兴将国家自主性与国家能力分离开来,对韦伯-海因兹主义、结构功能主义以及公共政策学派、经济史学派、政治经济学派、回归国家学派的国家能力理论观点进行梳理和总结,认为将国家的政治统治能力和政治管理能力结合起来,国家能力具体可分为社会抽取能力、社会规范能力、社会控制能力和社会适应能力。④

二是国际视野下的国家能力。马丁·阿尔布劳(Martin Albrow)指出马克斯·韦伯的观点忽视了黑格尔强调过的"国家作为人类行为尤其是作为合理性的行政管理行为中的理性的那一面",同时它"压制了为个人保留掌握合法的强制手段的权利的程度",认为"全球性的变迁必然导致国家理论的重建"。⑤ 弗朗西斯·福山(Francis Fukuyama)认为国家构建是当今国际社会最重要的命题之一,国家能力弱化问题既是一个国家又是一个国际性的

---

① 〔美〕乔尔·S.米格代尔:《强社会与弱国家:第三世界的国家社会关系及国家能力》,张长东等译,江苏人民出版社,2009,第5页。
② 王绍光、胡鞍钢:《中国国家能力报告》,辽宁人民出版社,1993,第6页。
③ 刘京希:《论转型时期的国家能力与社会能力》,《文史哲》1996年第1期,第13~19页。
④ 时和兴:《关系、限度、制度:政治发展过程中的国家与社会》,北京大学出版社,1996,第148~169页。
⑤ 〔英〕马丁·阿尔布劳:《全球时代:超越现代性之外的国家和社会》,高湘泽、冯玲译,商务印书馆,2001,第272页。

首要问题，而在国家构建诸要素中，国家制度和国家能力比国家职能范围更为重要。① 黄清吉指出国家在统治与管理社会的同时，还置身于无政府的国际体系，国家能力不仅包括实施对社会的统治与管理的能力，也包括应对他国的竞争与挑战的能力，具体分为资源积聚能力、社会控制能力、经济管理与社会服务能力和维护主权与领土不受侵害的能力、参与创建国际机制的能力、国家力量提升能力。② 黄宝玖分析了经济全球化对国家能力的影响，认为经济全球化"既提供了使国家能力强化提升的有利机遇，又构成了使国家能力弱化销蚀的严重压力"，应以提升国家能力总量、优化国家能力结构、强化国家能力控制为战略目标，以变革观念、调整行为、创新制度、夯实基础为战略方针，加强国家能力建设。③ 于春洋在探讨全球化时代如何"重构民族国家"时指出，国家能力建设是"重构民族国家"的一个重要向度，包括"在国家与社会关系维度进行社会治理能力建设，在国家与市场关系维度进行国家宏观经济管理能力建设，在国家与国际体系关系维度进行国家应对全球竞争与挑战能力建设"。④

综上所述，学术界对公共卫生危机和国家能力分别做了大量的研究，研究的视角和内容丰富多元，政治学、行政学、社会学、经济学、管理学等多学科交叉，涵盖政治、经济、社会、国际关系等多个领域，取得了丰硕的成果。但对于公共卫生危机的研究理论深度稍显不足，对国家能力相关问题缺乏系统的研究，尤其是在公共卫生危机治理中的国家能力构建问题上目前学界仍着墨较少。本文试图透过国家能力的视角，以巴西为研究案例，探讨公共卫生危机治理中的国家能力构建问题，以期推动学界更多的研究和思考。

---

① 〔美〕弗朗西斯·福山：《国家构建：21世纪的国家治理与世界秩序》，黄胜强、许铭原译，中国社会科学出版社，2007。
② 黄清吉：《论国家能力》，中央编译出版社，2013，第27~38页。
③ 黄宝玖：《经济全球化进程中的国家能力建设》，《学习与探索》2005年第3期，第10~16页。
④ 于春洋：《全球化时代何以"重构民族国家"——国家权力合法性与国家能力建设析论》，《甘肃社会科学》2016年第1期，第23~26页。

二 困境表征——巴西公共卫生危机治理中的国家能力危机

全球风险社会往往危机四伏，国家能力成为风险和危机的主要应对属性，而各国在全球性公共危机治理中的表现成为其国家能力的观测窗口。此次巴西在新冠疫情这场公共卫生危机中呈现的治理乱象和困境，实质上反映的是巴西国家能力之危，具体表现为资源汲取能力、组织协调能力、社会调控能力、国际合作能力等多重能力危机。

（一）资源汲取能力危机

无米难为炊，无兵难打仗，国家若无充足的可供调配的资源便难以有效应对公共危机，资源汲取多寡成为国家治理公共危机成败与否的关键要素，因此，在公共卫生危机治理中，国家的资源汲取能力至关重要。正如美国政治学家阿尔蒙德和鲍威尔所言，"政治体系实际作为的一个突出类型是从国内和国际环境中提取资源，包括金钱、产品、人员或服务等"，[①] 在这其中，财政资源的汲取能力至关重要。增加财政收入是国家最基本的任务之一，也是一个国家能够保护其公民、有效治理危机的必要准备，税收作为连接统治者和被统治者的纽带，在国家财政收入增长方面起到关键作用。财政资源汲取虽然是一个单向"输入"的过程，但其最终结果是双向的"输入+输出"，是对国家利益与社会利益、个人利益的兼顾，而这也成为国家汲取资源的合法性来源。财政资源的汲取一方面可以用于统治者自身的"消费"，如供养国家机构及公职人员；另一方面可用于内外部投资，包括投资于内部自身能力建设和外部的公共产品提供等，如在公共卫生危机中对国家医疗卫生系统的健全完善和对药物、疫苗等公共物品的保障提供予以财政支持。

[①] 〔美〕加布里埃尔·A.阿尔蒙德、小G·宾厄姆·鲍威尔：《比较政治学——体系、过程和政策》，曹沛霖等译，上海译文出版社，1987，第334页。

巴西在此次新冠疫情防控中的财政资源汲取能力危机显露无遗，成为其公共卫生危机有效治理的重要掣肘。长期以来，巴西的经济发展步履维艰，宏观经济政策充满不确定性，国家财政的收入和支出质量都有待提高，资源性财政特征较为明显，① 显示出其国家财政汲取能力的不足。2020 年初暴发的新冠疫情给世界各国的经济和社会发展带来严重冲击，也使拉美地区尤其是巴西的国家财政资源汲取能力危机暴露无遗，疫情危机造成相关财政支出大幅上升，税收收入大幅下降，财政收支严重失衡，而国家资源汲取能力的不足使得拉美国家只能通过大肆发行国债的"透支消费"方式来应对眼前的危机，进而导致严重的财政赤字和债务危机。联合国拉丁美洲和加勒比经济委员会（ECLAC）统计数据显示，在新冠疫情的冲击下，拉美和加勒比地区公共债务占国内生产总值（GDP）的比重由 2019 年的 68.9% 升至 2020 年的 79.3%，成为负债率最高的发展中地区。② 作为拉美面积最大的国家，巴西的情况颇具代表性，甚至一度有预测称巴西广义政府债务负担将从 2019 年占 GDP 的 75.8% 增加到 2020 年的近 95%，而要想使总债务恢复到疫情前的水平，巴西必须要在未来近十年内以每年 1.76% 的 GDP 增速来偿还 2020 年一年产生的债务，而这显然难以完成。③

（二）组织协调能力危机

组织行为学的权威斯蒂芬·P. 罗宾斯（Stephen P. Robbins）和蒂莫西·A. 贾奇（Timothy A. Judye）指出所有的管理者都必须发挥计划、组织、领导和控制四种职能，从而使组织运作得更加有效，④ 在这其中，组织和协调能力是影响组织运作效能的关键。而国家作为一个由领土、政府和人

---

① 王美桃：《世界主要国家财政运行报告（下）巴西》，《经济研究参考》2016 年第 69 期，第 3~29 页。
② 《疫情推升负债水平 拉美债务风险加大》，新华网，http://www.xinhuanet.com/2021-05/04/c_1127408658.htm，2021 年 10 月 17 日。
③ 德米特里：《巴西，破产了？》，《记者观察》2021 年第 7 期，第 86~88 页。
④ 〔美〕斯蒂芬·P. 罗宾斯、蒂莫西·A. 贾奇：《组织行为学》，孙健敏等译，中国人民大学出版社，2012，第 5~27 页。

民等诸要素相互联系组成的组织体，其组织协调能力的强弱也决定着国家能否有效运作，这种能力效应在公共卫生危机的治理中表现得尤为突出。国家在公共卫生危机治理中的的组织协调能力主要是指国家组织协调各级政府、各部门、各种社会力量和整合调配国家和社会各种人力、物力、财力资源以治理公共卫生危机的能力，即包括危机治理主体的协调配合和危机治理资源的整合调配两个维度。

一方面，公共卫生危机的有效治理需要各危机治理主体的协调配合，尽管在公共卫生危机面前，国家是主要的应对属性，但个人和社会也是重要的参与主体，这就不得不需要多元主体的协同治理，即"协同+治理"。埃莉诺·奥斯特罗姆（Elinor Ostrom）在其所著《公共事物的治理之道：集体行动制度的演进》一书中通过对不同国家公共池塘资源问题的案例研究，证明人们在面临公共池塘资源问题时可以进行有效合作，在共同目标的驱使下采取集体行动，从而避免"公地悲剧"。[1] 然而这只是公共事务治理的一种独特类型，新冠疫情这场突如其来的公共卫生危机无疑成为多元主体协同治理新的更大的挑战，以巴西为代表的拉美国家在此次疫情防控中充分暴露出其协同治理能力的"缺失"，最终酿成疫情"长尾化"的悲剧。面对疫情，巴西未能形成全国上下一盘棋，反而成为一盘"散沙"——上层决策混乱，各级政府间缺乏沟通协调，政策规定未能统一一致，甚至相互矛盾冲突，连总统雅伊尔·博索纳罗（Jair Bolsonaro）与包括卫生部部长在内的多位内阁大臣的抗疫政策都出现明显分歧；下层贯彻不力，尽管各级政府都不同程度地强调社会隔离的重要性，但仍有很多民众我行我素，宣扬所谓自由人权，在公共场所扎堆聚集，包括参加游行示威活动、庆祝里约狂欢节等，这种上下脱节的危机治理模式最终导致疫情持续蔓延。

另一方面，公共卫生危机的有效治理也需要各种危机治理资源的整合调配。这里提到的危机治理资源是典型的公共物品，只能通过国家来整合调

---

[1] 〔美〕埃莉诺·奥斯特罗姆：《公共事物的治理之道：集体行动制度的演进》，余逊达、陈旭东译，上海译文出版社，2012。

配，因为一般的非公共物品"总可以通过个人的行动获得"，而危机治理资源涉及公共意图和公共利益，此时国家的行动是不可或缺的。① 因此，国家不仅需要持续不断地汲取资源，更需要将汲取到的资源用好、用实、用足，实现资源利用效率的最大化，这对公共卫生危机治理的重要性不言而喻。而在现实中，国家的危机治理资源整合调配能力往往不尽如人意，这就必然带来资源在社会中的不合理流动，从而制约国家整体治理能力的发挥。在拉美国家长期以来"强社会、弱国家"的国家—社会关系模式中，"对资源的权威性分配的权力并不集中"，"大量权威可能高度分布于社会"，权威的运行呈现高度碎片化状态，② 从而削弱国家对资源的整合调配能力。而在巴西，新冠疫情深刻冲击国家医疗卫生体系，充分暴露出医疗资源的不均衡分配，彰显巴西在危机治理资源的整合分配中国家能力的"失效"，也体现出资源不合理流动背后的权力分配指向。

（三）社会调控能力危机

在治理的话语和实践逻辑中，国家与社会的关系问题一直引发争论，马克思主义认为，国家"不是一个独立发展的独立领域"，"它的存在和发展归根到底都应该从社会的经济生活条件中得到解释"，③ 而"回归国家"学派的代表人物乔尔·S.米格代尔也在反思国家和社会二分的基础上，提出国家是"社会中的国家"。④ 因此，有学者指出在治理中国家与社会关系"并非此消彼长的，而是从对抗走向共生"。⑤ 在公共卫生危机的治理中，国家也必须有能力处理好与社会的关系，既要调节好、服务好社会，也要管理

---

① 〔美〕曼瑟尔·奥尔森：《集体行动的逻辑》，陈郁等译，上海人民出版社，2014，第12页。
② 〔美〕乔尔·S.米格代尔：《强社会与弱国家：第三世界的国家社会关系及国家能力》，张长东等译，江苏人民出版社，2009，第25~41页。
③ 《马克思恩格斯选集》（第四卷），人民出版社，1995，第251~252页。
④ 〔美〕乔尔·S.米格代尔：《社会中的国家：国家与社会如何相互改变与相互构成》，李杨、郭一聪译，江苏人民出版社，2013，第16~23页。
⑤ 宋道雷：《共生型国家社会关系：社会治理中的政社互动视角研究》，《马克思主义与现实》2018年第3期，第196~202页。

好、控制好社会。正如乌尔里希·贝克（Ulrich Beck）所言的，现代社会是一个风险社会，社会潜藏着风险，风险蕴含着危机，而国家的社会调控能力是社会风险治理和公共危机治理的综合考量，是国家在风险和危机中调节与社会关系并重建其合法性的必然选择。以巴西为代表的拉美国家在此次公共卫生危机的治理过程中未能发挥足够的社会调控能力，难以缓和社会冲突和对立，无形中助长了公共卫生危机的冲击和危害。

一方面，社会调节和服务能力的不足导致社会治理的效能难以发挥。在常态情境下，社会关系一般处于相对稳定的状态，而在公共卫生危机等非常态情境中，各种社会关系相互激烈碰撞，极易引发矛盾冲突，国家如果不及时采取有效手段介入，协调解决社会冲突、做好社会保障服务，很可能导致社会风险的积聚和冲突对立的加剧，从而造成危机治理的"失灵"。拉丁美洲是世界上最不平等的地区之一，而巴西则是世界上最不平等的国家之一，其贫富差距和阶级对立已然发展到了难以调和的程度，虽然巴西也采取过有效措施以缓解地区经济发展不平衡和城乡关系紧张问题，如1960年巴西将首都由里约热内卢迁往巴西利亚，[①] 然而这并没有彻底解决其根深蒂固的贫富分化问题，新冠疫情的暴发再次凸显巴西国内社会严重的两极分化问题，贫穷落后的巴西西北部地区和散布在城市各角落大大小小的贫民窟成为疫情的"重灾区"，而不断爆发的游行示威活动则是巴西国内社会矛盾冲突日益激化的缩影，足见国家社会调节和服务能力的匮乏。

另一方面，社会管理和控制能力的不足带来国家治理的效能难以发挥。国家的社会管理和控制能力是"国家凭借组织化的暴力或以暴力为后盾对社会进行强制规范的能力"，[②] 这种规范的强制力对于稳定的政治秩序和生活秩序来说是不可少的，尤其是在危机状态下，国家对社会进行有效管控直接影响到危机治理的成效。若国家对社会的管控不足，则必然无法压制各

---

① 范和生、唐惠敏：《社会发展战略：巴西迁都引发的思考》，《拉丁美洲研究》2015年第6期，第35~39页。
② 黄清吉：《论国家能力》，中央编译出版社，2013，第41页。

种反动破坏力量,也无法控制社会对立冲突,从而导致治理的无序和混乱。巴西目前正面临这种国家管控能力不足的窘况。一段时间以来,巴西国内的社会治安问题十分严峻,黑帮势力空前猖獗,犯罪率居高不下,各种骚乱暴动和越狱事件更是经久不息,说明国家的社会管控能力非常薄弱。更令人匪夷所思的是,当政府未采取有效管控措施应对疫情时,巴西黑帮组织站出来带头抗疫,通过社交网站发布"宵禁令",强制实行宵禁,"我们希望能最大限度保证居民的安全,如果政府拿不出办法,那就让我们帮派来解决"。[1]

(四)国际合作能力危机

此次的新冠疫情作为全球性公共卫生危机,世界各国都是危机治理的主体,没有任何一个国家可以独善其身。约瑟夫·奈(Joseph Nye)就鲜明指出,"在当今全球化时代,我们比以往任何时候都更无法通过保卫我国边境以保卫我们的祖国"。[2] 以邻为壑、独善其身的做法既无法有效遏止国内的疫情危机,也无益于全球公共卫生危机的有效治理,只要全球范围的疫情未得到彻底平息,就没有任何一个国家可以完全控制住危机。因此,国家在治理公共卫生危机过程中也离不开与国际社会的互动,掌握必要的国际合作能力,获取国际社会的支持与援助,避免孤军作战,这对于国内公共卫生危机治理的重要性亦毋庸赘言,而巴西在此次疫情防控中所表现的国际合作能力显然未能达标。

新冠疫情全球大流行已成世界各国的共识,新冠病毒的传播和蔓延不受国界限制,深刻影响全球化条件下世界各国之间的供应链、商品、服务、资金以及人员的持续跨境流动,而这无时不刻不在考验着国际社会团结合作的决心,从理论逻辑出发,全球集体行动共同治理危机不仅十分必要,而且完全可能实现,因为这一全球性公共卫生危机的有效治理符合每个国家的切身

---

[1] 苏菲:《巴西抗疫,黑帮带头》,《看世界》2021年第7期,第18~21页。
[2] 〔美〕约瑟夫·奈:《美国霸权的困惑:为什么美国不能独断专行》,郑志国等译,世界知识出版社,2002,第176页。

利益。① 然而在现实中，民族主义与区域和全球主义形成强烈对冲，部分大国在全球集体行动中纷纷将自身利益作为优先事项，大国领导和世卫组织协调作用弱化，世界各国的整体国际合作能力受限，深刻制约全球公共卫生危机的有效治理，而这也不利于各国自身危机的化解。

以拉美地区为例，南美洲国家联盟（UNASUR）曾是拉美区域合作治理的典型机制，而南美卫生委员会则是这一区域最高治理结构的特色所在，它由来自该地区国家的12名卫生部部长组成，并成功开展了集体抗击甲型H1N1流感、登革热疫情等传染疾病的联合行动，在区域公共卫生危机的治理方面取得明显成效。然而由于机制内部长期存在危机，或者说是对区域多边主义的抗拒，各成员国纷纷退出这一区域合作组织，直接摧毁了这个在拉美地区有效运作了大约十年的稳定机制，② 这无疑大大削弱了拉美国家合作治理危机的能力，为此次拉美疫情防控的"碎片化"治理乱局埋下了祸根。巴西则最为典型，截至目前，巴西累计新冠确诊病例数和死亡病例数仍高居全球前三位，而有着"热带特朗普"之称的巴西总统博索纳罗难辞其咎，他不仅未能及时出台有效防控措施治理国内疫情危机，而且常常与国际社会背道而驰，在美国特朗普政府宣布退出世界卫生组织后，博索纳罗也公然威胁称将要退出世界卫生组织，"我们不需要外人来干涉巴西人的健康"。③ 而在巴西陷入严重的公共卫生危机之际，中国的疫苗援助无疑为巴西的危机治理注入强大动能，但总统博索纳罗却多次诋毁和抹黑中国疫苗，甚至宣称永远不会购买中国疫苗，一度危及中巴疫苗合作和抗疫合作。这些都足以显示巴西在公共卫生危机治理中国际合作能力的危机状态。

---

① Basrur, Rajesh, and Frederick Kliem, "COVID-19 and International Cooperation: IR Paradigms at Odds", *SN Social Sciences*, Vol. 1, No. 1, 2021, pp. 1–10.
② Buss, Paulo Marchiori, and Sebastián Tobar, "COVID-19 and Opportunities for International Cooperation in Health", *Cadernos de Saude Publica*, Vol. 36, No. 4, 2020.
③ 《退出世卫、停更数据，巴西疫情要步美国"后尘"?》，新京报网，https://www.bjnews.com.cn/world/2020/06/09/736524.html，2021年10月19日。

三　生成逻辑——巴西公共卫生危机治理国家
　　　能力危机深层归因

在本次公共卫生危机治理中，巴西所表现出的资源汲取能力、组织协调能力、社会调控能力、国际合作能力等多重能力的危机，使得巴西疫情"长尾化"、治理"碎片化"，探讨治理能力危机背后的生成逻辑，进而重建国家能力，成为包括巴西在内的广大发展中国家公共卫生危机治理的当务之急。阿尔蒙德和鲍威尔认为，"一切政治体系都与两种环境发生相互作用：国内环境和国际环境"，"政治体系本身在很大程度上也是由它活动于其中的环境所塑造的。社会上对公民和领导人提出的问题，可用于解决这些问题的资源，以及形成集体信念和行动的技能和价值观——所有这些都受到国内外环境的影响"。[①] 因此对国家能力危机生成原因的探讨离不开对宏观环境的分析，本文基于 PEST 分析方法，通过政治（politics）、经济（erconomy）、社会（society）、技术（technology）四方面的宏观环境脆弱性分析，探寻巴西公共卫生危机治理国家能力危机的生成逻辑。

（一）政治逻辑："脆弱"的政治生态

一个国家和社会的发展水平"取决于其自身政治机构的力量和广度"。在当今这个风险和危机交错并行的复杂社会，"只有政治行为才能造就共同体，也只有政治机构才能维系它"。[②] 因此国家力量的强弱一定程度上取决于这个国家政治生态的稳定程度高低，政治生态稳定的国家其国家能力一般来说不至于羸弱，而一个脆弱的政治生态难免导致国家能力日渐式微。巴西在此次疫情防控中所表现出的国家能力危机，与其"脆弱"的政

---

① 〔美〕加布里埃尔·A. 阿尔蒙德、小 G·宾厄姆·鲍威尔：《比较政治学：体系、过程和政策》，曹沛霖等译，上海译文出版社，1987，第 7 页。
② 〔美〕塞缪尔·P. 亨廷顿：《变化社会中的政治秩序》，王冠华等译，生活·读书·新知三联书店，1989，第 10~11 页。

治生态不无关联。

其一,联邦制的制度设计缺陷。巴西是一个联邦制国家,根据巴西1988年宪法的制度设计,巴西建立了包括联邦政府、26个州和1个联邦区以及5570个自治市的三级政府,并且每一级都拥有很大的自治权。如今,巴西是世界上为数不多的几个市政当局在国家宪法规定的州之外拥有很大政治自治权的国家之一。[①] 这一方面给予了各级政府在处理公共事务时充分的自主权,而另一方面也在无形中加大了府际协调合作的难度,尤其是在公共卫生危机的治理过程中,这种基于宪法制度设计的"结构性分裂"极大地限制了危机治理的协调一致和资源共享,进而导致公共卫生危机治理能力的弱化。

其二,联盟总统制的内在脆弱性。联盟总统制作为巴西政治体制的核心安排,其对权力滥用的防范、对协调合作的鼓励以及对政治温和化的促进,最终成就了巴西历时最长的民主体制。然而这种高度碎片化的政党格局有其内在的脆弱性,它使得总统所在政党永远只能在国会中占据少数席位,想要得到国会中的多数支持就必然需要建立一个多党执政联盟,而这也直接催生了庇护主义和政治分肥,滋生大量的权力寻租和腐败问题。[②] 这样的政治安排使得巴西的执政联盟与在野党难以在公共卫生危机的治理中形成合力,甚至执政联盟内部可能都难以协调一致,从而弱化国家治理效能。

其三,左右博弈进入"白热化"阶段。左右之争一直以来都是拉美国家主要的政治生态,从20世纪末拉美地区掀起的"粉红浪潮",左翼政党成为拉美多个国家的执政党,到2014年以后"粉红浪潮"的大面积褪色,拉美地区的政治生态呈现一种"钟摆效应"。随着巴西左翼总统迪尔玛·罗塞夫(Dilma Rousseff)被弹劾下台以及极右翼总统候选人博索纳罗的成功当选,巴西的政治生态也逐渐由左转右。而左翼政党显然并未放弃对执政地

[①] Puppim de Oliveira, Jose A., and Evan Berman, "Exposing the Unfinished Business of Building Public Administration in Late Democracies: Lessons from the COVID-19 Response in Brazil", Public Administration Review, 2021.

[②] 王鹏:《联盟总统制与巴西的政治困局》,《拉丁美洲研究》2021年第3期,第86~103页。

位的努力，试图"抓住执政党腐败和治理不力的软肋，蓄力反击"，[①] 如巴西前总统路易斯·伊纳西奥·卢拉·达席尔瓦（Luiz Inácio Lula da Silva）多次批评指责现任总统博索纳罗及其抗疫政策，并声称或将参加巴西2022年的总统选举，从而很有可能实现"政治回归"，领导左翼政党"返场执政"。而博索纳罗亦不甘示弱，在短时间内大幅更换内阁成员，意图稳固自己的执政地位，为即将到来的总统选举布局。以卢拉和博索纳罗为代表的左右两党政治博弈，使得政党间的政策进一步呈现两极化的色彩，[②] 不仅对政党的公信力和合法性造成负面影响，而且危及巴西的国家能力。

（二）经济逻辑："脆弱"的经济发展

马克思主义经典作家就指出，"人们在自己生活的社会生产中发生一定的、必然的、不以他们的意志为转移的关系，即同他们的物质生产力的一定发展阶段相适合的生产关系。这些生产关系的总和构成社会的经济结构，即有法律的和政治的上层建筑竖立其上并有一定的社会意识形式与之相适应的现实基础。物质生活的生产方式制约着整个社会生活、政治生活和精神生活的过程"，"随着经济基础的变更，全部庞大的上层建筑也或慢或快地发生变革"，[③] 也即"经济基础决定上层建筑"的著名论断。而国家能力与经济发展作为典型的上层建筑与经济基础的关系，亦遵循这一理论逻辑，即一国的经济发展状况从根本上决定着这个国家的国家能力。巴西在此次公共卫生危机治理中所表现的国家能力危机，也必然需要从它的经济发展状况中去解释，总体来说，巴西的经济状况十分"脆弱"。

其一，经济总体停滞不前。20世纪六七十年代巴西的经济曾经历过一段高速增长时期，一度创造了"巴西奇迹"，而进入20世纪80年代，这种

---

① 中国现代国际关系研究院拉美研究所课题组：《拉美政治生态演变的新趋势、动因及影响》，《拉丁美洲研究》2021年第3期，第50~67页。
② 《巴西总统博索纳罗欲上演"绝地逢生"？》，腾讯网，https://new.qq.com/omn/20210404/20210404A01B7P00.html，2021年10月21日。
③ 《马克思恩格斯文集》（第二卷），人民出版社，2009，第591页。

高速增长势头却戛然而止，成为巴西"失去的十年"，尽管其后巴西不断进行改革努力，但经济发展仍无法达到曾经的持续高速增长状态，掉入了所谓"中等收入陷阱"，而2008年国际金融危机和2014年经济萧条使得巴西经济进一步遭遇负面冲击。有学者便指出，近几十年来巴西经济的停滞主要是巴西货币估值过高、出口篮子的再定价、贸易开放程度低以及该时期普遍存在的高实际利率等原因导致的。① 而经济上的停滞不前使得国家必然难以承受突发重大公共卫生危机的冲击，甚至可能会使巴西陷入又一个"失去的十年"。

其二，区域经济发展差距显著。作为拉美地区面积最大的国家，巴西的国土几乎占据了半个南美大陆，根据自然和历史等状况，巴西被分为南部、东南部、中西部、北部和东北部五大区域。然而区域间的经济发展差距显著，"东南部是巴西经济最发达的地区，而中西部、北部和东北部经济比较落后，南北贫富差距极大"。② 有学者通过量化数据更直观地展现这种区域经济发展的不均衡，"截至2015年，东南地区仅三个州就占全国人口的40%和收入的52%；相比之下，位于北部和东北部地区的11个州占巴西人口的近36%，但却仅占国内生产总值（GDP）的19%"。③ 经济发展的巨大差距使得不同区域政府行政能力参差不齐，不利于地区和国家的有效治理，实际上也降低了整体国家能力。

其三，经济结构不合理。近年来拉美国家的经济普遍呈现下行态势，其首要的内因在于自身经济的结构性失衡，"集中表现为净出口、投资和内需'三驾马车'对经济增长贡献失衡"，④ 巴西也不例外。由于自然资源丰富，巴西长期以来对自然资源过度依赖，但对资源的开发更多地停留在简单开采

---

① Nassif, André, et al., "Economic Development and Stagnation in Brazil (1950 – 2011)", *Structural Change and Economic Dynamics*, Vol. 53, 2020, pp. 1-15.
② 潘悦：《巴西的区域开发及其启示》，《中国党政干部论坛》2011年第5期，第53~55页。
③ Bucciferro, Justin R., and Pedro H. G. Ferreira de Souza, "The Evolution of Regional Income Inequality in Brazil, 1872 – 2015", *Time and Space*, Palgrave Macmillan, Cham, 2020, pp. 131-156.
④ 苏振兴：《论拉美国家产业结构调整的必要性和紧迫性》，《拉丁美洲研究》2015年第3期，第3~10+33+79页。

层面，忽视了产业链的升级和制造业的发展，不仅导致产业结构的"去工业化"，而且形成对国际市场较大的依赖性，增加了国内经济的不确定性和脆弱性。此外，消费和投资比例结构失衡，重消费、轻投资极大限制国家财政汲取能力的提升，也使得医疗卫生等基础设施的投资未得到充分保障，不利于公共卫生危机的有效治理。

（三）社会逻辑："脆弱"的社会秩序

"无论是什么样的国家理论，离开国家—社会关系的维度，其解释力就会受到质疑。"[①] 国家产生于社会，国家能力则来源于社会的需要。国家"唯有基于民众的共同利益而负担整个社会的公共事务，才能获得在全社会进行普遍统治的资格，并且才能统治得更长远"，[②] 一旦社会因素出现问题，必定危及国家的正常统治和治理，因而国家合法性和国家能力的危机必然具有深刻的社会原因。拉美地区是世界上最不平等的地区，而巴西则是世界上最不平等的国家之一。社会"脆弱性"问题一直以来都是巴西国家能力强化提升的巨大掣肘，而这也极大影响了其对公共卫生危机的有效治理。

其一，贫富两极分化。作为拉美国家的代表，巴西有着拉美地区收入"过度不平等"的鲜明特征，一项统计显示，巴西最富有的5%的人与其余95%的人收入相同，而这其中最富有的六名男子拥有与最贫穷的50%人口（约1亿人）相同的财富。"按照巴西目前的不平等正在减少的速度，该国需要75年才能达到英国目前的收入平等水平，而达到西班牙标准则需要近60年。"[③] 贫富两极分化成为巴西国家发展和现代化进程中难以摆脱的标签，这不仅使社会各阶级、阶层之间的矛盾激化，导致社会冲突矛盾不断，而且无法为公共卫生危机治理提供一个稳定的社会环境，而广大贫困阶层和大大小小的贫民窟成为公共卫生治理最薄弱的环节，贫民窟作为一种"非正常

---

① 杨光斌：《政治变迁中的国家与制度》，中央编译出版社，2011，第245页。
② 王刚：《马克思国家社会性思想研究》，中国社会科学出版社，2018，第41页。
③ "Brazil: Extreme Inequality in Numbers", OXFAM International, https://www.oxfam.org/en/brazil-extreme-inequality-numbers, October 21, 2021.

集聚区",不可避免地带来社会经济弱势、受教育程度低和基本卫生条件不稳定等群体的集聚,这使得贫困群体更容易受到病毒的感染,并造成"疾病传播的永久化",[1] 可想而知,正常的社交隔离和卫生措施在贫民窟基本无法适用。

其二,种族歧视问题严重。除贫困群体外,在巴西被社会"边缘化"的另一重要群体是少数族裔,实际上巴西很大一部分少数族裔也属于贫困群体的范畴,因为他们"大多从出生便带有贫困的烙印,从此很难有机会翻身"。[2] 巴西是一个多种族国家,种族和文化差异十分显著,北部地区部分是土著民族,部分是欧洲或非洲血统,南部地区主要是欧洲血统,而东南地区种族分布最为复杂,包括白人混血、非洲和巴西混血以及亚洲和印第安人后代等,一度被称为"种族大熔炉"和"未来之国"。然而一直以来种族歧视都是巴西根深蒂固的社会问题,"不仅存在白人歧视黑人的'罗西亚式'种族分类系统,而且在白人群体中还内嵌有'列布隆式'等级体系",[3] 纷繁复杂的种族关系和种族矛盾加大了国家和社会治理的难度,也增加了整个社会系统的"脆弱性",使巴西社会在公共卫生危机面前"不堪一击"。

其三,社会治安问题突出。社会两极分化,阶级、种族冲突矛盾日益激化,最终导致巴西社会治安每况愈下,从抢劫、贩毒、凶杀等犯罪问题,到大规模骚乱、暴动,巴西的社会治安问题在国际社会长期遭受诟病。据统计,1980~2010年,巴西发生了100万起凶杀案,这使巴西的凶杀率上升至全球最高。[4] 一个社会如果缺少一个稳定良好的治安环境,必将影响社会乃至国家的长治久安和长久发展,遑论对社会风险和危机的有效治理。骤然爆发的公共卫生危机使巴西本就混乱不堪的社会治安进一步恶化,而社会的混

---

[1] Pereira, R. J., et al., "The Risk of COVID-19 Transmission in Favelas and Slums in Brazil", *Public Health*, No. 183, 2020, p. 42.
[2] 樊星:《如何理解巴西种族问题》,《读书》2020年第11期,第31~39页。
[3] 陶染春:《当代巴西种族歧视问题探析》,《世界民族》2020年第5期,第45~53页。
[4] Murray, Joseph, Daniel Ricardo de Castro Cerqueira, and Tulio Kahn, "Crime and Violence in Brazil: Systematic Review of Time Trends, Prevalence Rates and Risk Factors", *Aggression and Violent Behavior*, Vol. 18, No. 5, 2013, pp. 471-483.

乱又导致公共卫生危机的扩大升级，最终形成社会治理"失灵"和危机治理"失效"的恶性循环。

（四）技术逻辑："脆弱"的治理技术

重大公共卫生危机的爆发具有突发性、复杂性和破坏性。因此它不仅是一个医疗卫生问题，而且成为一个系统性、综合性的社会问题。对公共卫生危机的治理是社会治理和国家治理的重要内容，它的实现并不取决于国家的权力大小，也不在于政府权威的运用，它需要政府动用必要的工具和技术来控制和指引，以达到公共事务的"善治"。① 这里的"工具"和"技术"既包括专业的医疗卫生等科学技术的应用，也包括国家的公共治理和管理技术。公共卫生危机的治理十分考验治理技术的"韧性"，"坚韧"的治理技术是国家治理公共卫生危机能力的基础和支撑，而"脆弱"的治理技术则使国家能力陷入"缺失"危机，以巴西为代表的拉美国家的治理技术"脆弱性"成为其国家能力危机的重要根源。

一方面，科学技术的"脆弱"制约公共卫生危机治理能力。科学技术是危机治理的重要工具和手段，尤其对于重大公共卫生危机，其不仅深刻考验着一个国家和社会的医疗卫生、数字信息等科学技术水平，而且每一次危机的成功治理，都必然会促进科学技术进一步向前发展。尽管巴西的流行病学闻名于世，但此次新冠疫情防控显然未体现其应有的水准，不仅迟迟无法自主研制疫苗，依赖国际进口和援助，一度还曾拒绝使用中国研发的疫苗，严重拖慢国内民众的疫苗接种进程，而且总统博索纳罗还带头"反科学"，大肆推广已被权威科学研究证明对治疗新冠病毒无效的抗疟疾药物羟氯喹，并淡化疫情的严重性，反对戴口罩和社交隔离等防控措施，这种科学否定主义俨然成为侵害巴西人民的新型"病毒"。此外，由于政府财政计划中的科学预算被大幅削减，巴西的科研产出已呈现显著下降态势，据统计，2010~2017年，在科学、技术、创新和通信部（MCTIC）预算系统性减少的同时，

---

① 俞可平主编《治理与善治》，社会科学文献出版社，2000，第34~35页。

巴西的学术论文的年增长率中值从过去的约13%暴跌至仅6%左右,科学出版物的世界排名降至第14位,① 而这无疑造成医疗卫生领域科学成果的萎缩,从而削弱了其公共卫生危机治理能力。

另一方面,国家公共治理和管理技术的"脆弱"导致公共卫生危机治理能力失效。基础科学、卫生科学等物质性技术对化解公共卫生危机固然重要,但如果缺少有效的公共治理加以整合协调,亦无法发挥危机治理的效能。因为公共卫生危机的治理关乎整个国家的安危,是国家治理的重要内容,而"国家治理活动不可能简单依靠先进的机器或技术来自动地进行,而是国家治理过程中规范和处理公共事务的一整套系统化的实践活动"。② 巴西国家统一卫生系统(SUS)号称是世界上最大的社会医疗保健系统,它按照普遍性、整体性、健康促进和社区参与的原则组织起来,利用公共资金为巴西公民提供免费的医疗保障,③ 自上而下建立起全国统一协调的公共卫生系统,为实现国家在公共卫生危机中的统一管理和治理发挥了重要作用。然而新冠疫情将SUS推向了极限,使这个拥有超过2亿用户、覆盖全国26个州、1个联邦区以及5570个自治市的庞大公共卫生系统几乎陷入崩溃的边缘。由于该卫生系统长期资金不足,其运行效率较以往大打折扣,再加上巴西2017年生效的第95号宪法修正案(EC-95,又被称为"支出上限修正案")冻结了20年的社会政策投资,导致SUS陷入严重的资金匮乏,成千上万名卫生专业人员不得不在缺乏个人防护设备的困难条件下冒着被感染和患病的生命危险去挽救生命。④ 此外,由于巴西的卫生系统是分散的,各级

---

① Oliveira, Eduardo A., et al., "Science Funding Crisis in Brazil and COVID-19: Deleterious Impact on Scientific Output", *Anais da Academia Brasileira de Ciências*, Vol. 92, No. 4, 2020, pp. 1-3.
② 韩志明:《治理技术及其运作逻辑——理解国家治理的技术维度》,《社会科学》2020年第10期,第32~42页。
③ Almeida-Filho, Naomar, "Higher Education and Health Care in Brazil", *The Lancet*, Vol. 377, No. 9781, 2011, pp. 1898-1900.
④ Costa, Ana Maria, Maria Lucia Frizon Rizzotto, and Lenaura de Vasconcelos Costa Lobato, "In the COVID-19 Pandemic, Brazil Sees the SUS", *Saúde debate*, Vol. 44, No. 125, 2020, pp. 289-296.

地方政府拥有实施地方法律、公共卫生干预和社会隔离政策的自主权,① 无形中破坏了 SUS 的普遍性和整体性原则,而巴西社会经济的不平等造成各地区 SUS 发展的不平等,加大了协调合作和一致行动的难度,使公共卫生危机治理陷入"集体行动困境"。

四 现实省思——公共卫生危机治理中的国家能力构建

如上所言,政治、经济、社会和技术环境的脆弱性致使巴西公共卫生危机治理能力陷入多重危机,而此次新冠疫情不仅充分暴露了巴西国家宏观环境的脆弱性,并且使这些脆弱性倍增,进而危及公共卫生危机治理。脆弱性理论认为,"人类脆弱性不可能消除,我们只能通过各种途径来获得对抗各种伤害的韧性,人所能够经受灾害的程度取决于人的韧性程度"。② 有鉴于此,本文从政治、经济、社会和技术四种维度出发,省思公共卫生危机治理中的国家能力构建,以助力巴西以及世界其他国家的公共卫生危机治理。

(一)政治维度:优化政治生态,增强政治韧性

"国家的本质是政治组织,拥有狭义上的政治职能","政治职能是国家的主要本质"。③ 国家在现代化的过程中面临的风险和危机不断增加,政治职能的有效性亦受到严重威胁,从而破坏原本稳定的政治生态,而这反过来又会造成危机治理的"失效"。因此,一个良好稳定的政治生态对国家公共危机治理的重要性显而易见,强化一国公共卫生危机治理的韧性,首要的是要增强"政治韧性",优化政治生态。

---

① Rocha, Rudi, et al., "Effect of Socioeconomic Inequalities and Vulnerabilities on Health-system Preparedness and Response to COVID-19 in Brazil: A Comprehensive Analysis", *The Lancet Global Health*, Vol. 9, No. 6, 2021, pp. 782-792.
② 〔美〕玛萨·艾伯森·法曼:《脆弱性的人类与回应性的国家》,李霞译,《比较法研究》2015 年第 2 期,第 186~200 页。
③ 〔日〕星野昭吉编著《变动中的世界政治——当代国际关系理论沉思录》,刘小林等译,新华出版社,1999,第 246 页。

其一，建立良好的府际关系，形成联防联控机制。"新冠肺炎疫情表明，建立良好的府际关系以推动公共治理对于快速有效地应对公共卫生突发事件极为重要。"① 在这次新冠疫情防控中，中国之所以能够成功有效地治理危机，一个重要原因就在于建立了一个从中央到地方再到基层政府的联防联控体系，而这也正是巴西等国家在此次公共卫生危机治理中所暴露出的严重缺陷。这凸显了加强府际协调合作的重要性，不仅需要横向的市际、州际的互助合作，更需要纵向的联邦政府、州级政府和市级政府之间的协调配合，实现中央领导和地方自治的有效结合。

其二，构建有效政党体系，维护社会整体利益。前已述及，巴西联盟总统制的脆弱性极大弱化了公共卫生治理的效能，政党体系的极度"碎片化"造成国家治理的"碎片化"，危及国家和社会整体利益的实现。塞缪尔·P. 亨廷顿认为，"政治稳定的先决条件在于有一个能够同化现代化过程所产生出来的新兴社会势力的政党制度。从这个观点出发，政党的数量只有在它能够影响到该制度为政治稳定提供必需的制度化渠道的能力时，才具有重要性"。② 而巴西的联盟总统制和多党政治体制所带来的碎片化政党格局显然制约了政治稳定所必需的"制度化渠道的能力"，影响了政党制度的力量和适应性。为提高政治生态的稳定程度，必须构建有效的政党体系，适当调整政党数量，提高执政党内部的同质性和责任性，调节执政党与在野党之间的关系，以国家利益和社会整体利益消弭政党之间的利益分歧，从而形成合作治理公共卫生危机的强大合力。

其三，政策向中间调整，重塑政党合法性。由巴西左右翼政党之间激烈博弈所引发的政策极化给公共卫生危机治理带来巨大张力，这使得政党分野对于公共卫生危机治理的影响成为亟须关注的问题。可以肯定的是，无论是左翼还是右翼当政，其政权的稳定都取决于政府的有效程度，取决于公众对

---

① Jose A. Puppim de Oliveira、樊文雪：《新冠肺炎疫情下的公共治理失序——巴西公共卫生突发事件中的府际关系》，《复旦公共行政评论》2021年第1期，第30~39页。
② 〔美〕塞缪尔·P. 亨廷顿：《变化社会中的政治秩序》，王冠华等译，生活·读书·新知三联书店，1989，第388~389页。

其政策措施的满意程度，如同"各国之间最重要的政治分野，不在于它们政府的形式，而在于它们政府的有效程度"①一样，国家内部各党派的政治分野同样可归为"有效"或"无效"。只有采取更加温和有效的政策，推动政策向中间调整，避免政策极化，更加重视民生问题，回应民众诉求，采取更加实用有效的政策措施，国家才能长治久安，民众才会安居乐业，政党公信力和合法性才能得以重塑，而这也必然能为公共卫生危机的有效治理营造一个稳定的政治生态。

（二）经济维度：促进经济发展，增强经济韧性

前文述及，经济基础决定一个国家的上层建筑状况，国家能力作为典型的上层建筑，根本上是由国家的经济发展水平决定的。在一个国家能够保护其公民、提供正义或公共管理机构之前，它需要"筹集资金"，而税收作为连接统治者和被统治者的纽带，起到了关键作用，成为国家能力的重要支持，因此，增加财政收入、促进经济发展是一个国家最基本的任务。② 公共卫生危机的有效治理需要国家能力的支撑，而这离不开稳健的经济来"保驾护航"。

其一，保持宏观经济稳定，强化危机治理物质基础。宏观经济稳定与否直接关系国家治理的成败。在此次公共卫生危机中，巴西宏观经济的脆弱性显露无疑，直接导致国家治理危机能力的"失效"。而中国之所以能够及时有效地应对风险危机，关键在于长期积累的经济科技实力、完整的产业体系和强大的生产能力保证了宏观经济的稳定发展，增强了经济社会应对风险冲击的韧性，为应对风险危机提供了不可或缺的物质基础。③ 必须协调好疫情防控与经济发展之间的关系，在有效控制疫情的基础上，畅通经济社会发展脉络，进一步加强宏观调控，采取积极稳妥的财政政策和货币政策，维持经

---

① 〔美〕塞缪尔·P. 亨廷顿：《变化社会中的政治秩序》，王冠华等译，生活·读书·新知三联书店，1989，第1页。
② Brautigam, Deborah, "Building Leviathan: Revenue, State Capacity and Governance", *IDS Bulletin*, Vol. 33, No. 3, 2002, pp. 10-20.
③ 李洋：《当前提升风险治理效能的实践路径》，《人民论坛》2021年第22期，第55~57页。

济社会秩序，保持宏观经济稳定。

其二，协调区域经济发展，形成跨区域合作机制。公共卫生危机的突发性、普遍性和规模性等特征凸显跨区域联防联控的必要性，而一国区域经济发展的不均衡显然成为跨区域合作机制形成的强大掣肘。一方面，国家和政府在制定和出台相关经济开发政策时，应适度向经济欠发达地区倾斜，如给予适当的财政和税收优惠政策，并保持政策的连续性和稳定性。着力优化欠发达地区的投资和营商环境，推动外资的引入和区域内经济产业的开发和发展。另一方面，区域间加强交流合作，推动区域协同发展。发达地区应积极支援欠发达地区的经济发展，以"先进"带动"后进"；欠发达地区积极承接发达地区的产业转移，并大力实施增长极战略，通过极化和扩散效应助推整个区域的经济发展。此外还应避免平均主义，强调发展的异质性和区域间功能互补，促进区域经济长远可持续发展。

其三，优化经济结构，完善工业体系。产业结构失衡、工业部门残缺往往成为国家经济"脆弱性"的重要根源，欲完善国家能力的经济基础，优化经济结构是必选项。一方面，优化内需、投资和净出口这"三驾马车"在推动国家经济增长中的贡献比重，继续发挥传统的内需拉动作用，进一步挖掘贸易和投资在促进经济增长中的潜能。① 另一方面，大力发展实体工业，实现"再工业化"。实体工业是国民经济的基石，也是发展中国家走向现代化的必由之路。巴西自"去工业化"以来陷入经济停滞、衰退等中等收入陷阱，根源在于其尚未实现现代化便过早的"去工业化"，从而失去经济增长的重要引擎。因此，必须大力推进以工业为核心的实体经济的发展，进一步完善国家现代工业体系，为促进经济增长、增强经济韧性注入强大动能。此外，新冠疫情催生数字经济蓬勃发展，必须抓住机遇，积极推进传统产业的数字化改革，以数字经济赋能公共卫生危机治理，促进产业结构转型升级。

---

① 牛海彬：《当前巴西经济困境的政治经济学视角》，《拉丁美洲研究》2015年第5期，第48~54页。

（三）社会维度：稳定社会秩序，增强社会韧性

社会场域是国家能力的重要依托和主要指向。国家产生于社会，国家能力来源于社会的需要，也必将视社会需要的满足和共同利益的维护为其主要职能和最终归宿。如米格代尔等人所言，国家与社会之间的互动是双向转化的，"国家可能有助于塑造它们所嵌入的社会，但它们也持续被社会所塑造"。[①] 社会秩序的脆弱性深刻影响包括巴西在内的广大发展中国家公共卫生危机的治理能力，应通过稳定社会秩序，增强社会韧性，找寻提升国家能力的社会路径，实现国家能力与社会韧性双向互构。

其一，改善收入分配，实现社会公正。作为世界上收入分配最不公的国家之一，巴西的贫富分化问题成为国家能力提升和危机治理有效的严重桎梏，迫切需要改善收入分配，实现社会公正。首先，必须认清巴西收入分配不公背后的深层制度根源，即严重固化的社会阶层和长期以来被忽视的基础教育。[②] 其次，必须加强对社会贫困和弱势群体的帮扶救助和政策倾斜，建立和完善公正的收入分配制度，尤其是再分配领域应更加重视公平，消除富人阶层不合理的经济和福利特权，缩小贫富差距。最后，还要重视发挥教育在收入分配和社会流动中的正向作用。正如美国社会学家 C. 赖特·米尔斯（C. Wright Mills）所言，"学院和大学是社会地位的提升机"。[③] 必须进一步增进教育公平，扩大教育规模，通过教育的普及来提高社会阶层的流动性，促进社会公正。

其二，反对种族主义，重建"上帝之城"。巴西的多元种族结构滋生了大量种族歧视和种族矛盾，深刻制约国家和社会的有效治理，必须旗帜鲜明地反对种族主义，重建多种族和谐共生的"上帝之城"。国家和政府必须加

[①] 〔美〕乔尔·S.米格代尔等主编《国家权力与社会势力：第三世界的统治与变革》，郭为桂等译，江苏人民出版社，2017，第2页。

[②] 齐传钧：《巴西收入分配问题与相关政策评析》，《拉丁美洲研究》2014年第4期，第27~34+80页。

[③] 〔美〕C.赖特·米尔斯：《白领——美国的中产阶级》，杨小东等译，浙江人民出版社，1987，第304页。

强反种族歧视的相关立法工作，修改种族主义赖以存在的法律和制度，严厉打击种族主义和种族歧视行为，维护少数族裔的合法权利；社会要加强种族平等、团结合作的宣传和教育，积极营造相互认同、和谐共生的社会氛围；个人应树立"人人生而平等"的价值观念，从思想观念层面根除种族歧视和偏见。通过国家和社会认同的建构，促进种族和民族认同的形成，增强国家和社会凝聚力。

其三，调和社会矛盾，稳定社会治安。巴西社会治安问题不断恶化的根本原因在于各种矛盾分歧相互交织，导致社会各种力量相互激荡，带来社会的失序状态。此时一旦国家能力"缺场"，"社会风险"将进一步上升为"国家风险"，削弱社会凝聚力，危及政局的稳定。[①] 必须采取多种手段，既包括暴力压制、法律制裁等强制性手段，也包括制度政策、宣传教育等非强制性手段调和社会矛盾，在维护共同利益的基础上统筹协调各方利益，实现国家调控社会能力的"在场"，增强社会韧性，稳定社会治安。

（四）技术维度：完善技术能力，增强技术韧性

当危机治理能力的提升与公共危机的发展演变不相匹配时，社会需求与国家能力之间产生巨大张力，极易导致国家公信力的下降和危机治理的"失灵"，此时技术创新便成为助推治理能力提升和危机治理有效的强大动力。有学者便指出，"技术深刻嵌入国家治理结构，成为一种结构化要素"，是国家治理结构中重要的程序化要素、动力要素和生产力要素，成为国家治理体系和治理能力现代化的重要推动力。[②] 因此，探析公共卫生危机治理中国家能力的构建离不开技术路径的赋能，即完善技术能力，增强技术韧性。

一方面，要加强科技创新，提高国际科技合作能力。公共卫生危机治理是一项复杂性、专业性极高的系统工程，实现公共卫生危机的有效治理离不开科学思维和科学手段的运用。首先要相信科学、重视科学、依靠科学。既

---

① 江时学、来源：《论拉丁美洲国家的"国家风险"》，《国际论坛》2021年第2期，第101~119+159页。

② 黄其松、刘强强：《论国家治理结构的技术之维》，《探索》2021年第1期，第87~96页。

要运用科学武器防治病毒和疫情,更要根除深植巴西等国的科学否定主义的毒瘤。加强医疗卫生科技研发和应用能力建设,加大政策、资金支持力度,最大限度地发挥医疗卫生科技在疫情防控中的利器作用。其次要以数字技术赋能公共卫生危机治理。数字时代的公共卫生危机治理的一个重要机遇在于政府、社会和市场等多元主体通过5G、大数据和云计算等数字技术的赋能,可以形成各归其位、资源融合和信息共享的危机协同治理机制,[①] 从而更好地推进公共卫生危机治理。要大力发挥数字技术在病毒溯源、疫情监测、医疗辅助、信息采集和资源调配等方面的积极作用,建立更加科学化、精准化和规范化的联防联控机制,实现公共卫生危机治理的高效化和常态化。此外,还要加强公共卫生危机治理的国际科技合作。新冠疫情全球大流行凸显国际合作尤其是国际科技合作的重要性和必要性,而巴西等部分国家由于受保守主义、民族主义和科学否定主义等思潮的影响,国际科技合作进程遭到严重阻滞。必须加强国际合作能力建设,重视国际科技合作在公共卫生危机治理中的重要作用,更好地发挥其在疫情信息共享、防控知识共享、医卫资源共享、治理经验共享和科技合作研发等方面的关键作用,[②] 进一步加强与国家社会各种行为体的互动合作,获取国际社会的支持,共同致力于公共卫生危机的治理。

另一方面,还要完善国家的公共治理技术。公共治理技术作为从私营部门管理中成长出来的一种管理技术,必须摒弃私营部门的逐利本性,更多追求社会效益而非经济效益甚至部门私利,实现技术价值与公共价值的融合。[③] 有学者就发出"公共治理是个技术活"的呼声。[④] 而作为公共治理的一项重要内容,公共卫生危机的治理更是一门"技术活",它不仅需要建立一个全国统一的专业化公共卫生危机管理机制,还需要构筑一个更加统一、

[①] 洪一晨、张成福:《数字时代的公共危机协同治理——以2020年我国抗击新冠肺炎疫情为例》,《求是学刊》2020年第6期,第10~16页。
[②] 崔新健、王臻:《疫情防控国际科技合作的内容、方式及策略》,《国际经济合作》2020年第6期,第115~125页。
[③] 李瑞昌:《论公共治理的技术与价值的矛盾》,《社会科学》2003年第3期,第48~52页。
[④] 李铁:《公共治理是个技术活》,《领导科学》2012年第36期,第21页。

更加完善、更加高效的医疗卫生保障体系，而这些正是巴西等国在此次危机中暴露出的缺陷。建立全国统一的专业化公共卫生危机管理机制需要配备一支专业化的危机管理队伍，尤其是作为"领队"的国家元首必须具备必要的素质和能力，在危机状态下能够科学决策、指挥得当、协调各方；构筑更加统一、完善、高效的医疗卫生保障系统需要建立和不断完善全国统一的医疗卫生系统，加大国家财政的支持和保障力度。应进一步加强府际医卫系统的资源整合与协调合作，提高政策响应和治理行动的一致性，以国家整体利益取代局部利益纷争，破解公共卫生危机治理中的"集体行动困境"。

结　语

新冠疫情下世界各国的国家治理体系和治理能力面临挑战，以巴西为代表的拉美国家在此次公共卫生危机的治理中暴露出资源汲取能力、组织协调能力、社会调控能力、国际合作能力等多重能力的危机，究其根源，在于其国内政治、经济、社会和技术等宏观环境的"脆弱性"，而这种政治、经济、社会、技术危机与公共卫生危机交织重叠，形成叠加效应，进一步凸显巴西在公共卫生危机面前的"失能"。遂从政治、经济、社会和技术四个维度出发，省思公共卫生危机治理中的国家能力构建，以期推动包括巴西在内的世界各国公共卫生危机的有效治理。尽管此次公共卫生危机给包括拉美国家在内的世界各国带来多重危机，但我们应该清楚地认识到，任何危机都存在"危"和"机"的双重面向，"危境"之中蕴藏着"机遇"，于个人而言，这种机遇在于自我力量的强化，于国家而言，这种机遇则在于国家能力的提升。而身处国际风险社会中，无论是个人还是国家，都应该时刻高悬一把"达摩克利斯之剑"，强化危机意识，居安思危，常备不懈，最终才能化危为机，实现危机的有效治理。

Study on the development of the relations between China and Latin American (Sino-LATAM) in the context of globalization

Fan Hesheng

Abstract: With the steady growth of economic globalization and global governance of international affairs, the relationship between China and Latin America has demonstrated a stable and rapid development trend. In the new era, China and Latin America should strengthen their ties in the theme of "peace and development", establish a community of common destiny and build a cooperative community win-win community for common development, so as to form an invincible community of common culture. Though the relations between China and Latin America (Sino-LATAM) face a series of internal and external contradictions, it is necessary to see the wide perspectives that are behind the above mentioned contradictions in order to promote the steady development of bilateral and multilateral relations, deepen political trust, expand areas of economic and commercial cooperation, increase the reciprocity of win-win and lay a solid foundation for the global development of China and Latin America.

KeyWords: Globalization; Sino-LATAM Relations; Community of

---

* 本文发表于哥伦比亚阿尔贝莱德大学学报人文社会科学版 *Civilizar*2016 年第 2 期。

Common Destiny; Community of Common Development; Community of Common Culture

Introduction

In the 1980s, an era of globalization for social development began quietly. Economic globalization has been eroding traditional ways of contact between nation states, as well as to build new and dynamic international relations based on peace and development as the theme, and win-win cooperation as the principle. In the era of global integration, China, safeguarding its own core interests, has persistently adhered to a diplomatic path of peace and friendship for common development, maintaining world stability and promoting world peace.

China has not only kept good cooperative relations with developed countries such as U.S., Russia and Europe, but also made efforts to establish comprehensive partnerships with developing countries; among them, the most conspicuous is surely the relationship of the Sino-LATAM community. Since Xi Jinping's 2014 visit to Latin America and the announcement of the establishment of a comprehensive and cooperative partnership between China and Latin America characterized by equality, reciprocity and common development, the consciousness for the community of common destiny between China and Latin American countries has been further strengthened, and the bilateral and multilateral framework for cooperation established under the advocation of China and mainly designed for developing countries and regions has been consolidating strategic partnerships between China and major countries in Latin America.

Premier Li Keqiang's first visit to Latin America in May, 2015 was considered by foreign media as "another important milestone in Sino-LATAM relations". Li Keqiang's visit has promoted the further development of the new pattern of "5 in 1" in SinoLATAM relations and the "1 + 3 + 6" framework for pragmatic cooperation, and based on that, proposed a new "3 * 3" model for Sino-LATAM productivity cooperation, thus laying a solid foundation for the Sino-LATAM community of common destiny with economic and trade cooperation as the core.

Research review both home and abroad

China experienced great difficulties in expanding its official diplomatic ties with Latin America due to the confrontation between eastern and western blocks during the Cold War era, especially the hostile policy of political isolation, economic embargo and military intimidation towards new China adopted by U. S. , . Only after the establishment of diplomatic relationship with Cuba in 1960 and the thawing of Sino-U. S. relationship in the 1970s, China began to conduct research on Latin America. Since the inception of reform and opening up, SinoLATAM economic and trade cooperation has effectively promoted the gradual formation of diplomatic ties between China and Latin America featuring "peace and friendship, mutual support, equality and reciprocity, and common development".

By 1980s, China entered a brand new stage of research on Latin America, with relatively fruitful results in studies on issues such as Latin American political ideologies, development strategies, democratization movement, and wealth gap in social development. In 1990s, China further expanded its scope and area for Latin American studies and began to establish a comprehensive discipline for LATAM research. In the 21st century, studies about Sino-LATAM relations have become not only the research interests for domestic scholars, but also the hot topics for scholars both home and abroad.

Since the exchange of visits by top China and Latin American leaders in 1990s, Latin American studies both home and abroad have made some achievements, but relevant materials for the comprehensive study of Sino-LATAM relationship is still lacking, and research in some areas remains blank. Domestic scholars have generally studied the future trends in Sino-LATAM relationship from perspectives such as the historical evolution, development characteristics and impact factors Sino-LATAM. On studies of the historical evolution of Sino-LATAM relationship, Zheng Bingwen, Sun Hongbo, Yue Yunxia (2009) made a chronological review of the five stages in the development of SinoLATAM and argued that Sino-LATAM relationship showed a steady growth from long-term "accumulation" to "leap-forward" development, gradually forming a new pattern that is comprehensive, multi-level and broad with both official and non-official players, proposing that common "development interests" constitute the strategic core pursued by both China and Latin America and serve as the solid foundation for economic reciprocity and win-win.

Based on the majority of research results by domestic scholars, China's diplomatic policy towards Latin America can be divided in four periods: first is non-official exchange period at the beginning of the Cold War; second is the honeymoon period for the establishment of diplomatic relations with Latin America based on Mao Tsetung's "Three Worlds" theory; third is the period for the co-existence of "trade and regional powers" and the steady growth of economic and trade relations; fourth is the period for the community of common destiny with economic and trade cooperation and mutual political trust as the core (Hongbo, 2009).

Chen Xiwen (2007) analyzed the steady growth of SinoLATAM relations after the Cold War and pointed out that the frequent interaction between China and Latin America have manifested new features, namely, strategic, comprehensive, standard, pragmatic and stable, with major manifestations such as: In politics, establish a SinoLATAM relationship featuring mutual support, future-orientation and extensive cooperation; in economy, establish a Sino-LATAM relationship featuring mutual complementarity of advantages, reciprocity and win-win and long-term strategic cooperative partnership; in diplomacy, focus more on the strengthening of international cooperation and make efforts to establish new strategic partnerships; in culture, China and Latin America is becoming a model for active dialogues between different civilizations (Xiwen, 2007).

Yang Jianmin and Zhang Yong (2013) argued that the leap forward growth of SinoLATAM trade, China's investment in Latin America and bilateral financial cooperation between China and Latin America constitute the basic characteristic of SinoLATAM relationship with economic and trade cooperation as the substance. Wu Baiyi (2013) argued that Sino-LATAM relationship showed a pyramid structure pointing out that trade and investment remain to be the top priority in future SinoLATAM relations, while areas such as money, energy, and human resources are the key, proposing the establishment of multi-level mechanisms in aspects such as politics, security and diplomacy so as to provide basic guarantee for SinoLATAM relationship.

It is not hard to see that since China implemented the "going-out" strategy in middle and late 1990s, the core for the development of SinoLATAM relationship has been economic, trade and financial cooperation, which then promotes political trust and cultural exchange between China and Latin America and form "a new pattern for overall Sino-LATAM cooperation that goes from small to big, and from point to plane".

On studies of the impact factors affecting Sino-LATAM relationship, Sun Hongbo (2009) and Dong Guohui (2013) argued that despite the challenges posed by the rapid development of SinoLATAM relationship to the interests of U.S. in Latin America in terms of ideology, petroleum resources and military areas, if handled properly, those concerns "won't substantially affect the normal development of the trilateral relationship between China, U.S., and Latin America", instead the prosperity of Latin American economy promoted by China will help expand U.S. economic benefits in Latin America".

Cheng Hong and Li Yan (2011) discussed the "Taiwan factor" that influenced the development of Sino-LATAM relationship, arguing that the Sino-LATAM proper handling of this factor is of great significance for the promotion of long-term development of relationship between China and Latin America. Huang Huayi (2012) explored the obstructing factors in Sino-LATAM relationship from multiple perspectives: Significant differences in politics, culture, society and values due to geographical distance between China and Latin America; the frequent disputes due to structural incongruity in SinoLATAM trade; the narrow scope in bilateral investment and low level of cooperation due to imbalanced investment and trade between China and Latin America; the restrictions in development of Sino-LATAM relationship due to Taiwan and U.S. factors. Jiang Shixue (2015) argued that development in SinoLATAM relationship will not be plain sailing. Because of linguistic, cultural and geographic factors, most people in Latin America have extremely little knowledge of China. Talks of "China fear" and "China threat", appears now and then in Latin American media. Therefore, he proposed that Chinese enterprises in Latin America should take more social responsibilities, conscientiously safeguard national image, and stay on alert of "sovereign risks" in this region.

The explorations by the above scholars all pointed to the fact that problems do exist in the development of Sino-LATAM relationship. Though some western countries and even some political parties within Latin American countries have some worries about the development of Sino-LATAM relationship, China will certainly disperse the bias of the politicians in relevant countries sticking to an independent foreign policy of peace.

In contrast, foreign scholars mainly made systematic explorations of the achievements in areas such as economic and trade cooperation, mutual political trust and cultural exchanges and their impact on world economic and political landscape from the perspectives of country case studies and comparisons. Based on the topics of research by foreign scholars, their research on Sino-LATAM relationship can be divided into three levels: first, from the perspective of Latin American development, analyze the similarities and differences in China's diplomatic relations with different countries in Latin America; second, from the stance of China's diplomacy, explore and analyze Sino-LATAM cooperation in areas such as trade and commerce, investment and finance, and the potential benefits it brings to both China and Latin America; third, based on a global perspective, discuss the new changes in world political and economic brought by the evolution and development of Sino-LATAM relationship; among them, the pros and cons of the development of Sino-LATAM relationship to U.S. policy towards Latin America and its adjustments.

Evan Ellis, Joern Dosch, Ariel C. Armony and other foreign scholars studied the trade investment, political contact and cultural and non-official exchanges between China and Latin America. They pointed out that China possesses both economic and political demands in Latin America, and that China has gradually become an increasingly important factor to Latin America Sino-LATAM for the constant strengthening of awareness for community of common destiny. China has emerged as a new political force in Latin America alongside with traditional forces such as U.S. and the European Union. However, for countries in Latin America, China has not yet constituted a hegemonic power in the region parallel to U.S. and Europe. "Countries in Latin America attempt to use China to counterbalance the hegemony of U.S. in the region, rather than to use China to replace U.S.".

Development trend of Sino-LATAM relations in the context of globalization

Driven both by revolutions in science and technology and development of production forces, economic globalization has involved all nations in the world in a global market, thus connecting economies of all countries into a whole. Just as David Held (2005) pointed out, in the context of globalization "a political event in one corner of the world would soon produce an impact all over the world. Political activities in cities or any region or space in a country would fall into a huge net of political interaction". Thus it will trigger a new change in international politics, and the emergence of "internationalization of domestic political issues and the localization of international political issue" (Dechang, 2011).

China and Latin America are both on the rise and share common interest demands in promoting world multi-polarization, economic globalization and democratization of international relations. When both sides strengthen communication and cooperation and carry out sincere cooperation on global issues of common concern, it will not only increase the initiative and discourse power in international affairs, but also maximize safeguard the overall interests of countries on both sides. President Xi Jinping considered China and Latin America as "a community of common destiny" in his speech Build a Community of Shared Destiny for Common Progress. German sociologist Tonnies explained the nature of a community: A community is "a perfect unity of people with a common sense of belonging who grow permanently and organically together by will". Individuals, groups and even a nation state within a community can live in peace, and integrate into each other, showing homogeneous and holistic features (Tonnies, 1999).

Though economic globalization has created a world devoid of certainty and subjectivity and brought the world into a period of instability with moral transformations, political games and interest conflicts, among community members will construct an indestructible community of common destiny, build a cooperative win-win community of common development and common culture, implementing a development strategy for Sino-LATAM community with real significance.

Establish an indestructible community of common destiny

Trade, investment and financial cooperation as the core.

With China's entry into the World Trade Organization (WTO) and the constant strengthening of mutual political trust between China and LatinAmerica Sino-LATAM, economic and trade cooperation has experienced "a gold period of 15 years" for rapid development. Structural transformations in world economy has provided opportunities for China and Latin America to change growth models for world economy, with significant features and potential for complementarity of each other's strength.

Since the beginning of the 21st century, the volume of bilateral trade has expanded from 12.6 billion USD in 2000 to 263.6 billion USD in 2014, (Xiaona & Xiaoqing, 1999)., when hi-tech products and products with high added values begin to enter bilateral trade. Investment and cooperation are also further expanding, and by the end of 2014, China's direct investment in Latin America reached 98.9 billion USD, with actual sales income totaling 67.6 billion USD; areas of cooperation covered infrastructure construction, energy resources, agricultural and industrial manufacturing, mining development and processing, etc. The participation of financial institutions from both China and Latin America has also added new dynamics to the multi-level, broad and pragmatical Sino-LATAM cooperation.

The Central Bank of China has signed bilateral agreements of monetary exchanges with countries such as Argentina, Brazil and Chile, and several commercial banks from China have set up branches in Latin American countries such as Brazil, Argentina and Peru. Meanwhile, banks from Latin America are also working to find markets in China and China's entry into American

Development Bank has played a significant role in supporting the economic growth in Latin America. At present, trade, investment and finance are the core in the multi-level broad cooperation between China and Latin, while areas such as energy, infrastructure construction, civil projects and human resources are still the key for economic and trade cooperation.

Bilateral and multilateral mechanisms as the framework.

With the establishment of diplomatic relationship with Cuban in the 1960s, China and Latin America ushered in a honeymoon period for establishing diplomatic ties in the 1970s. Today China has diplomatic ties with 21 countries in Latin America. Sino-LATAM relationship has grown from unofficial ties to official ties, from ordinary relationship to friendly cooperation and from mere economic cooperation to comprehensive strategic partnership. Sino-LATAM relationship is now in the best period for further development. With China's growth in national power and the rapid progress of globalization, it became a strategic choice for China to prioritize and participate in multilateral diplomacy at the turn of the new century.

In the new century, China has established comprehensive strategic partnership with six countries, namely, Brazil, Argentina, Chile, Peru, Venezuela and Mexico. Sino-LATAM. Though free bilateral trade can help diversify domestic export in the short run, it will end up damaging the national interests of some Latin American countries, which is detrimental to the long-term development of Sino-LATAM relationship. For the sake of long-term interests, while consolidating stable ties with major countries in Latin America, China is also actively strengthening multilateral trade with all Latin American countries, setting up multilateral forums and mechanisms for negotiation and consultation for Sino-LATAM cooperation. The bilateral and multilateral agreements for investment and trade signed by China with Latin America can effectively avoid political risks in the economic and trade cooperation in multiple areas between China and Latin America. China has been strengthening bilateral cooperation with major Latin American countries in areas such as international affairs, trade and commerce and cultural exchanges within bilateral and multilateral frameworks, so as to display the image of an active and responsible big power, boosting its influence in Latin America and strengthening mutual political trust between China and Latin American countries.

Mutual political trust and institutional development as the guarantee.

The community of common destiny for China and Latin America have benefited from the double guarantees of mutual political trust and institutional development. Among them, mutual political trust is the basis to guarantee the relationship, while institutional development is the core to guarantee the relationship. In terms of mutual political trust, top leadership in both China and Latin America have been close in exchanges since 2005, with 12 state leaders from Latin America visiting China and frequent visits by current and past presidents and premiers from China visiting countries in Latin America. Both China and Latin America have abandoned differences in ideology, political systems and social reality and embraced tolerance and cooperation on the basis of understanding and respecting each other's core national interests. According to the statistics released by Comunidad de Estados Latinoamericanos y Caribeños (CELAC) of the United Nations in 2013, every percentage growth in Chinese economy brought half percentage growth in Latin American economy. Therefore, China and Latin America have made the right choice to opt for win-win cooperation and mutual political trust amid the tide of economic globalization. Mutual political trust will not be possible without the guarantee of institutional development. China and Latin American countries should properly handle potential conflicts, disputes and differences in bilateral trade within the scope of WTO rules and in accordance with bilateral and multilateral trade agreements as well as trade policies, laws and regulations of Latin American countries, so as to actively confront and avoid potential risks.

At present, China has been closely observing the consensus reached in the China-Latin America and the Caribbean Cooperation Plan 2015–2019 as the overall mechanism for Sino-LATAM Cooperation. Sino-LATAM both sides will carry out multi-level and pragmatic cooperation in all areas and constantly accumulate institutional experiences for the coordinated development of Sino-LATAM relations. With nearly 30 years of exchanges and cooperation, the awareness for each other's interests between China and Latin America has been further strengthened. Both China and Latin America will deepen mutual political trust more rationally and steadily, boost each other's confidence in the process of globalization and grasp historical opportunities to win greater successes.

Build a cooperative win-win community of common development

"Harmony despite differences" as development concept.

"Harmony despite differences" represents a pursuit of both internal and external harmony and unity, which proves to be resilient. Different from the logic in western theories for international politics, the concept of "harmony despite differences" requires the handling of relationships with Latin American countries with equal coexistence, win-win cooperation and common development at the core. "Harmony despite differences" constitutes the basic condition and principle for coexistence in human society. In the world today, no country can develop itself outside the international context of economic globalization and cultural diversity. Due to the different status in economic globalization and different strengths among civilizations, the political and economic landscapes in the world show an apparent feature of imbalances, between developing countries and developed countries. Therefore, it is impossible to find a uniform development model to cater for nation states from two different civilizations. China and Latin

America are in the same stage for development, where both are faced with the key tasks to accelerate economic development and promote social progress.

There are increasingly more converging points in cooperation and interests for both sides, with particularly commonalities such as economic and trade development. However, there are still big differences in the development path towards modernization between China and Latin America. First, China and Latin America have significant differences in political backgrounds and legislative rules. Second, the 33 countries in Latin America all are different in individual nature and foreign policies, thus it is unlikely to find a single concept to guide the integrative development of China and Latin America. Third, China and Latin America are significantly different in culture, which makes it hard to reconcile ideological conflicts arising from clashes of civilizations. Finally, China and Latin America are also different in terms of priorities for social construction and development. However, China and Latin America can seek "harmony" amid "differences", i.e., both sides should, with the prerequisite of political stability, accelerate the upgrading and transformation of industrial structure, scientifically handle the relationship between "economy, resources and environment, improve mechanisms for social welfare and security, properly handle conflict of interests and disputes in social development and seek to boost the living standards of the people (Hesheng, 2014). The concept of "harmony despite differences" in Chinese diplomacy views the development trend of world political and economic landscapes proves to be an essential path to solve disputes in development among different countries, promote the common prosperity of pluralistic culture in the world, and pursue a new model for foreign policy featuring harmony, openness, equality and reciprocity.

Equal and reciprocal status for development.

Equality and reciprocity is a general principle in market economy, which is also a basic principle for China to develop economic ties with Latin America. First, equal and reciprocal status for Sino-LATAM development expresses itself in the sincere cooperation in areas of trade and investment. China and Latin America enjoy equal legal status in commerce, trade and investment abiding by WTO regulations and bilateral trade agreements, removing trade protection barriers, and reinforcing mechanisms to guarantee rights and obligations. Sino-LATAM. In recent years, China's import of crude oil from Latin America has grown rapidly, with gradual increases in percentage. The strengthening of energy cooperation between China and Latin America is completely based on the equality and reciprocity, whereby China participates in various forms in Latin American energy reforms concerning areas such as technical services, energy capital financing, infrastructure construction, exploration and exploitation. Both sides will probably address potential risks in development based on the principle of equality and mutual benefits.

The "China Energy Threat" cannot change the development trend of equality and reciprocity in Sino-LATAM energy cooperation. China will treat countries in Latin America, big or small, rich or poor, strong or weak, with respect and mutual reciprocity. China establishes a relationship of community with Latin America based on pragmatic cooperation of win-win reciprocity and will never abuse economic interdependence to force any country to join an alliance of political ideology or to implement geopolitical strategies. China seeks to develop comprehensive cooperative partnership with Latin America based on the principle of equality, reciprocity and common prosperity, which is not only in line with each other's fundamental interests, but also conducive to regional peace and development.

Common prosperity as development goal.

The common objective for the community of common destiny for China and Latin America is to achieve common prosperity through reciprocal development. At present, China and Latin America have both entered a critical period to bridge wealth gap and enrich the people. The key to solve these problems is development. In the new century, Sino-LATAM win-win cooperation has played an effective role in promoting the reciprocal development and common prosperity of both sides. First, economic interdependence of China and Latin America for common prosperity is constantly increasing. According to official statistics, in recent years, China has played a key role in financing major infrastructure projects in Latin America.

Loans from China's state banks to Latin America reached 22 billion USD (14 billion pounds), anincrease of 71%. Total volume of direct investment in Latin America from China reached 98.9 billion USD, which strongly promoted infrastructure construction in Latin America. Meanwhile, Latin America has also provided rich industrial raw materials and important energy support to China's economic development, and become a major market for China's export and the second largest destination for foreign investment from China. Therefore, Latin America is indispensable for China's development. Second, China has always been trying its best to provide assistance to other developing countries despite ideological differences (The State Council of the People's Republic of China, 2014). Based on the framework of South-South Cooperation, China has fulfilled its international obligation and increased its aid to Latin America in areas such as industry, agriculture, education, medicare, and infrastructure. China and Latin America have joined hands forces in the historical task for national development and enrichment of the people.

Towards an invincible community of common culture

Value recognition as the prerequisite.

Recognition is a bidirectional dynamic process involving both "seeking common ground" and "putting aside differences". From a micro-perspective, recognition is the guarantee for a nation to rise in the world, and promote national development and prosperity. In a cultural community, different nation states should not only keep their own cultural features and differences, but also show strong respect and recognition to the core values of different cultures. A cultural community try to understand the political institutions, ideologies and development paths selected by different countries to achieve national independence and development on the basis of "putting aside differences".

In a time of ongoing globalization and the third wave of nationalism, value recognition between China and Latin America is the prerequisite to guarantee the relationship of a Sino-LATAM community for common destiny and prosperity. The ongoing trade conflicts, labor disputes, stereotypes and lack of communication have led people in Latin America to distrust China. Globalization, not only has helped to remove barriers between nation states, but also has led them to increase the awareness of self-protection in the fight for discourse power and economic status in the world. Without a strong value system it will be difficult for China to steadily promote the relationship of a community of common destiny and prosperity with Latin America in the age of globalization. We believe that a value system that can sustain the steady development of China's strategic partnership with Latin America should include four basic elements: Fi- is the essence of traditional Chinese culture with patriotism, unity and "harmony despite differences" at the core; second is the modern spirit featuring reform and opening up, entrepreneurship and innovation and advancing with the times; third is the essence of western values as represented by professionalism, stoicism and pragmatism; fourth is the essence of Latin American culture which includes independence and autonomy, freedom and equality, democracy and civility.

Tolerance and coexistence as the principle.

Tolerance and coexistence is the basic principle for Chinese culture to spread to Latin America. Chinese and Latin American culture have common grounds for tolerance and coexistence: First, Chinese and Latin American culture are both diverse, a feature that gives the two cultures an open nature. Chinese culture originated from multiple centers, a feature that determined its pluralistic structure and strong continuity, which absorbed the essence of various civilizations throughout history. Culture in Latin America, due to colonial influences, is a mixture of heterogeneous cultures, which has been compromised, adjusted, assimilated and integrated into a stable and unique culture through long-term clashes and dialogues (Cheng, 2007). Second, Chinese and Latin American cultures had contacts in history and have been influencing each other through long-term exchanges. SinoLATAM during the colonial period, Chinese workers and compatriots played a key role in promoting the communication between cultures in China and Latin America. The differences in both cultures increase each other's charms.

There are varying degrees of Chinese cultural elements in food, clothing, agricultural production, tea and medicine in Latin America. Meanwhile, Latin American culture has also had a profound influence on Chinese literature. Hundred Years of Solitude by Colombian writer Garcia Marquez is one of the literature masterpieces with an ever-lasting influence in China. The Chinese nobel laureate Mo Yan admitted that his works have been deeply influenced by the "magical realism" in Latin American literature. Poems by the Chilean nobel laureate Neruda once pioneered the poetry writing in the middle and late half of the 20th century. Second, Chinese government has always emphasized cultural diplomacy with Latin America. Premier Zhou Enlai once vividly described cultural exchanges and foreign trade as the two wings of diplomacy. Chinese Ministry of Culture and Latin America jointly organized cultural activities to promote Chinese culture in various forms including shows, exhibitions, movies, dialogues and lectures. Overseas embassies and consulates, Chinese enterprises in Latin America, Confucius institutes and Chinese universities receiving students from Latin America have also regularly organized cultural exchange activities. The signing and gradual implementation of cultural agreements between governments have brought SinoLATAM cultural exchanges into a new stage for development. Finally, China and Latin America have been learning and drawing from each other's culture in the process of globalization and understanding. In the early half a century of cultural exchanges, there have not been any large scale cultural confrontation or irreconcilable cultural conflicts. Instead, both sides have shown strong interest and recognition for each other's culture during the exchanges. It may be said that the dialogue and exchange between Chinese and Latin American cultures can serve as a perfect example for the harmonious coexistence of diverse cultures in the world. Practice has shown that domestic and foreign cultures can not only avoid conflicts, but also tolerate and complement each other.

Cultural cooperation as the support.

China and Latin America have signed many agreements in key areas such as trade and commerce, investment, energy, manufacturing and infrastructure construction with significant progress. But we should also be aware that future SinoLATAM relationship should not be limited to trade and financial cooperation. If China wants to establish an indestructible and invincible community of common destiny with Latin America, it must export to Latin America its national image, values, and traditional culture, so as to avoid "deficit of soft power". At present, China should seek the opportunity in the integrative development of Latin America and actively promote cultural trade with Latin America, strengthen cultural cooperation and explore ways to dock and integrate cultural industries.

In recent years, the State Council has ratified several measures to encourage Chinese cultural industry to go out. Due to factors such as cultural differences and political ideology, China and Latin America still have many unexplored areas in cultural industry and both sides have good prospects and space for future cooperation.

Nowadays, China has achieved significant progress in terms of cultural exhibitions, exchanges of students and joint operation of Confucius Institutes with major countries in Latin America including Brazil, Argentina, Mexico and Peru. China has already signed cultural agreements with 19 of the 21 countries which have established diplomatic relations with China in Latin America and signed with 11 countries plans to carry out annual cultural exchanges within such frameworks (Bo, 2015). During the visit of the Chinese delegation of cultural industries to Argentina to participate in the first Exposition of South American Cultural Industry in May, 2014, China proposed the idea of launching a mechanism for cooperation between cultural industries in China and South America, which won the unanimous support of all the 10 South American countries. For the time being, China should unite with Latin American research institutes and universities both home and abroad to jointly develop products of Chinese culture that cater to the tastes of folks in Latin America, its culture and its social conditions (Hong, 2007). Chinese government encourages potential cultural enterprises to implement the strategy of "going out" and relevant departments from the Foreign Ministry, Cultural Ministry, Commerce Ministry and Cultural Industry Association to actively participate in forums of cultural industry development in Latin America. Meanwhile, China seeks to launch platforms for exchange information with Latin America and to promote cooperation between enterprises from both sides in areas such as capital operation, project construction and product research & development.

Factors obstructing SinoLATAM community and solutions

Factors obstructing the development of SinoLATAM community.

The development of SinoLATAM relationship is not all plain sailing. Generally speaking, factors affecting the sustainable development of SinoLATAM relationship are in three categories:

First, the irreconcilable structural conflicts in international trade and commerce between China and Latin America and the differences and imbalances among Latin American countries. First, there is a strong complementarity between China and Latin America in economy and trade; Latin America mainly exporting raw materials, industrial energy and some manufactured products to China and China exporting manufactured products with varying degrees of technology to Latin America. However, there is also a strong homogeneity in the products that China and Latin America export to international markets. Some countries in Latin America consider China as a rival of vested interests. Meanwhile, China's export to Latin America impacted their domestic markets, stifling the development of their national industries, and leading to increasing conflicts in bilateral trade. Along with the global economic slowdown, Latin America has become a region where China encounters the most severe trade protectionism. Countries with developed trade unions such as Brazil, Argentina and Mexico raised tariffs on China's capital and merchandise exports and carry out anti-dumping measures and special protection investigations. Second, the differences and imbalances among Latin American countries have made difficult to have an overall breakthrough in SinoLATAM relationship.

The political and economical landscapes in Latin America are in constant change with major manifestations such as: The regrouping of power in each country and the formation of multi-tiered groups for development; the gradual stabilizing political ecology with confronting "rightist" and "leftist" players in Latin America politics and increasing awareness on the part of major Latin American countries to lead regional cooperation (Dongzhen, 2013). Therefore, China has a priority in its foreign policy towards Latin America. China emphasizes the strategic partnerships with major Latin American countries such as Brazil, Argentina, Mexico, Venezuela, Chile and Peru. However, it does mean that

China confronts the other countries in Latin America. Some small countries in Latin America worry that China will impose political pressure and economic embargo against them along with other major countries, which is totally groundless.

Second, SinoLATAM relationship will be inevitably restricted by Taiwan factor and international factors. Among the 33 countries in Latin America, there are 12 which still have the so-called "diplomatic relations" with Taiwan. China has always included the "One China Principle" in its foreign policy of peace and any move that disrupts the peaceful national reunification will affect China's diplomatic relationship with Latin America. Meanwhile, U.S., European Union and Japan are also factors that affect the development of SinoLATAM relationship that cannot be overlooked. China has Latin America's second largest trade partner and its major source of investment.

China's gradual increase of influence in Latin America has caused great discomfort among politicians in U.S., western Europe and Japan. Political extremists in U.S. even considered China's growing influence in Latin America as a serious geopolitical challenge, fearing that China may seek the opportunity to expand its influence in Latin America and threaten U.S. national security. The European Union and China consider Latin America as an important source of industrial raw materials, energy and primary products and both strongly focus on this huge market with over 560 million people. China's increasing influence in Latin America will undoubtedly undermine the profit margin of E.U. in Latin America. As for Japan, it is feared that China will squeeze its trade market in Latin America, as well as to challenge their political interests and prevent it from getting support from Latin America, which will undermine its efforts to become a permanent member of the United Nations. At present, western countries are preaching "China Threat" and "China Fear" in Latin America to warn major Latin American countries against China. On the other hand, it actively adjusts its foreign policy towards Latin America and follows closely China's move in the region.

Third, cultural differences between China and Latin America affect further development of SinoLATAM relationship. First, due to great geographical distance between China and Latin America, the lack of bilateral communication in history and the cultural exchanges which are extremely limited. Differences in Chinese and Latin American cultures include not only different cultural traditions, but also different ideologies and values. China and Latin America have great differences in politics, values, languages and customs, religion and faith, which lead to different ways to perceive and handle problems, thus causing trouble in bilateral communication. Second, the greatest potential risk for SinoLATAM relationship is the lack of in-depth understanding and study of both China and Latin America. Restricted by language differences, insufficient funding for research and lack of materials, research institutes on both sides fail to produce in-depth and broad studies, and lack international platforms to share research findings. In addition, there are relatively few unofficial exchanges, limited channels for information sharing, high expenses for direct visits, inadequate understanding of each other and great deviance in psychological recognition. Third, irresponsible reports by media in the west as well as within Latin American countries have apparently limited the further development of SinoLATAM relations. People in Latin America often turn to media in U. S. and Europe for information about China and are often manipulated by western opinions. For fear that China may challenge the economic interests of U. S. and Europe in Latin America, some western media published biased reports exaggerating bilateral trade conflicts between China and Latin America.

The lack of understanding of Latin American policies concerning labor, environmental protection and taxes on the part of many Chinese enterprises is considered as "China Threat", which may lead to negative perception of China on the part of Latin Americans.

Paths for long-term development of SinoLATAM community.

The community of common destiny, common development and common culture for China and Latin America have solid conditions and preliminary foundations. It has been benefited not only from the strong economic bonds that drive bilateral and multilateral relations, but also from the important consensus reached by China and Latin America on development strategies. How to handle the various barriers confronted by SinoLATAM community is a key issue that cannot be ignored in the development of relationship between China and Latin America. We believe that to achieve long-term development of the SinoLATAM community, efforts need to be made in the following aspects:

First, make efforts to construct comprehensive support systems in three major areas of cooperation, namely, politics, economy and culture. In the area of mutual political trust, efforts need to be made to promote the overall balanced development of China and Latin America, consolidate frameworks for SinoLATAM bilateral and multilateral cooperation, improve coordination mechanisms for China and Latin America in international politics, jointly promote the just and rational development of international political and economic order and strengthen the awareness for strategic cooperation. In the area of economic promotion, efforts should be made to consolidate the "1+3+6" framework for SinoLATAM economic and trade cooperation and the new "3 * 3" model for production and energy cooperation, promote the simultaneous development of trade, investment and financial cooperation, improve industrial complementarity and integration mechanisms in the global division of labor, help the upgrading and transformation of each other's economic structure, improve mechanisms to handle trade disputes and increase mutual benefit and reciprocity. In the area of cultural cooperation, efforts need to be made to expand the depth of cultural studies and learning between China and Latin America, remove psychological barriers caused by SinoLATAM cultural differences, actively hold activities for cultural exchanges, construct mechanisms for cooperation between cultural industries from China and Latin America, boost each other's cultural soft power and consolidate public opinions for traditional SinoLATAM friendship.

Second, properly handle international factors and "Taiwan Factor" in SinoLATAM relationship and safeguard the overall stability of relationship between China and Latin America. Due to the international status and influence of U.S., Sino-U.S. relationship undoubtedly occupies a very important place in the trilateral relationship between China, U.S., and Latin America. Overall SinoLATAM cooperation in the future should avoid direct challenges to U.S.'s core interests in Latin America. China and U.S. have broad prospects and great scopes of cooperation in Latin America. Both China and U.S. can strengthen cooperation in areas such as the development of free trade zones in Latin America and the drafting of bilateral and multilateral free trade agreements. Meanwhile, they can set up third party companies with joint investment and exploit key energies such as petroleum together in Latin America based on the principle of mutual reciprocity and win-win. China should adopt a cautious and serious attitude towards cooperation in sensitive areas such as SinoLATAM military and security cooperation and make full use of platforms such as Sino-U.S. Strategy and Economic Dialogue to communicate sensitive issues of concern to the

U.S. in time, so as to avoid strategic misjudgment due to asymmetry of information (Hongbo, 2010). Meanwhile, China should also actively carry out cooperation with European Union and Japan, construct mechanisms for communication and negotiation, cautiously handle differences in political ideology, properly handle trade clashes and disputes and avoid the politicization of economic and trade issues.

On handling the Taiwan factor that affects SinoLATAM relationship, China always sticks to the "One China" principle, which is also a basic policy for China to develop its foreign relations. China is committed to consolidating economic and trade cooperation and strengthening political dialogue and strategic mutual trust with the 12 countries not yet having diplomatic relationship with China, so as to remove doubts and barriers for each other. On the other hand, China mainland should establish effective mechanisms for communication with Taiwan, make efforts to improve cross-strait relations, put aside political disputes for the sake of overall national development and restart talks for peaceful reunification as early as possible (Hong & Yan, 2011).

Third, balance the interests of China with different countries in Latin America. Due to differences in political ideology and national institutions in Latin America, different sovereign states have distinct interest considerations and political demands. SinoLATAM which requires that China should have political wisdom and diplomatic strategies Based on the understanding of the differences among CELAC members, China should adopt both "bilateral" and "multilateral" strategies for the overall cooperation with Latin America. China should strengthen bilateral cooperation in key areas such as international affairs, trade and commerce and cultural exchanges with major countries in Latin America including Brazil, Argentina and Mexico, reinforce its connection with South American countries through Brazil, consolidate cooperation with Mercosur through Argentina, and strengthen ties with countries in Central America and the Caribbean through Mexico. Meanwhile, through SinoLATAM Forum and the "5 in 1" Framework for SinoLATAM Cooperation, China strengthens multilateral coordination with Latin American countries and conduct close coordination and effective cooperation on agreed key areas and projects. China should have a long-term vision and take into account both partial and overall interests, so as to ensure that the overflow effect in the overall SinoLATAM cooperation can win the unanimous approval and general acceptance of all CELAC members countries.

Conclusion

China has gradually formed and consolidated a community for common destiny, common development and common culture with LATAM countries, which constitutes an indispensable external factor for the maintenance of sustainable social development in China. Though SinoLATAM relations face a series of internal and external contradictions, we should rationally and dialectically view the broad prospects lying behind the contradictions for the development for SinoLATAM relationship, stick to cooperation in trade and commerce, investment and finance as the driving force and based on the promotion of the steady development of bilateral and multilateral relations, further deepen political trust, expand areas for cooperation, increase win-win reciprocity and lay a solid foundation for the overall balanced development of China and Latin America in the age of globalization.

References

Baiyi, W., *Opportunities during the Transformation: A Multi-perspective Analysis of the Prospects for Sino-LatAm Cooperation*, Beijing: Economy & Management Publishing House, 2013.

Bingwen, Z., Hongbo, S. & Yunxia, Y., "The 60 Years of Sino-LatAm Relationship: Summary and Reflections", *Latin American Studies*, No. 19, 2009.

Bo, J., "Sino-LatAm Cultural Exchanges: Unprecedented Opportunities and Increa-singly Hot," *Chinese Cultural News*, 2015.

Cheng, C., "Comparison, Exchange and Cooperation of Chinese and Latin American Cultures", *Contemporary World*, No. 5, 2007.

Dechang, S., "The Double Development Trend for International Politics in the Context of Globalization," *People's Forum*, No. 20, 2011.

Dongzhen, Y., "The Impact on Sino- LatAm Relationship of the Changes in Latin American Political and Economic Landscape," *China's National Situation and Power*, No. 4, 2013.

Dosch, J. & Goodman, D., "China and Latin America: Complementarity,

Competition and Globalization," *Journal of Current Chinese Affairs*, Vol. 41, No. 1, 2012.

Guohui, D., "On the 'Concerns' of U. S. for the Development of SinoLATAM Relationship," *Journal of Fujian Normal University*, No. 5, 2013.

Held, D., *Global Covenant: The Social Democratic Alternative to the Washington Consensus* (Trad. Z. Huajun). Beijing: Social Sciences Academic Press. 2005.

Hesheng, F., "How Should China View Latin America – Review of Relevant Studies in China and Reflections." *People's Forum – Academic Frontier*, No. 17, 2014.

Hong, C., "On the Cultural Trade between China and Latin America," *Latin American Studies*, No. 4, 2007.

Hong, C., & Yan, L., "On the Taiwan Factor in Sino – LatAm Relationship," *Journal of Jianghan University*, No. 5, 2011.

Hongbo, S., "The Judgement of U. S. over Sino-LatAm Relationship and its Doubts," *Journal of Jianghan University*, No. 2, 2009.

Hongbo, Z., "A Review of the International Symposiumon 'A New Triangle Relationship: China, Latin America and U. S.'", *Latin American Studies*, No. 4, 2009.

Hongbo, Z., "The Interaction in the Trilateral Relationship between China, U. S., and Latin America and China's Policy on Latin America," *Latin American Studies*, No. 4, 2010.

Huayi, H., "Reflections on the Development of SinoLATAM Relationship in the New Century," *Contemporary World*, No. 3, 2012.

Jianmin, Y., & Yong, Z., "Analysis of the Characteristics of Current Sino-LatAm Relationship," *Latin American Studies*, Vol. 80, No. 3, 2013.

Shixue, J., "The Development of SinoLATAM Relationship Won't be Plain Sailing," *World Knowledge*, No. 1, 2015.

Tonnies, F., *Community and Society* (Trad. L. Rongyuan). Beijing: Commer-cial Press.

Xiaona, Z., & Xiaoqing, L., "Sino-LatAm Trade Reaches 500 Billion USD in 10 Years," *Nan Fang Daily*, A16, 2014.

Xiwen, Z., "On the Development of the New Sino-LatAm Relationship after the Cold War (MA Thesis)," Hebei Normal University, 2007.

后 记

2013年8月，随着安徽大学拉丁美洲研究所的成立，我的研究领域又多了一块拉美研究。拉美研究（后来确定为国际政治社会学研究）、政治社会学研究、消费社会学研究，成为我近10年来社会学研究的主要领域，与此相适应，拉美所（国别和区域研究院）建设、"安徽蓝皮书"编撰、社会学博士点基础建设，成为我近10年工作的三条主线。2020年，拉美所被教育部评估为教育部高校国别和区域研究高水平建设单位（备案中心Ⅰ类）；《安徽蓝皮书：安徽社会发展报告》连续出版10本，9次获中国社会科学院优秀皮书报告奖和优秀皮书奖，其中获得优秀皮书二等奖2次，获南京大学智库研究与评价中心2022年度智库研究优秀成果一等奖1次，成为安徽大学服务地方经济社会发展和"双一流"建设的品牌产品；2018年安徽大学社会学一级学科博士点申报获教育部批准。至此，我的主要工作基本完成，并为即将到来的退休做好了准备。但学（研）无止境，三大研究领域的研究我会继续下去，本书就是我拉美研究（国际政治社会学研究）的部分研究成果集，是我和我的学生合作研究的成果，绝大多数论文已发表在国内外学术期刊上，少数几篇是首次发表。考虑到论文发表的时代性、历史感，本次结集出版时除了极个别有明显错误的地方有修改，其他一律保持原样。

本书主要从国际政治社会学视角围绕中拉命运共同体构建而开展研究，原因主要有：一是安大拉美所建所时主要学科依托为社会学、政治学、国际关系学；二是研究方向主要为中拉关系研究；三是安徽大学"双一流"建设重点研究方向之一就是"中拉命运共同体构建研究"。中拉命运共同体构建既是理论研究的课题，也是中国构建新型国际关系的实践。要构建中拉命运共同体，需要多方面的努力。一是提升政治互信。中拉国家应加强高层交往，深化彼此了解，加强政治上的互助，增强政治上的共识，建立长期的互信机制，加强地区和平与安全。二是深化经贸合作。中拉国家应加强经贸合作，发挥各自优势，实现互利共赢。同时，中拉国家应密切协作，推进基础设施建设和能源开发、农业、科技、教育等领域的合作，为双方经济发展创造更多机会。三是加强文化交流。创建中拉文明交流、文化中心等机构，开展文化艺术交流活动，探究支持和促进人民间发展的有效措施。四是推进法治合作。加强和拓展中拉之间的法律交流，深入开展司法领域的合作与交流，构建中拉地区法律服务平台，推动中拉合作的法治化、机制化建设。五是建立人文交流平台。加强友好城市间的交流，深入开展包括教育、科技、体育、旅游、文化遗产等在内的人文领域合作，加强民间交流，促进民心相通。六是支持和推动地区一体化。中拉地区应拓展更广泛、更开放的共生发展与互利共赢的伙伴关系，落实联合国2030年可持续发展议程、推动全球治理和协调制度创新，为中拉地区一体化建设和发展提供制度保证。七是加强环境保护合作。中拉地区之间应加强环境保护方面的合作，共同应对全球气候变化，推动可持续发展。八是拓展数字经济合作。中拉地区应重视数字化和新技术的发展，加快数字化经济建设，推动数字化经济在中拉地区的发展和合作，加强数字化经济领域的合作。九是共建智慧城市。中拉地区应加强信息技术应用，建设智慧城市，推进城市管理和发展，加强城市交流，实现以信息化为基础、以智能化为引领的城市发展模式。十是加强卫生和医疗领域合作。中拉地区应加强卫生保健和医疗领域的合作，共同应对突发公共卫生事件，提高卫生保健水平，构建中拉卫生健康共同体。

以上是我理解的构建中拉命运共同体的基本要点。要实现这些目标，需要中拉双方不断加强沟通与合作，共同推进中拉关系的深入发展。

最后，感谢社会学界、拉美学界的前辈、同事和学生们对我的支持和帮助，是你们的指引和陪伴让我能够走到今天，让我有机会在这些研究领域里留下一些痕迹。也希望本书能够为那些在拉美研究领域探索的学者提供一些启示和帮助，让我们共同推动中拉命运共同体的构建和中拉合作的持续发展。本书出版得到了安徽大学"双一流"建设经费和安徽省高等教育重点科研平台建设经费的支持，在此特别表示感谢！

范和生

2023 年 5 月 17 日

图书在版编目(CIP)数据

中拉命运共同体构建研究/范和生等著.--北京：社会科学文献出版社，2024.1
ISBN 978-7-5228-2125-2

Ⅰ.①中… Ⅱ.①范… Ⅲ.①中外关系-研究-拉丁美洲 Ⅳ.①D822.373

中国国家版本馆CIP数据核字（2023）第130721号

中拉命运共同体构建研究

著　　者 / 范和生 等

出 版 人 / 冀祥德
责任编辑 / 张　媛
责任印制 / 王京美

出　　版 / 社会科学文献出版社·皮书出版分社（010）59367127
　　　　　 地址：北京市北三环中路甲29号院华龙大厦　邮编：100029
　　　　　 网址：www.ssap.com.cn
发　　行 / 社会科学文献出版社（010）59367028
印　　装 / 北京联兴盛业印刷股份有限公司

规　　格 / 开　本：787mm×1092mm　1/16
　　　　　 印　张：27.25　字　数：412千字
版　　次 / 2024年1月第1版　2024年1月第1次印刷
书　　号 / ISBN 978-7-5228-2125-2
定　　价 / 158.00元

读者服务电话：4008918866

▲ 版权所有 翻印必究